PAUL COLLIER ist Professor für Ökonomie und Direktor des Centre for the Study of African Economies an der Universität Oxford. Seit vielen Jahren forscht er über die ärmsten Länder der Erde und untersucht den Zusammenhang zwischen Armut, Kriegen und Migration. Von ihm erschienen unter anderem das mehrfach prämierte Buch *Die unterste Milliarde* (2008), *Exodus* (2014) und *Gestrandet* (2017). Sein Buch *Sozialer Kapitalismus!* wurde 2019 mit dem Deutschen Wirtschaftsbuchpreis ausgezeichnet.

Außerdem von Paul Collier lieferbar:

Die unterste Milliarde. Warum die ärmsten Länder scheitern
und was man dagegen tun kann

Exodus. Warum wir Einwanderung neu regeln müssen

Gestrandet. Warum unsere Flüchtlingspolitik allen schadet –
und was jetzt zu tun ist

Paul Collier

Sozialer Kapitalismus!

Mein Manifest gegen den
Zerfall unserer Gesellschaft

Aus dem Englischen
von Thorsten Schmidt

PENGUIN VERLAG

Die englische Originalausgabe erschien 2018 unter dem Titel
The Future of Capitalism. Facing the New Anxieties bei Allen Lane, London.

Sollte diese Publikation Links auf Webseiten Dritter enthalten,
so übernehmen wir für deren Inhalte keine Haftung, da wir uns
diese nicht zu eigen machen, sondern lediglich auf deren Stand
zum Zeitpunkt der Erstveröffentlichung verweisen.

Penguin Random House Verlagsgruppe FSC® N001967

1. Auflage 2021
Copyright © 2018 by Paul Collier
Copyright © der deutschsprachigen Ausgabe 2019 by Siedler Verlag, München,
in der Penguin Random House Verlagsgruppe GmbH,
Neumarkter Straße 28, 81673 München
Umschlag: Bürosüd, München,
nach einem Entwurf von Büro Jorge Schmidt, München
Umschlagmotiv: Getty Images/David Levenson
Satz: Buch-Werkstatt GmbH, Bad Aibling
Druck und Bindung: GGP Media GmbH, Pößneck
Printed in Germany
ISBN 978-3-328-10601-2

www.penguin-verlag.de

Dieses Buch ist auch als E-Book erhältlich.

Inhalt

Für Sue
Leben, die auseinanderstreben –
Ängste, die sich einander annähern

Vorwort zur deutschen Ausgabe

Dieses Buch handelt von den neuen sozialen Spaltungen, die in vielen westlichen Gesellschaften sichtbar werden. Zwar gehört Deutschland zu den erfolgreichsten westlichen Industriestaaten, doch die Konzentration von Vermögen nimmt auch hierzulande rasch zu. Und wie andernorts lassen sich zwei tiefe kulturelle Verwerfungen beobachten: zum einen zwischen den selbstbewussten Großstädtern und den abgehängten Bürgern im Rest des Landes, zum anderen zwischen den Hochqualifizierten und den Geringqualifizierten. Diese Gruppen stehen sich heute immer unversöhnlicher gegenüber, und die Entzweiung wird zunehmend von Aggression und gegenseitiger Verachtung begleitet.

Knapp dreißig Jahre nach der Wiedervereinigung gibt es zudem Anzeichen, dass die Gräben zwischen Ostdeutschen und Westdeutschen sich eher noch vertiefen. Die Gefahr einer solchen Spaltung wurde bei den Feierlichkeiten zum Tag der Deutschen Einheit 2018 von führenden deutschen Politikern endlich – wenn auch verspätet – zum Thema gemacht.

All dies hat einen hohen politischen Preis. Wie in anderen Ländern auch haben die großen Volksparteien der Mitte massiv an Rückhalt verloren, und die Nutznießer sind die Parteien am rechten und linken Rand des politischen Spektrums. In Deutschland ist die Große Koalition nicht mehr groß: Laut Umfragen würde sie im Fall von Neuwahlen keine Regierungsmehrheit mehr erhalten. In Österreich führte die politische Polarisierung zu dem erstaunlichen Ergebnis, dass in der heftig umkämpften zweiten Runde der Bundespräsidentenwahl im Jahr 2016 keine der beiden Volksparteien mehr vertreten war. Vielmehr standen sich dabei Rechtspopulisten und die linksorientierten Grünen – beide keine traditionellen Volksparteien – gegenüber. Sie zwangen die Mitte zu einer inhaltlichen und politischen Neuaufstellung: Unter der Führung des charismatischen Jungpolitikers Sebastian Kurz gewann die konservative ÖVP die Kanzlerschaft. Indes hat sich in Deutschland eine seit dreizehn Jahren regierende Bundeskanzlerin aus der Volkspartei CDU an ihr Amt geklammert, obwohl ihre Autorität nachhaltig beschädigt ist. Offenbar ist niemand in Sicht, der den gebeutelten Parteien der Mitte in Deutschland neues Leben einhauchen könnte. Wie andernorts ist es auch hier zu einer »Umkehrung von Autorität« gekommen: Die Bürger vertrauen ihren Regierungen immer weniger und dafür den sozialen Medien immer mehr. Ungeachtet seiner wirtschaftlichen Erfolge sind in Deutschland zudem zwei Symptome kollektiver Angst besonders ausgeprägt. Wenn Menschen Zukunftsängste haben, bekommen sie weniger Kinder: Deutschland hat eine der niedrigsten Fertilitätsraten in der westlichen Welt. Und wer sich um die Zukunft sorgt, neigt zum Sparen: Deutschland weist eine der höchsten Sparquoten in der westlichen Welt auf.

Jede Gesellschaft hat ihre Besonderheiten und kulturelle Eigenschaften, die dem Außenstehenden verborgen bleiben. Bei der Lektüre werden Sie bemerken, dass dies ein sehr persönliches Buch ist. Der Anstoß dazu ging letztlich von meinen eigenen schmerzlichen Erfahrungen mit den sozialen Spaltungen aus, die ich beschreibe – mit dem Spagat, den ich selbst machte. Wie viel davon auf Deutschland und Österreich zutrifft beziehungsweise auf die Regionen in diesen Ländern, die Sie aus eigener Erfahrung kennen, mögen Sie als Leser selbst beurteilen. Wie bei meinen anderen Büchern freue ich mich über Kommentare und Anregungen von Lesern. Meinem Übersetzer, Thorsten Schmidt, möchte ich für seine gewissenhafte Arbeit danken – er versteht sein Handwerk. Meine Vermutung ist, dass ein Großteil dessen, was ich in diesem Buch beschreibe, auch auf die deutschsprachigen Länder zutrifft. Und werden die neuen Verwerfungen nicht effektiv eingedämmt, wird dies gravierende Folgen haben. Die Kernbotschaft des Buches ist allerdings keine Warnung, sondern ein Aufruf zum Handeln. Alle westlichen Gesellschaften sind so reich, dass sie es sich leisten können, den neuen Spaltungen entgegenzuwirken – dies gilt vor allem für Deutschland und Österreich.

Noch zwei Bemerkungen zur Terminologie. Zum einen gebrauche ich den Begriff Sozialdemokratie zuweilen im weiter gefassten Sinne einer politisch-philosophischen Grundlage für die gesamte demokratische Mitte, einer Programmatik über Parteigrenzen hinaus, der sich sowohl die Mitte-links- als auch die Mitte-rechts-Parteien verpflichtet fühlten. Nach diesem Verständnis haben in Deutschland auch die Unionsparteien sozialdemokratische Politik gemacht. Zum anderen benenne ich Faktoren des Niedergangs, wie ihn alle sozialdemokratischen Parteien in der westlichen Welt gegenwärtig durchmachen. Daraus lassen sich auch Erkenntnisse über die Herausforderungen für die krisengeschüttelte SPD gewinnen.

Teil I
Krise

1 Die neuen Ängste

Leidenschaft und Pragmatismus

Tiefe Risse bedrohen den Zusammenhalt in unseren Gesellschaften. Bei den Menschen lösen sie neue Ängste und neue Wut aus, in der Politik entfachen sie neue Leidenschaften. Die sozialen Ursachen für diese Ängste haben mit Geografie, Bildung und Wertvorstellungen zu tun: Die ländlichen Regionen rebellieren gegen die Metropolen, Nordengland gegen London, Sachsen gegen Berlin, das Landesinnere gegen die Küstenstriche, die Gering- gegen die Hochqualifizierten, die notdürftig über die Runden kommenden Arbeiter und Angestellten gegen die »Schmarotzer« und »Absahner«. Der minderqualifizierte, sich abrackernde Kleinstädter hat die Arbeiterklasse als die revolutionäre gesellschaftliche Kraft abgelöst: An die Stelle der *Sansculottes* sind die *Sans Cool* getreten, jene, die nicht mehr ruhig und gelassen bleiben. Was empört diese Menschen?

Der Wohnort ist zu einer Dimension der neuen Missstände geworden; nachdem die geografischen ökonomischen Ungleichheiten lange Zeit geschrumpft waren, haben sie sich zuletzt wieder deutlich verschärft. Überall in Nordamerika, Europa und Japan hängen städtische Ballungsräume die ländlichen Gebiete ab. Nicht nur ihre Wirtschaftsleistung und damit der Lebensstandard sind weitaus höher, auch sozial entkoppeln sie sich immer mehr und sind nicht länger repräsentativ für das Land, dessen Hauptstadt und Zentrum sie oftmals bilden.

Aber selbst innerhalb der dynamischen Metropolen ist der erstaunliche Zuwachs an Wohlstand sehr ungleich verteilt. Die neuen Erfolgreichen sind weder Kapitalisten noch gewöhnliche Arbeiter, sondern Gebildete, die über neue Kompetenzen verfügen. Sie haben sich selbst zu einer neuen Klasse formiert; sie lernen sich an den Hochschulen kennen und prägen ein neues Zusammengehörigkeitsgefühl aus, bei dem Wertschätzung auf Qualifikation beruht. Sie haben sogar eine eigene Ethik entwickelt, die Merkmale wie die Zugehörigkeit zu einer ethnischen Minderheit und die sexuelle Orientierung zu Gruppenidentitäten mit Opferstatus erhebt. Ausgehend von ihrer ausgeprägten Sorge um Opfergruppen, nehmen sie für sich selbst in Anspruch, den weniger Gebildeten moralisch überlegen zu sein. Nachdem sie sich selbst zu einer neuen Führungsklasse erhoben haben, ist ihr Vertrauen in den Staat und ineinander höher denn je.

Während die Gebildeten besser dastehen und die volkswirtschaftlichen Durchschnittswerte mit sich nach oben ziehen, stecken die geringer Qualifizierten sowohl in den Metropolen als auch auf dem Land in der Krise und werden zuweilen als »weiße Arbeiterschaft« stigmatisiert. Das Syndrom des Niedergangs begann mit dem Verlust von Arbeitsplätzen, die den Menschen Sinn und Halt gaben. Im Zuge der Globalisierung wurden viele Stellen für angelernte Arbeitskräfte nach Asien verlagert, und der technologische Fortschritt vernichtet viele weitere Jobs. Der Arbeitsplatzverlust hat zwei Altersgruppen besonders hart getroffen: ältere Arbeitnehmer und Berufseinsteiger.

Bei älteren Arbeitnehmern führt Erwerbslosigkeit oft zum Auseinanderbrechen ihrer Familien, Drogen- und Alkoholkonsum sowie Gewalttätigkeit. In den USA schlägt sich die dadurch oftmals ausgelöste persönliche Sinnkrise in einer sinkenden Lebenserwartung für Weiße ohne Collegeabschluss nieder, und dies zu einer Zeit, in der bei begünstigteren Gruppen dank des beispiellosen medizinischen Fortschritts ein rascher Anstieg der Lebenserwartung zu verzeichnen ist.[1] In Europa haben soziale Sicherungsnetze die Folgen des Syndroms abgemildert, aber auch hier ist es weit verbreitet, und in den am schlimmsten betroffenen Städten wie dem nordenglischen Blackpool sinkt die Lebenserwartung ebenfalls. Arbeitslose über fünfzig fühlen sich überflüssig und wertlos. Geringqualifizierten jungen Menschen ergeht es kaum besser. In vielen europäischen Ländern sind Jugendliche von Massenarbeitslosigkeit betroffen: Gegenwärtig sind ein Drittel der jungen Italiener arbeitslos, eine Größenordnung, die zuletzt während der Weltwirtschaftskrise der dreißiger Jahre erreicht wurde. Erhebungen zeigen ein beispielloses Ausmaß an Pessimismus unter jungen Leuten: Die meisten rechnen damit, dass sie einmal einen geringeren Lebensstandard als ihre Eltern haben werden. Laut einer Umfrage ging im Jahr 2017 in Deutschland lediglich jeder Achte der zwischen 1980 und der Jahrtausendwende geborenen »Millenials« davon aus, dass es ihm finanziell besser gehen werde als seinen Eltern. Und dies ist auch nicht abwegig; in den letzten vierzig Jahren verschlechterte sich die ökonomische Leistungsbilanz des Kapitalismus. Die Weltfinanzkrise von 2008/2009 hat dies offensichtlich gemacht, aber schon seit den achtziger Jahren nahm der Pessimismus stetig zu. Der Kapitalismus löste sein wichtigstes Versprechen – einen ständig steigenden Lebensstandard für alle – immer weniger ein: Einige profitierten weiterhin, aber andere wurden abgehängt. In den USA, dem Musterland des Kapitalismus, steht die Hälfte der in den achtziger Jahren Geborenen schlechter da als die Generation ihrer Eltern im gleichen Alter.[2] Für sie funktioniert der Kapitalismus nicht. In Anbetracht der enormen Fortschritte in Technologie und politischer Ordnungsgestaltung seit den achtziger Jahren ist dieses Versagen erstaunlich. Diese Fortschritte, die ihrerseits auf dem Kapitalismus basieren, ermöglichen es grundsätzlich jedem, seinen Wohlstand deutlich zu mehren. Aber die meisten Menschen erwarten heute, dass es ihren Kindern einmal schlechter gehen wird als ihnen. Unter weißen amerikanischen Arbeitern teilen sogar erstaunliche 76 Prozent diese Sorge.[3] Und die Europäer sind noch pessimistischer eingestellt als die Amerikaner.

Die Ressentiments der Geringqualifizierten sind von Ängsten geprägt. Sie merken, dass sich die Gebildeten gesellschaftlich und kulturell von ihnen distanzieren. Und sie gelangen zu dem Schluss, dass sowohl die Distanzierung als auch das Aufkommen stärker begünstigter Gruppen, die ihrer Wahrnehmung nach Leistungen – unverdientermaßen – absahnen, ihre eigenen Ansprüche auf Unterstützung schwächen. Ihr Glauben an den Fortbestand ihres sozialen Sicherungsnetzes wird just in dem Moment erschüttert, in dem sie selbst stärker denn je darauf angewiesen sind.

Angst, Wut und Verzweiflung haben die politischen Loyalitäten der Menschen, ihr Vertrauen in den Staat und sogar ihr gegenseitiges Vertrauen untergraben. Menschen mit niedrigem Bildungsstand trugen jeweils die Rebellion, die in den USA Donald Trump Hillary Clinton besiegen ließ, die in Großbritannien dem

Brexit-Lager zum Sieg verhalf, die in Frankreich die Anti-Establish-ment-Parteien von Marine Le Pen und Jean-Luc Mélenchon über 40 Prozent der Stimmen verschaffte (und die regierenden Sozialis-ten auf unter 10 Prozent drückte) und in Deutschland die Große Koalition so viele Stimmen kostete, dass die AfD zur stärksten Oppositionspartei im Bundestag wurde. Die Bildungskluft wird durch die geografische Kluft verstärkt. London stimmte mit gro-ßer Mehrheit für den Verbleib, New York mit großer Mehrheit für Clinton, Paris zeigte Le Pen und Mélenchon die kalte Schulter, und Frankfurt ließ bei der Bundestagswahl 2017 die AfD abblitzen. Die radikale Opposition kam aus der Provinz. Der Aufruhr war eine Altersfrage, aber nicht in dem schlichten Sinne von Alt gegen Jung. Sowohl ältere Arbeiter, die in dem Maße ausgegrenzt wor-den waren, wie ihre Fähigkeiten an Wert verloren, als auch junge Menschen mit schlechten Aussichten am Arbeitsmarkt wandten sich den Extremen zu. In Frankreich stimmte die Jugend überpro-portional für die in »neuer Optik« auftretende extreme Rechte, in Großbritannien und den USA stimmte sie überproportional für die extreme Linke in neuem Look.

Die Natur verabscheut das Vakuum, und das Gleiche tun Wäh-ler. Die aus der Kluft zwischen dem, was geschehen ist, und dem, was möglich ist, gespeiste Frustration hat zwei Typen von Politikern Auftrieb gegeben, die ihre Chance witterten: Populisten und Ideo-logen. Das letzte Mal, als der Kapitalismus aus der Bahn geworfen wurde, in den dreißiger Jahren, geschah das Gleiche. Die aufziehen-den Gefahren wurden von Aldous Huxley in *Schöne neue Welt* (1932) und George Orwell in *1984* (1949) plastisch beschrieben. Das Ende des Kalten Krieges im Jahr 1989 schien mit der glaubwürdigen Aus-sicht verbunden zu sein, dass all diese Katastrophen ein für alle Mal hinter uns lägen: Wir waren am »Ende der Geschichte« angelangt, in einer permanenten Utopie. In Wahrheit spricht vieles dafür, dass wir unsere eigene Dystopie erschaffen.

Die neuen Ängste wurden umgehend mit den alten ideologi-schen Rezepten beantwortet, die uns zurückwerfen auf die altbe-kannte, fruchtlose Auseinandersetzung zwischen Links und Rechts. Eine Ideologie bietet die verlockende Kombination aus einfachen moralischen Gewissheiten und einer universellen Analyse, die eine selbstgefällige Antwort auf jedes Problem bereithält. Die nun wieder-belebten Ideologien des Marxismus des 19. Jahrhunderts, des Faschis-mus des 20. Jahrhunderts und des religiösen Fundamentalismus des 17. Jahrhunderts haben ganze Gesellschaften ins Unglück gestürzt. Weil die Ideologien scheiterten, verloren sie die meisten ihrer Anhän-ger, und so standen nur wenige ideologisch geprägte Politiker zur Ver-fügung, um sie wiederzubeleben. Sie gehörten Organisationen an, die weitgehend in der Bedeutungslosigkeit versunken waren: Men-schen, die anfällig für die paranoide Vorstellungswelt ihrer jeweiligen »Sekte« und zu engstirnig waren, um sich der Tatsache des vergan-genen Scheiterns zu stellen. In dem Jahrzehnt vor dem Zusammen-bruch des Kommunismus im Jahr 1989 glaubten die verbliebenen Marxisten, im »Spät*kapitalismus*« zu leben. Die öffentliche Erinne-rung an diesen Zusammenbruch ist mittlerweile so weit verblasst, dass ein Wiederaufleben möglich erscheint: Es gibt eine neue Flut von Büchern über eben dieses Thema.[4]

An Verführungskraft steht dem Ideologen ein anderer Politi-kertypus in nichts nach, der charismatische Populist. Populisten scheuen selbst die rudimentäre Analyse, an der sich die Ideologie versucht, und springen direkt zu Lösungen, die sich zwei Minu-ten lang wahr anhören. Daher zielt ihre Strategie darauf, Wähler durch unterhaltsame Darbietungen vom Nachdenken abzuhal-ten. Solcherart Führer rekrutieren sich aus einem weiteren Pool: der Medienprominenz.

Während sowohl Ideologen als auch Populisten von den Ängsten und der Wut zehren, die durch die neuen Verwerfungen erzeugt wer-den, sind sie unfähig, darauf angemessene Antworten zu geben. Diese Risse sind keine Wiederholungen der Vergangenheit, sondern kom-plexe neue Phänomene. Aber bei der Umsetzung ihrer »Quacksal-ber-Therapien« können diese Politiker immense Schäden anrichten. Es *gibt sehr wohl* nachhaltige Lösungsansätze für die Prozesse, die den Zusammenhalt in unseren Gesellschaften untergraben, aber sie las-sen sich weder aus dem moralischen Rigorismus einer Ideologie noch aus den unausgegorenen Patentrezepten des Populismus ableiten. Sie erfordern Analyse und empirische Überprüfung, anders gesagt: den kühlen Kopf des Pragmatismus. Alle Maßnahmen, die ich im Fol-genden vorschlage, sind pragmatisch.

Trotzdem hat Leidenschaft ihren Platz, und sie durchzieht auch dieses Buch. Ich habe jeden der drei schmerzlichen Brüche, die sich in unseren Gesellschaften aufgetan haben, selbst erlebt. Obgleich ich einen kühlen Kopf bewahrte, rührten sie mich im Herzen an.

Zuerst die neue geografische Spaltung zwischen boomender Metropole und zerrütteten Provinzstädten. Meine Heimatstadt Sheffield wurde zum Inbegriff einer Stadt im Niedergang, und der Zusammenbruch der dortigen Stahlindustrie wurde in dem Film *Ganz oder gar nicht* verewigt. Ich habe diese Tragödie haut-nah erfahren: Unser Nachbar wurde arbeitslos, ein Verwandter fand eine Stelle als Toilettenputzer. Unterdessen war ich nach Oxford umgezogen, das zum Erfolgsmodell wurde: Das Viertel, in dem ich wohne, hat heute die höchste Immobilienpreis-Einkommens-Rela-tion in ganz Großbritannien.

Auch die Kluft, die sich im Hinblick auf Qualifikation, innere Verfasstheit und generell die Haltung zum Leben zwischen erfolg-reichen Familien und denen auftut, die in Armut gerieten, kenne ich aus eigener Erfahrung. Im Alter von 14 Jahren waren meine Cousine und ich gleichauf: am selben Tag geboren, die Kinder ungebildeter Eltern, die die Aufnahmeprüfung fürs Gymnasium bestanden hatten. Doch warf sie der frühe Tod ihres Vaters aus der Bahn; dieser Autoritätsfigur beraubt, wurde sie schon im Teenager-alter Mutter, mit allem, was dies an Rückschlägen und Demütigun-gen mit sich brachte. Ich durchlief derweilen den höheren Bildungs-weg und ergatterte ein Stipendium in Oxford.* Von dort führte mich der akademische Karriereweg auf Lehrstühle in Oxford, Har-vard und Paris. Für den Fall, dass all das für mein Selbstwertgefühl

---

* Wie ich war auch der bekannte britische Bühnenautor Alan Bennett Sohn von Eltern aus Yorkshire mit niedrigem Bildungsstand. In dem Theaterstück (und gleich-namigen Film) *History Boys* erzählt er seine Geschichte, die der meinen ähnlich ist, vom gesellschaftlichen Aufstieg aus bescheidenen Anfängen nach Oxford. Allerdings wuchs er im attraktiveren Leeds auf. Um das soziale Gefälle zu verdeutlichen, das er überwunden hatte, siedelte er das Stück nicht in seiner Heimatstadt, sondern in meiner an. Der erste Akt endet damit, dass der Protagonist seine Benachteiligungen in einem Crescendo auflistet: »Ich bin klein, ich bin schwul, und ich bin aus Shef-field!« Bennett ist es nicht, aber ich bins. Und da er das Stück sogar an meiner alten Schule handeln lässt, bin ich in einer authentischeren Weise ein »History Boy« als Bennett selbst.

noch nicht ausreichen sollte, verlieh mir eine Labour-Regierung den Orden Commander of the British Empire, und eine konservative Regierung erhob mich in den Ritterstand. Sobald die Divergenz einsetzt, entwickelt sie eine Eigendynamik. Mit siebzehn waren die Töchter meiner Cousine ihrerseits junge Mütter. Meine siebzehnjährige Tochter hingegen hat ein Stipendium für eine der besten Schulen des Landes.

Schließlich habe ich auch die globale Spaltung zwischen dem gewaltigen Wohlstand in den USA, Großbritannien und Frankreich, wo ich jeweils komfortabel lebte, und der verzweifelten Armut Afrikas, wo ich arbeite, mit eigenen Augen gesehen. Meine Studenten, überwiegend Afrikaner, sind dann, wenn sie nach ihrem Abschluss ihre eigenen Lebensentscheidungen treffen, mit diesem krassen Dilemma konfrontiert. Vor Kurzem stand ein Sudanese, ein Arzt, der in Großbritannien gearbeitet hat, vor der Wahl, im Land zu bleiben oder in den Sudan zurückzukehren, um im Büro des Ministerpräsidenten tätig zu werden. Er beschloss zurückzugehen: Das ist ungewöhnlich, wenn man bedenkt, dass es in London mehr sudanesische Ärzte gibt als im gesamten Sudan.

Die drei erwähnten alarmierenden Spaltungen sind für mich nicht nur Probleme, denen ich meine Forschung widmete – sie sind Tragödien, die zu bekämpfen ich mir zur Lebensaufgabe gemacht habe. Deshalb habe ich dieses Buch geschrieben: Ich will, dass sich die Situation verändert.

Triumph und Niedergang der Sozialdemokratie

Sheffield ist eine unansehnliche Stadt, aber das festigt nur den Zusammenhalt ihrer Einwohner, und dieses Gemeinschaftsgefühl war einmal eine starke politische Kraft. Die nordenglischen Städte waren die Wegbereiter der Industriellen Revolution und ihre Bewohner die Ersten, die den von ihr ausgelösten neuen Ängsten ausgesetzt waren. Ihre gemeinsame Bindung an den Ort, an dem sie aufgewachsen waren, brachte Gemeinschaften wie in Sheffield dazu, genossenschaftliche Organisationen zu gründen, die diesen Ängsten entgegenzuwirken suchten. Indem man sich auf die enge Verbundenheit stützte, wurden Organisationen aufgebaut, die erfolgreich dem Prinzip der Wechselseitigkeit folgten. Wohnungsbaugenossenschaften ermöglichten es den Leuten, für den Bau eines Hauses zu sparen; eine andere Stadt in Yorkshire, Halifax, brachte die größte britische Bank hervor. Über Versicherungsgenossenschaften konnte man sich gegen Risiken wappnen, Agrar- und Einzelhandelsgenossenschaften gaben Landwirten und Verbrauchern Verhandlungsmacht gegenüber Großunternehmen. Von ihren Ursprüngen in Nordengland breitete sich die Genossenschaftsbewegung rasch über weite Teile Europas aus.

Die Genossenschaften schlossen sich zusammen und bildeten so die Basis der Mitte-links-Parteien: der Parteien der Sozialdemokratie. Die positiven Effekte der Reziprozität innerhalb einer Gemeinschaft vervielfachten sich, als die Nation zur bestimmenden Gemeinschaft wurde. Wie die Genossenschaften zielte auch die neue politische Agenda auf praktische Lösungen für die Existenzsorgen gewöhnlicher Familien. Nach dem Zweiten Weltkrieg kamen in Europa viele dieser sozialdemokratischen Parteien an die Macht, und sie nutzten sie, um eine Reihe pragmatischer politischer Maßnahmen umzusetzen, die besagte Ängste wirksam eindämmten. Gesetze, die die Gesundheitsversorgung, das Renten- und Bildungssystem sowie die Arbeitslosenversicherung regelten, veränderten das Leben der Menschen von Grund auf. Diese Maßnahmen erwiesen sich als so nützlich, dass sie von der gesamten Mitte des politischen Spektrums akzeptiert wurden. Mitte-links- und Mitte-rechts-Parteien wechselten sich an der Macht ab, aber die Gesetze blieben in Kraft.

Heute aber steckt die Sozialdemokratie als politische Kraft in einer existenziellen Krise. In der letzten Dekade folgte ein Desaster aufs andere. In den USA verlor auf der linken Mitte eine von Bernie Sanders arg gebeutelte Hillary Clinton gegen Donald Trump; in Großbritannien haben in der von Tony Blair und Gordon Brown einst in die Mitte gerückten Labour Party heute Marxisten das Sagen. In Frankreich beschloss Präsident François Hollande, sich gar nicht erst um eine zweite Amtszeit zu bewerben, und sein Nachfolger als Kandidat der Sozialistischen Partei, Benoît Hamon, erlitt mit nur acht Prozent der Stimmen einen beispiellosen Absturz. Aber auch die sozialdemokratischen Parteien Italiens, der Niederlande, Norwegens und Spaniens erlebten alle massive Stimmeneinbrüche. Dies wäre normalerweise eine gute Nachricht für die Politiker des Mitte-rechts-Spektrums gewesen, aber in Großbritannien und den USA verloren auch sie die Kontrolle über ihre Parteien, während sie in Frankreich und Deutschland in der Wählergunst ebenso deutlich abrutschten. Warum ist das geschehen, in Deutschland und anderswo?

Ein Grund dafür ist, dass sich sowohl die demokratischen Mitte-links- als auch die Mitte-rechts-Parteien von der praktischen Reziprozität auf kommunaler Ebene entfernten und von einer ganz anderen Gruppe vereinnahmt wurden, die einen unverhältnismäßig großen Einfluss auf sie gewann: Intellektuelle, die selbst der Mittelschicht entstammten.

Die Vordenker und Ideengeber der Linken fühlten sich zu den Vorstellungen des Philosophen Jeremy Bentham hingezogen, der im 19. Jahrhundert wirkte. Seine Philosophie, der Utilitarismus, trennte die Frage der Sittlichkeit einer Handlung von ihrer Übereinstimmung mit unseren verinnerlichten Werten und leitete die Moralität von einem einzigen Prinzip der Vernunft ab: Eine Handlung solle dann als moralisch gelten, wenn sie »das größte Glück der größten Zahl« fördere. Weil die intuitiven Werte der Menschen diesem hohen Standard nicht genügten, sei die Gesellschaft auf eine Avantgarde moralisch integrer Technokraten angewiesen, die die Regierungsgeschäfte leite. Diese Avantgarde, die paternalistischen Hüter der Gesellschaft, waren eine moderne Version der »Wächter« in Platons *Politeia* (»Der Staat«). John Stuart Mill, ein Schüler Benthams – und der zweite geistige Gründervater des Utilitarismus –, las die *Politeia* mit acht Jahren im griechischen Original.

Leider waren Bentham und Mill keine moralischen Überflieger, vergleichbar mit Moses, Jesus und Mohammed, vielmehr verschrobene Sonderlinge. Bentham war so eigenbrötlerisch, dass man ihn heute für einen schwer kontaktgestörten Autisten hält. Mill hatte von Anfang an nur geringe Aussichten auf ein normales Leben: Absichtlich von anderen Kindern ferngehalten, war er vermutlich mit Altgriechisch vertrauter als mit der Gesellschaft, in der er lebte. In Anbetracht dieser Ursprünge ist es nicht weiter verwunderlich, dass sich die Ethik ihrer Anhänger grundlegend von den ethischen Anschauungen der meisten anderen Menschen unterscheidet.[5]

Die sonderbaren moralischen Werte Benthams hätten vermutlich keinerlei Einfluss gehabt, wenn sie nicht Eingang in die Ökonomie gefunden hätten – und damit letzten Endes auch in die Politik. Wie wir sehen werden, entwickelten die Ökonomen eine Theorie des menschlichen Verhaltens, die so weit von der utilitaristischen Moral entfernt ist wie überhaupt möglich. Der *Homo oeconomicus* ist absolut egoistisch und unendlich habgierig, und er interessiert sich für niemanden außer sich selbst. Er wurde zur Grundlage der Wirtschaftstheorie des menschlichen Verhaltens. Aber zum Zweck der Bewertung politischer Maßnahmen benötigten die Wirtschaftswissenschaften ein Maß, das ihnen erlaubte, das Wohlbefinden beziehungsweise den »Nutzen« jedes Einzelnen dieser psychopathischen Individuen aufzuaddieren. Der Utilitarismus wurde zum intellektuellen Unterbau dieser Arithmetik: »Das größte Glück der größten Zahl« eignete sich zufälligerweise für die Anwendung mathematischer Standardverfahren der Maximierung. »Nutzen« sollte das Ergebnis des Konsums sein, und zusätzlicher Konsum sollte immer kleinere Nutzenzuwächse erzeugen. Wäre die Gesamtmenge des Konsums in einer Gesellschaft unveränderlich, wäre die Nutzenmaximierung eine einfache Frage der Einkommensumverteilung, bis die völlige »Konsumgleichheit« erreicht werden würde. Sozialdemokratische Ökonomen erkannten, dass der »Konsumkuchen« keine feste Größe ist, und da Besteuerung ein negativer Arbeitsanreiz ist, würde der Kuchen schrumpfen. Fortgeschrittene Theorien der »optimalen Besteuerung« und der »Prinzipal-Agenten-Beziehung« wurden entwickelt, um das Anreizproblem zu lösen. Sozialdemokratische Politik bestand im Grunde aus immer ausgefeilteren Methoden, um den Konsum mithilfe von Steuern umzuverteilen und gleichzeitig negative Arbeitsanreize zu minimieren.

Schon bald wurde bewiesen, dass es keine mechanische Methode gibt, um aus dem individuellen »Nutzen« Aussagen über das Wohlbefinden der Gesamtgesellschaft abzuleiten, die auch nur annähernd intellektuell kohärent wären. Die Wirtschaftswissenschaftler gestanden dies ein, machten aber trotzdem weiter wie gehabt. Die meisten akademischen Philosophen gaben den Utilitarismus wegen seiner zahlreichen Schwächen auf, während die Ökonomen die Augen davor verschlossen. Der Utilitarismus erwies sich als erstaunlich bequem. Fairerweise muss man sagen, dass er für viele politische Fragen ausreichend ist; es hängt von der konkreten politischen Maßnahme ab, ob seine Unzulänglichkeiten gravierende negative Folgen haben. Für einfache Fragen von geringer Bedeutung wie etwa »Sollte hier eine Straße gebaut werden?« ist er manchmal die beste verfügbare Technik. Aber für viele weiterreichende Fragestellungen ist er gänzlich ungeeignet.

Bewaffnet mit ihrem utilitaristischen Kalkül, infiltrierten die Wirtschaftswissenschaften die Politik. Platon stellte sich seine Wächter als Philosophen vor, aber in der Praxis waren sie in der Regel Ökonomen. Ihre Annahme, Menschen seien Psychopathen, rechtfertigte es, dass sie als besagte moralisch überlegene Avantgarde Machtbefugnisse für sich beanspruchten; und die Annahme, Zweck des Staates sei es, den gesamtgesellschaftlichen Nutzen zu maximieren, rechtfertigte die Umverteilung des Konsums auf diejenigen mit den größten »Bedürfnissen«. Unabsichtlich, und in der Regel unmerklich, verabschiedete sich die sozialdemokratische Politik davon, wechselseitige Verpflichtungen zwischen allen Bürgern zu knüpfen.

In der Kombination war das Ergebnis toxisch. Sämtliche moralischen Verpflichtungen wurden auf den Staat übertragen, und die Verantwortung wurde von den Moralhütern der Avantgarde wahrgenommen. Bürger waren nicht länger moralische Akteure mit Verpflichtungen, vielmehr wurden sie auf ihre Rolle als Konsumenten reduziert. Der allwissende Gesellschaftsplaner – der platonische Wächter – und seine utilitaristische Avantgarde aus hilfreichen Engeln wussten es am besten: Der Kommunitarismus wurde durch einen sozialen Paternalismus ersetzt.

Dieser selbstbewusste Paternalismus fand seinen sinnbildlichen Ausdruck in der Stadtentwicklungspolitik der Nachkriegszeit. Die wachsende Zahl von Kraftfahrzeugen erforderte den Bau von Hochstraßen, und die wachsende Zahl von Menschen benötigte Wohnraum. Folglich wurden ganze Straßenzüge und Viertel planiert und durch moderne Hochstraßen und Hochhäuser ersetzt. Doch zur Verwunderung der utilitaristischen Avantgarde folgte eine Gegenreaktion. Das Planieren von Vierteln war sinnvoll, wenn es lediglich darum ging, die materiellen Wohnbedingungen armer Menschen zu verbessern. Aber es schadete dem sozialen Zusammenhalt jener, die dort lebten.

Neuere sozialpsychologische Studien erlauben uns, diese Gegenreaktion besser zu verstehen. In einem brillanten Buch hat der Moralpsychologe Jonathan Haidt grundlegende Werte weltweit untersucht. Er fand heraus, dass fast alle Menschen sechs Werte hochschätzen: Loyalität, Fairness, Freiheit, Hierarchie, Fürsorge und Reinheit (gemeint ist die Unantastbarkeit von Dingen auch jenseits eines religiösen Zusammenhangs).[6] Die wechselseitigen Verpflichtungen, die die Genossenschaftsbewegung aufbaute, stützten sich auf die Werte Loyalität und Fairness. Der Paternalismus der utilitaristischen Avantgarde, der sich beispielhaft in der Planierung von Vierteln zeigt, verstieß gegen diese beiden Werte und gegen die Freiheit – während jüngste sozialpsychologische Studien unter Einbeziehung neurowissenschaftlicher Erkenntnisse herausgefunden haben, dass die bei Planern so beliebten modernistischen Designs das Wohlbefinden der Bewohner dadurch beeinträchtigen, dass sie gegen verbreitete ästhetische Wertvorstellungen verstoßen. Weshalb erkannte die Avantgarde nicht diese sittlichen Mängel ihrer Handlungen? Auch hier liefert Haidt die Antwort: Ihre Werte waren atypisch. Statt an den sechs Werten, die von den meisten Menschen hochgeschätzt werden, orientierte sich die Avantgarde lediglich an zwei eigenen, also einem deutlich geschrumpften Kanon: Fürsorge und Gleichheit. Aber nicht nur ihre Werte, sondern auch ihre Eigenschaften waren atypisch: westlich, gebildet, industriell, reich und entwickelt (oder mit dem Akronym der entsprechenden englischen Begriffe: WEIRD, »eigenartig«). Fürsorge und Gleichheit sind utilitaristische Werte, und die WEIRD, das sind die Vertreter der liberalen, wohlhabenden westlichen Bildungselite. Bestenfalls erweitert Bildung unsere Empathie, die uns befähigt, uns

in andere hineinzuversetzen.* Aber in der Praxis tut sie oftmals
das Gegenteil: Sie distanziert die Erfolgreichen von den Ängsten
und Sorgen der einfachen Leute. Erfüllt vom Selbstbewusstsein
meritokratischer Überlegenheit, hielten sich die Angehörigen der
Avantgarde für die neuen platonischen Wächter, die berechtigt
waren, sich über die Werte anderer hinwegzusetzen. Wenn Haidt
tiefer gebohrt hätte, dann hätte er meines Erachtens herausgefunden, dass die WEIRD zwar demonstrativ Hierarchien ablehnen,
darunter aber Hierarchien der Vergangenheit verstehen. Eine neue
Hierarchie dagegen halten sie für selbstverständlich: Sie selbst bilden die neue Meritokratie.

Die Gegenreaktion gegen den Paternalismus gewann in den siebziger Jahren an Stärke. Sie hätte die Geringschätzung von Loyalität
und Fairness angreifen und den Kommunitarismus erneuern können,
aber stattdessen attackierte die Avantgarde die Geringschätzung der
Freiheit und forderte, den Einzelnen gegen Übergriffe des Staates zu
schützen, indem sie sich auf *natürliche Rechte* berief. Bentham hatte
das Konzept der natürlichen Rechte »Unsinn auf Stelzen« genannt,
und ich glaube, dass er in diesem Punkt recht hatte. Aber Politiker,
die Wahlen gewinnen mussten, fanden es vorteilhaft, neue Rechte zu
proklamieren. Rechte, das hörte sich prinzipientreuer an als bloße
Versprechen zusätzlicher Ausgaben, und während spezifische Versprechen auf der Basis von Kosten und Steuern hinterfragt werden konnten, blieben bei Rechten die Verpflichtungen, die notwendig waren,
um sie zu erfüllen, diskret im Verborgenen. Die Genossenschaftsbewegung hatte Rechte und Pflichten eng miteinander verknüpft; die
Utilitaristen hatten beide von den Individuen abgelöst und sie auf
den Staat übertragen. Jetzt erneuerten die Libertären die Rechte von
Individuen, nicht aber die Pflichten.

Jene, die die individuellen Rechte einforderten, verbündeten sich
mit einer neuen politischen Bewegung, die ebenfalls Rechte bean-

---

* Pinker (2011) legt in einer brillanten Analyse dar, wie die Alphabetisierung breiter
Bevölkerungsschichten in der Mitte des 19. Jahrhunderts einen Massenmarkt für
Romane schuf. Durch die Lektüre von Romanen lernten die Menschen, eine Situ-
ation aus der Perspektive eines anderen wahrzunehmen – eine Schulung in Empa-
thie. Pinker führt den Niedergang des einstmals so populären Spektakels öffentlicher
Hinrichtungen darauf zurück.

spruchte, und zwar für gesellschaftlich benachteiligte *Gruppen*. Vorreiter waren hier die Afroamerikaner, denen bald die Feministinnen nacheiferten. Auch sie fanden ihren Philosophen – John Rawls –, der Benthams Kritik der natürlichen Rechte ein anderes übergeordnetes Vernunftprinzip entgegensetzte: Eine Gesellschaft sollte dann als moralisch gelten, wenn ihre Gesetze zum Wohle der am stärksten benachteiligten Gruppen gestaltet waren. Das wichtigste Ziel dieser Bewegungen war die gesellschaftliche Inklusion auf gleichberechtigter Basis mit anderen, und sowohl Afroamerikaner als auch Frauen hatten nur allzu berechtigte Gründe, um tiefgreifende gesellschaftliche Veränderungen zu fordern. Wie wir sehen werden, können soziale Muster außerordentlich stabil sein, und so erforderte die gleichberechtigte Inklusion zwangsläufig eine Übergangsphase des Kampfs gegen Diskriminierungen.

Ein halbes Jahrhundert später befinden wir uns noch immer in dieser Übergangsphase, aber die ursprünglichen Inklusionsbewegungen haben sich, vielleicht unabsichtlich, zu Gruppenidentitäten verfestigt, die sich gegeneinander wenden: Der Kampf wird dadurch verstärkt, dass man sich eine feindliche Gruppe ausmalt.*
Die Sprache der Rechte wucherte; sie umschloss nun die Rechte des Individuums gegen den paternalistischen Staat, die Rechte von Wählern, die von Politikern in regelmäßigen Abständen mit Leistungsansprüchen bedacht wurden, und die Rechte neuer Opfergruppen, die sich eine Vorzugsbehandlung wünschten. Diese drei Kategorien von Rechten hatten wenig miteinander gemeinsam, aber jede war unvereinbar mit der inklusiven Verknüpfung von Rechten und Pflichten, die die Sozialdemokratie erreicht hatte, als sie ihren kommunitaristischen Wurzeln treu geblieben war.

Die utilitaristische Sache wurde von Ökonomen unterstützt, die Sache der Rechte von Juristen. In Bezug auf manche Probleme stimmten die beiden Avantgarde-Fraktionen überein, was sie zu außerordentlich mächtigen Lobbys machte. In anderen Fragen gerieten sie aneinander: Rawls und seine Anhänger fanden sich damit ab, dass einige der Rechte, die kleine, aber benachteiligte Gruppen stärken, alle anderen schlechterstellen und daher dem

---

* Dies ist die gemeinsame politische Strategie von Faschismus und Marxismus.

utilitaristischen Kriterium nicht genügen. In dem Wettstreit zwischen ökonomischen Technokraten und Juristen hatten die Wirtschaftswissenschaftler zunächst die Nase vorn: Das Versprechen, »das größte Wohl für die größtmögliche Zahl« zu schaffen, gefiel Politikern, die um Wählerstimmen warben. Aber nach und nach verschob sich das Machtgleichgewicht zu den Juristen, die über die Allzweckwaffe der Gerichte verfügten.

Während sich die beiden Ideologien immer weiter voneinander entfernten, hatten beide wenig Raum für die Leitideen der Genossenschaftsbewegung. Utilitaristen, Rawlsianer und Libertäre – sie alle stellten das Individuum, nicht das Kollektiv, in den Vordergrund, und sowohl utilitaristische Ökonomen als auch rawlsianische Juristen betonten Unterschiede zwischen Gruppen, Erstere basierend auf Einkommen, Letztere basierend auf Benachteiligung. Beide beeinflussten die sozialdemokratische Politik. Utilitaristische Ökonomen forderten eine bedürfnisgerechte Umverteilung; nach und nach wurden Sozialleistungen neu gestaltet, wobei (die Höhe der) Ansprüche von Beiträgen abgekoppelt wurden – womit man den Grundwert der Fairness aufgab. Diejenigen, die keine Beiträge geleistet hatten, wurden gegenüber denjenigen, die dies getan hatten, bevorzugt. Rawlsianische Juristen verlangten Entschädigung aufgrund von Benachteiligung. So wurden zum Beispiel die Rechte von Flüchtlingen zur obersten Priorität der deutschen Sozialdemokraten bei den Koalitionsverhandlungen im Frühjahr 2018. Martin Schulz, der damalige SPD-Vorsitzende, forderte mit Nachdruck, Deutschland müsse »sich an internationales Recht halten, unabhängig von der Stimmung im Land«.[7] Dieses »unabhängig von der Stimmung im Land« war ein klassischer Ausdruck der moralischen Avantgarde; sowohl Bentham als auch Rawls hätten Schulz zugejubelt, aber innerhalb eines Monats musste er zurücktreten. Beide Ideologien setzen sich über die normalen moralischen Instinkte der Gegenseitigkeit und Verdienstlichkeit* hinweg und akzeptieren jeweils nur ein einziges Prinzip der Vernunft, das von einer Avant-

---

* Engl. »desert«; gemeint ist damit ein ethischer Anspruch auf das, was einem legitimerweise – etwa aufgrund eigener Anstrengungen – zusteht bzw. was man verdient hat. A. d. Ü.

garde aus Experten zur Geltung gebracht werden soll. Dagegen wurzelt die Genossenschaftsbewegung in der Wertschätzung der normalen moralischen Instinkte: eine philosophische Tradition, die auf David Hume und Adam Smith zurückgeht. Jonathan Haidt erkennt diese intellektuellen Schulden an, wenn er seine eigene Arbeit als »einen ersten Schritt zur Wiederaufnahme des Hume'schen Projekts« beschreibt.

Während die Linksintellektuellen die praktische kommunitaristische Sozialdemokratie zugunsten utilitaristischer und rawlsianischer Ideologien aufgaben, versteinerten die Mitte-rechts-Parteien in einer ideenarmen Nostalgie, oder sie wurden von einer in gleicher Weise irregeleiteten Gruppe Intellektueller vereinnahmt. Die konservativen Politiker Kontinentaleuropas, für die beispielhaft Silvio Berlusconi und Jacques Chirac stehen, haben überwiegend den Weg der Nostalgie eingeschlagen; die konservativen und republikanischen Parteien der anglofonen Welt entschieden sich für Ideologie. Der Philosophie Rawls wurde diejenige Robert Nozicks entgegengesetzt: Danach haben die individuellen Freiheitsrechte Vorrang vor den Interessen des Kollektivs. Diese Idee verband sich auf natürliche Weise mit der neuen ökonomischen Analyse – deren Wegbereiter der Nobelpreisträger Milton Friedman war –, wonach die nur durch den Wettbewerb eingeschränkte Freiheit zur Verfolgung eigennütziger Interessen zu besseren Ergebnissen führen soll als öffentliche Regulierung und Planung, und sie bildete das intellektuelle Fundament der wirtschaftspolitischen Revolutionen Ronald Reagans und Margaret Thatchers. Während die neuen Ideologien der Linken und der Rechten sich als diametrale Gegensätze präsentierten, war ihnen gemeinsam, dass sie die individuellen Rechte und das Leistungsprinzip betonten: Die moralische Verdienstelite der Linken konkurrierte mit der produktiven Leistungselite der Rechten. Die Superstars der Linken wurden die »Superguten«, die der Rechten die »Superreichen«.*

Angela Merkel war eine Ausnahme von der Tendenz zu Chirac'-

---

* Entsprechend wurden jene anormalen Individuen, die sowohl in höchstem Maße moralisch gut als auch sehr reich waren – wie mein alter Freund George Soros es ist –, zu Superschurken, denen beide Seiten misstrauten.

scher Nostalgie und der Ideologie der anglofonen Welt. Sie war vielmehr äußerst pragmatisch und opferte eine langfristige Strategie zugunsten kurzfristiger Taktik. Indem sie sich Teile der sozialdemokratischen Agenda zu eigen machte und auf plötzliche Ereignisse mit populistischen Kurskorrekturen ihrer Politik reagierte, gewann sie zwar Wahlen, doch am Ende folgten die unvermeidlichen Konsequenzen. Die einseitige, nicht mit den europäischen Partnern abgestimmte Reaktion auf den Flüchtlingsansturm wies so viele Mängel auf, dass sie innerhalb weniger Monate revidiert werden musste. Aber das hatte Methode. Als die Bilder von der durch einen Tsunami ausgelösten Nuklearkatastrophe in Fukushima den Grünen Auftrieb gaben, verfügte sie im Alleingang den Ausstieg aus der Kernenergie, was wiederum die Glaubwürdigkeit der deutschen Klimapolitik erheblich beschädigte. Und als Antwort auf die europäische Bankenkrise hat sie einseitig eine Garantie für deutsche Bankeinlagen abgegeben. Um zu verhindern, dass eine Flut von Einlagen von ihren Banken an deutsche Banken transferiert wurde, mussten andere Regierungen das Gleiche tun. Auf diese Weise ging die Haftung von den Banken auf die Staaten über, wodurch aus einer beherrschbaren Bankenkrise eine Staatsschuldenkrise wurde. Solche politisch motivierten Ad-hoc-Entscheidungen erwiesen sich als Sackgasse.

Was also war so falsch an der Sozialdemokratie, dass sie sowohl von Mitte-Links als auch von Mitte-Rechts aufgegeben wurde? In ihrer Hochzeit in den 1950er und 1960er Jahren war nicht viel an ihr auszusetzen gewesen. Aber auch wenn die Sozialdemokratie die tonangebende intellektuelle Kraft in der öffentlichen Politik war, so war sie doch ein Geschöpf ihrer Zeit. Anders als sämtliche Ideologien erhob sie nicht den Anspruch darauf, universelle Wahrheiten zu verkünden, vielmehr verdankte sie ihre Entstehung bestimmten historischen Umständen, und nur in deren Rahmen war sie gültig. In dem Maße, wie sich die Umstände wandelten, wurde ihren universellen Geltungsansprüchen der Boden entzogen. Ende der siebziger Jahre, als die soziale Gleichheit in den USA und in Großbritannien ihren Höhepunkt erreichte, begannen sich diese Bedingungen jedoch bereits aufzulösen; der »Volksaufstand«, der Reagan und Thatcher an die Macht spülte, war in vollem Gange.

Die Sozialdemokratie hatte zwischen 1945 und den siebziger Jahren deshalb Erfolg, weil sie von einem riesigen, unsichtbaren und nicht messbaren Kapital zehrte, das sich während des Zweiten Weltkriegs angehäuft hatte: einer gemeinsamen Identität, die sich einer extremen und erfolgreichen nationalen Kraftanstrengung verdankte. Als dieses Kapital aufgezehrt wurde, sorgte die von dem paternalistischen Staat ausgeübte Macht zunehmend für Unmut.

Aber nicht nur die gesellschaftlichen, sondern auch die intellektuellen Grundlagen der Sozialdemokratie wurden untergraben. Der allwissende Gesellschaftsplaner geriet mit dem Aufstieg der Neuen Politischen Ökonomie (Public Choice Theory) in Vergessenheit. Diese erkannte die Tatsache an, dass politische Entscheidungen in der Regel nicht von entrückten Heiligen getroffen werden, sondern dadurch, dass der Druck, den verschiedene Interessengruppen einschließlich der Bürokraten selbst ausüben, austariert wird. Man konnte sich nur so lange auf die Selbstlosigkeit des Planers verlassen, solange die an der Entscheidung beteiligten Personen das nationale Interesse, wie es der Kriegsgeneration eingeflößt worden war, mit echter Leidenschaft verfolgten. Innerhalb der Philosophie hat der Utilitarismus noch immer vereinzelte Anhänger, aber die massiven Widerstände haben zugenommen.[8] Verstärkt werden sie durch die Kritik von Sozialpsychologen wie Haidt, die aufzeigen, dass seine Werte keineswegs universelle Wahrheiten sind. Die allermeisten Leute sind keine egoistischen Einfaltspinsel, anders als es die utilitaristische Wirtschaftstheorie nahelegt, sondern Menschen, die neben Fürsorge auch Fairness, Loyalität, Freiheit, Reinheit und Hierarchie wertschätzen. Sie sind nicht *egoistischer* als die sozialdemokratische Avantgarde; sie erkennen vielmehr, dass es im Leben darauf ankommt, verschiedene erstrebenswerte Werte auszubalancieren, statt einige wenige herauszuheben.

Während sich der neue Libertarismus der Rechten nicht nur als destruktiver, sondern auch als effizienter erwies, als erwartet worden war, kehrte die Linke an die Macht, nicht aber zum Kommunitarismus zurück. Stattdessen wurde sie jetzt von den neuen Ideologen kontrolliert. Die neue Avantgarde hatte, vermutlich ohne es selbst zu bemerken, die Kommunitarier ersetzt. Aber normale Familien merkten es, nicht zuletzt deshalb, weil einige der von der Avantgarde beförderten politischen Maßnahmen, losgelöst von ihrem konkreten Gemeinschaftsbezug, schädlich und unpopulär waren. Die Avantgarde lenkte den Staat von der florierenden Metropole aus und ließ staatliche Unterstützung gezielt jenen Gruppen zukommen, die ihres Erachtens die bedürftigsten waren: den »Opfern«. Die neuen Ängste befielen Menschen, die oftmals nicht in ausreichendem Maße entsprechende Kriterien erfüllten, obwohl sich ihre Lebensverhältnisse sowohl absolut als auch im Verhältnis zu den herkömmlichen »Opfergruppen« verschlechterten. Eine Konsequenz des »Opferstatus« war, dass jene, denen er zuerkannt wurde, in keiner Weise für ihre Lebensumstände verantwortlich gemacht werden konnten. Selbst wenn die Arbeiter einige der Opfermerkmale aufwiesen, so berechtigte sie dies allenfalls zu einer geringfügigen Erhöhung ihrer Konsumfähigkeit: Diese stand im Mittelpunkt der utilitaristischen Umverteilung. Begriffe wie Zugehörigkeit, Verdienstlichkeit, Würde und die Achtung, die aus der Erfüllung von Pflichten erwächst, gelten als sachlich irrelevant und fehlen daher zur Gänze im fachlichen Diskurs. Aber für gewöhnlich wurde der weißen Arbeiterschaft der Opferstatus vorenthalten: Die in den USA erscheinende libertäre *National Review*, der Inbegriff der WEIRD, kommentierte die sinkende Lebenserwartung dieser Bevölkerungsgruppe wie folgt: »Sie *verdienen* es, zu sterben.«[9] Obwohl alle Opfer gleich sind, sind manche Opfer »gleicher« als andere.

Wir sind Zeugen einer Tragödie. Meine Generation erlebte die triumphalen Erfolge des Kapitalismus, die sich die kommunitaristische Sozialdemokratie zunutze machte. Die neue Avantgarde usurpierte die Sozialdemokratie und brachte ihre eigene Ethik und ihre eigenen Prioritäten ein. Als die zerstörerischen Nebenwirkungen der neuen ökonomischen Kräfte unsere Gesellschaften trafen, wurden die Unzulänglichkeiten der neuen Ethik auf schonungslose Weise offenbar. Das gegenwärtige Versagen des Kapitalismus, so wie er von den neuen Ideologien gemanagt wird, ist ebenso offensichtlich, wie es die Erfolge dessen waren, was sie ersetzten. Wir sollten nicht länger bei den Missständen verharren, sondern uns fragen, wie sie behoben werden können.

Abhilfe schaffen

Politiker, Zeitungen, Zeitschriften und Bücher erteilen jede Menge kluger Ratschläge: Wir sollten Arbeitnehmer umschulen, sozial benachteiligten Familien helfen, Steuern für die Reichen erhöhen. Viele davon sind von der Grundidee her richtig, zielen aber nur auf einen Aspekt der neuen Ängste; sie liefern keine kohärente Antwort auf das, was mit unseren Gesellschaften passiert ist. Sie werden nur selten zu praktisch anwendbaren Strategien weiterentwickelt, die sich bereits bewährt haben. Anders als die der Ideologen sind sie auch nicht in einem ethischen Bezugsrahmen verankert. Ich habe versucht, es besser zu machen. Ich bemühe mich, eine kohärente Kritik an den Fehlentwicklungen mit praktischen Vorschlägen zur Überwindung der drei grundlegenden Spaltungen in unseren Gesellschaften zu verbinden.

Die Sozialdemokratie benötigt einen intellektuellen Neustart, der sie aus ihrer Existenzkrise herausholt, sodass sie wieder zur philosophischen Grundlage der gesamten politischen Mitte werden kann, sowohl der Mitte-links- als auch der Mitte-rechts-Parteien. Ermuntert hat mich zu diesem vielleicht vermessen anmutenden Projekt die Tatsache, dass vor über sechzig Jahren ein äußerst einflussreiches Buch genau dies tat. *The Future of Socialism* von Anthony Crosland verlieh der Sozialdemokratie während ihrer Blütezeit intellektuelle Kohärenz. Der Autor vollzog darin einen harten Bruch mit der marxistischen Ideologie, indem er anerkannte, dass der Kapitalismus den Wohlstand der Massen nicht etwa verhindert, sondern eine unabdingbare Voraussetzung dafür ist. Der Kapitalismus bringt Unternehmen hervor und diszipliniert sie, das heißt Organisationen, die Menschen befähigen, das Produktivitätspotenzial von Massenfertigung und Spezialisierung zu nutzen. Marx war der Ansicht, dies sei die Ursache von Entfremdung: Die Arbeit für Kapitalisten in Großunternehmen führe zwangsläufig dazu, dass Freude und körperliche Anstrengung auseinanderfielen, während Spezialisierung »den Menschen an ein einzelnes kleines Bruchstück des Ganzen fesselt«. Ironischerweise enthüllte gerade der industrielle Sozialismus die Folgen der Entfremdung auf verheerende Weise: in jener Einstellung, die sich in dem Satz »Sie tun so, als würden sie uns bezahlen, und wir tun so, als würden wir arbeiten« zusammenfassen lässt. Entfremdung ist jedoch nicht der Preis, den die Gesellschaft zahlen muss, um es zu Wohlstand zu bringen; den Kapitalismus zu akzeptieren bedeutet nicht, sich mit dem Teufel einzulassen. Viele gute moderne Unternehmen vermitteln Arbeitnehmern das Gefühl, einer sinnvollen Tätigkeit nachzugehen, und räumen ihnen dafür genügend Eigenverantwortung ein. Ihre Mitarbeiter ziehen Befriedigung aus dem, was sie tun, und nicht nur daraus, was sie verdienen. Bei etlichen anderen Unternehmen ist dies allerdings nicht der Fall, und viele Menschen stecken an unproduktiven und demotivierenden Arbeitsplätzen fest. Wenn der Kapitalismus für jeden funktionieren soll, muss er so gesteuert werden, dass er sowohl dem Bedürfnis nach sinnerfüllender Tätigkeit als auch Produktivitätserfordernissen Rechnung trägt. Dabei kommt es jedoch darauf an, den Kapitalismus in bestimmte Bahnen zu lenken, nicht darauf, ihn abzuschaffen.

Crosland war ein Pragmatiker; eine politische Maßnahme sollte seines Erachtens danach beurteilt werden, ob sie erfolgreich war, nicht danach, ob sie den Dogmen einer Ideologie entsprach. Eine Kernaussage der pragmatischen Philosophie lautet, dass wir keine ewigen Wahrheiten erwarten sollten, weil sich Gesellschaften wandeln. *The Future of Socialism* ist keine Bibel für die Zukunft, vielmehr lieferte das Buch eine Strategie, die auf die damalige Zeit zugeschnitten war. Während Crosland ein gesundes Misstrauen gegenüber dem arroganten Paternalismus der Avantgarde zum Ausdruck brachte, war seine Sicht des Gemeinwohls aber genauso reduktionistisch, bestand es für ihn doch in der Angleichung des individuellen Konsums. Das vorliegende Buch ist keine Neuauflage von *The Future of Socialism*. Vielmehr versuche ich, ein schlüssiges Bündel von Maßnahmen vorzustellen, die unseren neuen Ängsten entgegenwirken sollen.

Die akademische Welt zersplittert immer stärker in voneinander abgeschottete Fachgebiete. Dies bringt gewisse Vorteile in Bezug auf die Tiefe des Wissens mit sich, aber hier geht es um ein fächerübergreifendes Thema. Ich konnte dieses Buch nur schreiben, weil ich durch die Zusammenarbeit mit einem außergewöhnlich breiten Spektrum von Spezialisten, die Weltruf genießen, viel dazugelernt habe. Die neue soziale Divergenz wird zum Teil von einem Wandel sozialer Identitäten angetrieben; von George Akerlof habe ich die neue Psychoökonomik des Verhaltens von Menschen in Gruppen gelernt. Zum Teil ist sie auf Fehlentwicklungen der Globalisierung zurückzuführen; von Tony Venables habe ich gelernt, warum städtische Ballungsräume eine neue wirtschaftliche Dynamik entwickeln und warum Provinzstädte implodieren können. Ein weiterer Faktor ist das manchmal bedenkliche Verhalten von Unternehmen; von Colin Mayer habe ich gelernt, was gegen diesen Verlust moralischer Normen getan werden kann. Fundamental ist jedoch die Tatsache, dass politische Entscheidungen heute nur noch nach utilitaristischen Kriterien getroffen werden; Tim Besley brachte mir seinen Ansatz, der Moraltheorie und politische Ökonomie auf eine neue Weise zusammenführt, näher, und Chris Hookway klärte mich über die philosophischen Grundlagen des Pragmatismus auf.

Ich habe versucht, die Einsichten dieser Geistesgrößen in meine praktischen Lösungsvorschläge einfließen zu lassen, allerdings ist natürlich keiner von ihnen für das Ergebnis verantwortlich.[10] Kritiker werden bei der Lektüre nach Aussagen suchen, die sie infrage stellen können, und sie werden zweifellos fündig werden. Dennoch ist das Buch ein ernsthafter Versuch, neue wissenschaftliche Analysemethoden auf die neuen Ängste, die unsere Gesellschaften umtreiben, anzuwenden. Ich hoffe, dass es wie *The Future of Socialism* eine Grundlage bereitet, auf der sich die angeschlagene Mitte des politischen Spektrums erneuern kann.

Kapitalistische Gesellschaften müssen nicht nur Wohlstand schaffen, sondern auch ethischen Maßstäben genügen. Im nächsten Kapitel hinterfrage ich das Menschenbild des *Homo oeconomicus*, der als habgierig und egoistisch gilt. Beschämenderweise gibt es heute eindeutige empirische Belege dafür, dass Studenten der Wirtschaftswissenschaften im Lauf ihres Studiums beginnen, sich diesem Verhaltensmuster anzupassen – dennoch ist es anormal. Für die meisten von uns sind zwischenmenschliche Beziehungen von zentraler Bedeutung für unser Leben, und diese Beziehungen sind mit Pflichten verbunden. Entscheidend ist, dass Menschen wechselseitige Verpflichtungen eingehen, die das Wesen jeder menschlichen Gemeinschaft sind. Der Kampf zwischen Egoismus und reziproken

Verpflichtungen – zwischen Individualismus und Kommunitarismus – spielt sich in drei Bereichen ab, die unser Leben beherrschen:
Staaten, Unternehmen und Familien. In den letzten Jahrzehnten
war der Individualismus in allen dreien auf dem Vormarsch und der
Gemeinschaftsgedanke auf dem Rückzug. Für jeden Bereich unterbreite ich Vorschläge, wie die Gemeinschaftsethik erneuert und
durch politische Maßnahmen, die ein neues Machtgleichgewicht
schaffen, verbessert werden könnte.

Ausgehend von dieser praktischen kommunitaristischen Ethik,
wende ich mich den Divergenzen zu, die das Sozialgefüge unserer
Gesellschaften zerreißen. Die neue geografische Kluft zwischen der
boomenden Metropole und den Provinzstädten im Niedergang lässt
sich verringern, aber dazu bedarf es radikal neuer Konzepte. Die
Metropole erzeugt sehr hohe ökonomische Renten, die der Gesellschaft insgesamt zufließen sollten, aber dazu ist eine grundlegende
Reform der Steuergesetze notwendig. Es ist möglich, abgehängte
Städte zu revitalisieren, aber die bisherige Bilanz ist mager. Weder
der Markt noch öffentliche Maßnahmen zeigten besondere Wirkung. Nur eine breite Palette wohlabgestimmter und nachhaltiger
innovativer Maßnahmen kann hier etwas erreichen.

Auch die neue soziale Spaltung zwischen den gut verdienenden
Hoch- und den verzweifelnden Geringqualifizierten lässt sich verringern. Aber einzelne Maßnahmen allein helfen da nicht: Anders
als es uns der Utilitarismus mit seiner Fixierung auf den Konsum
glauben machen will, ist das Problem viel zu tiefgreifend, als dass
es sich durch eine Ausweitung des Konsums über höhere Sozialleistungen lösen ließe. Mehr noch als zur Wiederbelebung sterben-
der Städte brauchen wir eine breite Palette von Maßnahmen, um
die Lebenschancen der Menschen und ihre sozialen Beziehungen
zu verbessern. Die sozialpolitischen Eingriffe sollten darauf abzielen, überlastete Familien zu unterstützen, anstatt dass Behörden
selbst elterliche Fürsorgepflichten übernehmen. Einige der Probleme, die Menschen verzweifeln lassen, wurden durch selbstherr-
liche Strategien der Hochqualifizierten verschlimmert. Auch hier
gibt es gewisse Spielräume, um die schädlichsten davon einzudämmen; es geht allerdings nicht nur darum, exzessiven Konsum durch
Besteuerung zu bremsen.

Was die globale Spaltung betrifft, so hat die selbstbewusste paternalistische Avantgarde in der Erwartung einer postnationalen Zukunft eine sehr unbekümmerte Einstellung zur Globalisierung an den Tag gelegt. Dabei sind individuelle Reaktionen auf globale Chancen, die für den Einzelnen vernünftig erscheinen, nicht automatisch für die Gesellschaft von Vorteil. Die sachlich fundierte Ablehnung hoher Handelsschranken verlockte Ökonomen dazu, Handelsliberalisierung vorbehaltlos zu begrüßen. Im Allgemeinen bringt der internationale Handel jedem Land so viele Vorteile, dass die Profiteure die Verlierer vollumfänglich entschädigen *könnten*. Aber während sich Ökonomen lautstark für den Handel einsetzten, blieben sie stumm, was die Kompensation der Verlierer anging. Bleibt sie aus, entbehren Behauptungen, die Globalisierung steigere den gesamtgesellschaftliche Wohlstand, jedoch jeglicher analytischen Grundlage. In ähnlicher Weise führte die berechtigte Forderung nach Anerkennung der Rechte ethnischer Minderheiten zur uneingeschränkten Befürwortung der Zuwanderung. Doch auch wenn beide unter die Rubrik Globalisierung fallen, sind Handel und Migration zwei grundverschiedene wirtschaftliche Prozesse: Der eine wird vom *komparativen* Vorteil angetrieben, der andere vom *absoluten* Vorteil. Es gibt keinerlei Belege für die Vermutung, Migration bringe der Gesellschaft, in die eingewandert beziehungsweise aus der ausgewandert wird, Vorteile; eindeutige Gewinner sind nur die Migranten selbst.

Ein Manifest

Der Kapitalismus hat viel erreicht, und Wohlstand kann es ohne ihn nicht geben, aber naiver Optimismus ist fehl am Platz. Keine der drei neuen sozialen Spaltungen lässt sich allein dadurch überwinden, dass man sich auf den Druck der Märkte und den individuellen Eigennutz verlässt: »Kopf hoch, und genießen Sie die Fahrt« ist nicht nur sachlich unangemessen, sondern selbstgefällig. Wir brauchen einen aktiven Staat, aber sozialer Paternalismus ist mehrfach gescheitert. Die Linke ging davon aus, der Staat wisse es am besten, aber leider war das nicht der Fall. Man unterstellte einfach, dass der von der

Avantgarde geleitete Staat die einzige Instanz sei, die ihr Handeln an ethischen Normen ausrichte. Doch damit wurden seine ethische Kraft enorm überschätzt und entsprechend die von Familien und Unternehmen krass unterschätzt. Die Rechte war der festen Überzeugung, wenn erst einmal die Fesseln der staatlichen Regulierung gelöst seien – das Mantra des Libertarismus –, werde dies die Kräfte des Eigennutzes freisetzen und den Wohlstand aller mehren. Eine Vorstellung von der Magie des Marktes, die zudem mit der Ablehnung ethischer Schranken einhergeht. Wir brauchen einen aktiven Staat, der sich aber mit einer bescheideneren Rolle begnügt; wir brauchen den Markt, aber gezähmt durch ein ethisch wohlfundiertes Bewusstsein der Verantwortung für das Gemeinwohl.

In Ermangelung eines besseren Begriffs nenne ich die Gesamtheit der von mir zur Überwindung der Spaltungen vorgeschlagenen Maßnahmen *sozialen Maternalismus*. Der Staat würde aktiv in die Wirtschaft und die Gesellschaft eingreifen, aber er dürfte sich nicht unverhohlen selbst immer mehr Machtbefugnisse übertragen. Die Steuerpolitik würde die Mächtigen davon abhalten, sich Gewinne anzueignen, die ihnen nicht zustehen, aber nicht leichtfertig den Reichen Einkommen wegnehmen, um es an die Armen umzuverteilen. Die staatlichen Rechtsvorschriften würden jene, die unter der »schöpferischen Zerstörung« leiden, durch die der Wettbewerb den ökonomischen Fortschritt antreibt, ermächtigen, Entschädigung zu verlangen, statt den gesamten Prozess, der dem Kapitalismus seine erstaunliche Dynamik verleiht, abwürgen zu wollen.* Staatlich getragener Patriotismus wäre eine Kraft des Zusammenhalts, der an die Stelle der Betonung fragmentierter Identitäten, die sich aus Ressentiments speisen, träte. Die philosophische Grundlage dieser Agenda ist eine Zurückweisung jeglicher Ideologie. Aber damit rede

---

* »Schöpferische Zerstörung« ist der Prozess, durch den effiziente Unternehmen weniger effiziente durch Wettbewerb aus dem Markt drängen. Ihr verdankt sich ein Großteil der allmählichen Zunahme der Durchschnittseinkommen. Geprägt wurde der Begriff von Joseph Schumpeter (1942), der ihn »die grundlegende Tatsache des Kapitalismus« nannte. Sie ist der Grund dafür, dass alle anderen »Ismen«, wie romantisch verlockend sie sich auch anhören mögen, bestenfalls belanglos sind. Die Zukunft unserer Gesellschaften hängt davon ab, den Kapitalismus zu reformieren, nicht davon, ihn zu überwinden.

ich keineswegs einem Sammelsurium von Ideen das Wort, vielmehr geht es um die Bereitschaft, unsere vielfältigen und instinktiven moralischen Werte und die pragmatischen Kompromisse, die die Vielfalt erfordert, zu akzeptieren. Die Methode, Werte durch Rückgriff auf ein einziges absolutes Prinzip der Vernunft auszuhebeln, fördert notwendigerweise die Spaltung. Die Forderung, die Vielfalt unserer Werte zu akzeptieren, findet ihre Grundlage in der Philosophie von David Hume und Adam Smith. Die in diesem Buch vorgeschlagenen Maßnahmen transzendieren das Links-rechts-Spektrum, dessen schlimmste Auswüchse das letzte Jahrhundert prägten und das gegenwärtig mit aller Macht zurückkehrt.* Die Katastrophen des 20. Jahrhunderts waren das Werk politischer Führungsfiguren, die entweder leidenschaftlich für eine Ideologie eintraten – Männer mit Grundsätzen – oder mit Populismus hausieren gingen – Männer mit Charisma (nun ja, es waren für gewöhnlich Männer). Im Gegensatz zu diesen Ideologen und Populisten waren die erfolgreichsten Führer des 20. Jahrhunderts Pragmatiker. Lee Kwan Yew, der eine im Sumpf von Korruption und Armut steckende Gesellschaft übernahm, griff die Korruption frontal an und machte aus Singapur das bislang erfolgreichste Land des 21. Jahrhunderts. Pierre Trudeau, der als kanadischer Premierminister ein Land übernahm, das so zerrissen war, dass es kurz vor der Sezession stand, entschärfte den Separatismus in der überwiegend frankophonen Provinz Québec und schuf eine Nation, die voller Stolz auf sich selbst ist. Aus den Trümmern des Genozids baute Paul Kagame Ruanda zu einer gut funktionierenden Gesellschaft auf. In seinem Buch *The Fix* studierte der kanadische Journalist Jonathan Tepperman zehn solche Führungspersönlichkeiten auf der Suche nach der Formel, mit der

---

* Die Bausteine – Pragmatismus, Wohlstand, Gemeinschaftsbindung, Ethik und Sozialpsychologie – bilden eine in sich geschlossene Einheit. Dies hängt damit zusammen, dass sie alle auf David Hume und seinen Freund Adam Smith zurückgehen. Smiths Biograf Jesse Norman (2018) behauptet, dieser sei ein Pragmatiker gewesen. Entsprechend ließen sich die Ursprünge des Pragmatismus in Smiths Werk finden: »Die Konsequenzen seiner Newtonschen Wissenschaftsphilosophie werden in der Moderne von niemandem so meisterlich erkundet wie von Peirce«, dem Begründer des Pragmatismus. Die Ethik von Smith und Hume war ausdrücklich kommunitaristisch: Wie Norman sorgfältig nachweist, waren sie keine Proto-Utilitaristen.

sie jeweils Lösungen für gravierende Probleme fanden. Er gelangt zu dem Schluss, ihre Gemeinsamkeit bestehe darin, dass sie auf Ideologie verzichteten; stattdessen konzentrierten sie sich auf pragmatische Lösungen für Kernprobleme, wobei sie sich jeweils auf die konkreten Situationen einstellten.[11] Sie waren bereit, wenn nötig hart zu sein: Ihre Bereitschaft, mächtigen Gruppen ihre Unterstützung zu verweigern, war Kennzeichen ihres Erfolgs. Lee Kwan Yew war willens, seine Freunde ins Gefängnis zu werfen; Trudeau verweigerte seinen Landsleuten in Québec den ersehnten Unabhängigkeitsstatus; Kagame verwehrte seinem Tutsi-Team die übliche Beute eines militärischen Siegs. Sie alle mussten heftigen Widerstand aushalten, um schließlich erfolgreich zu sein.

Der Pragmatismus dieses Buches ist fest und konsequent auf moralischen Werten gegründet. Aber er enthält sich bewusst jeglicher Ideologie, und er wird Ideologen jeglicher Couleur verärgern. Sie beherrschen gegenwärtig die Medien. Sich als »links« zu bekennen ist eine allzu bequeme Methode geworden, sich moralisch überlegen zu fühlen; sich als »rechts« zu bekennen ist eine allzu bequeme Methode geworden, für sich die Tugend des »Realismus« zu beanspruchen. Es geht um nichts Geringeres als die Zukunft eines ethischen, sozialen Kapitalismus: willkommen in der mühsamen Mitte.

Teil II
Die Ethik erneuern

2 Die Grundlagen der Moral:
Vom egoistischen Gen zur ethischen Gruppe

Der moderne Kapitalismus hat das Potenzial, uns allen beispiellosen Wohlstand zu bringen, aber er ist moralisch bankrott und steuert geradewegs auf eine Tragödie zu. Menschen brauchen das Gefühl, etwas Sinnvolles zu tun, und der Kapitalismus bietet ihnen das nicht. Dabei könnte er es. Der eigentliche Zweck des modernen Kapitalismus besteht darin, allgemeinen Wohlstand zu schaffen. Vielleicht weil ich in armen Verhältnissen aufwuchs und mich als Wissenschaftler mit einkommensschwachen Gesellschaften beschäftige, weiß ich, dass dies ein lohnenswertes Ziel ist. Aber es genügt nicht. In einer erfolgreichen Gesellschaft haben die Menschen das Empfinden, ein sinnerfülltes, gelingendes Leben zu führen, *aufzublühen* – materieller Wohlstand verbindet sich hier mit einem Gefühl der Zugehörigkeit und der Wertschätzung durch andere. Materieller Wohlstand lässt sich durch das Einkommen messen, und sein Gegensatz ist verzweifelte Armut; das Ausmaß sinnerfüllter Lebensgestaltung wird gegenwärtig am besten durch das subjektive Wohlbefinden näherungsweise ermittelt, und sein Gegensatz ist mit sozialer Isolation und Demütigung verbunden.

Als Volkswirt habe ich gelernt, dass dezentraler, marktgestützter Wettbewerb – der Kern des Kapitalismus – der einzige Weg ist, um Wohlstand zu schaffen. Was aber sind die Quellen der anderen Aspekte des Wohlbefindens? Während dem *Homo oeconomicus* Faulheit unterstellt wird, ist zweckorientiertes Handeln wie etwa Arbeitstätigkeit wichtig für die Selbstachtung.* Und während der

---

* Gegenwärtig lässt sich Wohlbefinden in der Praxis am verlässlichsten mit einer zehnstufigen Skala messen, die eine »Lebensleiter« darstellt, angefangen von den schlimmsten bis zu den besten vorstellbaren Lebensumständen. Das ist ein stabileres Maß als direkte Fragen danach, wie glücklich man sich fühle, deren Beantwortung von der momentanen Gestimmtheit beeinflusst wird. Ergebnisse für die »Lebensleiter« werden im *World Happiness Report 2017* veröffentlicht.

Homo oeconomicus selbstbezogen ist, setzt das Gefühl der Zugehörigkeit gegenseitige Wertschätzung voraus. Ein moralischer Kapitalismus, der neben materiellem Wohlstand auch gegenseitige Achtung und das Gefühl der Zugehörigkeit fördert, ist kein Widerspruch in sich. Das aber glauben viele Menschen verständlicherweise; sie sind überzeugt, der Kapitalismus sei mit dem verhängnisvollen Makel behaftet, sich ausschließlich auf Habgier als Triebfeder des Handelns zu stützen.

Mit dieser Kritik konfrontiert, plappern Befürworter des Kapitalismus oftmals die marxistische Doktrin nach, dass »der Zweck die Mittel heiligt«. Das ist ein fundamentaler Irrtum; ein nur von Gier angetriebener Kapitalismus würde genauso scheitern wie der Marxismus, er würde Menschen erniedrigen und Gesellschaften spalten, statt für breiten Wohlstand zu sorgen. Und tatsächlich führt der Kapitalismus ganze Gesellschaften derzeit in ebendiese Richtung. Dieses Buch zeigt eine Alternative auf, bei der die Mittel einem moralischen Zweck dienen. Dieser Neustart benötigt mehr als herzerwärmende Slogans, die von den PR-Abteilungen der Konzerne oder »Davos-Menschen« kreiert wurden.

Teil II des Buches schafft die ethischen Grundlagen, auf denen diese Lösungen basieren, während es in Teil III um praktische Lösungen für die sich immer weiter vertiefenden sozialen Spaltungen geht. Das aktuelle Kapitel wiederum behandelt die Frage, wie unsere Moralvorstellungen mit unseren Emotionen zusammenhängen, wie sie sich entwickeln und was dabei schieflaufen kann.[1]

Wollen und Sollen

Die schlagfertigen Verteidiger des Kapitalismus, die behaupten, der Zweck heilige die Mittel, berufen sich auf Adam Smiths berühmtes Diktum in *Der Wohlstand der Nationen*, wonach die Verfolgung eigennütziger Interessen zugleich den allgemeinen Wohlstand herbeiführe. »Gier ist gut« wurde die intellektuelle Grundlage der von Reagan und Thatcher mit so viel Eifer in Angriff genommenen Revolution. Smiths Aussage ist ein nützliches Korrektiv für die naive Vorstellung, eine Handlung sei nur dann gut, wenn ihr eine gute

Absicht zugrunde liege. Aber im Zentrum der modernen Volkswirtschaftslehre, deren Grundlagen *Der Wohlstand der Nationen* im
Jahr 1776 legte, steht ein Charakter, der zutiefst verabscheuungs-
würdig ist. Der *Homo oeconomicus* ist egoistisch, habgierig und faul.
Es gibt solche Menschen, und Sie werden einigen davon begegnen.
Aber selbst Milliardäre leben nicht so: Diejenigen, die ich kenne,
sind getriebene Workaholics, die in ihrem Leben ein Ziel verfolgen, das weit über ihren persönlichen Bedarf und Komfort hinausgeht. Viele Volkswirte räumen diese Einschränkungen bereitwillig
ein, aber dergleichen Unschuldsbeteuerungen und Verteidigungs-
reden treffen auf unangenehme Wahrheiten: Studenten der Wirtschaftswissenschaften entwickeln einen ausgeprägten Egoismus,[2]
und die zweifelhaften Grundannahmen der Modelle, an denen sich
die Politik orientiert, definieren die Eckpunkte ernsthafter Diskussionen.*

Aber Smith war gerade *nicht* der Meinung, dass wir *Homo oeconomicus* sind.[3] Er hielt den Metzger und den Bäcker nicht bloß für
eigennützige Individuen, sondern auch für moralisch motivierte
Menschen in einer Gesellschaft. Ein Computer sagt das Verhalten
des *Homo oeconomicus* aus den Axiomen des rationalen Selbstinter-
esses vorher. Aber wir sagen die Handlungen des Metzgers und des
Bäckers dadurch vorher, dass wir uns in sie hineinversetzen; diese
Fähigkeit wird auch »Theory of Mind« genannt. Uns in einen anderen Menschen hineinzuversetzen, so erkannte Smith, befähigt uns
nicht nur, ihn zu verstehen, sondern veranlasst uns auch dazu, uns
um ihn zu sorgen und seinen moralischen Charakter zu beurteilen. In dieser Empathie und der Neigung zur Beurteilung sah er die
Grundlagen der Sittlichkeit, die einen Keil treibt zwischen das, was
wir tun *wollen*, und das, was wir unserem inneren Gefühl nach tun
sollten. Sittlichkeit entspringt also unseren Gefühlen, nicht unserer
Vernunft. Das legte er in seiner *Theorie der ethischen Gefühle* (1759)
dar. Darin finden wir drei deutlich voneinander geschiedene Stu-
fen oder Intensitäten von Verpflichtungen.

Die stärksten Pflichten erwachsen aus persönlicher Vertrautheit. Sie gelten am weitreichendsten und bedingungslos gegenüber

---

* Ein Beispiel ist die Einführung der Bonuskultur im öffentlichen Dienst.

unseren Kindern und engen Verwandten, erstrecken sich aber auch auf alle, die wir kennen. Die schwächste Verpflichtung besteht gegenüber weit entfernt lebenden Menschen in Not. In einem berühmten Abschnitt seines Werks führt Smith das Beispiel eines Erdbebens in China an: Es wäre nicht hinlänglich erschütternd, um einen Engländer des 18. Jahrhunderts davon abzuhalten, sein Dinner zu genießen. Ungeachtet Social Media und Nichtregierungsorganisationen gilt das Gleiche für einen Nachtschwärmer des 21. Jahrhunderts, der sich in einer Disco amüsieren will. In *Gestrandet*, einem Buch über die Flüchtlingskrise, beziehen Alex Betts und ich uns auf diese moralische Verpflichtung, die wir eine *Pflicht zur Hilfeleistung* nennen. Smith setzte sie in Beziehung zu einem Gefühl der *Unparteilichkeit*: Wir wissen objektiv, dass wir in Situationen wie dem Erdbeben helfen sollten. In *Die unterste Milliarde* legte ich eine andere Pflicht zur Hilfeleistung dar. Eine Milliarde Menschen leben in verzweifelter Armut. Man muss kein Heiliger sein, um zu erkennen, dass wir alles in unserer Macht Stehende tun sollten, um ihnen Hoffnung zu geben.

Zwischen enger Vertrautheit und Pflichten zur Hilfeleistung sind jene Gefühle angesiedelt, die Smith in den Mittelpunkt seines Buches stellte: der sanfte innere Druck etwa durch das Gefühl der Scham und das Bedürfnis nach Wertschätzung, der uns dazu befähigt, wechselseitige Verpflichtungen einzugehen – »ich helfe dir, wenn du mir hilfst«. Das Vertrauen, das dies möglich macht, wird durch Gefühle untermauert, die von Vertrauensbrüchen abhalten. Weshalb haben Menschen solche Empfindungen, schließlich gehören sie nicht zur psychologischen Ausstattung des *Homo oeconomicus*? Die Antwort – die von empirischen Befunden etwa bezüglich des Verhaltens, das wir bereuen, gestützt wird – lautet, dass sich Menschen besser als *Homo socialis* (»social man«) beschreiben lassen, als Gemeinschaftswesen. Dem *Homo socialis* liegt etwas daran, was andere von ihm denken: Er will wertgeschätzt werden. Auch der *Homo socialis* ist rational – ein Nutzenmaximierer –, aber er zieht nicht nur aus dem eigenen Konsum, sondern auch aus der Wertschätzung anderer einen Nutzen. Wie Habgier und das Bedürfnis nach Zugehörigkeit ist auch das Streben nach Wertschätzung ein grundlegender Antrieb.

Der Nobelpreisträger für Wirtschaftswissenschaften Vernon Smith erkannte, dass *Der Wohlstand der Nationen* und *Die Theorie der ethischen Gefühle* von einer gemeinsamen Idee ausgehen: dem wechselseitigen Nutzen des Tauschhandels. Der Ort für den Tausch von Waren ist der Markt. Die Arena für den Tausch von Verpflichtungen ist die vernetzte Gruppe, das Thema dieses Kapitels. Zweihundert Jahre lang waren Wirtschaftswissenschaftler der festen Überzeugung, Adam Smith habe zwei einander widersprechende Bücher geschrieben, und blendeten daher *Die Theorie der ethischen Gefühle* einfach aus. Erst in jüngster Zeit hat man ihn richtig verstanden: Es gibt nicht zwei Smiths, sondern nur einen, und seine vernachlässigten Ideen sind von großer Bedeutung.[4]

Menschen werden zum Teil von »Bedürfnissen« angetrieben, die im Mittelpunkt des *Wohlstands der Nationen* stehen, und zum Teil von »Sollensforderungen« (moralischen Geboten), die im Zentrum der *Theorie der ethischen Gefühle* stehen. In beiden Fällen erkannte Smith, dass der Übergang von der Selbstgenügsamkeit zum Tausch eine grundlegende Veränderung ist, aber er selbst scheint *Die Theorie der ethischen Gefühle* für das bedeutendere Werk gehalten zu haben, als hätte der Austausch von »Sollensforderungen« einen höheren Stellenwert als der von »Bedürfnissen«. Doch sind »Sollensforderungen« nicht lediglich mentales Geplapper? Wird menschliches Verhalten nicht ausschließlich von »Bedürfnissen« oder Gier bestimmt, wie es die Lehrbücher und die Kritiker des Kapitalismus behaupten?

Sozialwissenschaftliche Studien lassen heute Rückschlüsse auf ihre relative psychologische Bedeutung zu, und Verhaltensexperimente haben gezeigt, dass unser Verhalten nicht nur von »Bedürfnissen«, sondern auch von »Sollensforderungen« beeinflusst wird. Ein verblüffend einfaches Experiment enthüllt, welcher der beiden Faktoren stärker ins Gewicht fällt. Die Teilnehmer wurden gebeten, sich an jene Entscheidungen zu erinnern, die sie am meisten *bereuten*, und diese in eine Rangordnung zu bringen. Wir alle machen Fehler, und die schlimmsten wurmen uns; die Antworten wurden in Kategorien zusammengefasst. Wir wissen, was der *Homo oeconomicus* am meisten bereuen würde: »Hätte ich doch nur dieses Haus gekauft«, »hätte ich doch nur dieses Interview nicht verbockt«, »hätte ich doch nur Apple-Aktien gekauft«. Er würde entgangene

Gelegenheiten zur Befriedigung seiner »Bedürfnisse« bereuen. Aber diese schlagen in besagter Studie kaum zu Buche. Menschen treffen eine Vielzahl von Fehlentscheidungen, aber sie hängen ihnen nur selten längere Zeit nach. Nagende Reuegefühle empfinden wir ganz überwiegend in den Fällen, in denen wir »Sollensforderungen« nicht erfüllt haben, wenn wir jemanden im Stich ließen oder gegen eine moralische Verpflichtung verstießen.[5] Die Reuegefühle lehren uns, Verpflichtungen nachzukommen. Auch wenn unsere Entscheidungen anfällig sind für momentane Torheiten, beurteilen wir unsere Handlungen in der Regel stärker danach, ob sie »Sollensforderungen« erfüllten, als danach, ob sie Bedürfnisse befriedigten.

Die Sozialpsychologie hat auch Smiths These bestätigt, wonach sittliches Verhalten auf Werten, nicht auf Vernunftgründen beruht.[6] Jonathan Haidt fand empirische Belege für ebendiese Dominanz. Menschen versuchen ihre Werte dadurch zu rechtfertigen, dass sie Gründe dafür anführen, aber wenn unsere Gründe entkräftet werden, machen wir andere geltend, und revidieren nicht etwa unsere Werte. Unsere Gründe enthüllen sich als eine Scharade der Selbsttäuschung, als Schwindel, der »motiviertes – eigennütziges – Denken« genannt wird.[7] Gründe sind in Werten verankert, nicht etwa Werte in Gründen; oder wie es Hume so plastisch formulierte: »Die Vernunft ist die Sklavin der Leidenschaften.« Für den rationalen *Homo oeconomicus* kommt es noch schlimmer. In ihrem Buch *The Enigma of Reason* zeigen der Kognitionswissenschaftler Hugo Mercier und der Anthropologe Dan Sperber, dass sich die *Vernunft selbst* evolutionär zu dem strategischen Zweck herausbildete, andere zu überzeugen, nicht dazu, unsere Entscheidungsfindung zu verbessern – obgleich selbst das bereits als ein bedeutender Fortschritt gilt.[8] Unser rationales Denkvermögen entstand also, damit wir unsere eigennützigen Motive vor uns selbst und anderen verschleiern können – und in dieser Weise setzen wir es für gewöhnlich ein. Doch auf einer grundlegenderen Ebene erklärt sich die massive Größenzunahme des menschlichen Gehirns in den vergangenen zwei Millionen Jahren mit den Erfordernissen sozialer Kooperation.[9] Smiths Ideen sind also keineswegs altmodisch, vielmehr skizzieren sie die zukünftige Richtung der wirtschaftswissenschaftlichen Forschung.

Werte ergänzen sich oftmals gegenseitig und erzeugen so weitere Normen. Fairness und Loyalität, zwei der Werte, die nach Haidts Befunden weit verbreitet sind, stützen gemeinsam die Norm der *Reziprozität*, die unser grundlegendes Streben nach Wertschätzung mit den Scham- und Schuldgefühlen verbindet, die wir empfinden, wenn wir gegen eine moralische Verpflichtung verstoßen. Reziprozität stellt verlässlich sicher, so haben Experimente gezeigt, dass selbst anspruchsvolle Verpflichtungen langfristig eingehalten werden. Während der Wert der Fürsorge die Pflicht zur Hilfeleistung untermauert, können jene, die in der Lage sind zu helfen, sich zu einer Gruppe zusammenschließen, die auf der Basis von Fairness und Loyalität wechselseitige Verpflichtungen begründet: »Ich helfe dir, wenn du mir hilfst.« So wie wir lernen, Bedürfnisse nach Priorität zu ordnen, so priorisieren wir auch Werte. Mit Hilfe der praktischen Vernunft geben wir Werten, die auf den ersten Blick im Widerspruch zueinander stehen, den nötigen Feinschliff und lassen den Kontext Kompromisslösungen aufzeigen.

Dies war der Ansatz von Smith und Hume. Darauf aufbauend, befürwortete die Philosophie des Pragmatismus diese Verflechtung geläufiger moralischer Werte mit der praktischen Vernunft. In ihrem Ursprung ist sie kommunitaristisch, da sie die Aufgabe der Moral darin sieht, unsere Handlungen auf die Werte unserer Gemeinschaft und die besonderen Umstände des Kontextes abzustimmen.* Wir sollten mithilfe der praktischen Vernunft die (moralisch) richtige Handlung herleiten; sie verschließt sich ideologischen Erwägungen, es gibt keinen übergeordneten, absoluten und zeitlosen Wert. In realen Gemeinschaften verändert sich die relative Bedeutung von

---

* Einer ihrer Gründerväter, William James, schrieb: »Ein sozialer Organismus beliebiger Art, ob klein oder groß, ist das, was er ist, weil jedes Mitglied seine Pflichten in dem Vertrauen darauf erfüllt, dass die anderen gleichzeitig die ihren erfüllen. Jedes Mal, wenn durch diese Kooperation vieler unabhängiger Personen ein gewünschtes Ergebnis erzielt wird, ist seine Existenz als eine Tatsache eine reine Folge des vorhergehenden Vertrauens, das die unmittelbar Betroffenen ineinander setzten. Eine Regierung, eine Armee, ein Handelssystem, ein Schiff, ein College, eine Sportmannschaft existieren auf dieser Grundlage, ohne die nicht nur nichts vollbracht wird, sondern nicht einmal das Geringste überhaupt unternommen wird.« (James, 1896) Dieses Kapitel zeigt uns, wie ein solches Vertrauen aufgebaut wird.

Werten; der Pragmatismus fragt: »Was ist hier und heute am erfolgversprechendsten?«

Dagegen erheben Ideologien einen vermeintlich vernunftgeleiteten Überlegenheitsanspruch, den ihre Anhänger gegenüber denen geltend machen, die anderer Meinung sind als sie. Die Hüter der »obersten« Ideologie sind die Avantgarde der Experten. Religiöse Fundamentalisten berufen sich auf ein einzigartiges göttliches Wesen als höchste Autorität, Marxisten auf die Diktatur des Proletariats, das von einer Hierarchie angeleitet wird,[10] Utilitaristen auf die Summe der Nutzen aller Einzelnen und Rawlsianer auf »Gerechtigkeit«, wie sie von ihnen selbst definiert wird.[11] So wie der Pragmatismus im Gegensatz zu jeglicher Ideologie steht, so widersetzt er sich auch jeglichem Populismus. Die Ideologie privilegiert einen »Vernunftgrund« gegenüber dem reichen Spektrum menschlicher Werte; der Populismus verwirft die auf empirischen Befunden basierende praktische Vernunft und betreibt eine schamlos »affektgesteuerte« Politik. Unsere Werte, die eng mit der praktischen Vernunft verflochten sind, verbinden Herz und Kopf. Der Populismus bietet das kopflose Herz, die Ideologie den herzlosen Kopf.

Der Pragmatismus hat seine Gefahren. Der Freiheit, moralische Handlungen situationsbezogen zu bestimmen, müssen aufgrund der uns innewohnenden Beschränkungen Grenzen gesetzt werden. Wir mühen uns redlich, aber unser Wille und unsere Fähigkeiten sind begrenzt. Schlimmer noch: Wir sind versucht, unsere Werte »vernünftig« zu begründen. Am schlimmsten: Die Qualität unserer Urteile wird durch unser Wissen begrenzt. Pragmatiker räumen diese Unzulänglichkeiten ein: Unsere individuellen moralischen Urteile sind fehlbar. Alle Gesellschaften haben Bewältigungsstrategien dafür entwickelt: Wir benutzen Faustregeln, von denen einige institutionalisiert wurden. Im besten Fall werden in Institutionen die angehäuften Ergebnisse sozialer Lernvorgänge aus einer so breiten Palette von Erfahrungen gesammelt, wie ein Einzelner sie niemals machen könnte. Bei vielen moralischen Entscheidungen mag es am besten sein, sich an Institutionen zu halten. Jene politischen Philosophen, die der Fähigkeit des Einzelnen zur praktischen Vernunft am skeptischsten gegenüberstehen, favorisieren das in Institutionen angehäufte Wissen: Das ist *Konservatismus*.* Jene, die die geringsten Zweifel an dieser Fähigkeit hegen, befürworten die Freiheit, die sie eröffnet: Das ist *Liberalismus*.** Beide Bedenken haben ihre guten Gründe – die Antwort lautet Ausgewogenheit.

Wie Reziprozität entsteht

Reziproke Verpflichtungen sind von entscheidender Bedeutung für das individuelle Wohlbefinden, aber wie kommen sie zustande? Jede Erklärung muss in Einklang mit der Evolution stehen, und das heißt, sie muss die Tatsache berücksichtigen, dass der Reziprozität Begierden und Werte zugrunde liegen. Es ist leicht zu ersehen, warum die Nahrungskonkurrenz diejenigen selektiert, die eine Veranlagung zur Gier haben, während sie die Altruisten aussiebt. Aber warum sehnen wir uns auch nach Zugehörigkeit und Wertschätzung? Warum bedeuten uns Loyalität, Fairness und Fürsorge so viel? Warum haben wir überhaupt irgendwelche Werte? Die Evolution ist ein brutaler Prozess der Auslese vorteilhafter Merkmale, sodass es den Anschein hat, als wäre egoistischer Materialismus das, was wir brauchen: Wertschätzung und Zugehörigkeit kann man nicht essen, und Werte hindern einen nur daran, seinen Wünschen freien Lauf zu lassen. Der *Homo oeconomicus* mutet oberflächlich als eine verstärkte Ausformung des *egoistischen Gens* an.

Aber wir wissen, dass dies falsch ist: Das egoistische Gen bringt nicht den egoistischen Menschen hervor. Viele Jahrtausende lang konnten Menschen nur überleben, wenn sie in einer Gruppe kooperierten, denn auf sich allein gestellt, waren sie todgeweiht. Der *Homo oeconomicus*, dem der Wunsch nach Zugehörigkeit und Wertschätzung fehlte, war so egoistisch, dass man ihm nicht erlaubte, in der Gruppe zu bleiben; er wurde vertrieben. Die natürliche Selektion siebte den *rationalen männlichen Homo oeconomicus* zugunsten des

---

* Nicht zu verwechseln mit den vielfältigen skandalösen moralischen Verfehlungen, die jene unterstellen, die »konservativ« als ein Schimpfwort verwenden.

** Nicht zu verwechseln mit den vielfältigen skandalösen moralischen Verfehlungen, die jene unterstellen, die »liberal« als Schimpfwort verwenden.

rationalen weiblichen Homo socialis aus: Der Wunsch nach Zugehörigkeit und Wertschätzung ist genauso fest in uns einprogrammiert wie das Bedürfnis nach Nahrung. Aber woher kamen die gemeinsamen Werte?

Der Frühmensch lebte in Gruppen – Netzwerken, in denen Menschen miteinander interagierten, wodurch sich aufgrund von Imitation gemeinsame Verhaltensweisen ausbreiteten. Als der *Homo sapiens* die Bühne betrat, lebte auch er in Gruppen, und die Individuen ahmten sich ebenfalls gegenseitig nach. Wir tun das noch immer. Menschen beeinflussen unwissentlich das Verhalten nicht nur ihrer Freunde, sondern auch von *deren* Freunden und der Freunde ihrer Freunde.[12] Aber der *Homo sapiens* hat ein beispiellos leistungsfähiges Werkzeug für Interaktionen entwickelt: Sprache. Warum war sie ein so kolossaler Vorteil? Weil nur Sprache Narrative vermitteln kann. Wenn Menschen miteinander reden, vermitteln die kursierenden Narrative eine Reihe von Ideen. Es ist die Handlung, die Menschen in grundlegender Weise von anderen Spezies unterscheidet. Descartes' »*Cogito ergo sum*« ist wieder hochaktuell: Wir leiten unsere Welt nicht aus uns ab, wir leiten uns aus unserer Welt ab. Die Atome der Menschheit sind keine reflektierenden Individuen, sondern die Beziehungen, in die wir hineingeboren werden. Wir können von den extrem seltenen Sonderfällen der »Wolfskinder« lernen, die, isoliert von anderen Menschen, von Tieren großgezogen wurden. Wuchsen sie, wie in der Sage von Romulus und Remus, heran, um Rom zu gründen? Wenn wir den Bogen von Rom in die Gegenwart schlagen, könnten wir uns dies als den logischen Endpunkt der Hypothese von Ayn Rand vorstellen: Wenn Menschen befreit von den Fesseln der Gesellschaft aufwachsen könnten, würden sie zu Atlas-ähnlichen, eigenständig denkenden Innovatoren. Tatsächlich aber werden sie zu tragischen Geschöpfen, die nicht als Menschen zu erkennen sind. Ein berühmtes Beispiel war ein neunjähriger Junge, der im 18. Jahrhundert in einem Wald in Frankreich gefunden wurde. Trotz intensiver pädagogischer Bemühungen lernte er nie auch nur zu sprechen, geschweige denn, sich wie ein normaler Mensch zu verhalten. Die heutigen Pendants sind die rumänischen Kinder, die in der kommunistischen Ära in staatlichen Waisenhäusern aufwuchsen.

Wenn Kinder immer wieder bestimmte Narrative hören, entwickeln sie schnell ein Gefühl der Zugehörigkeit zu einer Gruppe und einem Ort. Wir erwerben dieses Gefühl, lange bevor wir die Fähigkeit zu logischem Denken entwickeln. Die Identifikation mit der eigenen Familie ist ein Prozess, der in den ersten Lebensjahren geschieht, und selbst das abstraktere Nationalbewusstsein des Einzelnen bildet sich für gewöhnlich im Alter von elf Jahren aus, während sich die Fähigkeit zum abstrakt-logischen Denken später, ungefähr mit vierzehn Jahren, entwickelt.[13] Ich halte mich selbst für einen *Yorkshireman* – einen typischen Bewohner der historischen Grafschaft Yorkshire im Norden Englands. Ich wuchs mit tausend Erzählungen über die besondere Eigenart dieses Kulturraums und seiner Menschen auf, und diese Erzählungen werden von Generation zu Generation weitergegeben. Während ich das niederschreibe, fällt mir ein, dass ich meinem elfjährigen Sohn Alex jeden Abend im Dialekt aus einem Buch vorlese, in dem die alten Geschichten neu nacherzählt werden.

Schafe besitzen kein komplexes Sprachvermögen, dennoch entwickeln auch sie ein Gefühl der Zugehörigkeit zu einer Gruppe an einem Ort. Sobald es entstanden ist, hat es der Schäfer viel leichter, weil die Schafe nicht von dem Hang, an den sie jetzt ortstreu gebunden sind – ein Prozess, der »Territorialbindung« *(hefting)* genannt wird – fortstreunen. Wir wissen, dass in einer Herde, sobald sie an ihr Weiderevier gebunden ist, diese Bindung vom Mutterschaf an seine Lämmer weitergegeben wird. Das geschieht so schnell, dass es nicht genetisch angelegt sein kann, es handelt sich vielmehr um erlerntes Verhalten. Aber obwohl die Territorialbindung einer Herde so schnell erfolgt, dass eine genetische Anlage auszuschließen ist, dauert es dennoch viele Generationen, bis sie sich ausbildet. Warum sind Schafe so langsam? Die Erklärung, die ich hier unterbreite, stützt sich auf sozialwissenschaftliche Erkenntnisse, nicht auf die Aussagen von Schäfern.* Die Schafe in einer Herde sind mit einem Problem der Verhaltenskoordinierung konfrontiert. Schafe imitieren andere Schafe,

---

* Ich schließe aber eine alternative Erklärung, wonach Schafe tatsächlich eher »dumm« sind, nicht aus.

und damit die Herde auf dem Hang bleibt, müssen sie alle »verstehen«, dass sie den Hang nicht verlassen und keinem Streuner folgen sollten. Aus der modernen Experimentalpsychologie wissen wir, dass der Schlüssel zur Lösung eines Koordinierungsproblems »gemeinsames Wissen« ist, das heißt der Übergang von »alle haben das gleiche Wissen« zu »alle wissen, dass alle anderen das Gleiche wissen«.[14] Gemeinsames Wissen kann eine Gruppe entweder durch gemeinsames Beobachten (alle beobachten zur gleichen Zeit das Gleiche) oder durch ein gemeinsames Narrativ erzeugen. Ich vermute, dass Schafe Hunderte Jahre benötigen, um gemeinsames Wissen aufzubauen, weil sie es nur durch gemeinsame Beobachtung erwerben können und daher mit einem Henne-Ei-Problem konfrontiert sind. Sie müssen beobachten, dass alle anderen Schafe auf dem Hang bleiben, aber solange Schafe das nicht gelernt haben, lässt sich dieses Verhalten nicht beobachten; Schafe müssen darauf warten, dass sich eine seltene, zufällige Verhaltenskonstellation ergibt, damit sie es erlernen können. Der *Homo sapiens* vermag das Gefühl gemeinsamer Zugehörigkeit viel schneller zu entwickeln, weil er mithilfe der Sprache das Narrativ »wir gehören hierher« kursieren lassen kann.*

Narrative vermitteln uns nicht nur Zugehörigkeit, sie sagen uns auch, was wir tun sollten – sie vermitteln uns die Normen unserer Gruppe. Wir lernen sie als Kinder, zusammen mit dem Anreiz der Wertschätzung, die wir bekommen, wenn wir sie einhalten. Wenn wir diese Normen als unsere eigenen Werte verinnerlichen, verschaffen wir uns dadurch, dass wir sie einhalten, auch Selbstachtung. Der Verstoß gegen eine Norm kostet uns soziales Ansehen; wenn Menschen sich so verhalten, bereuen sie es später, wie wir gesehen haben. Einige unserer Werte sind vorsprachlich: Eine Gruppe kann auch ohne sprachliche Vermittlung den Instinkt entwickeln, dass sich Eltern um ihre Kinder kümmern. Aber die wechselseitigen Verpflichtungen in großen Gruppen erfordern eine so kom-

---

* Schafe können »mäh« machen, und viele andere Tierarten verwenden eine Art rudimentäre Sprache, aber nur der Mensch beherrscht die komplexe Grammatik, die eine Voraussetzung für die Gestaltung von Narrativen ist. Vgl. Feldman Barrett (2017), Kap. 5.

plexe Koordinierung, dass sie auf Narrative und folglich Sprache angewiesen sind.*

Narrative haben noch eine dritte Funktion: Wir lernen durch Geschichten, die Handlungen mit Ergebnissen verknüpfen, wie unsere Welt funktioniert. Unsere Handlungen werden *zweckorientiert*. Experimente zeigen, dass wir uns mehr auf Geschichten als auf direkte Beobachtung oder Unterweisung verlassen. Handlungen, die nicht in unserem unmittelbaren Selbstinteresse sind, erscheinen dann, wenn sie in einen *Kausalzusammenhang* eingeordnet werden, womöglich rational und erzeugen ein *aufgeklärtes* Eigeninteresse. Dies erweitert bestenfalls unser Wissen. Schlimmstenfalls erzeugt es einen Bruch zwischen der Wirklichkeit und unseren Überzeugungen – Narrative werden dann zu »Fake News«.[15] Aber unabhängig davon, ob sie wahr oder falsch sind, sind Erzählungen wirkungsmächtig. In ihrer vernichtenden Analyse der Finanzkrise ziehen die beiden Wirtschaftsnobelpreisträger George Akerlof und Robert Shiller den Schluss, dass »Geschichten nicht lediglich der Erklärung von Fakten dienen, vielmehr *sind sie Fakten*«.[16] Was auf Finanzkrisen zutrifft, gilt auch für den Ausbruch von Massengewalt. Neue Forschungsergebnisse zeigen, dass sich solche Ausbrüche am besten dadurch vorhersagen lassen, dass man die Narrative, die in den Medien kursieren, überwacht.[17]

Die drei Typen von Narrativen – Zugehörigkeit, Verpflichtung und Kausalität – fügen sich zusammen und bilden ein Netz wechselseitiger Verpflichtungen. Unsere Narrative moralischer Verpflichtungen schärfen uns Fairness und Loyalität ein, um uns zu erklären, warum wir reziproke Verpflichtungen einhalten sollten. Unsere Narrative gemeinsamer Zugehörigkeit sagen uns, wer dabei ist: Reziproke Verpflichtungen gelten nur für eine definierte Gruppe von Menschen, die sie für sich als bindend anerkennen. Unsere Narrative der Kausalität sagen uns, warum die Handlung, die wir »pflicht-

---

* Eine Zeit lang glaubten Soziobiologen, die natürliche Auslese zwischen Gruppen könne selbst dazu führen, dass sich angeborene prosoziale Werte wie Reziprozität allgemein durchsetzten, aber Studienergebnisse sprechen jetzt ganz überwiegend dafür, dass dies unsere prosozialen Werte nicht erklären kann. Bienen bringen dies mit einer reinen Zeichensprache zustande, aber das ist darauf zurückzuführen, dass sie eine andere Art der Fortpflanzung haben. Vgl. Martin (2018) für eine konzise Darstellung.

gemäß« ausführen sollten, zweckmäßig ist. In ihrer Gesamtheit bilden die Narrative ein *Glaubenssystem,* das unser Verhalten verändert. Glaubenssysteme können aus der Hölle der Anarchie eine echte Gemeinschaft formen; sie können einen gesellschaftlichen Zustand, in dem der Mensch ein laut Hobbes' *Leviathan* »scheußliches, tierisches und kurzes Leben« führt, in einen Zustand verwandeln, in dem er »aufblüht«. Narrative zeichnen den *Homo sapiens* aus: Wir sind nicht bloß Menschenaffen.

Leute im selben sozialen Verband hören dieselben Narrative, und sie wissen voneinander, dass alle anderen sie ebenfalls gehört haben. Innerhalb eines Netzwerks passen spezifische Narrative der Zugehörigkeit, Verpflichtung und Kausalität oftmals harmonisch zusammen. Jene, die potenziell spaltend und zerstörerisch sind, werden vielleicht mit einem Tabu belegt, das ihre Verbreitung verhindert, oder durch Diskreditierung unschädlich gemacht.[18] Ideen werden durcheinandergemischt, sodass sie sich gegenseitig verstärken. Gemeinsam verknüpfen sie ein Zusammengehörigkeitsgefühl mit einem Ziel und einer Anweisung, wie man es erreichen kann. »Die Gläubigen« suchen »das Paradies«, indem sie »häufig beten«; oder »Oxford-Professoren« wollen »ein großartiges Lernumfeld schaffen«, indem sie »der Lehre besondere Aufmerksamkeit widmen«.[19]

Glaubenssysteme können aber auch schreckliche Konsequenzen haben; dies zeigt sich am deutlichsten im Nationalismus, auf den ich im nächsten Kapitel eingehen werde. Doch sie haben auch eine unschätzbare positive Seite, denn sie fördern den Wandel vom egoistischen *Homo oeconomicus* zur pflichtbewussten Person, die sich selbst als Teil eines »Wir« und einer Gemeinschaft versteht, in der sich Menschen gegenseitig nicht mit Furcht oder Gleichgültigkeit begegnen, sondern mit wechselseitigem Respekt. Eine Welt, die nur von Exemplaren des *Homo oeconomicus* besiedelt wäre, wäre nicht das perfekt funktionierende Paradies, das schlichte wirtschaftswissenschaftliche Lehrbücher beschwören und zu dem es anscheinend nur eines ungehemmten Egoismus bedarf. Die Lehrbücher gehen von einer Gesellschaft aus, in der bereits Regeln vereinbart wurden und eingehalten werden. Das Studienanfängerseminar in Wirtschaftswissenschaften beginnt dort, wo die Doktorandenseminare in Sozialpsychologie und Politikwissenschaft enden. Reichlich spät erkennen das mittlerweile auch Ökonomen: Die Pioniere waren George Akerlof und seine Koautorin Rachel Kranton.[20] In dem Maße, wie sie den Rückstand nun aufholt, fördert die Wirtschaftswissenschaft auch einige nützliche Erkenntnisse zutage.

Eine solche neuere Erkenntnis, die sehr weitreichende Folgen hat, betrifft die Evolution ethischer Normen. Wir verdanken sie meinem Kollegen Tim Besley von der London School of Economics, der sich dabei von der Biologie inspirieren ließ: Normen werden, wie Gene, von Eltern an ihre Kinder weitergegeben.[21] Aber der Prozess verläuft doch grundlegend anders. Tim geht von einer fiktiven Gesellschaft aus, in der einige Menschen eine Norm befolgen, während andere eine abweichende Norm einhalten. Bei der Auswahl von Ehepartnern neigt man dazu, sich mit denen zu verbinden, die die eigenen Normen teilen, aber Amor funkt gelegentlich dazwischen, und die Kinder wachsen mit Eltern auf, deren Normen sich voneinander unterscheiden. Wessen Normen übernehmen sie? Tim postuliert einen einfachen Prozess, der ein Beispiel dafür ist, wie Ideen durcheinandergemischt werden, um den mentalen Stress einer unpassenden Paarung zu vermeiden: Kinder übernehmen in der Regel die Ideen des glücklicheren Elternteils. Aber welcher Elternteil ist der glücklichere? In einem politischen System, in dem die Mehrheit ihren Willen durchsetzt, sind es für gewöhnlich diejenigen, deren Ideen am weitesten verbreitet sind.[22] Dies hat zwei bemerkenswerte Konsequenzen.

Wenn eine Insel weiße Kliffe hat, werden die Vögel, die in den Steilhängen leben, unter der Einwirkung der natürlichen Selektion allmählich alle weiß, ganz gleich, welches Spektrum an Farben sie besitzen, wenn sie von anderen Inseln eintreffen. Ein Organismus verändert sich, um sich besser an seinen Lebensraum anzupassen. *Normen* dagegen können sich auch in zwei identischen Habitaten sehr stark auseinanderentwickeln, und zwar ausgehend von geringfügigen anfänglichen Unterschieden in ihrer Häufigkeit. Die Umwelt besteht hier aus den anderen Menschen, und Menschen verändern sich, um sich aneinander anzupassen.* Der Aus-

---

* Die nächste Analogie in der natürlichen Selektion ist das Phänomen der »Nischenkonstruktion«, so zum Beispiel, wenn Biber ihre physische Umwelt ihren Bedürfnissen entsprechend verändern.

gangspunkt einer Gesellschaft legt dabei den Endpunkt ihrer Entwicklung fest, wobei anfängliche Unterschiede verstärkt werden. Dies deckt sich ganz klar mit dem, was wir in der Welt beobachten: Verschiedene Gesellschaften haben sehr unterschiedliche vorherrschende Normen, die sich jeweils langfristig halten. Aber die zweite Pointe ist wirklich frappierend. Unter der Einwirkung der natürlichen Selektion setzen sich in einer Population schließlich jene Merkmale durch, die am besten an den Lebensraum ihrer Träger angepasst sind. Da die Kliffe weiß sind, haben dort lebende Vögel bessere Überlebenschancen, wenn sie ebenfalls weiß sind. Für Normen dagegen gilt dies nicht. Sie können schließlich schreckliche Folgen für alle haben, obwohl sie angesichts der Normen, die alle anderen als verbindlich anerkennen, für jeden Einzelnen gut sind. Das führt im Vergleich zur natürlichen Selektion zu bizarren Ergebnissen: Es ist so, als wenn alle Vögel eine blaue Farbe annehmen würden, weil die meisten Vögel anfänglich blau waren, auch wenn sie alle dadurch leichter Fressfeinden zum Opfer fielen.* Aus diesen beiden Befunden folgt, dass sich in einer Gruppe Menschen langfristig durchaus eine stabile Konfiguration von Normen durchsetzen kann, die trotzdem dysfunktional ist. Sie ist lediglich deshalb stabil (das heißt, sie macht keine weiteren Veränderungen durch), weil jede Person an die Normen gebunden ist, an die sich alle anderen halten.

Diese Ergebnisse haben eine weitreichende Folge: Die konservative politische Philosophie kann nicht zur Gänze richtig sein. Konservative Philosophen verehren die Institutionen einer Gesellschaft als Horte langjährigen Erfahrungswissens. Aber die Institutionen haben möglicherweise formalisierte Normen, die in hohem Maße dysfunktional sind. Das rechtfertigt jedoch nicht die Herrschaft der Vernunft: Auch »eigennütziges« Denken kann zu einer Katastrophe führen.

---

* Manchmal – etwa bei der Nischenkonstruktion – wird auch das Habitat verändert, um es den Merkmalen eines Organismus anzupassen. Blaue Vögel malen Kliffe nicht blau an, doch Biber ändern den Lauf eines Flusses. Aber die Art und Weise, wie Menschen Normen verändern, ist nicht vergleichbar mit der Nischenkonstruktion: Das Habitat ist nichts anderes als die Gesamtheit der Normen der anderen.

Der strategische Gebrauch von Normen in Organisationen

In den letzten Jahrtausenden haben die meisten Menschen nicht in kleinen Gruppen von Wildbeutern gelebt. Das moderne Leben ist nur möglich, weil Menschen in großen Organisationen zusammenarbeiten, die uns erlauben, die Effizienzgewinne von Skaleneffekten und Spezialisierung einzufahren.

Drei Typen von Organisationen beherrschen unser Leben, wobei jeder für einen anderen Tätigkeitsbereich optimal geeignet ist. Der kleinste, aber fundamentalste ist die Familie: 86 Prozent der Europäer leben in einem Mehrpersonenhaushalt, und die meisten Kinder wachsen in Familien auf. Auch wenn Familien die Norm sind, stehen ihnen einige Ideologien ablehnend gegenüber. Die sozialistischen Kibbuzim schafften sie vollständig ab; das kommunistische Rumänien trennte in ähnlicher Weise viele Tausend Kinder von ihren Eltern und zog sie in staatlichen Heimen auf. Sowohl der stalinistische wie der maoistische Marxismus als auch die Anführer fundamentalistischer Sekten ermutigen Kinder dazu, ihre Eltern zu denunzieren. Und auch der Kapitalismus unterstützt Familien nicht, wie man daran ersieht, dass in weiten Teilen der Gesellschaft familiäre Strukturen zerfallen. Dabei spielen Familien aus gutem Grund in der Kindererziehung die zentrale Rolle, nirgendwo hat sich eine andere Methode als erfolgreich erwiesen.

Ihre Arbeit verrichten Menschen normalerweise in Firmen; deren Größe ist von zentraler Bedeutung für moderne Produktivitätsniveaus. In den USA arbeiten 94 Prozent der Beschäftigten in einer Gruppe, in Großbritannien 86 Prozent.* Doch so wie für einige Ideologien Familien, sind für andere Unternehmen ein rotes Tuch. Alte Romantiker plädieren für eine Rückkehr zu einer Gesellschaft aus Handwerkern, Kleinbauern und Kommunen. Neue Romantiker sind restlos begeistert von den neuen Internetplattformen wie

---

* Diese Schätzwerte sind zu niedrig, weil viele, die freiberuflich tätig sind (die verbleibende Kategorie), tatsächlich für ein Unternehmen arbeiten, denn freiberufliche Tätigkeit ist ein Mittel, das die Rechtsordnung anbietet, um finanzielle Belastungen zu verringern.

Amazon, Airbnb, Uber und eBay, die es den Leuten ermöglichen, direkt miteinander Geschäfte zu tätigen. Aber Amazon und Uber sind selbst zu riesigen Arbeitgebern geworden. In afrikanischen Gesellschaften arbeiten die meisten allein, als Handwerker oder Kleinbauern. Dies hat seine Vorteile, aber es führt auch dazu, dass die Produktivität chronisch niedrig ist, und daher sind die Menschen bedrückend arm. Wir brauchen moderne Unternehmen, und das gilt auch für Afrika: Es ist nicht nur die Weltregion mit dem niedrigsten Wohlstand, sondern auch der geringsten Lebenszufriedenheit.[23]

Auf der höchsten Ebene werden viele Maßnahmen wie Regulierung, Bereitstellung öffentlicher Güter und Dienstleistungen sowie Einkommensumverteilung am besten vom Staat organisiert. Hier sind die Zahlen noch dramatischer: Alle Wohlstandsgesellschaften sind als Staaten organisiert, und alle staatenlose Gesellschaften sind extrem arm.* Auch dem Staat stehen einige Ideologien ablehnend gegenüber. Marxisten, die in der Praxis den von ihnen beherrschten Gesellschaften eine historisch beispiellose staatszentrierte Organisation auferlegten, haben vordergründig ein ganz anderes Ziel: Der Staat soll »vergehen«. Aber die gegenwärtig einflussreichste antistaatliche Ideologie ist die der Libertären aus dem Silicon Valley. Sie sind davon überzeugt, dass der Bitcoin das vom Staat bereitgestellte Geld in dem Maße ersetzen wird, wie die Nutzer sich von den offiziellen Zahlungsmitteln abwenden. Die Supermänner, denen die neuen E-Utilities gehören, werden jeweils individuell entscheiden, wie sie am besten eingesetzt werden. Dabei werden sie staatliche Regulierungen entweder ignorieren oder aushebeln. Globale Vernetzung zwischen Einzelpersonen wird an die Stelle der räumlich begrenzten Gesellschaft des Nationalstaats treten. »Regierungen der Industrieländer, ihr ermattete Giganten aus Fleisch und Stahl …

---

* Einige Gesellschaften haben ohne materiellen Wohlstand ein hohes Maß an Lebenszufriedenheit erreicht; das bekannteste Beispiel ist Bhutan. Aber das buddhistische Königreich ist ganz klar kein Beispiel für eine staatenlose Gesellschaft, vielmehr der ungewöhnliche Fall eines Staates, der insbesondere dadurch, dass er der Erhaltung der nationalen Kultur einen so hohen Stellenwert einräumt, Sinnerfüllung und Zugehörigkeit Vorrang vor dem Einkommen gibt. Seine Bürger gelten als die glücklichsten in ganz Asien.

lasst uns in Ruhe«, heißt es in der Unabhängigkeitserklärung des Cyberspace. Befreit von der Staatsgewalt, werden wir zu einem riesigen Ganzen verschmelzen: »Der Schutz der Privatsphäre ist keine soziale Norm mehr.«[24] Das Ergebnis werde sowohl moralisch als auch praktisch überlegen sein. Leider fürchte ich, dass dies nicht der Fall sein wird.

Die Titanen des Silicon Valley, die die Welt vernetzt haben, nehmen an, dass sie auf diese Weise eine globale Gesellschaft herbeiführen, die sich hinter ihren eigenen libertären Werten schart. Das ist höchst unwahrscheinlich. Die neuen Technologien der Vernetzung von Person zu Person verdrängen die vernetzten Gruppen, die getragen waren von dem zufälligen Umstand örtlicher Nähe, gleichviel, ob es sich dabei um eine lokale Gemeinschaft oder eine Nation handelte. Die Mitgliedschaft in den neuen elektronisch vernetzten Gruppen beruht auf freiem Willensentschluss, nicht auf Zufall: Menschen vernetzen sich bevorzugt mit anderen, die ihre Ansichten teilen, in sogenannten »Echokammern«.[25] Sie verkörpern den Prozess, durch den Narrative unsere Überzeugungen prägen und der zunehmend losgelöst ist von dem Umstand, dass man am selben Ort lebt. Dabei sind unsere *politischen* Einheiten noch immer dadurch definiert, wo wir leben. Unsere Wahlstimmen »zählen« an einem bestimmten Ort, und die öffentlichen Dienstleistungen und Maßnahmen, die das Resultat politischer Entscheidungsprozesse sind, werden ortsgebunden bereitgestellt bzw. umgesetzt. Aufgrund der digitalen Vernetzung erzeugt der gleiche Prozess, der früher große Unterschiede in den Normen *zwischen* Gemeinwesen schuf, jetzt große Unterschiede *innerhalb* von ihnen. Die Ideen innerhalb unserer Gemeinwesen polarisieren sich stärker, die Kontroversen werden heftiger, der Hass, der in früheren Jahrhunderten eine Nation gegen eine andere aufwiegelte, führt heute zum Kampf der Glaubenssysteme innerhalb jedes Gemeinwesens. Der Hass zwischen Nationen schlug in organisierte Massengewalt um. Der Hass, der sich innerhalb von Nationen entfaltet, wird andere Konsequenzen haben, aber auch sie könnten verheerend sein.

Wie schon gesagt, sind Familien, Unternehmen und Staaten die grundlegenden Sphären unserer Lebensgestaltung. Am schnellsten lassen sie sich als Hierarchien aufbauen, in denen die Personen an der Spitze den Untergeordneten Anweisungen erteilen. Aber während sie schnell aufgebaut werden können, lassen sie sich nur selten effizient leiten: Menschen gehorchen Befehlen nur dann, wenn die Befehlshaber das Verhalten der Untergebenen überwachen. Mit der Zeit lernten viele Organisationen, dass es effektiver war, Hierarchien abzuschwächen und interdependente Rollen mit einer klaren Zielvorgabe zu schaffen sowie den Leuten die Autonomie und Verantwortung zu geben, die sie brauchen, um die Rollen angemessen wahrzunehmen. Der Wandel von einer machtgesteuerten Hierarchie zu einer zielorientierten Interdependenz impliziert einen entsprechenden Wandel der Führungskompetenz. Die Führungskraft wird vom Oberbefehlshaber zum Chefkommunikator. Zuckerbrot und Peitsche wurden von Narrativen abgelöst.

In modernen Familien sind die Eltern gleichberechtigt, und sie bringen ihre Kinder dazu, Verantwortung zu übernehmen. In Unternehmen und Behörden wurden Hierarchien radikal abgeflacht; so hatte zum Beispiel die Bank von England sechs verschiedene Kantinen, ein heute unvorstellbarer Grad an Differenzierung. Führungspositionen wurden nicht abgeschafft, aber ihre Funktion hat sich gewandelt. Es gibt einen guten Grund dafür, Führungspositionen beizubehalten: Die utopischen Alternativen haben sich alle nicht bewährt.

Die Personen an der Spitze von Organisationen – ob in Familien, Unternehmen oder Staaten – haben mehr Macht als jene, die ihnen untergeordnet sind, aber für gewöhnlich gehen ihre Verantwortlichkeiten weit über ihre Machtbefugnisse hinaus. Um ihrer Verantwortung gerecht zu werden, sind sie darauf angewiesen, dass andere in der Gruppe ihre Anweisungen befolgen, aber sie haben nur begrenzte Mittel, um dies zu erzwingen. In meiner Rolle als Vater versuche ich, Alex dazu zu bringen, abends zu einer bestimmten Uhrzeit zu Bett zu gehen. Aber rohe Machtausübung ist mühsam und nicht sonderlich effektiv: Alex liest dann einfach unter der Bettdecke weiter. In allen erfolgreichen Organisationen – ob Familien, Unternehmen oder Staaten – stellen Führungspersonen fest, dass sie die Regelkonformität deutlich verbessern können, wenn sie ein Gefühl der Verpflichtung erzeugen. Alex will wach bleiben und lesen, aber wenn ich ihn davon überzeugen kann, dass er schlafen gehen *sollte*, muss ich dies nicht erzwingen. Wenn es glückt, verwandelt sich meine Macht in Autorität. Oder, in hochfliegenderen Worten: Dies ist die Konstruktion moralischer Normen für strategische Zwecke. Die entscheidende Machtbefugnis von Führungskräften ist nicht die Weisungsbefugnis, sondern die Tatsache, dass sie sich im Zentrum eines Netzwerks befinden. Sie haben die Macht, andere zu überzeugen.* Es hört sich ominös an, dass Führungskräfte moralische Normen strategisch einsetzen. Aber im Regelfall ist es das Gegenteil: der gesunde Prozess, der es modernen Gesellschaften ermöglicht hat, ein höheres Wohlstandsniveau als alle früheren Gesellschaften zu erreichen. Sie könnten sogar noch besser dastehen.

Aber wie setzen Führungskräfte ganz konkret Sprache auf strategische Weise ein, um Verpflichtungen zu begründen? Ein Beispiel ist Robert Wood Johnson, Mitglied der Gründerfamilie und damals Chef des Gesundheitsunternehmens Johnson & Johnson, der im Jahr 1943 die moralischen Grundsätze der Firma, »Unser Credo«, ganz buchstäblich in Stein meißeln ließ. Es beginnt mit dem Satz: »Wir glauben, dass wir in erster Linie gegenüber den Menschen verantwortlich sind, die unsere Produkte nutzen.« Beachten Sie, dass zweimal von »wir«, nicht von »ich« die Rede ist; es sollte das »Credo« aller Mitarbeiter des Unternehmens sein. Anschließend wurden weitere, nachrangige Verpflichtungen in absteigender Reihenfolge aufgeführt: gegenüber Mitarbeitern, der örtlichen Gemeinschaft und, zu guter Letzt, den Aktionären. Das »Credo« wird seit mittlerweile drei Generationen durch Narrative weitergetragen: Wenn man die Website des Unternehmens besucht, sieht man, dass das »Credo« noch immer um »Geschichten« organisiert ist. Hat es sich auf das Verhalten ausgewirkt?

Im Jahr 1982 wurde Johnson & Johnson von einer Katastrophe heimgesucht. In Chicago starben sieben Menschen, deren Tod auf ein Gift zurückgeführt wurde, mit dem Tylenol-Fläschchen versetzt worden waren; das Schmerzmittel war das meistverkaufte Produkt des Unternehmens. Was daraufhin geschah, ist so bemerkenswert,

---

* Und das auch nicht erst seit Neuestem: So lautet die vielbeachtete Quintessenz der Analyse der Macht von US-Präsidenten, die der Politikwissenschaftler Richard Neustadt 1960 vorlegte.

dass es noch immer in betriebswirtschaftlichen Seminaren als Fallstudie behandelt wird. Noch bevor das Topmanagement reagieren konnte, ergriffen Niederlassungsleiter die Initiative und entfernten sämtliches Tylenol aus den Supermarktregalen, wobei sie den Geschäften vollständige Entschädigung zusicherten. Das hört sich weniger bemerkenswert an, als es war, denn seit diesem Vorfall wurde es in der Geschäftswelt die übliche Vorgehensweise. Bis 1982 hatten Unternehmen Produkte nicht zurückgerufen; sie wiesen in der Regel jegliche Verantwortung von sich. Einfache Mitarbeiter von Johnson & Johnson waren so selbstbewusst, die Initiative zu ergreifen, was das Unternehmen rund 100 Millionen Dollar kostete, weil sie das »Credo« so verstanden, dass sie vor allem gegenüber denjenigen verpflichtet waren, die Tylenol nutzten.[26] Ihr umgehendes Handeln, das anschließend von der Unternehmensspitze uneingeschränkt gutgeheißen wurde, war nicht nur moralisch richtig – es sollte sich auch geschäftlich auszahlen. Anders als vorhergesagt, erlangte das Unternehmen seinen Marktanteil schnell zurück.*

Seit Adam Smith erkennen die Wirtschaftswissenschaften an, dass nichtreziproker Altruismus auf Pflichten zur Hilfeleistung begrenzt ist: Er ist kein stichhaltiger Einwand gegen den Eigennutz. Reziproke Verpflichtungen sind sehr wichtig, aber sie müssen aufgebaut werden. Und genau das tun die Narrative der Zugehörigkeit, der Verpflichtung und des zweckgerichteten Handelns im Zusammenspiel.[27] Ich habe es als eine Abfolge dargestellt – Zugehörigkeit, dann Verpflichtungen, dann zweckgerichtetes Handeln –, aber die Abfolge ist nicht entscheidend. Wenn gemeinsames Han-

---

* Das Glaubenssystem von Johnson & Johnson setzt sich aus drei Komponenten zusammen: einem Zusammengehörigkeitsgefühl auf der Grundlage eines gemeinsamen moralischen Ziels, das im »Credo« definiert wird als Bereitstellung qualitativ hochwertiger, erschwinglicher Gesundheitsprodukte für Kunden; wechselseitigen Verpflichtungen von Mitarbeitern, dieses Ziel anzustreben; und einem Kausalzusammenhang, der den Mitarbeitern die Einsicht vermittelt, dass dieses Modell in ihrem aufgeklärten Eigeninteresse den langfristigen Fortbestand der Firma und die Sicherheit der Arbeitsplätze fördert: Das Unternehmen weist auf seiner Website darauf hin, dass es zu den sehr wenigen Firmen gehört, die über hundert Jahre alt sind. Ich danke meinem Fachkollegen John Kay für dieses Beispiel.

deln für viele Menschen zu einem guten Ergebnis führt, kann dies die Basis sowohl für ein Zusammengehörigkeitsgefühl als auch für eine gemeinsame Verpflichtung sein.

Narrative sind wirkmächtig, aber sie können nicht beliebig von der Wirklichkeit abweichen: Führungskräfte stehen im Blickpunkt der Öffentlichkeit, und ihre Äußerungen werden aufmerksam verfolgt, daher können sie es sich nicht leisten, ihren Worten durch ihre Taten zu widersprechen. Ihre Handlungen müssen in Einklang stehen mit ihren Narrativen; zu sagen, dass Sie und ich ein »Wir« bilden, während Sie sich selbst begünstigen, straft das Narrativ der Zugehörigkeit Lügen. Zu sagen, dass wir alle eine wechselseitige Verpflichtung gegeneinander haben, während sich jeder egoistisch verhält, straft das Narrativ der Verpflichtung Lügen. Der Vorstandschef von Johnson & Johnson hätte Mitarbeiter nicht dazu bringen können, die Verantwortung für das eigenständige Entfernen von Tylenol aus den Regalen zu übernehmen, wenn er sie ausgebeutet hätte. Vielmehr war sein Verhalten beispielhaft: Er wurde sogar mit der Freiheitsmedaille des Präsidenten ausgezeichnet, die er im Namen seiner Mitarbeiter entgegennahm.

So wie Führungskräfte ein Glaubenssystem durch inkompatibles Verhalten untergraben können, so vermögen sie es dadurch zu stärken, dass sie ihre Handlungen strategisch planen. Angenommen, Ihre Zuhörer vermuten, dass Sie das, was Sie sagen, nicht ernst meinen: Im »Credo« heißt es: »Kunden haben Vorrang vor Gewinnen«, aber soll das vielleicht einfach nur Verbraucher einlullen? Was kann man gegen diesen Verdacht tun? Michael Spence erhielt den Nobelpreis dafür, dass er diese Frage mit seiner Theorie der Signalisierung beantwortete. Ganz offensichtlich bringt es nichts, zu sagen: »Ich meine es *wirklich* ernst«, weil Sie das auch dann sagen würden, wenn Sie es nicht ernst meinten. Worte helfen hier nicht weiter, aber Sie können etwas *tun*. Ganz konkret müssen Sie etwas tun, das für Sie, falls Sie im Grunde meinten, »Gewinne haben Vorrang vor Kunden«, untragbar kostspielig wäre. Die einzigen Handlungen, die etwas bringen, sind wahrscheinlich schmerzlich, auch wenn Sie meinen, was Sie sagen, aber das ist der Preis, den man zahlen muss, um Glaubwürdigkeit zu begründen. Signale verstärken die Glaubwürdigkeit eines Glaubenssystems, aber sie machen die Narrative nicht überflüssig: Signale schaffen Glaubwürdigkeit, aber Narrative sorgen für Präzision. Sie sind komplementär.

Die Umwandlung von Macht in Autorität ist von zentraler Bedeutung für den Aufbau von Reziprozität in sehr großen Gruppen, zum Beispiel wenn es darum geht, dass jeder die Verpflichtung anerkennt, seine Steuern zu zahlen. Führungskräfte sind keine Ingenieure der menschlichen Seele, aber sie können sich unsere Emotionen zunutze machen. Die gefährlichen Anführer sind diejenigen, die ausschließlich auf Zwang setzen. Nützlich sind jene, die ihre Position als Chefkommunikator im Zentrum ihrer vernetzten Gruppe nutzen, um dadurch Einfluss zu gewinnen, dass sie Narrative ausfeilen und ihre Handlungen darauf abstimmen. Alle Führungskräfte erweitern und verfeinern die Narrative, die mit dem Glaubenssystem ihrer Gruppe vereinbar sind, während erfolgreiche Führungspersönlichkeiten ein neues Glaubenssystem aufbauen.[28]

Das jüngste Beispiel für eine Organisation, deren Führungsriege geschickt Narrative innerhalb eines Netzwerks nutzte, ist der IS. Die Anführer des »Islamischen Staates« erkannten den Nutzen sozialer Netzwerke für die Verbreitung wirkmächtiger neuer Narrative: Narrative der Zugehörigkeit haben junge Menschen, die sich früher als Schweden, Marokkaner, Belgier, Tunesier, Australier und so weiter identifizierten, in einer neuen gemeinsamen »Identität der Getreuen« eng miteinander verbunden. Narrative reziproker Verpflichtung zwangen sie unter dem sozialen Druck, die Achtung ihrer Gruppenmitglieder zu behalten, zu Gräueltaten. Neue Narrative knüpfen eine Kausalkette, die Gehorsam einen Sinn verleiht, indem die Anhänger des IS ihr schlimmes Tun mit dem alles überragenden Ziel der Errichtung eines »Kalifats« verbinden. Mit großen Vorräten an Kanonenfutter und saudischem Geld wurde der IS schnell zu einem bedeutenden Akteur auf der Weltbühne, der erst – ähnlich dem Faschismus – durch massiven Einsatz militärischer Gewalt deutlich geschwächt werden konnte. Als ein Glaubenssystem ist seine Ideologie in sich widerspruchsfrei und daher stabil; jede einzelne Komponente ist, isoliert betrachtet, so abstoßend, dass sie eine Kluft zwischen der Gruppe und allen anderen aufreißt und so die Gruppenidentität stärkt. Der IS nutzt Narrative

strategisch, um Gesellschaften ins 12. Jahrhundert zurückzuverset-
zen. Unsere Führer könnten sie für bessere Zwecke einsetzen.

Flexible Verpflichtungen

Wir begannen mit dem moralischen Defizit des modernen Kapitalismus: Eine Gesellschaft kann ohne Moral auskommen, weil uns
der Eigennutz in das Nirwana des Massenwohlstands bringt. »Gier
ist gut«, weil Menschen umso härter arbeiten, je stärker die Begierde
ist, und weil in der Folge unser aller Wohlstand steigt. Daran glaubt
heute praktisch niemand mehr. Wir sind *soziale* Wesen, weder *Homo
oeconomicus* noch *altruistische Heilige*. Wir sehnen uns nach sozialer
Wertschätzung und Zugehörigkeit, und diese beiden untermauern
unsere moralischen Werte. Wie schon gesagt, gibt es sechs Werte,
die von Menschen weltweit geteilt werden, und keiner davon wurde
aus Vernunftgründen abgeleitet. Fürsorge und Freiheit sind womöglich evolutionsgeschichtlich am ältesten. Loyalität und Reinheit
mögen als Normen entstanden sein, die einer Gruppe halfen, sich
zu behaupten; deren Mitglieder befolgten sie als Normen und verinnerlichten sie als Werte, weil sie mit Zugehörigkeit belohnt wurden.
In ähnlicher Weise mögen Normen der Fairness und der Hierarchie
entstanden sein, um Ordnung in der Gruppe aufrechtzuerhalten,
und ihre Befolgung wurde mit Wertschätzung belohnt.

Unsere Werte sind wichtig, weil die von ihnen geforderten Handlungen – unsere Verpflichtungen – Vorrang haben vor der Befriedigung unserer Bedürfnisse. Interessanterweise haben wir gelernt, aus
diesem begrenzten Repertoire an Werten mithilfe von Glaubenssystemen, die durch Narrative gestaltet und durch signalgebende
Handlungen bekräftigt werden, praktisch unbegrenzt Verpflichtungen zu erzeugen. Die Glaubenssysteme können ganz bewusst
von Führungskräften im Zentrum von Netzwerken aufgebaut werden: in Familien, Unternehmen und Staaten bzw. Gesellschaften.
Je nach dem konkreten Inhalt der Narrative können sie bemerkenswert unterschiedliches Gruppenverhalten hervorbringen, das letztlich von unseren gemeinsamen Werten und unseren gemeinsamen
Wünschen getragen wird.

All dies ist relevant für die Entscheidungen, vor denen unsere Gesellschaften gegenwärtig stehen. Ideologien sind verlockend: Jede trennt die Moral von unseren gemeinsamen Werten. Jede räumt der Vernunft Vorrang ein und bevorzugt einen Wert gegenüber allen anderen. Folglich steht jede Ideologie unweigerlich in Konflikt mit einigen unserer Werte und deren psychologischen Grundlagen. Wenn die Verfolgung ihres übergeordneten Ziels die Zugehörigkeit untergräbt, ist das egal; wenn es einige Menschen zu einem Leben in Erniedrigung verurteilt, was soll's: Alle Ideologien finden sich mit »Kollateralschäden« ab, denn »wo gehobelt wird, da fallen eben Späne«. Während sie darin übereinstimmen, dass die Vernunft uneingeschränkt herrschen soll, sind sie sich uneins, um *welche* Vernunft es sich dabei handelt. Dies garantiert, dass der Pfad der Ideologie zu unlösbaren sozialen Konflikten führt. Viel eher, als ihre imaginären Utopien zu verwirklichen, werden Ideologien uns in ein Leben zurückversetzen, das »scheußlich, viehisch und kurz« sein wird.

Auch Populisten umwerben uns. Sie verklären unsere Werte und Sehnsüchte, aber sie tun das jahrhundertelange soziale Lernen, das sich in unserer praktischen Vernunft und unseren Institutionen widerspiegelt, als belanglos ab, und sie ignorieren unsere Fähigkeit, reziproke Beziehungen aufzubauen. Auch sie wollen uns in die Vergangenheit zurückversetzen.

Dieses Buch schlägt einen anderen Ansatz vor: einen ethischen Kapitalismus, der Maßstäben gerecht wird, die auf unseren Werten gründen, die durch die praktische Vernunft ausgefeilt und von der Gesellschaft selbst reproduziert werden. Dieser trügerisch simple Satz enthält eine Menge an Streitpotenzial und Komplexität. Ideologen werden sich an der Formulierung »auf unseren Werten gründen« stoßen, und Populisten wird der Ausdruck »durch die praktische Vernunft ausgefeilt« missfallen. Und was bedeutet die Wendung »von der Gesellschaft selbst reproduziert«? Damit meine ich *nicht* die zeitlose Vollkommenheit von Utopien, sei es nun Platons *Staat*, das marxistische Paradies oder der Triumphalismus des »Endes der Geschichte« – sie sind lächerlich. Mit »reproduziert« meine ich lediglich, dass sich die Normen der Gesellschaft nicht per se selbst zerstören. Im sozialwissenschaftlichen Jargon ausgedrückt, suchen wir nach etwas, das *lokal* stabil ist. Jede Gesellschaft wird in regelmäßigen Abständen von Schocks erschüttert: einem natürlichen Schock wie dem Klimawandel oder einem geistigen wie dem Aufkommen einer neuer Religion. Solche Schocks können eine Gesellschaft so weit aus ihrem lokalen Gleichgewicht stoßen, dass sie völlig andere Normen übernimmt. Aber unsere Normen sollten unter dem Gewicht ihrer eigenen Widersprüche nicht zusammenbrechen.

Wir verfügen jetzt über ein kohärentes Bild, das uns zeigt, auf welche Weise individuelles Verhalten durch Verpflichtungen geprägt wird, warum dies wichtig ist, warum es schiefgehen und wie man es korrigieren kann. Im Folgenden werde ich diese Einsichten gleich auf die drei Typen von Gruppen anwenden, die unser Leben beherrschen: Familien, Unternehmen und Staaten. Ich werde zeigen, wie die Anführer dieser Gruppen reziproke Verpflichtungen aufbauen können, die den Kapitalismus so transformieren, dass er in Einklang, statt in Widerstreit, mit gemeinsamen Werten funktioniert.

Meine Betonung reziproker Verpflichungen steht im Gegensatz zum vorherrschenden politischen Diskurs, der moralische Normen auf einklagbare individuelle Rechte und Ansprüche reduziert hat; Verpflichtungen wurden auf den Staat abgewälzt. Doch damit jemand ein Recht hat, muss ein anderer eine Pflicht haben. Eine neue Verpflichtung erzwingt eine Verhaltensänderung, die die Ausübung eines neuen Rechts ermöglicht: Ohne eine korrespondierende Verpflichtung bleibt ein neues Recht gehaltlos. Reziproke Verpflichtungen stellen dies sicher; jedes neue Recht ist untrennbar verknüpft mit einer neuen Verpflichtung.

Rechte gehen mit Pflichten einher, aber Pflichten müssen keine Rechte mit einschließen. Die Pflichten von Eltern gegenüber ihren Kindern gehen weit über deren gesetzliche Ansprüche hinaus. Auch den Pflichten zur Hilfeleistung müssen keine Rechte entsprechen: Wir helfen einem Kind, das in einem Teich zu ertrinken droht, weil es sich in einer lebensbedrohlichen Notlage befindet, nicht wegen seiner Rechte. Eine Gesellschaft, der es gelingt, viele Verpflichtungen zu erzeugen, kann großzügiger und harmonischer sein als eine, die sich ausschließlich auf Rechte verlässt. Verpflichtungen verhalten sich zu Rechten wie Steuern zu öffentlichen Ausgaben – sie sind der Teil, den man im Grunde nicht mag. Die meisten westlichen Wähler haben gelernt, dass bei der Diskussion über öffentliche Ausgaben deren Nutzen gegen die Modalitäten ihrer Finanzierung abgewogen werden muss. Andernfalls versprechen Politiker im Wahlkampf höhere Ausgaben, und der Überschuss der Ausgaben über die Einnahmen wird dann nach der Wahl durch Inflation beseitigt.[29] So wie neue Verpflichtungen zusätzlichen Einnahmen entsprechen, so entspricht die Schaffung von Rechten zusätzlichen Ausgaben. Die Rechte mögen durchaus angemessen sein, aber das lässt sich nur durch eine öffentliche Diskussion der entsprechenden Verpflichtungen in Erfahrung bringen.

Losgelöst von einer solchen Beurteilung ist der Prozess, durch Umdeutung alter Gesetzestexte neue Rechte zu begründen, vergleichbar mit dem Drucken von Geld: Individuelle Rechte regnen wie Geldscheine auf uns herab. Sofern wir keine neuen, korrespondierenden Verpflichtungen schaffen, muss etwas gestrichen werden, um das Defizit auszugleichen. Wenn Menschen unzufrieden sind mit der Last der Verpflichtungen, die mit neuen Rechtsansprüchen verbunden sind, kann es passieren, dass jene Verpflichtungen erodieren, denen keine Rechtsansprüche korrespondieren, wie etwa Konventionen der Reziprozität und einige Pflichten zur Hilfeleistung.

Die Fokussierung auf Rechte hat Juristen privilegiert. In der Regel gehen sie von einem schriftlichen Text aus, wie etwa einem Gesetz oder einem Abkommen, und sie versuchen, darin stillschweigend enthaltene Rechte abzuleiten. Jede Entscheidung wird dann zu einem Präzedenzfall, aus dem sich möglicherweise ein weiteres Recht ableiten lässt. Der Prozess, in dem spezialisierte Juristen in alten Texten implizit enthaltene neue Rechte »entdecken«, hat in Gesellschaften dazu geführt, dass die Diskrepanz zwischen dem, was die Juristen »entdecken«, und dem, was die meisten Menschen für moralisch angemessen halten, schleichend immer größer geworden ist. Um ein triviales aktuelles Beispiel aus Großbritannien anzuführen: Ein Gericht hat entschieden, dass Schulen nicht länger die Wörter »Mutter« und »Vater« verwenden dürfen, weil dies das »entdeckte« Recht eines gleichgeschlechtlichen Paares verletze. Hier hat ein von einem Richter geschaffenes neues Recht, das einer Handvoll Menschen zugutekommen soll, fundamentale Narrative zerstört, die Millionen anderer Familien bei der Erziehung ihrer Kinder helfen. Die Forderung, die einen im Vergleich zum Nutzen unverhältnismäßig großen Schaden anrichtete, ist ein Beispiel für den Triumph einer Ideologie über Pragmatismus; egoistisches Geltendmachen von Rechten schwächte den wechselseitigen Respekt.

In dem Maße, wie wir neue Verpflichtungen gegenüber anderen anerkennen, errichten wir Gesellschaften, die ihren Mitgliedern bessere Chancen zu sinnerfüllter Lebensgestaltung bieten; wenn wir diese Verpflichtungen vernachlässigen, tun wir das Gegenteil. Kapitalistische Gesellschaften leiden an einem Prozess der Vernachlässigung, dessen Schlüsselsymptom der Niedergang sozialen Vertrauens ist. Auf welche Weise sich das soziale Vertrauen in den kommenden Jahrzehnten wahrscheinlich entwickeln wird, lässt sich daran ablesen, wie es sich unter amerikanischen Jugendlichen bereits verändert hat: Die heutigen Jungen sind die Erwachsenen von morgen, und Trends in den USA greifen in der Regel auf Europa über. Unter amerikanischen Teenagern ist das Vertrauen gegenüber anderen *um 40 Prozent eingebrochen.** Dieser Rückgang vollzog sich in allen gesellschaftlichen Schichten, aber unter den Armen ist er am ausgeprägtesten. Wie Robert Putnam sagt, ist dies nicht Ausdruck wachsender Paranoia, sondern »der zerstörerischen gesellschaftlichen Realitäten, in denen wir leben«.[30] Der moderne Kapitalismus, der uns Wohlstand versprochen hat, erzeugt gegenwärtig Aggression, Demütigung und Furcht: die »Rottweiler«-Gesellschaft. Um das Versprechen einzuhalten, müssen wir wieder lernen, uns gegenseitig mit Achtung zu begegnen. Der Pragmatismus sagt uns, dass dieser Prozess sich am jeweiligen Kontext und an evidenzbasierten analytischen Methoden orientieren muss. Dem wenden wir uns jetzt zu.

---

* Konkret geht es um die letzten 35 Jahre, in denen sie gefragt wurden, ob sie der Aussage zustimmten, dass »man den meisten Menschen vertrauen kann«.

3 Der ethische Staat

Staaten, die ethische Zweckorientierung mit guten Ideen verbinden, haben Wunder vollbracht. Meine Generation wuchs in einer solchen Zeit auf, zwischen 1945 und 1970. Wir erlebten den rasch ansteigenden Wohlstand, den Staaten erreichten, die die Kräfte des Kapitalismus gezielt zum Wohle der gesamten Gesellschaft nutzten. Es war nicht immer so, und es ist heute nicht so.

Als ein Kind von Eltern, die in den dreißiger Jahren junge Erwachsene waren, hörte ich von ihnen, welche schlimmen Folgen das Versagen des Staates gehabt hatte. Durch ihre Geschichten verstand ich, was für eine Tragödie der Sturz in die Massenarbeitslosigkeit gewesen war. Staaten und den Gesellschaften, die sie widerspiegelten, hatte das ethische Verantwortungsbewusstsein gefehlt, um Vollbeschäftigung als ihre Verpflichtung anzusehen. Ihnen fehlten auch die Ideen, um etwas gegen die Massenarbeitslosigkeit zu tun. Infolgedessen machten sie gravierende wirtschaftspolitische Fehler. Die Ideologien des Faschismus und des Marxismus warteten auf ihre Chancen. Nur in Deutschland und in Italien gelang es jeweils einer von beiden, Fuß zu fassen, aber dies genügte, um eine globale Katastrophe auszulösen. Unter dem Schock unzähliger ruinierter Leben entdeckten Staaten und Gesellschaften verspätet ihre ethische Verantwortung. In den USA bekannte sich Präsident Franklin D. Roosevelt im Rahmen seines »New Deal« zu der Pflicht des Staates, Arbeitsplätze bereitzustellen. Er wurde gewählt, weil die Bürger erkannten, dass der New Deal alle besser stellen wollte. Neue Ideen kamen auf: John Maynard Keynes' *Allgemeine Theorie der Beschäftigung, des Zinses und des Geldes* lieferte den analytischen Bezugsrahmen für die Bekämpfung von Massenarbeitslosigkeit. Regierungen waren jedoch zunächst unempfänglich dafür; obgleich das Buch im Jahr 1936 erschien, wurde die Große Depression nur deshalb überwunden, weil die Aufrüstung die Nachfrage ankurbelte. Wie Paul Krugman einmal mit trockenem Humor anmerkte, war der Zweite

Weltkrieg das größte Konjunkturprogramm in der Geschichte. Aber nach dem Krieg wurde mithilfe von Maßnahmen, die von Keynes' Analyse inspiriert waren, Vollbeschäftigung aufrechterhalten. Allerdings erwies sich diese Politik mit dem Anziehen der Inflation in den siebziger Jahren als unzureichend.

Staaten ließen ihre Bürger in den dreißiger Jahren im Stich, und jetzt tun sie es wieder. Heutzutage ruft das Wort »Kapitalismus« weithin Verachtung hervor. Aber hinter diesem in Misskredit geratenen Begriff stehen die Netzwerke von Märkten, Regeln und Unternehmen, die sowohl für das Wirtschaftswunder von 1945–70 als auch für die Tragödie von 1929–39 verantwortlich sind. Meine Generation entging der Tragödie, erlebte die Jahre des Wirtschaftswunders und bildete sich selbstzufrieden ein, das müsse immer so weitergehen. Die gegenwärtige Generation hat gelernt, dass dies nicht der Fall ist. Die neuen Ängste wurzeln in der zunehmenden ökonomischen Divergenz. Die Kluft zwischen boomenden Metropolen und absteigenden Provinzstädten wird immer breiter; die soziale Spaltung zwischen denen, die angesehene und Erfüllung bietende Berufe haben, und denen, die in Berufen ohne Zukunft arbeiten – oder arbeitslos sind –, wird immer größer.

Der Kapitalismus hat diese neuen Ängste erzeugt, so wie er es schon in der Weltwirtschaftskrise der dreißiger Jahre getan hatte. Um die sozialen Verwerfungen infolge des Strukturwandels zu beheben, sind Staaten unverzichtbar. Aber wie in den dreißiger Jahren erkennen Staaten und die Gesellschaften, die sich in ihnen widerspiegeln, nur zögerlich ihre ethischen Verpflichtungen an, angemessene Lösungen für die neuen Probleme zu finden, und statt sie schon im Ansatz zu ersticken, ließ man es zu, dass sie die Ausmaße einer Krise annahmen. Staaten können nicht ethischer sein als ihre Bürger, auch wenn sie in der Lage sind, reziproke Verpflichtungen zu verstärken, und sie können uns auch allmählich dazu bringen, neue Verpflichtungen einzugehen. Aber wenn ein Staat versucht, einen Wertekanon aufzuoktroyieren, der sich von den Werten seiner Bürger unterscheidet, büßt er Vertrauen ein, und seine Autorität erodiert. Die ethischen Bindungen des Staates werden von den ethischen Bindungen seiner Gesellschaft vorgegeben. Das gegenwärtige Fehlen einer ethischen Zweckbindung des Staates spiegelt einen Rückgang ethischer Bindungen in der gesamten Gesellschaft wider: *Je mehr die Spaltungen in unseren Gesellschaften zugenommen haben, um so mehr ist die Bereitschaft der Bessergestellten geschwunden, diejenigen auf der Verliererseite wohlwollend zu unterstützen.*

Wie in den dreißiger Jahren wurde die fehlende ethische Bindung durch das Fehlen praxisbezogener neuer Ideen verschlimmert. In Teil III versuche ich, dieses Manko an innovativen Konzepten zu beheben, indem ich pragmatische Strategien zur Überwindung dieser schädlichen Spaltungen vorstelle. Aber zunächst müssen wir uns mit den ethischen Unzulänglichkeiten des Staates und deren Ursachen im Wandel ethischer Normen in unseren Gesellschaften auseinandersetzen.

Der Aufstieg des ethischen Staates

Die Hochzeit des *ethischen Staates* waren die ersten beiden Nachkriegsjahrzehnte. Staaten schufen eine beispiellose Palette reziproker Verpflichtungen in einer Epoche ethischer Zweckbindung. Das außerordentliche neue Ausmaß an gegenseitigen Verpflichtungen der Bürger, die der Staat regeln sollte, wurde von den hübschen Narrativen der (staatlichen Fürsorge) »von der Wiege bis zur Bahre« und des New Deal eingefangen. Von der Gesundheitsversorgung während der Schwangerschaft über Altersrenten bis zu den Beiträgen zur staatlichen Sozialversicherung standen die Menschen im Einklang mit der Ethik der kommunitaristischen Sozialdemokratie füreinander ein. Ihr fühlte sich die gesamte Mitte des politischen Spektrums verpflichtet. In den USA war es die Zeit der überparteilichen Zusammenarbeit im Kongress, in Deutschland die Zeit der »sozialen Marktwirtschaft«. In Großbritannien wurde der vorbildliche staatliche Gesundheitsdienst National Health Service (NHS) von einem Liberalen konzipiert, der Mitglied einer Regierungskoalition unter Führung eines Konservativen war. Das Projekt wurde von einer Labour-Regierung umgesetzt und von späteren konservativen Regierungen aufrechterhalten. Sowohl in Nordamerika als auch in Europa waren jenseits des Schalls und Rauchs politischen

Wettstreits die tatsächlichen politischen Differenzen zwischen den Anführern der Volksparteien minimal.*

Aber der Erfolg der Sozialdemokratie wurde gestützt von einem Erbe, das so offensichtlich war, dass man es für selbstverständlich erachtete. Die Überwindung der Großen Depression durch den Zweiten Weltkrieg beruhte auf viel mehr als nur einem unabsichtlichen Konjunkturpaket: Sie war eine immense gemeinsame Kraftanstrengung gewesen, in deren Verlauf Führungspersönlichkeiten Narrative der Zugehörigkeit und wechselseitigen Verpflichtung konzipiert hatten. Ihr Vermächtnis bestand darin, jede Nation in eine gigantische Gemeinschaft zu verwandeln, eine Gesellschaft mit starkem Zusammengehörigkeitsgefühl und dem Bewusstsein wechselseitiger Verpflichtungen. Die Leute wurden angehalten, die sozialdemokratischen Narrative zu befolgen, die individuelle Handlungen mit kollektiven Konsequenzen verknüpften. In den ersten Nachkriegsdekaden fanden sich die Reichen mit Einkommensteuersätzen ab, die über 80 Prozent betrugen; junge Männer erfüllten die Wehrpflicht; in Großbritannien akzeptierten sogar Kriminelle die unausgesprochene Zurückhaltung, die bei einer unbewaffneten Polizei notwendig ist. Das ermöglichte eine enorme Ausweitung der Aufgaben des Staates: die sozialdemokratische Agenda.

Allerdings wurde der sozialdemokratische Staat zunehmend von der utilitaristischen und der rawlsianischen Avantgarde übernommen; aus dem *ethischen* wurde der *paternalistische* Staat. Dies wäre nicht weiter von Bedeutung gewesen, wenn die beiden neuen Avantgarde-Fraktionen erkannt hätten, dass das außerordentliche Vermächtnis ein Aktivposten ist, der sich mit der Zeit abnutzt, wenn das Zusammengehörigkeitsgefühl nicht fortwährend erneuert wird. Aber sie taten das genaue Gegenteil. Die utilitaristische Avantgarde war globalistisch, und die Rawlsianer kämpften für die Anerkennung der besonderen Identität von Opfergruppen. Nach und nach bröckelte die Basis der sozialdemokratischen Agenda, und bis 2018 liefen nicht nur der SPD in Deutschland, sondern den

---

* Die weitgehende Übereinstimmung zwischen dem führenden Kopf der Konservativen, Rab Butler, und dem Anführer der Labour Party, Hugh Gaitskell, in den fünfziger Jahren wurde auch »Butskellismus« genannt.

sozialdemokratischen Parteien in allen westlichen Ländern die Wähler scharenweise davon. Sie stecken in einer Existenzkrise.[1] Die in Kapitel 2 eingeführten Konzepte helfen uns, zu verstehen, warum dies geschah.

Der Niedergang des ethischen Staates: Warum die Sozialdemokratie an Bedeutung verlor

Der Bedeutungsverlust der Sozialdemokratie war auf einen doppelten Schlag zurückzuführen: Während wechselseitige Verpflichtungen zunehmend erodierten, wurden sie zugleich immer dringlicher benötigt, da der wirtschaftliche Strukturwandel eine ständig wachsende Zahl von Verlierern produzierte. Der Preis für das spektakuläre Wirtschaftswachstum dieser Zeit war zunehmende Komplexität. Diese zusätzliche Komplexität wiederum erforderte mehr Fachkenntnisse, und das hieß mehr hochqualifizierte Fachkräfte, was eine beispiellose Expansion der Hochschulbildung in Gang setzte. Der tiefgreifende Strukturwandel wirkte sich auf die Identität aus.

Um zu verdeutlichen, warum sich dieser Cocktail für die Sozialdemokratie als fatal erwies, werde ich ein Modell skizzieren. Ein gutes Modell geht von Annahmen aus, die vereinfachen, aber nicht überraschend sind und dennoch zu überraschenden Ergebnissen führen. Im Idealfall macht ein Modell schlagartig Zusammenhänge klar, die erst im Nachhinein offensichtlich erscheinen. Normalerweise besteht ein Modell aus einer Reihe von Gleichungen, aber ich werde versuchen, dieses in einigen wenigen Sätzen zu skizzieren.[2] Obgleich es recht einfach ist, braucht man ein wenig Geduld, um zu verstehen, wie es funktioniert. Aber es lohnt sich, denn es ist recht aufschlussreich. Das Modell geht von gewissen psychologischen Annahmen aus und ergänzt diese dann um ökonomische Faktoren.

Die Psychologie ist auf das Wesentliche reduziert, aber deutlich weniger undifferenziert als die groteske Pathologie des *rationalen männlichen Homo oeconomicus.* Er starb in der Steinzeit aus, und an seine Stelle trat (wie wir gesehen haben) der *rationale weibliche Homo socialis.* Zur Beschreibung seines Verhaltens stütze ich mich auf Erkenntnisse der Identitätsökonomie, eines Fachgebiets, das von George Akerlof und Rachel Kranton begründet wurde.

Angenommen, wir alle haben zwei objektive Identitäten: unseren Beruf und unsere Nationalität. Identität ist eine Quelle der Wertschätzung, und jede dieser beiden Identitäten erzeugt eine gewisse Menge davon. Um näher anzugeben, wie viel Wertschätzung jede der beiden Identitäten generiert, wollen wir annehmen, dass die aus dem Beruf gezogene Wertschätzung dem damit verbundenen Einkommen und die Wertschätzung, die mit der Staatsangehörigkeit assoziiert ist, dem Ansehen der jeweiligen Nation entsprechen. Jetzt führen wir eine Wahlmöglichkeit ein: *Salienz* (Gewichtung). Obgleich wir keinen Einfluss auf die objektiven Identitäten des Berufs und der Nationalität haben, können wir *entscheiden*, welche von beiden wir stärker gewichten. Die Identität, die ich stärker gewichte, erhöht ihren Einfluss auf mein Selbstwertgefühl. Stellen wir uns vor, sie sei mit einer Spielkarte vergleichbar, die den Selbstwertbeitrag der Identität, auf die ich sie setze, verdoppelt. Das Spielen der Salienz-Karte hat noch einen weiteren Effekt: Es unterteilt uns in zwei neue Gruppen, nämlich in jene, die ihren Beruf, und jene, die ihre Nationalität stärker gewichten. Bei der Entscheidung, welcher Identität ich einen höheren Stellenwert zuschreibe, entscheide ich auch über meine Zugehörigkeit zu der einen oder anderen dieser Gruppen. Die Mitgliedschaft in der entsprechenden Gruppe verschafft mir zusätzliche Anerkennung, je nachdem, wie groß ihr Ansehen ist.

Wenn man nun all dies zusammenführt, erhält jede Person vier Beiträge zu ihrer Selbstwertschätzung. Ein Beitrag stammt aus unserem Beruf, ein weiterer aus unserer Nationalität, ein zusätzlicher ergibt sich aus der Identität, die wir stärker gewichten, und ein letzter geht aus der Zugehörigkeit zu der Gruppe hervor, die wie wir die Identität für sich als maßgeblich betrachtet. Um diesen letzten Beitrag näher zu bestimmen, wollen wir annehmen, dass er der durchschnittlichen Selbstwertschätzung entspricht, die jedes Mitglied der Gruppe aus den anderen drei Beiträgen bezieht. Wie aber entscheiden wir, welche Identität wir stärker gewichten wollen?*

---

* Selbstverständlich treffen wir auch Entscheidungen darüber, wie wir unsere »Bedürfnisse« befriedigen, aber das kann hier außer Betracht gelassen werden.

Hier kommt nun die Volkswirtschaftslehre ins Spiel: Für unseren *rationalen weiblichen Homo socialis* besteht der Nutzen in der Wertschätzung, und er *maximiert* diese: Das meinen wir mit »rational«. Jetzt können wir dieses kleine Modell auf die Sozialgeschichte der Nachkriegszeit anwenden.

Nach dem Zweiten Weltkrieg war die Lohnungleichheit gering und das Ansehen der Nation hoch, sodass selbst die am höchsten bezahlten Arbeitnehmer ihren Nutzen dadurch maximierten, dass sie sich entschieden, ihre Nationalität stärker zu gewichten als ihren Beruf. Wenn wir die vier Selbstwertbeiträge aufsummieren, erkennen wir, dass sie in der Gesellschaft relativ gleich verteilt sind. Jeder bezieht aus seiner nationalen Identität die gleiche Selbstachtung; weil sie von allen höher gewichtet wird, erhalten alle den gleichen doppelten Beitrag; weil alle die gleiche saliente Identität ausgewählt haben, erhalten alle die gleiche Wertschätzung durch ihre saliente Identitätsgruppe. Die einzigen Unterschiede in der Selbstwertschätzung sind auf die geringfügigen Lohnunterschiede zurückzuführen.

Betrachten wir nun, wie dieses positive Ergebnis ins Wanken gerät. Mit zunehmender Komplexität erhält im Lauf der Zeit eine wachsende Zahl von Menschen eine anspruchsvolle Ausbildung, einen entsprechend anspruchsvollen Beruf und ein anspruchsvolles Gehalt, das ihrer hohen Produktivität entspricht. Irgendwann ändern die Höchstqualifizierten ihre Gewichtung: Statt auf ihre Nationalität setzen sie jetzt auf ihre Qualifikation, weil sie auf diese Weise ihre Wertschätzung maximieren.

Wenn dies geschieht, beginnt der letzte Selbstwertbeitrag, der durch die auch von vielen anderen vorgenommene Wahl der gleichen salienten Identität erzeugt wird, auseinanderzustreben. Diejenigen, die sich entschieden haben, ihren Beruf zu ihrer salienten Identität zu machen, profitieren in Bezug auf ihren Selbstwert stärker von ihrer Mitgliedschaft in der Gruppe mit der gleichen Salienz. Umgekehrt verlieren jene, die weiterhin die Nationalität höher gewichten, an Selbstwertschätzung.* Diese Divergenz selbst

---

* Dies ist nicht darauf zurückzuführen, dass der Stolz auf ihre Nation zurückgeht, sondern darauf, dass die Zugehörigkeit zu der Gruppe, die ihre Nationalität stär-

veranlasst mehr Menschen dazu, nicht länger die Nation, sondern ihren Beruf als maßgebliche Quelle ihrer Selbstwertschätzung auszuwählen. Wo endet das?

Es hat den Anschein, als würde langfristig jeder seine Gewichtung verändern, und das ist möglich. Aber eine wahrscheinlichere Alternative besteht darin, dass die niedriger Qualifizierten weiterhin der Nationalität einen höheren Stellenwert einräumen. Wenn wir dieses Ergebnis mit dem Ausgangspunkt der Entwicklung vergleichen, zeigt sich, dass sich die Qualifizierten von ihrer Nationalität losgelöst haben; zu ihnen gehört auch die utilitaristische Avantgarde. Infolge der Loslösung steigt ihr Selbstwertgefühl im Vergleich zur Ausgangssituation. Dagegen verlieren die Geringqualifizierten, die weiterhin ihre Nationalität stärker gewichten, an Selbstwertschätzung; da die Personen mit dem höchsten Ansehen weggegangen sind, vermittelt die Zugehörigkeit zu der Gruppe, welche die Nationalität als Quelle ihres Selbstwerts höher gewichtet, weniger Wertschätzung.

Wie alle Modelle ist auch dieses extrem reduktionistisch. Aber ohne uns in einem Wust von Details zu ertränken, hilft es uns, zu erklären, warum und wie der soziale Zusammenhalt in unseren Gesellschaften verlorengegangen ist. Jeder ist durchgehend bestrebt, seinen Selbstwert zu maximieren. Aber aufgrund des wirtschaftlichen Strukturwandels tut sich ein Spalt auf. Als meine Kollegin Alison Wolf vom Londoner King's College Susan Chira, damals Auslandsredakteurin der *New York Times*, interviewte, drückte diese in perfekter Weise aus, welche Befriedigung Hochqualifizierte aus ihrer Arbeit ziehen: »Meine Arbeit ist erfüllend, *ich identifiziere mich voll und ganz damit.*«[3] Unterdessen klammerten sich die niedriger Qualifizierten, denen ihre Berufe weniger Erfüllung bieten, weiterhin an ihre Nationalität, fühlten sich jedoch mehr und mehr ausgegrenzt.

Da die arroganten Hochqualifizierten mehr soziale Wertschätzung erhalten als die Ausgegrenzten, sind sie darauf erpicht, anderen klarzumachen, dass sie ihre Qualifikation tatsächlich zu ihrer

---

ker gewichtet, weniger prestigeträchtig ist, nachdem die Hochqualifizierten weggegangen sind.

maßgeblichen Identität gemacht haben. Wir können jetzt mit einer zentralen Erkenntnis aus Michael Spences Theorie der Signalisierung erläutern, wie sie dies sehr wahrscheinlich tun werden. Um auf überzeugende Weise klarzumachen, dass ich beschlossen habe, meine Nationalität als mein bestimmendes Identitätsmerkmal aufzugeben, muss ich etwas tun, das ich unter anderen Umständen nicht tun würde. Ich muss die Nation abwerten. Dies erklärt, warum gesellschaftliche Eliten so oft ihr eigenes Land aktiv herabwürdigen: Sie wollen sich dadurch selbst aufwerten. Es unterscheidet sie grundlegend von denen, die gesellschaftlich unter ihnen stehen. Da sie dadurch, dass sie das nationale Zusammengehörigkeitsgefühl für sich als unerheblich abtun, die soziale Wertschätzung derer, die sie zurücklassen, verringern, wäre es nicht überraschend, wenn sie Ressentiments erzeugen würden. Ich hoffe, dass Ihnen dies irgendwie vertraut vorkommt.

Die neue Klasse der Hochqualifizierten umfasste sowohl politisch Rechtsstehende, die sich mit der libertären Ideologie der Freiheit des Einzelnen, seine individuellen Talente zu unbeschränkter Selbstbereicherung einzusetzen, identifizieren, als auch Linke, die sich zum Utilitarismus oder zur rawlsianischen Rechten bekannten. Die Mitglieder der letztgenannten Gruppe entledigten sich nicht nur ihrer eigenen nationalen Identität, sie ermunterten auch andere dazu. Menschen mit einem Merkmal, das sie vermeintlich für eine Opferrolle qualifizierte, wurden ermuntert, dieses als Kern ihrer Identität zu begreifen.

Das verlorengegangene Zusammengehörigkeitsgefühl und die Folgen

Die Auflösung des Zusammengehörigkeitsgefühls wirkte sich auf die Funktionsweise der Gesellschaft aus. In dem Maße, wie sich qualifikations- und nationalitätsorientierte Identitäten polarisierten, begann das Vertrauen in die Menschen an der Spitze der Gesellschaft zusammenzubrechen.[4] Wie kam es dazu?

Erinnern wir uns an die zentrale Idee aus Kapitel 2. Die Bereitschaft, anderen zu helfen, entsteht durch Kombination dreier Narrative: *gemeinsame Zugehörigkeit* zu einer Gruppe, *reziproke Verpflichtungen* innerhalb der Gruppe und ein Zusammenhang zwischen einer Handlung und dem Wohlergehen der Gruppe, der zeigt, dass sie *den angestrebten Zweck verwirklicht.* Wenn sich daher das Zusammengehörigkeitsgefühl auflöst, untergräbt es die Bereitschaft der Wohlhabenden, anzuerkennen, dass sie Verpflichtungen gegenüber den Bedürftigen haben.

Die Grundlage der meisten Formen von Großzügigkeit ist Reziprozität. Der große Schritt, der uns von der schwachen Kraft des Altruismus und der Pflichten zur Hilfeleistung zu der viel stärkeren Kraft der Reziprozität katapultiert, bringt die Menschen dazu, hohe Steuersätze zu akzeptieren. Aber Reziprozität ist mit einem Koordinierungsproblem behaftet: Wenn ich anerkannt habe, dass die Verpflichtung wechselseitig ist, dann bin ich bereit, zu akzeptieren, dass ich Ihnen gegenüber eine Verpflichtung habe, aber woher weiß ich, dass *Sie die Verpflichtung ebenfalls anerkennen?* Und woher wissen Sie, dass ich sie anerkannt habe? Wie können wir einander vertrauen, dass wir diesen Verpflichtungen nachkommen, wenn wir aufgefordert werden, dies zu tun?

Wir wissen aus der experimentellen Sozialpsychologie, dass die Antwort lautet: Wir brauchen gemeinsames Wissen. Jeder von uns muss wissen, dass der andere weiß, dass wir diese Verpflichtung anerkennen: »Wir wissen, dass wir wissen, dass wir wissen« in rekursiver Wiederholung. Das ist, was geteilte Narrative der Zugehörigkeit, Verpflichtung und des Strebens nach einem gemeinsamen Zweck, die in einer vernetzten Gruppe zirkulieren, allmählich aufbauen. Die geforderten Grenzen der gemeinsamen Zugehörigkeit definieren die Beschränkungen der Reziprozität, und unser Bewusstsein, dass wir alle von Narrativen beeinflusst werden, verstärkt dies dadurch, dass es uns die praktischen Grenzen gemeinsamen Wissens bewusst macht. Weil Narrative hauptsächlich sprachlich ausgedrückt werden, gibt es eine natürliche Obergrenze für die Größe der Gruppe, die sich nur schwer überwinden lässt und durch eine gemeinsame Sprache definiert ist.[5] Aber es gibt keine gleichwertige Untergrenze: Innerhalb einer Sprachgruppe können Identitäten stark zersplittern. Brüche im Zusammengehörigkeitsgefühl schwächen sowohl die definierte Gruppe, für welche die Reziprozität gilt, als auch die Möglichkeit, gruppenübergreifend reziproke Verpflichtungen zu entwickeln.

Es bestehen kaum Zweifel daran, dass es in unseren Gesellschaften eine Polarisierung zwischen denen gibt, die überdurchschnittlich gut verdienen und die nationale Identität als Quelle ihrer Selbstwertschätzung zugunsten ihres Berufs aufgegeben haben, und den sozial Schwachen und Abgehängten, die daran festhalten. Und nach Trump, dem Brexit und Le Pen können auch kaum Zweifel daran bestehen, dass sich die beiden Gruppen dieser Polarisierung bewusst sind.

Um das Bisherige zu rekapitulieren: Der gebildete, qualifizierte Teil der Bevölkerung betrachtet die Nationalität tendenziell nicht mehr als Kern seiner Identität, während die geringer Qualifizierten weiterhin an deren mittlerweile geschwundenem Ansehen festhalten. Dies wiederum führte zu einer Schwächung des Zusammengehörigkeitsgefühls in der gesamten Gesellschaft, was seinerseits das Gefühl der Verpflichtung der Bessergestellten gegenüber den Schlechtergestellten beeinträchtigte, und das wiederum untergrub das nach 1945 erschaffene Narrativ, wonach die Wohlhabenden bereit sein sollten, hohe umverteilende Steuern zu zahlen, um den Armen zu helfen. Zumindest steht das mit den einschneidenden Senkungen der Spitzensteuersätze nach 1970 in Einklang.

Jetzt sind wir bereit, einen Schritt weiter zu gehen: Der schlechter gestellte Teil der Bevölkerung bemerkt, dass sich die Bessergestellten ihm gegenüber nicht mehr in der gleichen Weise verpflichtet fühlen. Schließlich ist das kaum zu übersehen, und für den ärmeren Teil der Bevölkerung ist es durchaus von Belang. Wirkt sich das nun irgendwie auf das Vertrauen der einfachen Leute gegenüber denen »über ihnen« aus? Allein dadurch, dass man die Frage stellt, liegt die Antwort auf der Hand: Das Vertrauen schwindet. Wenn sich die Gebildeten immer stärker von den weniger Gebildeten distanzieren und sich ihnen weniger verpflichtet fühlen, dann wären Zweitere töricht, wenn sie den Gebildeten weiterhin so vertrauen würden wie zu der Zeit, als alle Bürger ihre Identität auf das gleiche Merkmal (der Nationalität) stützten. Wir vertrauen Menschen, wenn wir sicher sind, dass wir ihr Verhalten vorhersagen können. Wir haben mehr Zutrauen in unsere Vorhersagen, wenn wir die

Techniken einer »Theory of Mind« sicher anwenden können: Ich sage das Verhalten eines anderen voraus, indem ich mir vorstelle, wie ich mich an seiner Stelle verhalten würde. Aber diese Technik lässt sich nur in dem Maße verlässlich anwenden, wie ich mir sicher bin, dass wir das gleiche Glaubenssystem haben. Wenn wir grundverschiedene Glaubenssysteme haben, kann ich mich nicht in ihn hineinversetzen, weil ich nicht in der gleichen mentalen Welt lebe, die sein Verhalten prägt. Ich kann ihm nicht vertrauen.

Die utilitaristische Avantgarde entwickelte sogar eine Theorie, die den Vertrauensschwund vorhersah und Vorschläge machte, wie man ihn verhüten könnte. Henry Sidgwick, Professor für Moralphilosophie an der Universität Cambridge und eifriger Gefolgsmann von Bentham, behauptete, die Lösung bestehe darin, dass die herrschende Avantgarde ihre eigentliche Absicht vor dem Rest der Bevölkerung verschleiere. Der Vertrauensschwund könne durch Täuschung verhindert werden.* Selbstverständlich wurde der schwere Vertrauensschwund seit den siebziger Jahren durch das offensichtlich gewordene politische Versagen der Avantgarde, die neuen Spaltungen wirkungsvoll einzudämmen, noch verstärkt. Aber wie Sidgwicks haarsträubend abstruser Vorschlag andeutet, liegen die Ursachen des Problems viel tiefer als nur in diesen Misserfolgen.

Der Vertrauensschwund ist nicht das Ende der Auflösung der Sozialdemokratie. Die nächste Stufe in diesem Prozess sind vielmehr die Auswirkungen des Vertrauensschwunds auf die Fähigkeit zur Kooperation. In einer komplexen Gesellschaft basieren unzählige gegenseitige Beziehungen auf Vertrauen. Wenn daher das Vertrauen schwindet, leidet auch die Kooperationsbereitschaft. Die Leute beginnen, stärker auf rechtliche Mechanismen zur Erzwingung von regelkonformem Verhalten zu setzen (eine gute Nachricht für Rechtsanwälte, aber nicht unbedingt für den Rest von uns). In dem Maße, wie sich die Hochqualifizierten gegenüber ihren Mitbürgern immer weniger verpflichtet fühlen, weil sie nicht länger die gleiche saliente Identität teilen, wird das Verhalten opportunistischer. Die Qualifizierten werden ihre Landsleute vielleicht sogar

---

* Ein anderer Cambridge-Professor, Bernard Williams, hat diesen Vorschlag, den er »regierungsamtlichen« Utilitarismus nannte, einer vernichtenden Kritik unterzogen.

für »Dummköpfe« ansehen, und sie werden stolz auf ihre Fähigkeit sein, diese Trottel auszunehmen. Wie an die Öffentlichkeit gelangte interne E-Mails enthüllen, scheint diese Einstellung in den höheren Etagen von Finanzinstituten gang und gäbe gewesen zu sein. Joseph Stiglitz hat das Geschäftsmodell der Wall Street in den Jahren vor der Finanzkrise treffend mit der Formel beschrieben: »Sucht Trottel!« Offenkundig verstärkt das die strukturellen wirtschaftlichen Kräfte in einer Gesellschaft, die der Ungleichheit Vorschub leisten.

Warum wir dem nationalen Zusammengehörigkeitsgefühl misstrauen

Viele Leute haben verständlicherweise Bedenken, wenn es darum geht, der nationalen Identität einen hohen Stellenwert beizumessen, denn der Nationalismus hat zu einigen wirklich schrecklichen Dingen geführt. Alle Identitäten definieren implizit Exklusionsmerkmale, aber dies hat dann gravierende negative Folgen, wenn die Exklusionsmerkmale nicht implizit bleiben, sondern explizit gemacht werden und zu feindseliger Abgrenzung dienen: »Wir« ist definiert als »nicht sie«, und »sie« werden zu einem Objekt des Hasses – wir wollen ihnen übel. Solche Identitäten sind antagonistisch. In einigen Kontexten können derartige widerstreitende Identitäten produktiv sein. Sportmannschaften zum Beispiel sind leistungsstärker, wenn sie die gegnerische Mannschaft klar als Rivalen ansehen, und das Gleiche gilt für viele Unternehmen. Von einem solchen Wettstreit profitieren wir alle, denn er spornt einen dazu an, sich stärker anzustrengen: Er ist einer der unterschätzten Vorzüge des Kapitalismus. In der Vergangenheit waren die schädlichsten Formen antagonistischer Identität Großgruppen-Identitäten wie ethnische Zugehörigkeit, Religionszugehörigkeit und Nationalität. Sie führten zu Pogromen, Dschihads und Weltkriegen.

Nur wenige Gesellschaften litten stärker unter solchen widerstreitenden Identitäten als Deutschland. Im 17. Jahrhundert verwüstete der Dreißigjährige Krieg zwischen Katholiken und Protestanten eine bis dahin prosperierende Gesellschaft. Er endete schließlich mit dem Westfälischen Frieden, der heute als Ursprung einer Ent-

wicklung hin zum Nationalstaat mit seiner statt der Religionszugehörigkeit identitätsstiftenden Kraft gilt. Doch dann schlug das Pen-
del, beginnend mit dem preußischen Nationalismus, immer weiter
aus – es folgte die Hölle der Weltkriege und der Niederlagen, des
Nationalsozialismus und des Holocaust. Da ist es nicht weiter verwunderlich, dass viele Deutsche heute eine über die Nation hinausgehende Identität anstreben und daher begeisterte Europäer sind.

Aber Europa ist nicht nur ein Stück Land, auf dem ein passen-
des Gemeinwesen errichtet werden kann. Wie wir gesehen haben,
funktioniert ein Gemeinwesen besser, wenn die Einheiten der politischen Macht von einem gemeinsamen Identitätsbewusstsein getragen werden. Wenn dies nicht der Fall ist, muss sich entweder die
Identität an die Macht anpassen, oder die Macht muss sich an die
Identität anpassen. In allen modernen Gesellschaften stützt sich
politische Macht auf ein sehr geringes Maß an Zwang und ein
hohes Maß an freiwilliger Regelbefolgung. Freiwillige Regelkonformität bringt uns zurück zu dem Gefühl der Verpflichtung, welches Macht in Autorität verwandelt. Ohne dieses Gefühl hat politische Macht nur drei Optionen. Eine besteht darin, Menschen
durch tatsächliche Zwangsanwendung zu Wohlverhalten zu nötigen – die nordkoreanische Option. Die zweite besteht darin, diese
Option auszuprobieren, aber dadurch eine organisierte Gewaltre-
aktion gegen den Staat auszulösen – die syrische Option. Drittens
bleibt schließlich noch die Möglichkeit, dass die politische Macht
ihre Grenzen erkennt und sich auf eine Art Schauspielerei zurück-
zieht: Die Machtinstanz erteilt Anweisungen, von denen sie weiß,
dass sie ignoriert werden, und jene, die angewiesen werden, finden
ein Mittel, um sich den Anordnungen zu entziehen, ohne allzu
große Verärgerung hervorzurufen. Die Europäische Kommission
hat das erfahren, als sie versuchte, die Defizit- und Schuldenkri-
terien gegenüber den EU-Mitgliedsstaaten durchzusetzen; nur die
Finnen haben nie gegen die EU-Vorgaben verstoßen.

Menschen in modernen Wohlstandsgesellschaften sind mit der
bereits in Autorität transformierten Macht aufgewachsen und erach-
ten das daher als selbstverständlich. Nachdem ich jedoch mein ganzes Berufsleben lang in Gesellschaften geforscht habe, die sich mit
dieser Transformation schwertun, ist mir klar geworden, dass es

eine schwer zu meisternde, kostbare und potenziell instabile Errungenschaft ist. Ein echtes europäisches Gemeinwesen erfordert eine neue, umfassende europäische Identität, aber es ist außerordentlich schwierig, sie aufzubauen. Gemeinsame Projekte einer solcher Größenordnung sind schwer zu organisieren, und das Medium für Narrative der Identität und Verpflichtung – Sprache – ist selbst in hohem Maße ausdifferenziert: Europa hat keine gemeinsame Sprache.* Potenziell nimmt das Bestreben, Autorität auf eine zentrale Institution zu übertragen, mit der sich nur wenige identifizieren, der Autorität die Macht und ebnet den Weg für die Zersplitterung in regionale Identitäten und den Rückfall in den Individualismus: die Hölle des *Homo oeconomicus.*

Statt umfassendere Identitäten zu entwickeln, ziehen sich viele in kleinere zurück. Nach über fünfhundert Jahren, in denen sie sowohl Spanier als auch Katalanen waren, wollen sich viele Katalanen wieder auf ihre rein katalanische Identität rückbesinnen. Nachdem sie dreihundert Jahre Briten und Schotten waren, wollen jetzt viele Schotten wieder nur Schotten sein: Sie ziehen das »kleine Wir« dem »großen Wir« vor. Die mittlerweile in Rom mitregierende Lega Nord zeigte von Beginn an eine Abneigung gegen das geeinte Italien, wie es seit fast hundertfünfzig Jahren besteht, und propagierte unter dem Begriff eines sich vom Süden des Landes abspaltenden »Padanien« eine rein »nordische« Identität. Und nach knapp fünfzig Jahren Zugehörigkeit zur föderalen sozialistischen Republik Jugoslawien konnten die Slowenen 1991 schließlich ihren Traum von einer Abspaltung verwirklichen; die Folgen für das übrige Jugoslawien waren in den sich anschließenden Jahren katastrophal. Während ich dies niederschreibe, inspirieren die Katalanen die südlichen Regionen Brasiliens, sich ebenfalls abzuspalten.

---

* Die europäischen Schulen sollten, zumindest bei ihren Eliteschülern, ein neues europäisches Identitätsbewusstsein hervorbringen. Aber aktuelle Forschungen legen nahe, dass Schüler so sehr mit der ideologischen Anschauung, die europäische Identität sei synonym mit liberalem Kosmopolitismus, indoktriniert werden, dass sie mittlerweile jene, die anderer Auffassung sind, für keine richtigen Europäer mehr halten. Die Schulen fördern also kein neues Zusammengehörigkeitsgefühl, sondern ein weiteres Mal die Divergenz der Elite von den Identitäten ihrer eigenen Gesellschaften.

Und am erstaunlichsten: Biafra ist wieder da! Die Sezessionsbewegung, die vor fünfzig Jahren zu einem mörderischen Krieg in Nigeria führte, agitiert abermals. All diese scheinbar verschiedenen Sezessionsbestrebungen haben einen gemeinsamen Nenner: *Es sind reiche Regionen, die versuchen, sich Verpflichtungen gegenüber dem Rest des Landes zu entledigen.* Katalonien ist die reichste der siebzehn Regionen Spaniens und will die ärmeren nicht länger über Steuern mitfinanzieren. Der Wahlkampfslogan der Scottish Nationalist Party lautete lange Zeit: »Es ist das Erdöl Schottlands« (ungeachtet der Tatsache, dass die Ölvorkommen weit vor der Küste in der Nordsee liegen). Norditalien hat eine viel höhere Wirtschaftskraft als der Süden, und das sezessionistische Narrativ empört sich über die fiskalischen Transfers an ärmere Regionen. Raten Sie, welche Region Jugoslawiens die reichste war, welche drei Regionen Brasiliens das höchste Pro-Kopf-Einkommen haben. Und wo in Nigeria liegen die Erdölvorkommen? Jenseits der vordergründigen Narrative über das Recht auf Selbstbestimmung sind diese politischen Bewegungen weitere Belege für die Auflösung des sozialdemokratischen Staats: aus Unmut über die wechselseitigen Verpflichtungen, die auf der Grundlage eines umfassenden Zusammengehörigkeitsgefühls aufgebaut wurden. Genauso wie der ungebändigte Kapitalismus verdienen sie die Epitheta Gier und Egoismus. Dass sie ihnen nicht angehängt wurden, verdanken sie nicht ihren Zielsetzungen, sondern ihrer PR.

Wir brauchen umfassende gemeinsame Identitäten, aber der Nationalismus ist nicht die geeignete Methode, um sie hervorzubringen. Vielmehr wird er von Populisten dazu verwendet, um sich durch Narrative des Hasses auf andere Menschen, die im selben Land leben, eine Basis von Unterstützern aufzubauen. Die gesamte Strategie zielt darauf ab, innerhalb eines Teils der Gesellschaft den Zusammenhalt dadurch zu stärken, dass man Gräben gegenüber anderen Teilen der Gesellschaft aufreißt. Die dadurch entstehenden antagonistischen Identitäten sind tödlich für Großzügigkeit, Vertrauen und Kooperation. Tendenziell sind Menschen mit höherer Bildung besser gegen diese nationalistische Verführung gefeit, und sie tun gut daran. Aber gegenwärtig bieten sie keine alternative Grundlage für die Herausbildung einer gemeinsamen Identität an. Tatsächlich geben die Hochqualifizierten unmissverständlich zu verstehen, dass sie sich nicht länger mit ihren niedriger qualifizierten Landsleuten identifizieren. Vielmehr wenden sie utilitaristische Prinzipien an und machen daher keinen Unterschied zwischen ihren gering qualifizierten Mitbürgern und Ausländern. Da wirkmächtige – also reziproke – Verpflichtungen eine gemeinsame Identität voraussetzen, folgt daraus, dass sie gegenüber Mitbürgern, die nicht der Elite angehören, keine größere Verpflichtung empfinden als gegenüber Ausländern, die irgendwo auf der Welt leben.

Aktuelle Umfrageergebnisse bestätigen den Prozess der Erosion. In Großbritannien herrscht gegenwärtig in den Medien die Auffassung vor, Jüngere seien gegenüber bedürftigen Landsleuten großzügiger eingestellt als ihre Eltern. In einer großen repräsentativen Umfrage, die 2017 durchgeführt wurde, wurden die Teilnehmer gebeten, eine Wahl zwischen zwei gegensätzlichen Aussagen zu treffen. Die eine war: »Die Pflicht, Steuern zu zahlen, ist wichtiger als das persönliche Vermögen eines Menschen.« Ihr wurde der Satz gegenübergestellt: »Wer hart arbeitet, sollte mehr von seinem Verdienst behalten dürfen.« Im Gegensatz zu dem in den Medien verbreiteten Mythos – aber voll und ganz im Einklang mit der Theorie gemeinsamer Identität, die allmählich an Bindungskraft verliert – unterstützte die Altersgruppe der über 35-Jährigen die Verpflichtung, Steuern zu zahlen, während die 18- bis 34-Jährigen mehr der individualistischen Ethik zuneigten und niedrige Steuern befürworteten.[6]

In dem Maße, wie die Regelkonformität erodiert, werden Rechtsansprüche nicht mehr erfüllt, und das Vertrauen in den Staat schwindet. Dieser mächtige Trend erfasst alle westlichen Gesellschaften. Konkret könnte dieser Wandel der Struktur von Verpflichtungen, von Reziprozität innerhalb der eigenen Gesellschaft zu nicht reziproken globalen Verpflichtungen – beziehungsweise von Verpflichtungen gegenüber Landsleuten zu solchen gegenüber »Bürgern der Welt« – drei grundverschiedene Dinge bedeuten. Vielleicht fragen Sie sich einmal selbst, welche Variante auf Sie zutrifft.

Eine Möglichkeit besteht darin, dass Sie nicht weniger großzügig gegenüber ärmeren Menschen sind als die Generation, die zwischen 1945 und 1970 das Steuersystem Ihres Landes auf der Grundlage einer gemeinsamen nationalen Identität konzipierte, aber Sie wollen »die Bedürftigen« jetzt nicht mehr national, sondern global definieren. Dies hätte dramatische Folgen. In den fortgeschrittenen modernen Volkswirtschaften werden im Durchschnitt rund 40 Prozent des Arbeitseinkommens durch Steuern und Sozialabgaben abgeschöpft und in unterschiedlicher Weise umverteilt, etwa über direkte Transferleistungen an Bedürftige, Sozialausgaben, von denen Einkommensschwache überproportional profitieren, und Infrastrukturausgaben, von denen fast jeder profitiert. Es ist für Sie also weiterhin in Ordnung, wenn 40 Prozent des Einkommens der Erwerbstätigen in Ihrem Land in Form von Steuern abgeschöpft werden, aber jetzt wollen Sie, dass diese Einnahmen global, nicht mehr national verteilt werden: Sie sehen keine privilegierte Verpflichtung mehr gegenüber Ihren Landsleuten. In Anbetracht der globalen Ungleichheiten würde dies eine massive Aufstockung der Finanzhilfen an arme Länder bedeuten; ein Großteil der 40 Prozent des steuerlich abgeschöpften Einkommens würde an sie überwiesen. Diese Umlenkung von Steuereinnahmen zu den Armen der Welt hätte zur Folge, dass die Bedürftigen innerhalb Ihres eigenen Landes jetzt deutlich schlechter dastünden. Sie persönlich mögen dies als moralisch unerheblich abtun – schließlich sind deren Bedürfnisse geringer als die der Menschen, denen Sie jetzt helfen –, aber die Betroffenen wären zu Recht besorgt.

Eine zweite Möglichkeit besteht darin, dass Sie gegenüber Ihren Landsleuten so großzügig bleiben wie die früheren Generationen, mit dem Unterschied, dass Sie jetzt gegenüber allen Menschen weltweit die gleiche Großzügigkeit walten lassen möchten. Aber das hat noch dramatischere Konsequenzen: Die Steuersätze müssten massiv erhöht werden. Das nachsteuerliche Einkommen der Hochqualifizierten müsste deutlich sinken, wenn Sie gegenüber Ihren Landsleuten die bisherige Freigebigkeit aufrechterhalten wollten, während Sie die gleiche Großzügigkeit gegenüber allen Menschen weltweit zeigen möchten. Ein Land allein könnte dies nicht bewerkstelligen, da ein Großteil seiner Fachkräfte abwandern würde, mit der Folge, dass seine einkommensschwachen Bürger Wohlfahrtsverluste erlitten. Das ist eine Strategie unreflektierter Herzensgüte.

Die dritte Möglichkeit besteht darin, dass Sie durch Verlagerung des Fokus Ihrer Identität – Ihre saliente Identität – nicht etwa Ihre Verpflichtungen gegenüber der Menschheit insgesamt in nennenswertem Umfang erhöhen, sondern Ihre Verantwortung gegenüber Ihren Landsleuten zurückschrauben wollen. In diesem Fall sind Sie in der glücklichen Position, aus dem Schneider zu sein. Die Steuern könnten gesenkt werden, weil die unangenehme »Sollensforderung«, die Sie zu Großzügigkeit anstachelte, zum Schweigen gebracht wurde: »Sie können behalten, was Sie verdienen.« Ihre bedürftigen Mitbürger werden jetzt finanziell schlechter dran sein. Das ist eine Politik herzloser Vernunft.

Die Verachtung der Gebildeten für die nationale Identität streift sich den Deckmantel moralischer Überlegenheit um: *Wir* kümmern uns um alle Menschen, *ihr* seid erbärmlich. Aber ist dieser Anspruch der Gebildeten auf moralische Überlegenheit wirklich gerechtfertigt? Gehen wir eine Generation weiter und stellen wir uns vor, die neue Identität als »Bürger der Welt« habe sich so fest verankert, dass die Politik sich voll und ganz daran ausrichte.[7] Die auf der nationalen Identität basierenden Steuergesetze wurden ersetzt. Welche dieser drei Interpretationen des »Weltbürgers« hat sich wohl durchgesetzt? Ich vermute, dass es ein Kompromiss zwischen der ersten und der dritten sein wird: Eine etwas größere Freigebigkeit gegenüber den Armen der Welt wird mehr als wettgemacht durch eine deutlich verringerte Großzügigkeit gegenüber den Bedürftigen im eigenen Land.

Das Paradoxon

Moderne Wohlstandsgesellschaften sind heute mit einem Paradoxon konfrontiert. Es ist eine unumstößliche Tatsache, dass das Wirkungsfeld der Politik *räumlich begrenzt* ist. Die politischen Prozesse, die politische Maßnahmen legitimieren, sind territorial: Bei nationalen und kommunalen Wahlen werden Amtsträger bestimmt, deren Machtbefugnisse sich auf ein Gebiet beschränken. Und politische Maßnahmen werden in einem begrenzten räumlichen Bezirk umgesetzt: Schulen und Gesundheitseinrichtungen haben Einzugsgebiete; die Infrastruktur ist raumgebunden; Steuern und Sozialleistungen werden »vor Ort« erhoben bzw. erbracht. Wir können dieser Tatsache nicht entkommen: *Unsere Gemeinwesen haben eine räumliche Basis.* Tatsächlich sind sie überwiegend *national.* Aber unsere Identitäten und die sozialen Netzwerke, die ihnen zugrunde liegen, sind dies in immer geringerem Maße.

Die sozialdemokratische Ära zwischen 1945 und 1970 war eine außergewöhnliche historische Epoche, in der sich unser Gemeinschaftssinn erweiterte und auf ganze Länder erstreckte. Unsere ortsgebundenen Identitäten und sozialen Netzwerke wurden bereits aufgrund des Qualifikationsgefälles infolge der zunehmenden Komplexität der Arbeitswelt immer schwächer. Heute erleben wir eine weitere Angriffswelle auf die gemeinsame raumbezogene Identität infolge von Verhaltensveränderungen durch die breite Nutzung von Smartphones und Social Media. Smartphones stehen für einen extremen Individualismus, zum Beispiel durch das Selfie, das in der Hoffnung, eine beeindruckende Zahl von »Likes« zu erhalten, unterschiedslos an »Freunde« geschickt wird. Wir sehen, wie ortsgebundene Gemeinschaften verkümmern, und erleben es auch persönlich, wenn wir in öffentlichen Räumen wie Cafés und Zügen sitzen, umgeben von Menschen, die nah und doch unsichtbar sind, weil wir alle auf unsere Bildschirme starren. Der Raum bindet uns durch politische Maßnahmen, aber er hält uns nicht länger sozial zusammen. Er wird angegriffen durch Ersatzgemeinschaften digitaler Echokammern und einen radikalen Rückzug von der direkten zwischenmenschlichen Interaktion in die Isolation eines ängstlichen Narzissmus. Meine Prognose lautet: Wenn diese Divergenz zwischen unseren Gemeinwesen und unseren sozialen Bindungen nicht rückgängig gemacht wird, dann wird der soziale Zusammenhalt immer weiter schwinden, und unsere Gesellschaften werden weniger großzügig, weniger vertrauensvoll und weniger kooperativ sein. Diese Entwicklungen sind bereits in vollem Gange.

Grundsätzlich könnten wir unsere politischen Einheiten so umgestalten, dass sie nicht mehr raumgebunden wären. Einigen Technofreaks im Silicon Valley mag eine solche Zukunft vorschweben: ein Gemeinwesen, in das jedes Individuum unabhängig von seinem gegenwärtigen Wohnort nach Belieben ein- und austreten kann. Jedes dieser Gemeinwesen könnte seine eigene Währung haben – jedem seinen eigenen Bitcoin. Jedes könnte seine eigenen Steuersätze, Sozialleistungen, Gesundheitsdienste haben; es gibt sogar Pläne für schwimmende Inseln, die keiner nationalen Hoheitsgewalt mehr unterliegen. Hört sich das attraktiv an? Falls ja, denken Sie einmal darüber nach, was wahrscheinlich geschähe. Vermutlich würden Reiche diesen künstlichen politischen Gebilden, die mit niedrigen Steuern lockten, beitreten. Die Milliardäre tun es bereits, indem sie den juristischen Sitz ihrer Unternehmen von deren wichtigsten Absatzmärkten, auf denen sie das Gros ihres Umsatzes machen, abtrennen und sich selbst in Monaco ansiedeln. Kranke wiederum würden Gemeinwesen mit großzügiger Gesundheitsversorgung beitreten, die aufgrund ihrer untragbaren Verschuldung unvermeidlich bankrottgingen.

Eine nicht raumgebundene politische Einheit ist ein Hirngespinst, sodass die einzige realistische Option darin besteht, räumliche Bindungen zu erneuern. Da die zweckmäßigste Einheit der meisten politischen Ordnungen die Nation ist, brauchen wir, ob es uns gefällt oder nicht, ein Bewusstsein gemeinsamer nationaler Identität. Wir wissen jedoch, dass nationale Identitäten destruktiv sein können. Ist es möglich, Bindungen aufzubauen, die für ein existenzfähiges Gemeinwesen ausreichend sind, aber keine Gefahr darstellen? Das ist die zentrale Frage, die von den Sozialwissenschaften beantwortet werden muss. Von der Antwort hängt die Zukunft unserer Gesellschaften ab.

Den Nationalisten ist es fast gelungen, die Idee der nationalen Identität als ihr geistiges Eigentum zu vereinnahmen. Tatsächlich scheinen sie zu glauben, dass sie Teil einer ununterbrochenen Tradition der nationalen Identität sind, aber das sind sie nicht. In vielen Gesellschaften schloss die traditionelle nationale Identität alle Mitglieder der Gesellschaft ein. Ludwig Wittgenstein, ein österreichischer Jude, der in Großbritannien lebte, sah es als seine selbstverständliche Pflicht an, im Ersten Weltkrieg nach Österreich zurückzukehren, um für sein Land zu kämpfen. Im Gegensatz zu dieser traditionellen Form des Nationalismus wollen die neuen Nationalisten nationale Identität nach Kriterien wie ethnischer oder religiöser Zugehörigkeit definieren. Diese Variante des Nationalismus ist vergleichsweise jung, ein Erbe des Faschismus, und die neue Definition nationaler Identität schließt Millionen aus, die als Bürger in der Gesellschaft leben. Die neuen Nationalisten verfolgen nicht nur die ausdrückliche Absicht, die Gesellschaft in ein »Wir« und ein »Sie« zu spalten, sie erzeugen dadurch, dass sie auch viele Menschen innerhalb des selbst definierten »Wir« beleidigen, eine weitere Spaltung innerhalb dieser »Wir«-Gruppe. Ihr Aufstieg führt zu erbitterten Spaltungen innerhalb der Gesellschaft. Marine Le Pen hat Frankreich nicht geeint, sie spaltete es im Verhältnis zwei zu eins gegen sich, und Donald Trump polarisierte die amerikanische Gesellschaft in der Mitte. Daher ist ein derartiger Nationalismus kein auch nur ansatzweise praktikables Mittel, um den Verlust an Zusammengehörigkeitsgefühl, der ihm Auftrieb gibt, auszugleichen; im Gegenteil, er würde jegliche Aussicht auf eine neue gemeinsame Identität zunichtemachen. Dies wiederum würde Vertrauen und die Kooperationsbereitschaft, die es fördert, untergraben und ebenso wechselseitigen Respekt und die Großzügigkeit, die *er* fördert.

Die andere Gruppe, die gebildeten »Weltbürger«, geben ihre nationale Identität auf. Sie frönen Vergnügungen, die ihre gesellschaftliche Überlegenheit signalisieren, während sie sich gleichzeitig selbst einreden, dieses egoistische Verhalten sei moralisch erhebend. Die unabweisbare Schlussfolgerung lautet, dass die beiden Gruppen von Bürgern, die in letzter Zeit immer markanter hervorgetreten sind, das unter so immensen Kosten aufgebaute Zusammengehörigkeitsgefühl zu untergraben drohen.

Wir müssen einen Weg finden, der uns aus dieser misslichen Lage herausführt. In dem plastischen Bild Wittgensteins, der Menschen in der Falle verworrener Gedanken sitzen sah: Wir müssen die Fliege aus dem Fliegenkasten herauslassen.

Auftritt »Patriotismus«.

Zugehörigkeit, Ortsverbundenheit und Patriotismus

Um in einer Weise zu funktionieren, die jedem ermöglicht, ein erfülltes, gelingendes Leben zu führen, braucht eine Gesellschaft ein starkes Gefühl gemeinsamer Identität. Die relevante Frage lautet nicht, ob das wahr ist: Jene, die den Stellenwert des sozialen Zusammenhalts leugnen, sind genauso töricht wie die Leugner des Klimawandels. Seine Bedeutung zeigt sich am Erfolg von Dänemark, Norwegen, Island und Finnland, den glücklichsten Ländern der Welt, und an Bhutan, dem glücklichsten Land in Asien. Aber leider erzeugen diese fünf Länder gesellschaftlichen Zusammenhalt durch eine Strategie, die den meisten anderen Gesellschaften nicht zur Verfügung steht. Bei ihnen speist sich das Zusammengehörigkeitsgefühl aus einer markanten gemeinsamen Kultur. Ich bezweifle, dass der konkrete Inhalt dieser Kultur besonders wichtig ist: Hygge und buddhistische Klöster haben wenig gemeinsam. Aber die meisten Gesellschaften hatten entweder von Anfang an eine so hohe kulturelle Diversität, dass dies keine realistische Option ist, oder sie haben sie mittlerweile. Doch anstatt diesen Aspekt unserer Gesellschaften zu beklagen, müssen wir eine tragfähige Strategie zur Erneuerung der gemeinsamen Identität erstellen, die unserer heutigen gesellschaftlichen Wirklichkeit gerecht wird.

Die Methoden der Vergangenheit, mit denen es gelang, den gesellschaftlichen Zusammenhalt auf Landesebene zu stärken, sind heute ungeeignet. Im prähistorischen Großbritannien mag das Wirgefühl durch das riesige Gemeinschaftsprojekt von Stonehenge – »ein einheitsstiftendes Vorhaben, in dem sich die Weltsicht einer einzelnen Inselkultur widerspiegelte« – entstanden sein.[8] Im England des 14. Jahrhunderts bildete es sich durch den Krieg mit Frankreich heraus, der grundverschiedene ethnische Gruppen zu einer Einheit zusammenschweißte: Normannen, Angelsachsen, deren Anführer von den Normannen abgeschlachtet worden waren, Wikinger, die die Angelsachsen niedergemetzelt hatten, und Briten, deren Kultur durch die Machtübernahme der Angelsachsen zerstört worden war. Im Europa des 19. Jahrhunderts entwickelte sich das Wirgefühl unter dem Einfluss des Mythos ethnischer Reinheit. In der ersten Hälfte des 20. Jahrhunderts entstand es durch den Krieg und wurde auch später durch kulturelle Eigenarten aufrechterhalten; die Amerikaner hatten den Baseball, die Briten ihren Tee und die Deutschen Schweinebraten und Bier. Aber in dem Maße, wie unsere Gesellschaften multikulturell werden, sind selbst Baseball, Tee, Schweinebraten und Bier verblassende kulturelle Distinktionen: Keiner dieser Ansätze eignet sich für eine robuste Strategie.

Es hört sich verlockend an, Zusammengehörigkeitsgefühl auf der Basis gemeinsamer Werte aufbauen zu wollen. Diese Strategie ist beliebt, weil jeder an seine eigenen Werte glaubt und annimmt, dass es die richtigen sind, um eine gemeinsame Identität aufzubauen. Das Problem ist, dass in jeder modernen Gesellschaft ein erstaunlich vielfältiges Spektrum von Werten existiert; es ist eines der bestimmenden Merkmale der Moderne. Wenn wir eine gemeinsame Wertebasis fordern, erzeugen wir letztlich starke Exklusionskräfte: »Wenn du unsere Werte nicht teilst, dann raus mit dir!« Donald Trump und Bernie Sanders sind beide Amerikaner, aber ich wette, dass Sie keine Werte finden, zu denen sich beide bekennen und die die USA von anderen Nationen unterscheiden. Mit entsprechenden anderen politischen Führungsfiguren ließe sich die Wette in den meisten westlichen Gesellschaften wiederholen. Die einzigen Werte, die jeder in einer Gesellschaft teilt, sind so minimal, dass sie kein bestimmtes Land von vielen anderen unterscheiden und daher keinen tragfähigen Bereich definieren, in dem reziproke Verpflichtungen aufgebaut werden könnten.

Da die nationale Identität an Zugkraft verloren hat, intensivierte sich die wertebezogene Identität, mit unschönen Folgen. Verstärkt wurde sie dadurch, dass es leichter geworden ist, seine sozialen Kontakte auf diejenigen zu beschränken, mit denen man übereinstimmt – das sogenannte »Echokammer-Phänomen«. Diese wertbasierten Echokammern fördern jedoch keineswegs den gesellschaftlichen Zusammenhalt, vielmehr bewirken sie das genaue Gegenteil: Sie verschärfen die sozialen Spaltungen in den westlichen Ländern. Das Ausmaß an Beleidigungen, Verunglimpfungen und Gewaltandrohungen – kurzum: Hass –, das man in wertbasierten Netzwerken findet, übertrifft mittlerweile wahrscheinlich ethnisch oder religiös motivierte Schmähungen.

Wenn daher Werte als Kriterium gemeinsamer Identität genauso wenig taugen wie ethnische und religiöse Zugehörigkeit, gibt es dann noch etwas anderes? Sollten wir stattdessen versuchen, der »Weltbürger«-Agenda dadurch zum Durchbruch zu verhelfen, dass wir Nationen auflösen und die politische Macht auf die Vereinten Nationen übertragen? Wie der Name Vereinte *Nationen* schon andeutet, setzt die Organisation voraus, dass Nationen, nicht Einzelpersonen die Bausteine der politischen Autorität sind, aus dem offensichtlichen Grund, dass in den meisten Gesellschaften die Nation die realistischerweise größtmögliche Einheit geteilter Identität ist. Bei der Konzentration politischer Macht auf globaler Ebene würden Menschen sich nicht bereitwillig deren Entscheidungen fügen: Macht würde nicht in Autorität transformiert. Eine Weltregierung wäre so ungefähr das globale Pendant von Somalia.

Die Antwort auf die Frage, wie sich eine langfristig tragfähige, inklusive Identität aufbauen lässt, springt sozusagen ins Auge. Es ist ein Gefühl der *Verbundenheit mit einem Ort*. Warum zum Beispiel fühle ich mich als ein *Yorkshireman*? Ja, ich mag die Werte der Bewohner von Yorkshire: Unverblümtheit und Bodenständigkeit. Aber das ist nicht der Punkt. Vor Kurzem war ich in einer Frühstücksradiosendung mit Baroness Sayeeda Warsi, der ersten Muslimin, die ein Ministeramt in Großbritannien bekleidete. Wir begegneten uns dort zum ersten Mal, und eine Radioplaudersendung, in der wir jeweils über unsere neuen Bücher sprechen sollten, ist kein geeigneter Rahmen, um einen freundschaftlichen Kontakt anzuknüpfen. Trotzdem fühlte ich mich ihr gleich verbunden: Sie ist in Bradford aufgewachsen und spricht mit dem wunderbaren Akzent, mit dem auch ich groß geworden bin und der bei mir durch fünfzig Jahre in Oxford nach und nach abgetragen wurde. Ich vermute daher, dass ich mich in ihrer Gegenwart wohler fühlte als sie sich in meiner. Entscheidend aber ist, dass wir das Gefühl der Verbundenheit mit demselben Ort teilten, mit seinen kleinen Eigentümlichkeiten in Akzent und Vokabular. Mir fiel auf, dass wir beide in der BBC-Sendung baten, unseren Tee zu »kochen«, nicht »aufzubrühen«.

Wir können solche Anekdoten in einen begrifflichen Bezugsrahmen von beträchtlicher Allgemeingültigkeit einordnen. Menschen haben ein grundlegendes Bedürfnis nach *Zugehörigkeit*. Die Schlüsseldimensionen der Zugehörigkeit sind »*Wer?*« und »*Wo?*«. Beide werden in der Kindheit festgelegt und bestehen lebenslang fort. Wir beantworten »*Wer?*«, indem wir uns mit einer Gruppe identifizieren – das ist das Forschungsfeld der Identitätsökonomie. Wir beantworten »*Wo?*«, indem wir uns mit einem Ort als *Heimat* identifizieren. Fragen Sie sich selbst, was Sie unter Heimat verstehen. Für die meisten Menschen bedeutet es den Ort, an dem sie aufgewachsen sind.

Das tragfähigste moderne Konzept der Nationalität besteht darin, Menschen durch ein Gefühl der Verbundenheit mit demselben Ort zusammenzuschweißen. Jeder Ort ist wie eine Zwiebel aus Schichten aufgebaut. Der innere Kern ist unser Elternhaus, aber ein Großteil der innigen Vertrautheit, die es für uns verkörpert, strahlt auch auf die Region oder die Stadt ab, in der es sich befindet. In ähnlicher Weise erhält die Stadt einen Großteil ihrer Bedeutung als vertrauter Ort von dem Land, in dem sie sich befindet. Und in Europa erstreckt sich das Gefühl der Zugehörigkeit teilweise auch auf die Europäische Union. Die Bevölkerung eines Landes setzt sich im allgemeinen aus unterschiedlichen Gruppen zusammen, die unterschiedliche Wertvorstellungen haben, aber sie teilen sich einen gemeinsamen Raum heimatlicher Verbundenheit. Genügt das?

Ein Grund, hoffnungsvoll zu sein, besteht darin, dass ortsbezogenes Identitätsbewusstsein eines der Merkmale ist, die die Evolution tief und fest in unserer Psyche verankert hat. Es ist nicht einer der evolutionär relativ jungen, leicht veränderbaren Werte, die mit der Sprache entstanden. Und das ortsbezogene Identitätsbewusstsein ist nicht nur tief verankert, es ist auch eine wirkmächtige Verhaltensdeterminante. Ein gängiges Maß, das in Konfliktstudien betrachtet wird, ist das Verhältnis von Angreifern zu Verteidigern, das die Aggressoren brauchen, um zu siegen. Das wird natürlich auch von der Militärtechnologie beeinflusst, aber im Allgemeinen, über die gesamte Geschichte menschlicher Konflikte hinweg, kämpfen Verteidiger entschlossener als Angreifer, und daher ist das Verhältnis drei zu eins. Erstaunlicherweise ist es auch bei vielen anderen Spezies anzutreffen. Wenn man den evolutionären Stammbaum dieser Arten zurückverfolgt, hat es den Anschein, als wäre das Territorial-

verhalten seit etwa vier Millionen Jahren instinktmäßig program-
miert.[9] Der Instinkt zur Verteidigung des eigenen Territoriums hat
also sehr tiefe Wurzeln; wir haben eine enge Bindung an den Ort,
an dem wir uns heimisch fühlen.

Aufgrund der genetischen Vererbung unserer »Leidenschaften«
haben wir also ein starkes Gefühl der Verbundenheit mit einem
vertrauten Ort. Aber wie wir in Kapitel 2 sahen, spielen auch die
von Narrativen erzeugten modellierbaren Werte eine wichtige Rolle.
Narrative wirken als Gedächtnisstützen, die uns helfen, den Ort,
dem wir uns innerlich tief verbunden fühlen, nicht nur als einen
Schnappschuss seines gegenwärtigen Zustands, sondern als einen
Entwicklungsprozess zu sehen: Unsere Bindung an unsere Stadt in
ihrem gegenwärtigen Zustand wird tiefer durch unser Verständnis
der Schichten des Wandels, durch die sie zu dem wurde, was sie
ist. Diese Erinnerungen sind das gemeinsame Wissen all derjenigen, die in der Stadt aufwachsen, und sie verstärken unsere gemeinsame Identität.

Und dennoch meiden Politiker der etablierten Parteien seit Jahrzehnten bewusst Narrative der Zugehörigkeit. Ja, sie haben sie sogar
gezielt schlechtgemacht. Unsere Politiker stehen im Zentrum nationaler sozialer Netzwerke, sie sind unsere obersten Kommunikatoren.
Indem sie das Gefühl gemeinsamer Zugehörigkeit aktiv untergruben, beschleunigten sie den Zerfall der reziproken Verpflichtungen, von denen unser Wohlergehen abhängt. Ihre ethischen Narrative waren stattdessen überwiegend utilitaristisch oder rawlsianisch
geprägt, und sie verstanden sich selbst als die obersten Sachwalter
des *paternalistischen Staates.* Die Narrative der Zugehörigkeit zum
eigenen Land wurden grundsätzlich den Nationalisten überlassen,
die sie für ihre eigene Polarisierungsagenda vereinnahmten, und
darüber verkümmerte der *ethische Staat.*

Im Jahr 2017 beendete der französische Staatspräsident Macron
diese langjährige, gewohnheitsmäßige Vernachlässigung. Er führte
in seinen öffentlichen Verlautbarungen eine Unterscheidung zwischen zwei Formen der nationalen Identität ein: Nationalismus und
Patriotismus. Sich selbst bezeichnete er als einen Patrioten und setzte
sich damit entschieden vom Nationalismus ab. Narrative des Patriotismus, definiert als Zugehörigkeit zu einem gemeinsamen Territo-

rium, ermöglichen uns, das Thema »Zugehörigkeit« aus seiner Inst-
rumentalisierung durch die Nationalisten zu befreien und es wieder
als ein zentrales Element der Identität zu verwenden. Eine aktuelle Umfrage in Großbritannien liefert weitere Belege dafür, dass
diese Strategie erfolgversprechend ist. Bei der Umfrage wurden die
Assoziationen, die das Wort »Patriotismus« bei den Befragten hervorrief, untersucht und mit vielen anderen politischen Konzepten
verglichen.[10] Die Ergebnisse sind höchst ermutigend: Die vier häu-
figsten Assoziationen mit »Patriotismus« sind »attraktiv«, »inspirie-
rend«, »befriedigend« und »spricht das Herz an«. In dieser Hinsicht
unterscheidet er sich von *sämtlichen* Ideologien, die in der Erhebung
abgefragt wurden. Am bemerkenswertesten ist, dass »Patriotismus«
bei allen Altersgruppen und bei Menschen von ansonsten in beun-
ruhigendem Ausmaß divergierenden politischen und sozialen Prä-
ferenzen in gleicher Weise positiv besetzt ist.

Patriotismus und Nationalismus unterscheiden sich auch deutlich in Bezug auf die Folgen, die sie für das wechselseitige Verhalten zwischen Nationen haben. Der Diskurs der Nationalisten, die
sich damit brüsten, ihr Land wieder »an die erste Stelle« setzen zu
wollen, stellt die zwischenstaatlichen Beziehungen als ein Nullsummenspiel dar, bei dem derjenige gewinnt, der am unflexibelsten ist.

Der Patriotismus, wie er von Präsident Macron verkörpert wird,
fördert einen Diskurs der Kooperation zum wechselseitigen Nutzen.
Er bemüht sich ausdrücklich darum, neue reziproke Verpflichtungen innerhalb Europas in wirtschaftlichen Angelegenheiten aufzubauen, innerhalb der NATO über die Sicherheit in Nord- und West-
afrika und global über den Klimawandel. Dennoch tritt Macron für
die Interessen Frankreichs ein. Als ein italienisches Unternehmen
die größte Schiffswerft des Landes kaufen wollte, intervenierte er,
um sicherzustellen, dass französische Interessen geschützt wurden:
Er ist kein Utilitarist. Aber im Gegensatz zum Nationalismus ist der
Patriotismus nicht aggressiv.

Wie für alle Narrative gilt auch für Narrative gemeinsamer Ver-
bundenheit mit einem Ort, dass sie unglaubwürdig werden, wenn
Handlungen nicht mit ihnen in Einklang stehen. Im Zentrum der
Zwiebel befindet sich die eigene Wohnung oder das eigene Haus:
Wenn unsere Bindung an unser Zuhause schwach ist, dann werden

die äußeren Schichten ebenfalls geschwächt. Ein Grund, warum jüngere Menschen das Gefühl der Zugehörigkeit verlieren, liegt darin, dass es viel schwieriger geworden ist, ein Eigenheim zu erwerben. Der Prozentsatz der Wohnungseigentümer unter der Gesamtbevölkerung ist ein nützlicher Indikator für den inneren Kern der Zugehörigkeit, und die Stärkung der Eigentumsquote verlangt eine intelligente Politik, wie wir später sehen werden.

Während der Ort die psychologische Grundlage für ein gemeinsames Gefühl der Zugehörigkeit bildet, kann die Verbundenheit mit dem Wohnort durch zweckgerichtetes Handeln ergänzt werden. Ein Land ist die natürliche Einheit für einen Großteil der Politik, und so ist unser Zusammengehörigkeitsgefühl die Folge des gemeinsamen Ziels, das Handlungen zugrunde liegt, die unser wechselseitiges Wohlergehen fördern. Narrative zweckgerichteter Handlungen können darlegen, wie wir dadurch, dass wir die gemeinsame Identität, die den Bereich der Reziprozität definiert, annehmen und unseren wechselseitigen Verpflichtungen nachkommen, nach und nach dafür sorgen können, alle besser dazustehen. Achten Sie einmal darauf, was Politiker über zweckgerichtetes Handeln sagen, und kategorisieren Sie ihre Narrative in jene, die gemeinsame Identität aufbauen, und jene, die diese unterminieren. In Kriegszeiten kommunizieren Narrative zweckgerichteten Handelns überwiegend Botschaften, in denen der wechselseitige Nutzen unterstrichen wird, und sie stärken daher das Zusammengehörigkeitsgefühl; und auch während der Zeit des Wirtschaftswunders, zwischen 1945 und 1970, hatten die allermeisten öffentlichen Narrative diese Form. Gegenwärtig produzieren unsere Politiker unbekümmert Narrative zweckgerichteten Handelns, die Gründe für einen vermeintlichen Interessengegensatz zwischen uns und einer anderen Gruppe liefern. Sie haben die Bürger aktiv dazu ermuntert, antagonistische Identitäten auszubilden, und solche Identitäten sind Gift für die Gesellschaft. Jedes Narrativ einander widerstreitender Interessen mag, für sich genommen, wahr sein, aber insgesamt wirken sie so zerstörerisch, dass das gesamtgesellschaftliche Wohlergehen schwindet.

Politiker sind zuallererst Kommunikatoren. Es ist unabdingbar, in einer Gesellschaft mit vielfältigen Kulturen und Werten ein Zusammengehörigkeitsgefühl zu schaffen, wenn sich alle Menschen darin wohlfühlen sollen, aber es ist eine Herausforderung: Es gehört zu den obersten Pflichten politischer Führungspersönlichkeiten. Dadurch, dass Politiker vor Narrativen gemeinsamer – orts- oder zweckbasierter – Zugehörigkeit zurückschreckten, verstärkten sie unabsichtlich die Erosion der Fähigkeit paternalistischer Staaten, ihre Verpflichtungen zu erfüllen. Zum Glück können wir das Ruder noch herumreißen.

4 Das ethische Unternehmen

Im Großbritannien meiner Jugend war Imperial Chemical Industries (ICI) das angesehenste Unternehmen des ganzen Landes. Sein enormes Prestige basierte auf der Verbindung von wissenschaftlicher Innovation und Größe, und es erfüllte einen mit Stolz, für das Unternehmen zu arbeiten. Dies spiegelte sich in seinem Unternehmensleitbild wider: »Wir wollen das beste Chemieunternehmen der Welt sein.« In den neunziger Jahren aber änderte ICI sein Leitbild. Jetzt lautete es: »Wir wollen den Nutzen für die Aktionäre maximieren.« Was war geschehen, und warum war es geschehen?

Unternehmen stehen im Zentrum des Kapitalismus. Die weitverbreitete Verachtung, die ihm entgegenschlägt – weil er als habgierig, egoistisch und moralisch korrupt gilt –, ist weitgehend darauf zurückzuführen, dass sich das Verhalten von Unternehmen verschlechtert hat. Wirtschaftswissenschaftler haben das Ihre dazu beigetragen. Der Nobelpreisträger Milton Friedman propagierte lautstark – erstmals 1970 in einem Artikel in der *New York Times* –, der einzige Zweck eines Unternehmens sei es, Gewinne zu erwirtschaften. In dem Maße, wie Führungskräfte Friedmans Ideen übernahmen, wurde diese Sichtweise zur herrschenden Lehre an den wirtschaftswissenschaftlichen Fakultäten und erreichte so auch Großunternehmen wie ICI. Dies blieb nicht ohne Folgen.

Wenn es ein Merkmal des modernen Kapitalismus gibt, das die Menschen am abstoßendsten finden, ist es diese Fixierung auf Gewinne. Wenn man Leuten die Frage stellt, welcher Aussage sie eher zustimmten: »Unternehmen sind in erster Linie dazu da, Gewinne zu erwirtschaften« oder »Gewinne zu machen sollte nur ein Aspekt unter vielen sein«, dann stimmen dreimal mehr der Anti-Friedman-Position zu, und zwar quer durch alle Altersgruppen und unabhängig von ihren Ansichten zu anderen Fragen.[1]

Wer hat recht: Friedman oder die öffentliche Meinung? Was bei ICI geschah, gibt uns einen Anhaltspunkt. Spornte sein von Friedman inspiriertes neues Leitbild die Mitarbeiter zu neuen Höchstleistungen an? Stand irgendein Mitarbeiter von irgendeinem Unternehmen jemals morgens mit dem Gedanken auf: »Heute werde ich den Nutzen für die Aktionäre maximieren«? In der Veränderung der Unternehmensphilosophie spiegelte sich eine grundlegende Neugewichtung der Interessen durch den Vorstand von ICI wider. Bislang war es sein Ziel gewesen, ein Chemieunternehmen von Weltrang zu werden; dies bedeutete, dass es seinen Mitarbeitern, seinen Kunden und seiner Zukunft Beachtung schenkte. Fortan wollte es seinen Aktionären mit Dividenden gefallen. Selbst britische Leser, die jünger als vierzig sind, haben vermutlich noch nicht von ICI gehört, was darauf zurückzuführen ist, dass sich die Neuausrichtung als verheerend erwies: Die Geschäfte des Unternehmens liefen immer schlechter, und es wurde schließlich übernommen.*

Die Wissenschaft stimmt heute mit der öffentlichen Meinung überein. Im Jahr 2017 startete die British Academy »Die Zukunft des Unternehmens« als ihr Vorzeigeprogramm. Die zentrale These dieses von Colin Mayer – Professor für Finanzwirtschaft an der Universität Oxford und ehemaliger Dekan ihrer wirtschaftswissenschaftlichen Fakultät – geleiteten Programms lautet, Unternehmen seien in erster Linie dazu da, ihre Verpflichtungen gegenüber ihren Kunden und ihren Mitarbeitern zu erfüllen. Hohe Gewinne seien nicht das Ziel; vielmehr seien sie eine Voraussetzung dafür, dass die anderen Ziele auf eine langfristig tragfähige Weise erfüllt werden könnten. Warum sind Unternehmen auf diese Abwege geraten, und wie kann die Politik es wieder richten?

---

* Anekdoten treffen manchmal ins Schwarze. Im Januar 2018 hielt ich den jährlichen öffentlichen Vortrag bei der pakistanischen Zentralbank und erwähnte ICI als ein Beispiel für ein Unternehmen, das seinen ethischen »Kompass« verloren habe. Am Ende des Vortrags kam ein eleganter älterer Herr auf mich zu; es zeigte sich, dass er ein Topmanager bei ICI gewesen war. Ich wollte mich schon für die Begrenztheit meines Wissens entschuldigen, aber er schüttelte mir die Hand und bestätigte, dass der Vorstand in einer Sitzung nach der anderen die Steigerung des Unternehmenswerts als oberste Priorität hingestellt habe. Seines Erachtens richtete dieser Verlust einer auf Interessenausgleich bedachten Grundorientierung das Unternehmen zugrunde.

Das ethische Unternehmen oder der Vampirtintenfisch?

Ein großartiges Unternehmen verhält sich nicht wie ein Vampir-tintenfisch.* Denken Sie an ein großes Unternehmen wie Unile-ver, Ford oder Nestlé. Was, glauben Sie, würde Ihnen der typische Mitarbeiter eines solchen Unternehmens über dessen Zweck sagen? Würde er behaupten, es sei dazu da, »um Gewinne für seine Eigen-tümer zu erwirtschaften«?

Nur wenige Unternehmen haben ein solche Philosophie. Die Mitarbeiter von Unilever werden Ihnen wohl eher sagen, dass sie arbeiten, um erschwingliche Lebensmittel und Seifen zu produ-zieren, und dies oftmals in Gesellschaften, in denen sie aufgrund von Armut und Krankheiten einen nützlicheren Beitrag leisten als NGOs mit ihren auf Eigenwerbung abzielenden Aktivitäten. Die Beschäftigten von Ford werden wahrscheinlich eher über die Leis-tungsmerkmale der von ihnen produzierten Autos sprechen. Auf einer Reise nach Indonesien stieß ich zufällig auf ein Gruppe Nest-lé-Arbeiter. Sie waren in einer Molkerei tätig, die den örtlichen Bauern völlig neue Chancen eröffnete. Während einer Zeit, in der die öffentliche Ordnung in der Region zusammengebrochen war, kamen die Bauern in die Stadt und schützten die Molkerei persön-lich gegen Plünderer. Dies sind Leistungen, auf die Menschen stolz sein können: Unternehmen schaffen Arbeitsplätze, auf denen Mit-arbeiter einen gesellschaftlichen Beitrag leisten können.

Aber in manchen Unternehmen sehen Beschäftigte ihre ein-zige Aufgabe tatsächlich darin, Gewinne für die Firma zu erwirt-schaften. Eine Investmentbank gab dies ihren Mitarbeitern auch ganz unverblümt zu verstehen, indem sie in der Eingangshalle ihr zynisches Leitbild zur Schau stellte: »Für uns zählt nur eines: Geld verdienen.« Ermuntert von dieser verachtenswerten Philosophie, zogen die gescheiten Mitarbeiter daraus für sich den logischen

---

* Mit dieser Metapher wurde Goldman Sachs kritisiert. Unabhängig von der Frage, ob sie ein Zerrbild von Goldman Sachs zeichnete oder nicht, deuten jüngste For-schungsergebnisse darauf hin, dass sie jedenfalls kein Zerrbild der Vampirtinten-fische darstellt. Es hat sich nämlich herausgestellt, dass sie – jedenfalls für den menschlichen Beobachter – jene verschlagene und räuberische Bosheit zu besitzen scheinen, die Wirtschaftswissenschaftler fälschlich Menschen zugeschrieben haben.

Schluss: »Für uns zählt nur eines: Geld *für uns selbst* verdienen.« Und das wiederum verstanden die intelligentesten Angestellten als eine Einladung, sich Strategien auszudenken, die der von den Ideen Friedmans beeinflusste Vorstand nicht vorhergesehen hatte, weil ihm der Scharfsinn dafür fehlte. Es stellte sich heraus, dass es für Mitarbeiter eine höchst effiziente Methode gab, in die eigene Tasche zu wirtschaften: im Namen der Bank Geschäfte zu tätigen, für die sie einen Bonus erhielten, die das Unternehmen jedoch dem versteckten Risiko eines zukünftigen Verlusts aussetzten. Aufgrund dieses Verhaltens ihrer Mitarbeiter ging die Bank dann auch prompt pleite. Ihr Name war Bear Stearns, und ihre Insolvenz löste die Finanzkrise von 2008/09 aus, die der Weltwirtschaft Kosten auferlegten, die nur mit denen der Weltkriege vergleichbar sind.* Allein für die USA werden die Kosten auf zehn Billionen Dollar veranschlagt.

Die Schicksale von ICI und Bear Stearns verdeutlichen einen wesentlichen Punkt: Ein Unternehmen braucht einen klaren moralischen Kompass. Vorstandschefs können ihre Position dazu nutzen, die Ausrichtung der Belegschaft auf ein gemeinsames Ziel erfolgreich umzusetzen. Das ist sogar eine zentrale Verantwortung und Zuständigkeit der Führungsspitze. Wir haben bereits an einem konkreten Beispiel gesehen, wie dies funktioniert: Robert Wood Johnson, der das »Credo« formulierte, das die Unternehmensziele von Johnson & Johnson auflistete und sich Jahrzehnte später bewähren sollte.

Vor fünfzig Jahren war General Motors das erfolgreichste Unternehmen aller Zeiten. Es war hoch profitabel und ein echter Gigant. Doch im Jahr 2009 war es bankrott. Da der unerbittliche Niedergang eine Ikone des amerikanischen Kapitalismus betraf, wurde er sehr ausführlich analysiert, sowohl parallel zu den Ereignissen (wobei mehrfach Unternehmensberater hinzugezogen wurden, die

---

* Bear Stearns selbst wurde auf Drängen des US-Finanzministeriums von JP Morgan gerettet, aber das Wissen, dass die Bank insolvent war, löste einen Run auf eine viel größere Bank, Lehman Brothers, aus, die als »zu groß, um sie zu retten«, angesehen wurde, bei der sich dann jedoch herausstellte, dass sie »zu groß war, um sie ohne verheerende Folgen pleitegehen zu lassen«.

diagnostizieren sollten, was falsch lief) als auch im Rückblick. Was ruinierte GM? Toyota.[2]

Als der japanische Hersteller begann, mit seinen Modellen auf dem amerikanischen Automarkt Fuß zu fassen, hielt der Vorstand von GM dies zunächst für ein lokal begrenztes Phänomen. Nur Leute an der Küste kauften Toyotas; der Markt im Landesinnern war nach wie vor solide. Das Phänomen schien sich also leicht erklären zu lassen: Die Küstenbewohner waren ein bisschen schräg, aber das würde sich schon wieder legen. Unglücklicherweise erwies sich die selbstgefällige Diagnose von GM als falsch, und der Absatzschwund griff auf das Landesinnere über. Jetzt fand man eine technologische Erklärung: Die Japaner haben Roboter. Toyota zeigte sich die ganze Zeit über bemerkenswert kooperativ und lud GM-Vertreter ein, eine seiner Fabriken in Japan zu besichtigen. Der CEO von GM wies das Team, das die Fabrik besichtigte, an: »Fotografiert alles: Wenn sie Roboter haben, dann werden wir uns auch welche zulegen.« Als diese Strategie schließlich vollständig umgesetzt worden war, belegte sie zweifelsfrei, dass die Überlegenheit von Toyota nicht mit den Robotern zusammenhing. In der nächsten Phase machte Toyota den großzügigen Vorschlag, sie sollten ein Gemeinschaftsunternehmen in Kalifornien betreiben und dort das gleiche Modell produzieren. Als die identischen Autos vom Band rollten, wurden sie abwechselnd als GM oder Toyota gekennzeichnet und entsprechend vermarktet. Mittlerweile stand Toyota im Ruf, qualitativ hochwertige, langlebige, praktisch mängelfreie Autos zu produzieren. Tatsächlich haben meine Frau und ich bei unserer Ankunft in den USA im Jahr 1998 einen Toyota gekauft, und zwanzig Jahre später fahren wir ihn noch immer. Dieser Ruf zahlte sich am Markt aus: Die identischen Autos, die von dem kalifornischen Fließband rollten, ließen sich 3000 Dollar teurer verkaufen, sofern sie ein Toyota-Logo trugen. Wenn es also ein Qualitätsunterschied war, wie ließ er sich erklären?

Jahrzehnte zuvor hatte Toyota einen neuen, kooperativen Stil der Mitarbeiterführung implementiert. Einfache Fließbandarbeiter wurden zu kleinen, »Qualitätszirkel« genannten Teams zusammengefasst, denen die Verantwortung für die Qualitätskontrolle übertragen wurde. (Ironischerweise war das Konzept der Qualitätszirkel in Amerika entwickelt worden. Es wurde in Japan begeistert aufgenommen, vielleicht weil es gut mit der japanischen Kultur harmonierte.) Der wichtigste Schritt bestand darin, jede Gruppe aufzufordern, Mängel so früh wie möglich auf ihrem Abschnitt des Fließbands zu entdecken. Das vom Management propagierte Mantra lautete: »Mängel sind kostbar.« Wenn ein Arbeiter einen Defekt entdeckte, stellte sich die Frage, was er tun sollte. Die einschneidendste Maßnahme des Toyota-Managements bestand darin, Andon-Cords (Reißleinen) anbringen zu lassen, die entlang des Fließbands herunterhingen. Jeder Fließbandarbeiter, der einen Defekt entdeckte, sollte die nächstgelegene Leine ziehen, die augenblicklich das gesamte Fließband zum Stillstand brachte. Die Fließbandproduktion ist ihrem Wesen nach so hoch integriert, dass das Anhalten des Bandes immense Kosten verursacht. In der Toyota-Fabrik kostet es 10 000 Dollar *pro Minute*. Ein Arbeiter, der das Fließband ohne Not anhielte, würde dem Unternehmen in nur wenigen Minuten Kosten aufbürden, die seinen produktiven Wert in einem ganzen Jahr weit überstiegen. Diese Vorgehensweise signalisierte, dass die Unternehmensleitung tatsächlich darauf vertraute, dass die Mitarbeiter *für* die Firma arbeiteten, nicht dagegen. Mit anderen Worten, es hing alles davon ab, dass sie das gleiche Ziel verfolgten wie der Vorstand. Ich bezweifele, dass sie danach strebten, »den Nutzen für die Aktionäre zu maximieren«.

Dies unterschied sich grundlegend von dem konventionellen Qualitätskontrollverfahren bei GM, das darin bestand, eine Stichprobe fertiggestellter Autos zu überprüfen. Ein neuer CEO verstand schließlich das Problem: Die Unternehmenskultur musste sich verändern. Heftige Auseinandersetzungen zwischen der GM-Unternehmensleitung und der Automobilarbeitergewerkschaft UAW sollten ein Ende finden, nun war vertrauensvolle Kooperation angesagt. »Wenn sie Roboter haben, werden wir uns auch Roboter zulegen« wurde abgelöst von »Wenn sie Andon-Cords haben, werden wir uns auch Andon-Cords zulegen«. Auf Geheiß des CEO wurden die Leinen an allen GM-Fließbändern installiert. Er konnte zwar einen Kulturwandel verkünden, aber die Fließbandleiter, die die Einstellungen der einfachen Arbeiter besser kannten, wussten, was nun folgen würde. Im Lauf von Jahrzehnten hatten sich Antipathien angesammelt, die sich nun nicht von einem Tag auf den anderen in Luft auflösten. Angesichts der Gelegenheit, dem Unternehmen immensen Schaden zuzufügen, würden einige Arbeiter sie zweifellos auch ergreifen. Sie zögen die Andon-Cords aus fadenscheinigen Gründen, die Produktivität bräche ein, und die Bandleiter würden dafür zur Verantwortung gezogen werden. Also sahen sie der Realität ins Auge und fixierten die Andon-Cords an der Decke.* Der Versuch des CEO, einen Kulturwandel herbeizuführen, endete in einem Akt, der unmissverständlich zum Ausdruck brachte, dass das Management seinen Mitarbeitern nicht traute. Gegensätzliche Identitäten wurden verstärkt.

Etwas ganz Ähnliches ereignete sich im Verhältnis zu den Lieferanten. Im Lauf der Jahre baute Toyota eine kooperative Beziehung zu seinen Zulieferern auf: Beide Seiten sahen sich der gemeinsamen Herausforderung gegenüber, qualitativ höherwertige Kfz-Teile zu produzieren, die das Endprodukt verbessern sollten. Hierzu bedurfte es einer langfristigen Perspektive. Über den Marktzyklus hinweg säße manchmal Toyota gegenüber seinen Zulieferern am längeren Hebel, und manchmal säßen die Lieferanten am längeren Hebel. Wenn jede Seite ihren vorübergehenden Vorteil nutzte, würde dies langfristig beiden schaden. Nach und nach lernten sie, einander zu vertrauen. GM dagegen hatte sich selbst gerühmt, knallhart zu sein und seine Lieferanten nach Möglichkeit maximal auszupressen. Zu der Zeit, als GM erkannte, dass es sich verändern musste, war es zu spät. Wie im Umgang mit seinen Mitarbeitern wurde GM auch hier zum Opfer des etablierten Glaubenssystems, das sein Handeln prägte.

Viele Jahre lang hätte Ihnen die Belegschaft des in Wolfsburg ansässigen Volkswagen-Konzerns gesagt, ihr Unternehmen strebe danach, wirklich gute Autos zu bauen. Oxford war früher einmal das Wolfsburg Großbritanniens: der Sitz der British Motor Corporation. Der Gegensatz zwischen den Kulturen der beiden Belegschaften entsprach dem zwischen Toyota und GM. Ich erinnere

---

* Man vergleiche dieses Vorgehen der Bandleiter von GM mit dem der Niederlassungsleiter von Johnson & Johnson während der Tylenol-Krise und betrachte die Gründe für diesen Unterschied.

mich, wie verblüfft ich war, als ich die Zuschauer bei einem internationalen Fußballspiel, das in einem deutschen Stadion ausgetragen wurde, voller Stolz vor den Fernsehkameras Transparente mit der Aufschrift »VW« schwenken sah. Eine ähnliche Geste von BMC-Arbeitern wäre unvorstellbar gewesen, und Streiks führten dazu, dass das britische Unternehmen schließlich insolvent wurde. Aber nach den ersten Anzeichen 2014 wurde Volkswagen spätestens im Jahr darauf von einem schweren Skandal erschüttert. Seine Dieselautos waren mit einer Abschaltvorrichtung in der Motorsteuerung versehen worden, die die Ergebnisse von Abgastests in den USA verfälschten. Was hatte die Angestellten, die die Vorrichtung entworfen hatten, motiviert? Dachten sie nur an ihren persönlichen Bonus? Ich bezweifle das. Wahrscheinlicher ist, dass sie sich voll und ganz mit dem Ziel des Unternehmens identifizierten, dem sie den Zweck des die Tests vorschreibenden US-Gesetzes unterordneten. Vermutlich hielten sie den Abgastest für ein Mittel, um die Einfuhr deutscher Autos in die USA durch die Hintertür einzuschränken, oder sie betrachteten das Bestehen des Tests als eine lästige Pflicht, die einfach abgehakt werden musste. Selbstverständlich war dies ein schwerer Fehler: Sie hatten es versäumt, den Aspekt der Luftverschmutzung mit in ihre Vision »eines guten Autos« einzubeziehen. Aber auch bezüglich der Auswirkungen auf das Unternehmen erwiesen sich ihre Entscheidungen als verheerend. Doch viele Leute, die wie ich lockere Posten im öffentlichen Sektor innehaben, hängen dem beleidigenden Irrglauben an, Arbeitnehmer in der Privatwirtschaft seien von Gier und Furcht getrieben. Empirische Daten deuten darauf hin, dass die Arbeitszufriedenheit im privaten Sektor deutlich höher ist; so ist beispielsweise der Krankenstand sehr viel geringer.

Der Kapitalismus ist mithin nicht per se schlecht. Gewinn zu erwirtschaften ist kein Zweck an sich, sondern ein Erfordernis, das einem Unternehmen Disziplin auferlegt. Aber die Beispiele ICI, Bear Stearns und GM verdeutlichen, dass etwas gründlich schiefgelaufen ist. Was ist es?

Wer übt die Kontrolle in einem Unternehmen aus?

Die Antwortet lautet, dass die Verfügungsgewalt mittlerweile bei den falschen Leuten liegt. Der Kapitalismus verdankt seinen Namen dem Umstand, dass das Eigentum an einem Unternehmen den Personen übertragen wird, die ihm Risikokapital bereitstellen. Grund dafür ist, dass jene, die das Risiko tragen, sowohl das größte Bedürfnis nach Kontrolle als auch den stärksten Anreiz zur gründlichen Beaufsichtigung der Manager haben. Aber die der Begründung entsprechenden Verhältnisse haben sich allmählich immer weiter von der Wirklichkeit entfernt.

Wenn ein Unternehmen bankrottgeht, trifft dies viele Menschen schwer; der Kreis derjenigen, die ein Risiko tragen, geht weit über die Personen hinaus, die Kapital investiert haben. Am meisten verlieren wahrscheinlich jene, die lange Zeit in dem Unternehmen gearbeitet haben, weil sie Fähigkeiten und eine Reputation erworben haben, die nur dort einen Wert besitzen. Wenn das Unternehmen obendrein ein bedeutender Arbeitgeber in der Stadt ist, erleidet auch jeder Hauseigentümer einen empfindlichen Wertverlust.

Zu den Leidtragenden gehören ebenso Kunden. Wobei der Schweregrad der negativen Auswirkungen sehr unterschiedlich sein kann. Manchmal ist es lediglich ein Ärgernis: Als Monarch Airlines 2017 in Konkurs ging, saßen 100 000 Urlauber fest. Weitaus gravierender sieht es aus, wenn moderne Lieferketten wechselseitige Abhängigkeiten zwischen Unternehmen schaffen, durch die sich eine Insolvenz wie ein Virus durch die Weltwirtschaft ausbreitet. Aus diesem Grund verursachte die Pleite einer mittelgroßen Investmentbank wie Lehman Brothers in der Finanzkrise solche verheerenden Schäden.

Wer dem Unternehmen Kapital in Form von Krediten bereitgestellt hat, erleidet Verluste, desgleichen jene, die Aktien gekauft haben, aber nur die Aktionäre besitzen die Machtbefugnisse, die mit der Eigentümerposition verbunden sind. Die Aktionäre wiederum werden vielleicht gar nicht in Mitleidenschaft gezogen. Als Professor habe ich Anspruch auf eine Pension aus einem Fonds, der sämtliche britischen Universitäten abdeckt. Er finanziert sich über seine Beteiligungen an Unternehmen, sodass sich die Frage stellt, ob sich meine Pension verringert, wenn ein Unternehmen pleitegeht. Glücklicherweise nicht, weil die Verantwortung auf das gesamte Hochschulsystem übergeht; laut Vertrag ist es so, dass selbst im Fall der Insolvenz mehrerer Universitäten die verbliebenen für die Verbindlichkeiten haften müssten. Wie würden die Universitäten ein Defizit ausgleichen? Letztlich ginge die Haftung für meine Pension wahrscheinlich auf Generationen von Studenten über. Studenten, die dies lesen, versichere ich meiner tiefen Dankbarkeit. Aber wie viel Kontrolle haben sie im Gegenzug für die Übernahme dieses Risikos über das Management der Unternehmen, deren Aktien mein Pensionsfonds hält?

Das Unternehmen muss jemandem rechenschaftspflichtig sein, dem dessen langfristige Leistungsfähigkeit ein Anliegen und der so sachkundig ist, dass er Managementfehler entdeckt. Bei einer stark zersplitterten Aktionärsstruktur gibt es ein Trittbrettfahrerproblem: Niemand hat einen großen Anreiz, zu ergründen, ob die Unternehmensleitung eine kluge langfristige Strategie verfolgt. In Deutschland spielen die Banken diese Aufsichtsrolle, da sie Aktien im Namen ihrer Eigentümer halten und sich aktiv in die Geschäftsführung der Unternehmen einmischen. In den USA und vielen anderen Ländern wird die Aufsichtsfunktion von den Familien durchgeführt, die erfolgreiche Unternehmen gründeten und eine Sperrbeteiligung behalten. Nur ein Land hat die Friedman'sche Vision vollständig umgesetzt. Die Unternehmen dort werden durch Millionen Aktionäre zur Steigerung ihrer Ertragskraft genötigt, und die Aktionäre ziehen die Unternehmen dadurch zur Verantwortung, dass sie so lange ihre Anteile am Markt abstoßen, bis die Gewinne stetig steigen. Großbritannien war das Versuchskaninchen für eine Wirtschaftsideologie. Die britischen Banken mischten sich nicht in die Geschäftsführung von Unternehmen ein. Gründerfamilien stießen aufgrund steuerrechtlicher Besonderheiten ihre Beteiligungen ab. Die Aufsicht über die Unternehmen liegt laut den gesetzlichen Bestimmungen ausschließlich in den Händen der Anteilseigner, von denen 80 Prozent Pensionsfonds und Versicherungsgesellschaften sind. Diese wiederum halten sich an das Mantra: »Wenn dir das Unternehmen nicht gefällt, verkauf seine Aktien.« Ihre Entscheidungen basieren mittlerweile hauptsächlich auf Computeralgorithmen, die aus den jüngsten Bewegungen der Aktienkurse ausgefeilte Schlüsse ziehen: Rund 60 Prozent der Transaktionen am Aktienmarkt sind automatisiert. Die Superstars hierbei sind die klügsten mathematischen Köpfe der Gesellschaft, die geniale Algorithmen austüfteln, um Muster des sogenannten »Kurs-Momentums« – der Auftriebsstärke des Aktienpreises – zu entdecken. Direkte Erkenntnisse über das Unternehmen, sein Management, seine Mitarbeiter und seine Zukunftsaussichten, die nur durch langfristige, intensive Beschäftigung mit der Firma erworben werden können, bleiben dabei unberücksichtigt.

Warum sollte sich das Management eines Unternehmens den Kopf über die Frage zerbrechen, ob ein Pensionsfonds seine Aktien abstößt? In Großbritannien ist die Übernahme durch einen Rivalen die größte Bedrohung für die Unternehmensleitung, und dieses Vorgehen wird umso leichter, je niedriger der Börsenwert des Unternehmens ist. Das Beispiel zweier Schokoladehersteller – Hershey in den USA und Cadbury in Großbritannien – verdeutlicht, dass der Umgang von Aktionären mit ihren Eigentumsrechten zu gegensätzlichen Ergebnissen führt. Die Familie Hershey behielt eine Sperrminorität, während die Familie Cadbury, ein Musterbeispiel für die Philanthropie der Quäker, ihre Beteiligung am Markt verkaufte. Als das amerikanische Nahrungsmittelunternehmen Kraft seine Position auf dem Markt für Schokolade stärken wollte, nahm es Cadbury ins Visier, und die Pensionsfonds verkauften bereitwillig ihre Beteiligungen: Cadbury hörte auf, als ein eigenständiges Unternehmen zu existieren. Tatsächlich hat also das Board – das Leitungs- und Aufsichtsgremium einer Aktiengesellschaft nach angloamerikanischem Gesellschaftsrecht – die Macht, dieses Schicksal abzuwenden. Das Board wird anhand der Entwicklung der Quartalsgewinne entscheiden, ob es den Vorstandschef entlässt, um eine drohende Übernahme zu vermeiden. Die durchschnittliche Amtszeit eines CEO beträgt heute nur noch vier Jahre.

Die Vergütung von CEOs wurde in zunehmendem Maße an kurzfristige Leistungsindikatoren gekoppelt. Am akutesten ist das Problem in Großbritannien und den USA, den Ländern, in denen die Finanzmärkte am »höchsten entwickelt« sind und wo CEOs die kürzeste Amtszeit haben. Dies färbte nach und nach auch auf die CEO-Vergütung bei Nichtfinanzunternehmen ab. Die Vergütung von CEOs, die den erhöhten Risiken Rechnung trägt, ist weitaus stärker angestiegen als das Durchschnittsentgelt der Mitarbeiter in ihren Unternehmen. In Großbritannien stieg sie in den letzten dreißig Jahren von dem 30-Fachen des Durchschnittslohns eines Arbeitnehmers auf das 150-Fache an; dabei sind die CEOs auf der Insel noch ein Muster an Zurückhaltung im Vergleich zu ihren amerikanischen Kollegen, deren Vergütung vom 20-Fachen ihrer Arbeiter auf das 231-Fache gestiegen ist. Dabei hat sich die Leistungsfähigkeit von Unternehmen, gemessen an objektiven Kriterien, in diesem Zeitraum insgesamt nicht verbessert. Die höhere Bezahlung ist also offensichtlich nicht einer Leistungssteigerung geschuldet, und sie ist auch kein Ausgleich für höhere Risiken. Die Mitglieder der Vergütungsausschüsse von Großunternehmen stellen eine weitere gut vernetzte Gruppe dar. Wie bei allen derartigen Gruppen bauen Narrative nach und nach ein Glaubenssystem auf. Wie ich im vorigen Kapitel ausführte, kam es in unseren Gesellschaften zu einer Zersplitterung von einer nationalen in mehrere kompetenzbasierte Identitäten. Dieser weitreichende Prozess spiegelt sich auch darin wider, dass die Bezugsgruppe eines CEO nicht länger die Beschäftigten seines Unternehmens, sondern seine CEO-Kollegen in anderen Unternehmen sind. Daher bewegten sich die Normen der im Vergütungsausschuss vertretenen Gruppe in Bezug auf das, was eine »angemessene« Vergütung darstelle, nach oben. Ein Topmanager berichtet, er habe den Kommentar gehört: »Der bekommt fünf Millionen Dollar und ich nur vier Millionen: Das ist nicht gerecht.« Dahinter steckt keine Habgier, denn viele CEOs sind keine Hedonisten, sondern getriebene Workaholics. Entscheidend ist vielmehr, dass sich die Quelle der Wertschätzung in der Bezugsgruppe aufgrund der neu definierten Identitäten gewandelt hat. Der Vier-Millionen-Dollar-CEO dachte vielleicht gar nicht daran, was er sich mit der fehlenden Million alles kaufen könnte, sondern an das herablassende Mitgefühl seines Fünf-Millionen-Dollar-Kollegen, wenn sie sich das nächste Mal in Davos begegnen.

Der Finanzsektor praktizierte, was er predigte. Wenn Unternehmen durch hohe Vergütung ihrer Führungskräfte einen Anreiz zu Spitzenleistungen erhalten sollten, dann wäre es nur angemessen, wenn die Finanzinstitute selbst das gleiche Modell übernähmen. Und sie erlegten sich auch keine Beschränkungen auf. Vielmehr gehörten sie zu den Wegbereitern des neuen Vergütungssystems für Führungskräfte, das sich gänzlich von der Lohnentwicklung abgekoppelt hat; in Banken verdient der CEO heute das 500-Fache des gewöhnlichen Mitarbeiters. Dies führte dazu, dass sich Leute mit einem anderen ethischen Kompass an die Spitze durchboxten. So wurde etwa Edson Mitchell in den Vorstand der Deutschen Bank berufen; dort sorgte er dafür, dass nicht länger deutsche Gesetztheit die Kultur des Hauses prägte, sondern ungezügelte Exzesse: Er »stellte Söldner ein, die sich nicht um Ethik scherten«.[3] Es gab ein ethisches Vakuum: Freitagabends amüsierten sich Wertpapierhändler-Teams in Poledancing-Bars, Prostituierte unterhielten Topmanager auf Weihnachtspartys, und Mitchell selbst zeigte unverhohlen seine Verachtung für familiäre Verpflichtungen. Die schon bald größte Bank der Welt wurde von Menschen geführt, deren »Ethik« sie besser für die Führung eines Bordells qualifiziert hätte. Mitchell kam bei einem Flugzeugabsturz ums Leben, die Bank, für die er arbeitete, ereilte ein ähnliches Schicksal.

Weiter unten in der Hierarchie werden Fondsmanager nach der vierteljährlichen Wertentwicklung der Aktien in dem Portfolio, für das sie verantwortlich sind, beurteilt. Die Vermögensverwaltung scheint sich gerade deshalb für eine solche Strategie zu eignen, weil sich die Leistung mühelos anhand einer einzigen Kennzahl messen lässt. Aber es ist sehr schwierig, Anreize so auszugestalten, dass sie belohnen, was man sich eigentlich wünscht. Vermögensverwalter haben starke Anreize für kurzfristige Leistungssteigerungen, und daher beurteilen sie die Unternehmen, in die sie investieren, nach denselben Kriterien.

Die Folgen der Übertragung der
Kontrolle an die Eigentümer

Ist das letztlich eine kluge Strategie für einen Pensionsfonds? Die Leitung eines Unternehmens ist zu dem verzweifelten Bemühen geworden, die Quartalsgewinne so lange in die Höhe zu treiben, bis die Aktienoptionen greifen und der CEO mit einem goldenen Fallschirm aussteigen kann. Was also ist die klügste Strategie für einen CEO? Offensichtlich besteht sie darin, Veränderungen vorzunehmen, die die Quartalsgewinne so stark wie möglich und so bald wie möglich in die Höhe treiben. Selbst die Generaldirektorin des Britischen Industrieverbands CBI, Carolyn Fairbairn, bekundete ihre Besorgnis, dass »die Fixierung auf den Nutzen für die Aktionäre auf Kosten der Ausrichtung auf ein gemeinsames Ziel geht«.[4] Der CBI ist die Lobbygruppe der britischen Großunternehmen: Seine Generaldirektorin ist kaum eine verträumte Radikale.

Wenn ein CEO die Quartalsgewinne in die Höhe treiben muss, wie kann er dies anstellen? Betrachten wir drei Optionen. Option 1 besteht darin, ein Unternehmen wie Johnson & Johnson aufzubauen, mit guten, vertrauensvollen Beziehungen zwischen der Unternehmensleitung und den Mitarbeitern, Zulieferern und Kunden. Das zahlt sich letztlich aus, aber der Haken ist, dass es lange dauert. Option 2 besteht darin, sämtliche Ausgaben, die für die Produktion nicht wesentlich sind, zu kürzen. Das hört sich so an, als würde es die Produktivität des Unternehmens in einer Weise steigern, von der auch die Gesellschaft profitiert, selbst wenn diese Schritte für das Unternehmen selbst schmerzlich sind. Aber da frühere CEOs bereits abgespeckt haben, sind die Investitionen die größte verbliebene Kategorie von Ausgaben, die am leichtesten beschnitten werden können, ohne sich unmittelbar auf die Produktion auszuwirken. Selbstverständlich wird die Senkung der Investitionen zu gegebener Zeit die Produktionsleistung verringern, aber »zu gegebener Zeit« ist der CEO ja bereits vielleicht seinen Job los. Option 3 besteht darin, keine Zeit mit realen Produktions- oder Investitionsentscheidungen zu verlieren, sondern die Bücher des Unternehmens umzuschreiben. Diejenigen von uns, die keine Buchhalter sind, glauben, der Berufsstand habe eindeutige

Buchführungsregeln erlassen, aber in der Praxis gibt es viele Grauzonen, die es ermöglichen, Gewinne zu erhöhen, zu verringern oder von einer Tochtergesellschaft auf eine andere zu verlagern.[5]

Für welche Option würden Sie sich entscheiden, wenn Sie ein CEO wären? Wir können sehen, welche Folgen Option 2 in amerikanischen und britischen Konzernen hat. Trotz hoher Ertragskraft beschließen Unternehmen, nicht zu investieren. Eindrucksvolle Belege für dieses Verhalten liefern die gegensätzlichen Investitionsraten von Unternehmen, deren Aktien an Börsen gehandelt werden, und solchen, die nicht börsennotiert sind und nicht auf Märkten verkauft werden können. Die Investitionsrate der Unternehmen, deren Aktien gehandelt werden, beträgt 2,7 Prozent, die von nicht börsennotierten Unternehmen 9 Prozent. In Großbritannien, das, gemessen am BIP-Anteil, den größten Finanzsektor unter allen großen Industrieländern hat, liegen die Forschungs- und Entwicklungsinvestitionen von Großunternehmen deutlich unter dem Durchschnitt der fortgeschrittenen Volkswirtschaften.[6]

Es ist nicht weiter verwunderlich, dass jene Unternehmen, die Quartalsgewinnen hinterherjagen, eine viel schlechtere langfristige Erfolgsbilanz aufweisen – auch gemessen am Maßstab der Rentabilität – als Unternehmen mit einer längerfristigen Perspektive. Aber wenn der vorherige CEO die Investitionen bereits drastisch zusammengestrichen hat, würden Sie vielleicht Option 3 wählen. Ein solches Vorgehen lässt sich naturgemäß nur schwer nachweisen, außer in jenen Fällen, in denen der Betrug so weit getrieben wurde, dass er aufgedeckt wird. Dies geschieht immer mal wieder. In den USA ist der einstige Energiekonzern Enron ein berühmter Fall. Die britischen Pendants zu den wegen des Bilanzbetrugs strafrechtlich belangten Enron-CEOs Kenneth Lay und Jeffrey Skilling sind Robert Maxwell, der CEO der Mirror Group Newspapers, der behördlicherseits für »ungeeignet zur Leitung eines börsennotierten Unternehmens« erklärt wurde, und Philip Green, CEO der Kaufhauskette British Home Stores (BHS), der sogar in den Ritterstand erhoben worden war. Beide plünderten die Pensionsfonds ihrer Unternehmen und zerstörten so die Altersvorsorge von Tausenden Mitarbeitern. Maxwell stürzte sich von seiner Megajacht ins Meer, kurz bevor der Betrug aufflog; Green besitzt noch immer seine Megajacht, die von seinen Kritikern passenderweise in *The BHS Destroyer* umbenannt wurde. Sollten Megajachten vielleicht als Leitindikatoren »kreativer« Buchführung betrachtet werden?

Optionen 2 und 3 haben jeweils Konsequenzen, die für die Gesamtgesellschaft äußerst schädlich sind. Großunternehmen werden ohne angemessene Berücksichtigung eines längeren Zeithorizonts gemanagt; und den Bilanzen und Büchern des Unternehmens lassen sich keine verlässlichen Informationen mehr entnehmen.

Es kommt noch schlimmer: Bislang haben wir gesehen, dass CEOs sich immer weniger um den langfristigen Aufbau eines großartigen Unternehmens bemühen und ihre Energie zunehmend für kurzfristige Tricksereien einsetzen. Aber das immer weitere Auseinanderklaffen der Verdienstschere macht es selbst für jene CEOs und Boards, die eine langfristige Strategie verfolgen wollen, immer schwerer. Wie die Beispiele Johnson & Johnson, ICI, Volkswagen und Toyota demonstrieren, kommt es für eine erfolgversprechende langfristige Strategie entscheidend darauf an, die Mitarbeiter dazu zu bringen, sich mit dem Unternehmen zu identifizieren. Narrative können ihre Wirkung nur dann voll und ganz entfalten, wenn Handlungen nicht im Widerspruch zu ihnen stehen. Arbeitnehmern zu sagen, dass »wir alle in einem Boot sitzen«, während Sie sich selbst das 500-Fache Ihres typischen Mitarbeiters zahlen, wird vermutlich Ressentiments schüren. Ein Arbeiter am Fließband wird vielleicht denken: »Da der oberste Chef seine Macht missbraucht, um das Unternehmen auszuplündern, werde ich das nächste Mal, wenn ich eine Pause haben will, einfach an einer Andon-Leine ziehen.« Die Devise »Tun Sie, was ich sage, nicht, was ich tue« geht nur selten auf.

Ist die gegenwärtige Strategie von Pensionsfonds also klug? Ganz offensichtlich nicht. Die Fonds haben eine klare Verpflichtung, auskömmliche Pensionen an ihre Mitglieder auszuzahlen, sobald die Ansprüche fällig werden. Ob sie dazu in der Lage sind, den Verpflichtungen nachzukommen, hängt ausschließlich von einer Sache ab: der langfristige Rendite ihrer Vermögenswerte. Diese wiederum hängt von der langfristigen Leistung des Pools von Unternehmen ab, deren Aktien sie halten. Insgesamt können Pensionsfonds nicht besser abschneiden als der Markt, und daher hängt ihre Fähigkeit, ihre Verpflichtungen zu erfüllen, von der langfristigen Leistungs-fähigkeit der Unternehmen in der Volkswirtschaft ab. Dadurch, dass Pensionsfonds Unternehmensleitungen von dieser Aufgabe abbrin-gen, haben sie ihre eigene Fähigkeit zur Erfüllung ihrer Verpflich-tungen geschwächt.

Was wir dagegen tun können

Es ist Zeit, sich von dieser deprimierenden Liste des Versagens ab- und praktischen Lösungen zuzuwenden. Zum Glück sind diese Pro-bleme keine unvermeidlichen Merkmale des Kapitalismus, sondern die Ergebnisse politischer Fehlentscheidungen, die sich revidieren lassen. Die Politik ist aufgrund der Trivialisierungen, die durch die lautstarke Rivalität antiquierter Ideologien erzeugt wurden, auf Abwege geraten. Die Ideologie der Rechten erklärt ihr uneinge-schränktes Vertrauen in »den Markt« und lehnt jeglichen politi-schen Eingriff ab. Ihre Parole lautet: »Befreit die Wirtschaft von den staatlichen Fesseln: dereguliert!« Die Ideologie der Linken macht den Kapitalismus schlecht und verdammt die Manager von Unter-nehmen und Fonds als habgierig. Ihre Lösung ist die staatliche Kon-trolle von Unternehmen und die Verstaatlichung der Schlüsselsek-toren der Volkswirtschaft. Beide fundamentalistische Ideologien entbehren jeglicher Grundlage, aber beide zusammen haben die Rahmenbedingungen der öffentlichen Diskussionen festgelegt und dadurch produktives Denken behindert.

Ausgangspunkt für einen neuen Ansatz ist die Erkenntnis, dass die Rolle von Großunternehmen in der Gesellschaft noch nie gründ-lich durchdacht wurde. Die Leitungsgremien von Konzernen treffen Entscheidungen, die von überragender Bedeutung für die Gesell-schaft sind. Aber ihre gegenwärtige Struktur ist das Ergebnis indi-vidueller, unkoordinierter Entscheidungen, die jeweils wiederum zu einer weiteren Entscheidung führten, die nicht vorausgesehen wor-den war. Im Ordnungsrahmen der Unternehmensführung fehlt ein Verfahren, das wenigstens annähernd der intensiven und scharfsin-nigen öffentlichen Diskussion entspricht, wie sie von den *Federalist Papers* (Föderalistenartikeln) verkörpert wird, aus der die Verfassung der Vereinigten Staaten und ihr System der nationalen Staatsorganisation *(governance)* hervorgingen. Der gesetzliche Ordnungsrahmen für Unternehmen wurde in kleinen Schritten ausgestaltet und entsprechend das grundlegende Problem der Kontrolle nie in angemessener Weise geregelt. Eine langfristig tragfähige Lösung muss damit beginnen, die Interessen jener, denen die Kontrollbefugnis rechtlich übertragen wurde, neu auszubalancieren.

Eine neue Machtverteilung im Unternehmen

Gegenwärtig sind die Unternehmensvorstände *(directors)* in den angelsächsischen Ländern rechtlich dazu verpflichtet, das Unternehmen im Interesse seiner Eigner zu führen. So wird zum Beispiel der Wortlaut des britischen Kapitalgesellschaftsgesetzes (Companies Act) in aller Regel interpretiert, obgleich es weitergehende Erwägungen erlauben würde.* Eigentümer wiederum sind ausschließlich jene, die Aktien des Unternehmens halten. Dieses System wohnt dem Kapitalismus nicht inne: Es entstand, weil in der Frühzeit des Unternehmenswachstums im 18. Jahrhundert aufgrund einer solchen bindenden Beschränkung genügend Finanzmittel für riskante Investitionen, die eine Mindestgröße erforderten, aufgebracht werden konnten. Diese Welt ist untergegangen. Das Risiko von finanziellen Verlusten wird jetzt routinemäßig durch Diversifizierung, Information und Kontrollen der Regeln und Prozesse für eine gute Unternehmensführung begrenzt. Es existieren jede Menge Kapitalgeber, die bereit sind, riskante Investitionen zu finanzieren (wie es der Dot.Com-Boom belegt, auf den der Boom bei verbrieften Hypothekenpapieren folgte). Manche Leute sind jetzt bereit, stimmrechtslose Aktien zu kaufen: Sie gehen dieselben Risiken wie andere Aktionäre ein, aber ohne Kontrollbefugnis. Die größten

---

* John Kay hat mich darauf hingewiesen, dass der nuancierte Wortlaut des Companies Act Board dazu ermuntere, eine umfassendere Perspektive einzunehmen, aber als ich dies gegenüber dem Vorstandschef eines Großunternehmens erwähnte, schüttelte er den Kopf und versicherte mir, er sei rechtlich dazu verpflichtet, sich ausschließlich um die Interessen der Aktionäre zu kümmern. Eine Kultur interpretiert ihre Texte.

nicht diversifizierten Risiken sind heutzutage vermutlich jene langjähriger Mitarbeiter, die ihr Humankapital in ein einziges Unternehmen investierten, und von Kunden, die sich fest an langfristige Versorgungsstrukturen gebunden haben. Beide Gruppen sind jedoch für gewöhnlich nicht im Board repräsentiert. Es ist aber durchaus möglich, ihre Vertreter in das Board zu entsenden, und manchmal geschieht das; solche Unternehmen werden »Gegenseitigkeitsgesellschaften« genannt.

Das angesehenste Unternehmen in Großbritannien ist nicht länger ICI, sondern die John Lewis Partnership. Das alteingesessene und außerordentlich erfolgreiche Unternehmen hat eine äußerst ungewöhnliche Machtstruktur. Es gehört einer Treuhandstiftung, die im Interesse seiner Beschäftigten geleitet wird. Dementsprechend erhalten Arbeitnehmer einen erheblichen Anteil an den Gewinnen als Jahresbonus. Außerdem gilt: Was dem CEO zusteht, soll in gleicher Weise auch dem Verkäufer zustehen, das heißt, *ein einfacher Arbeiter erhält den gleichen Prozentsatz wie der CEO*. Sämtliche Mitarbeiter haben durch eine Reihe lokaler, regionaler und nationaler Räte, die 80 Prozent der Mitglieder des Verwaltungsrats des Unternehmens wählen, ein Mitspracherecht bei dessen Führung. John Lewis ist ein Beispiel für eine Gesellschaft auf Gegenseitigkeit, die gemeinsam den Menschen gehört, die ein unmittelbares Interesse daran haben – im Gegensatz zu Aktionären. In dem Maße, wie neue Mitarbeiter eingestellt werden oder das Unternehmen neue Kunden gewinnt, erwerben diese nach und nach Ansprüche und ersetzen jene, die ausgeschieden sind. Eigentum und Kontrolle werden gezielt denen übertragen, die sich aktiv in das Unternehmen einbringen und daher ein unmittelbares Interesse an seinem Erfolg haben.

Viele Unternehmen besaßen einmal eine derartige Struktur, aber sie ist anfällig für eine fatale Versuchung. Diejenigen, denen Eigentum und Verfügungsgewalt gegenwärtig übertragen sind, sind rechtlich dazu befugt, den Gegenseitigkeitsstatus der Gesellschaft aufzuheben und diese in eine Rechtsform zu überführen, in der die Eigentümer Aktien besitzen, die auf Finanzmärkten verkauft werden können. Indem sie das tut, eignet sich die gegenwärtige Generation von »Eigentümern« den gesamten Kapitalwert des Unternehmens auf Kosten aller nachfolgenden Teilnehmergenerationen an. In Großbritannien wurde die Möglichkeit zur Demutualisierung – der Umwandlung der Rechtsform – durch eine Gesetzesänderung im Jahr 1986 geschaffen; dem früheren Gesetz lagen gesellschaftliche Normen zugrunde, die einen solchen Schritt als unethisch ansahen. Aber die neue Finanzkultur der achtziger Jahre schwächte die Normen wechselseitiger Verpflichtungen. Manchmal erwies sich die Versuchung als zu groß.

In den USA ergriff ein Jahrgang von Partnern bei Goldman Sachs, eine Gruppe von Personen, die für ihre außergewöhnliche Geschäftstüchtigkeit bekannter waren als für außergewöhnlichen Anstand, die von der neuen Ethik eröffneten Chancen. Sie ermöglichte ihnen, »der bitteren Armut« zu entfliehen, die alle vorherigen Partnerjahrgänge erlebt hatten. In Großbritannien haben sich die meisten Bausparkassen (in den USA »Savings and Loan Associations« genannt) demutualisiert. Die größte, die Halifax Building Society, war eine traditionsreiche, riesige Gesellschaft, die aus bescheidenen Anfängen in einer Kleinstadt in Nordengland zu einem Finanzgiganten heranwuchs, der Millionen Menschen Hypothekendarlehen gewährte und Millionen Kleinsparern Sicherheit bot. Die Veränderung der Eigentümerstruktur befreite das Management dieser großartigen Gesellschaft von dem Ballast der amateurhaften Kontrolle ihrer Nutzer und unterwarf die mittlerweile größte Bank Großbritanniens der professionellen Prüfung von Fondsmanagern, die die Quartalsgewinne sorgsam im Auge behielten. John Kay war Mitglied des Board und beobachtete, was geschah.[7] Das von den früheren Fesseln befreite Management gelangte zu der Überzeugung, die Quartalsgewinne könnten durch Ausweitung des Geschäfts gesteigert werden, indem man sich nicht länger darauf beschränkte, die Einlagen von Kleinsparern entgegenzunehmen und sie als Kredite an Hauskäufer weiterzureichen. Das große Geld ließ sich damit machen, dass man auf dem Markt für Finanzderivate spekulierte. Kay wies darauf hin, dass man beim Zocken auf diesen Märkten nur dann Gewinne machen könne, wenn andere Spieler Verluste machten, und er fragte, warum man bei Halifax der Meinung sei, zu den Gewinnern zu zählen. Der CEO erklärte, die Bank habe ein besonders kluges Team von Spielern eingestellt.

Kays lakonischer Kommentar zu dieser Prahlerei lautete, er finde sie etwas weniger glaubwürdig, nachdem er das Team getroffen habe. Aber trotz seiner Zweifel schnellte der Gewinn von Halifax mit der neuen Strategie in die Höhe, und der CEO schien recht zu behalten. Aber dann geriet das Institut in eine Schieflage. Halifax musste von einer anderen Bank gerettet werden, und nach und nach kamen massive Verluste ans Tageslicht. Angetrieben von professionellen Fondsmanagern, traf der Vorstand gravierende Fehlentscheidungen, die innerhalb einer Generation eine Gesellschaft zugrunde richteten, die als Verein auf Gegenseitigkeit im Lauf von 150 Jahren aus ganz bescheidenen Anfängen zu einem Unternehmen von Weltrang aufgestiegen war. Ich persönlich kann mich allerdings nicht beklagen. Vor langer Zeit hatte meine Mutter für mein Taschengeld ein Sparkonto bei der Halifax Building Society eröffnet, und ich bin nie dazu gekommen, es aufzulösen: Und so machte ich einen kleinen, unerwarteten Gewinn, als meine Zinsen in Aktien umgewandelt wurden, die ich rechtzeitig verkaufte.

Die empirischen Ergebnisse sprechen also dafür, die Repräsentation der Beschäftigteninteressen in den Boards gesetzlich zu verankern. Eine derartige Reform ist auch nicht praxisfern: In Deutschland ist die betriebliche Mitbestimmung der Arbeitnehmer schon seit Langem gesetzlich vorgeschrieben. Dies hatte keineswegs verheerende Folgen, vielmehr sind deutsche Unternehmen außerordentlich erfolgreich. Aber was hält Arbeitnehmer und Eigentümer eines Unternehmens davon ab, sich zu verschwören, um jene Interessen auszubeuten, die nicht repräsentiert sind, am offensichtlichsten die Interessen der Verbraucher?

Das Habitat von Firmen:
Wettbewerb als Überlebenskampf

Unternehmen existieren innerhalb eines Habitats, und jedes findet eine Nische darin. Der Überlebenskampf in diesem Habitat ist die Disziplin, die die Unternehmen dazu zwingt, den Interessen ihrer Kunden zu dienen. Übersetzt von der Biologie in die Wirtschaftswissenschaft, ist das Habitat der Markt, und der Kampf ums

Überleben ist der Wettbewerb; die Kraft der Evolution, durch die Spezies gut an ihre Umwelt angepasst werden, hat ihr Gegenstück in der positiven Dynamik des Kapitalismus. Im Überlebenskampf aller gegen alle versuchen Unternehmen, ihre Produkte billiger und besser zu machen, und wir alle sind Nutznießer davon. Der Feind des Wettbewerbs sind mächtige Interessengruppen. Sie nutzen ihre Macht, um ihn über eine Reihe von Strategien zu behindern. Am legalen Ende des Spektrums steht die Lobbyarbeit, die sich zu einem riesigen Sektor entwickelt hat, der in dem Bestreben, sich Vergünstigungen zu sichern, Ressourcen verbrennt. In der Mitte des Spektrums findet sich die Korruption: der Missbrauch eines öffentlichen Amtes, um behördliche Bewilligungen und Gerichtsurteile zu verkaufen und Monopole zu gewähren. Aktuelle Enthüllungen deuten darauf hin, dass der ehemalige südafrikanische Staatspräsident Zuma sein Amt dazu missbrauchte, um dem Firmenimperium der Familie Gupta erhebliche finanzielle Vergünstigungen zuzuschanzen. Am anderen Ende des Spektrums befindet sich die totale Vereinnahmung durch den Staat.

Die Zentralisierung der Macht, die dem Kommunismus innewohnt, beseitigte jegliche Rechenschaftspflicht und leistete daher der ungezügelten Ausbreitung mächtiger Interessengruppen Vorschub. Die meisten Menschen erkennen dies: Die gleichen Erhebungen, bei denen herauskam, dass der Kapitalismus von vielen mit Korruption in Verbindung gebracht wird, stellten auch fest, dass Korruption noch stärker mit dem Kommunismus assoziiert wird. Wie der groteske Lebensstil der Kim-Dynastie in Nordkorea über mittlerweile drei Generationen verdeutlicht, weist der allmächtige Staat Interessengruppen nicht etwa in die Schranken, sondern verhilft ihnen zu ihrem größten Triumph. Kommunistische Gesellschaften beseitigten das Habitat des Marktes, aber dies führte zu so gravierenden ökonomischen Missständen, dass die Menschen trotz intensiver politischer Repression mit den Füßen abstimmten. »Baut eine Mauer!« begann nicht mit Donald Trumps Versuch, Migranten fernzuhalten, sondern in dem verzweifelten Bemühen kommunistischer Regime, ihre Bürger am Weglaufen zu hindern. Ich wuchs auf mit Bildern von »Republikflüchtlingen«, die über die Berliner Mauer kletterten oder andere Grenzanlagen überwanden, aber

Jüngere haben keine derartigen Erinnerungen. Sie können dies nur aus Büchern lernen, doch die setzen von Land zu Land andere historische Schwerpunkte. Mein zehnjähriger Sohn kennt den Hadrianswall, aber nicht die Berliner Mauer.

Seit dem Aufkommen von Märkten haben Mächtige immer wieder versucht, den Wettbewerb zu ihrem eigenen Vorteil einzuschränken. Etablierte Interessengruppen wissen viel besser darüber Bescheid, wie sie sich ihre jeweiligen Vorteile sichern können, als dies öffentlichen Amtsträgern vermutlich jemals bekannt sein wird. Da es sich um eng definierte Gruppen handelt, fällt es ihnen leichter, ihr Handeln effektiv zur Durchsetzung ihrer Interessen zu koordinieren, als es den Behörden möglich ist, sich ihnen im Namen eines diffusen Gemeinwohlinteresses zu widersetzen. Da Unternehmen in derselben Branche über ähnliche Informationen verfügen, verlieren die Interessengruppen, sobald Unternehmen miteinander konkurrieren, ihren Vorteil, unabhängig davon, ob Behörden davon wissen. Sobald die Institution, die das Gemeinwohlinteresse verkörpert, sich dem Grundsatz der Aufrechterhaltung eines funktionierenden Wettbewerbs verpflichtet fühlt, kann sie sich darauf berufen, um die illegitime Rentenabschöpfung durch bestimmte Interessengruppen zu unterbinden. Die Wettbewerbsgegner wenden ein, dies sei unfair, destruktiv und ignoriere einen imaginierten Nutzen, den der »Platzhirsch« stifte. Hinter diesen Argumenten verbirgt sich Selbstinteresse: Es ist *eigennütziges Denken*.

Der Markt, nicht öffentliche Eingriffe, hat GM und Bear Stearns diszipliniert. Aber dennoch reicht der Wettbewerb manchmal nicht aus. Für diese schwierigen Fälle brauchen wir gezielte politische Maßnahmen.

Während Interessengruppen den Wettbewerb künstlich zu behindern versuchen, gibt es in einigen Wirtschaftssektoren technologische Hemmnisse aufgrund ungewöhnlich starker Skaleneffekte. Skaleneffekte sind am ausgeprägtesten, wenn die entsprechende Aktivität auf ein Netzwerk angewiesen ist. Die Bereitstellung von Elektrizität erfordert ein Stromnetz, die Bereitstellung von Wasser ein Rohrleitungsnetz, die Bereitstellung von Bahnbeförderungsdiensten ein Schienennetz. Manchmal ist es möglich, den Dienst von dem Netzwerk loszulösen: Eisenbahngesellschaften können auf einem gemeinsamen Schienennetz miteinander konkurrieren, Energieversorger ein gemeinsames Stromnetz nutzen. Aber das Netzwerk selbst ist ein natürliches Monopol. Die Entstehung der digitalen Wirtschaft hat neue Netzwerk-Industrien geschaffen, die zu einem globalen Monopol werden können. Diese Unternehmen benötigen sehr wenig Kapital im konventionellen Sinne – materielle Vermögenswerte wie Ausrüstungsgüter und Gebäude. Ihr Wert ist ein immaterieller Vermögensgegenstand: ihre Netzwerke.[8] Anders als materielle Vermögensgegenstände können Wettbewerber diese nur sehr schwer kopieren; und weil sie immateriell sind, haben sie keinen festen Standort und entziehen sich daher einzelstaatlichen gesetzgeberischen Maßnahmen. Facebook, Google, Amazon, eBay und Uber sind Beispiele von Netzwerken, die sich in ihren jeweiligen Nischen tendenziell zu natürlichen globalen Monopolen entwickeln. Als nicht regulierte natürliche Monopole in Privatbesitz sind sie höchst gefährlich.

Der gleiche Prozess ereignet sich auf weniger dramatische Weise in vielen anderen Wirtschaftssektoren. Die stetige Komplexitätszunahme, die mit Produktivitätssteigerungen notwendigerweise verbunden ist, hat gewisse Netzwerkmerkmale in andere Branchen eingeführt.[9] Das wiederum befähigt die Spitzenunternehmen in jeder dieser Branchen, ihre dominante Stellung noch weiter auszubauen. Walmart hat die neuen Netzwerkmerkmale der Logistik für den Einzelhandel nutzbar gemacht. Die größten Banken profitieren von neuen Skaleneffekten im Finanzsektor. Die Produktivitätszuwächse und Ertragssteigerungen insgesamt entfallen hauptsächlich auf diese Topunternehmen.[10] Auch wenn es nicht so extrem ist wie bei den natürlichen Monopolen, erwirtschaften sie aufgrund der Skaleneffekte eine höhere Kapitalrendite als ihre kleineren Wettbewerber. Da die Aktien jener Unternehmen sehr gefragt sind, treibt dies ihre Kurse hoch, sodass die ursprünglichen Aktionäre die Skalenprämie als unverhofften Geldregen einstreichen können.

Wo Größe aus technologischen Gründen »Überrenditen« abwirft, weil sie entweder zu dem extremen Ergebnis eines natürlichen Monopols oder zu den weniger dramatischen außergewöhnlichen Renditen marktbeherrschender Unternehmen führt, wird der

Wettbewerb machtlos. Wir benötigen ein zielgenaueres politisches Instrumentarium. Die herkömmlichen Optionen sind Regulierung und öffentliches Eigentum. Jede hat ihre Grenzen.

Es mit Regeln regeln?

Wie gut die Absichten von Vorständen und Aufsichtsräten auch sein mögen, manchmal ist Regulierung doch unverzichtbar. Eine Regel kann sicherstellen, dass sich alle Unternehmen gleich verhalten, während dann, wenn man die Angelegenheit dem Urteil der Leitungsgremien überlässt, unterschiedliche Ergebnisse herauskommen. So wäre es zum Beispiel ineffizient und ungerecht, wenn einige Unternehmen viel mehr tun würden als andere, um ihre Kohlenstoffemissionen zu reduzieren.

Aber wenn man dem Problem von Unternehmen, die ihre Marktstellung missbrauchen, mit Regeln beikommen will, stößt man schnell an Grenzen. Die Regulierung kann darauf abzielen, entweder natürliche Monopole zu zerschlagen oder den Preis zu kontrollieren, den sie Verbrauchern in Rechnung stellen. Wenn man Monopole zerschlägt, sorgt man für Wettbewerb im entsprechenden Sektor, aber da die technologischen Skaleneffekte weiterhin der Monopolbildung Vorschub leisten, müssen die politischen Interventionen nachhaltig sein. Durch Vereitelung von Skaleneffekten erzwingt die Politik jedoch Ineffizienzen. Preiskontrollen sollen ein Unternehmen davon abhalten, Skaleneffekte zu seinem eigenen Vorteil zu nutzen, und es zwingen, die Gewinne an die Verbraucher weiterzureichen. Ihren Grenzen sind wir bereits in einem anderen Kontext begegnet – asymmetrischer Information. In ihrer früheren Variante ging es um die Diskrepanz zwischen dem, was das Management eines Unternehmens weiß, und dem, was Fondsmanager in Erfahrung bringen können. Die spektakulärsten Asymmetrien bestehen auf Finanzmärkten zwischen den Regulierungsbehörden und den Banken, aber das Problem ist ein grundsätzliches. Das Unternehmen kennt seine Kosten und seinen Markt viel besser, als ein Regulierer dazu vermutlich jemals in der Lage wäre, und daher kann das Problem niemals vollständig gelöst werden.

Die beste politische Lösung für das Problem besteht wohl darin, durch Versteigerung des Rechts auf eine Monopolstellung bestmögliche Preiskontrolle mit künstlichem Wettbewerb zu kombinieren. Ein Beispiel, das den Nutzen von Auktionsrechten verdeutlicht, ist der Verkauf der Rechte an dem 3G-Mobilfunknetz durch die britische Regierung. Zunächst versuchte das Finanzministerium, auf der Basis der verfügbaren Informationen über die wahrscheinliche Rentabilität einen angemessenen Preis für das Netz zu berechnen, wobei es zu dem Schluss gelangte, dass es einen Preis von zwei Milliarden Pfund anstreben würde. Zum Glück wurde es von Wirtschaftswissenschaftlern überzeugt, das Problem der Asymmetrie sei so gravierend, dass seine Schätzung vermutlich falsch sei, und deshalb versteigerte das Finanzministerium das Netz. Der erzielte Preis betrug 20 Milliarden Pfund. Unabhängig davon, ob das Unternehmen, das den Zuschlag bekam, zwei Milliarden oder 20 Milliarden Pfund bezahlte, hätte es die Netzkunden im maximal erlaubten Ausmaß geschröpft, aber zumindest wurden so deren durch die monopolistische Ausbeutung erlittenen Verluste dank des unverhofften Geldsegens für die Staatskasse aufgefangen.

Ein Hemmnis für diese Vorgehensweise ist die Glaubwürdigkeit staatlicher Zusagen. Wenn Unternehmen Gebote für solche Verträge abgeben, unterlaufen ihnen Fehler, auch wenn die nicht so groß sind wie jene, die ein Regulierer machen würde, weil sie über sehr viel bessere Informationen verfügen. Wenn das Unternehmen ein zu hohes Gebot abgibt, wird sein Gewinn gedrückt, und es wird im Extremfall den Vertrag brechen, weil es in Konkurs geht. Es wird nur bereit sein, dieses Verlustrisiko zu tragen, wenn dem entsprechende Gewinnaussichten gegenüberstehen. Wenn überdies alle Unternehmen das Gewinnpotenzial unterschätzen, wird sich herausstellen, dass das Gebot, das den Zuschlag erhält, zu niedrig gewesen ist.* Aber Politiker haben kurze Zeithorizonte, die ihnen durch die Wahlen auferlegt werden, und wenn daher ein Unternehmen, das sich einen Vertrag zum Betreiben eines Monopols gesichert hat, erkennbar hohe Gewinne macht, ist die Versuchung groß,

---

* Der »Fluch des Gewinners« legt die Vermutung nahe, dass dies nicht sehr oft der Fall sein wird.

die Entscheidung der Regulierungsbehörde zu kippen. Je mehr die Unternehmen einen solchen Eingriff befürchten, umso niedriger werden die Gebote sein, die sie bei der Auktion abgeben, und umso höher wird der Gewinn des den Zuschlag erhaltenden Unternehmens sein, und umso wahrscheinlicher wiederum ist politische Einmischung ... Geringe Glaubwürdigkeit ist ein Teufelskreis.

Wenn dies das einzige Problem wäre, bestünde die Lösung darin, die Laufzeit des Vertrags so zu verkürzen, dass sie mit dem politischen Wahlzyklus zusammenfällt; Verträge würden von der Mitte der Legislaturperiode bis zur Mitte der nächsten Legislaturperiode laufen, um den Druck durch eine bevorstehende Wahl zu minimieren. Aber ausbeuterische Preisgestaltung ist nicht die einzige Dimension des Verhaltens von Unternehmen, die eine Rolle spielt. Damit die Versorgung mit Grundgütern wie Wasser oder Strom langfristig gewährleistet ist, sollte das Versorgungsunternehmen einen Großteil seines Gewinns reinvestieren. Aber je kürzer die Laufzeit des Vertrags, umso geringer die Bereitschaft eines Unternehmens, die gesellschaftlich erwünschten Investitionsentscheidungen zu treffen. Der Regulierer kann unter Umständen versuchen, Regeln für Investitionen aufzustellen, aber dazu benötigt er noch mehr Informationen als für die Preisregulierung: Realistischerweise kann der Regulierer kaum beurteilen, welche Investitionen wünschenswert sind oder wie viel sie kosten würden. Die Regulierung hat ihre Grenzen.

Noch weitaus gravierendere Regulierungsprobleme werfen die globalen E-Utilities – Social Media – auf. Ihre Regulierung müsste vielfach global sein, während die Regulierungskompetenzen ganz überwiegend national geblieben sind. Die internationale Kooperation wird dadurch erschwert, dass die großen Internetunternehmen überwiegend amerikanisch sind, und daher ist die Einstellung der US-Regierung bestenfalls ambivalent. Der Kartellrechtler Gary Reback schätzt dies folgendermaßen ein: »Wird es der EU je gelingen, mithilfe des Kartellrechts die Macht der dominanten amerikanischen Techgiganten zu zügeln? Nein ... Ihre halbherzigen Bemühungen, kartellrechtliche Vorschriften durchzusetzen, werden keine greifbaren Ergebnisse zeitigen.« Außerdem könnten die Unternehmen jede Regulierung, die sich als wirksam erweisen würde, als antiamerikanisch brandmarken. Regeln regeln also nichts.

In Anbetracht dieser der Regulierung innewohnenden Probleme ist öffentliches Eigentum die Alternative, die gegenwärtig angesagt ist.

Öffentliches Eigentum

Gegenwärtig gibt es in Großbritannien eine so große Unzufriedenheit mit regulierten privaten Versorgern, dass sich eine große Mehrheit für Verstaatlichungen ausspricht, um die Eisenbahngesellschaften, die Wasser- und Stromversorger in öffentliches Eigentum zu überführen. Dies entbehrt nicht einer gewissen Ironie, da alle Versorger ursprünglich öffentliche Monopolisten waren, und der Impetus, sie in kommerzielle Unternehmen umzuwandeln, war die öffentliche Unzufriedenheit mit ihrer Leistung. Doch die allgemeine Erinnerung an die Unzulänglichkeiten des öffentlichen Eigentums reicht ein Jahrzehnt weiter zurück als die Erinnerung an die Berliner Mauer. Die Versorger litten als öffentliche Unternehmen unter der Vereinnahmung durch ihre Mitarbeiter, die sich in den sehr häufigen Streiks niederschlug, sowie unter den politisch motivierten zu niedrigen Dienstleistungspreisen, die wiederum zu geringe Investitionen zur Folge hatten. Die gegenwärtige Diskussion wird zwischen ideologisch polarisierten Lagern geführt: Ironischerweise will die Linke verstaatlichte Industrien, aber kein Nationalgefühl, und die Rechte ein Nationalgefühl, aber keine verstaatlichten Industrien.

Tatsächlich profitierten einige Wirtschaftszweige von Privatisierungen (mit Regulierung), während sie anderen eher schadeten; das steht in Einklang mit den großen Unterschieden darin, wie Informationen asymmetrisch verteilt sind. Gemessen an aussagekräftigen Kriterien, hat sich die Qualität des Bahnverkehrs verbessert, während sich die Qualität der Wasserversorgung verschlechterte. Die deutlichsten Belege dafür, dass der Service der Bahn unter privatem Management besser wurde, kommen von den Fahrgästen: Wie sehr sie auch meckern, haben sie doch mit ihren Füßen abgestimmt. Das Fahrgastaufkommen im Bahnverkehr ging in den Jahrzehnten des öffentlichen Eigentums vor der 1998 erfolgten Privatisierung

Jahr für Jahr zurück, und seither nahm es jedes Jahr deutlich zu. Den Umstand, dass sich der Service im Bereich der Wasserversorgung zum Schlechteren gewendet hat, belegen hauptsächlich die sehr hohen Gewinne, die als Dividenden abgeschöpft werden.

Was könnte funktionieren?

Da sowohl Regulierung als auch öffentliches Eigentum erhebliche Schwächen aufweisen, stellt sich die Frage, ob es andere Strategien gibt, die wir noch nicht betrachtet haben. Hier sind drei davon.

Besteuerung

In den Sektoren, in denen der Faktor Größe automatisch eine höhere Produktivität und Ertragskraft bedeutet, sind die außerordentlichen Skalengewinne eine Form von »ökonomischen Renten«. Solche Renten sind ein wichtiges wirtschaftswissenschaftliches Konzept, das eine zentrale Rolle spielen wird, wenn ich mich später der Divergenz zwischen der Metropole und verödenden Städten zuwende. Ökonomen verstehen darunter den Ertrag einer Aktivität, *der über das hinausgeht,* was *notwendig* ist, um die Mitarbeiter, das Kapital und den Unternehmungsgeist anzulocken, auf die sie angewiesen ist. Wenn sich die Renten verflüchtigten, würde jeder, der sie abschöpfte, schlechter dastehen, aber die Aktivität als solche wäre nicht beeinträchtigt. Ein privates Monopol vereinnahmt ökonomische Renten; das Gleiche tun, weniger offensichtlich, die größten Unternehmen in jenen Branchen, in denen Größe gleichbedeutend ist mit außergewöhnlicher Produktivität. In Zukunft sollte das Steuersystem diese Renten besser abschöpfen. Anders als andere Steuern beeinträchtigt eine solche Steuer auch nicht produktive Aktivitäten; vielmehr greift sie etwas ab, was nicht durch die Anstrengung der Arbeit, den Belohnungsaufschub des Sparens oder den für das Eingehen von Risiken erforderlichen Mut verdient wurde.

In den Branchen, in denen »der Größte« gleichbedeutend wurde mit »der Produktivste«, gibt es triftige Gründe, um die Körperschaftssteuersätze nach der Betriebsgröße zu differenzieren. Dieselben Daten, mit denen Wissenschaftler nachgewiesen haben, dass in manchen Sektoren Größe höhere Ertragskraft bedeutet, ließen sich dazu nutzen, Steuersätze zu differenzieren. Dabei ginge es nicht darum, Skaleneffekte zu unterbinden, sondern einen Teil der dadurch erzeugten Zusatzgewinne für die Gesellschaft abzuschöpfen. Ironischerweise differenzieren wir Steuern bereits nach Größe, allerdings auf eine verquere Art und Weise: Die neuen Netzwerk-Monopole wie etwa Amazon profitieren massiv von ihren Steuertricksereien, sie entziehen sich den Steuern, den ihre ortsgebundenen Pendants zahlen müssen. Da man die Auswirkungen einer Steuer im Vorfeld nicht vollständig abschätzen kann, würde man klugerweise Schritt für Schritt vorgehen, mit niedrigen neuen Steuersätzen auf die Betriebsgröße beginnen und die Folgen evaluieren. Eine Konsequenz ist absehbar: Die Großunternehmen werden tatkräftig Lobbying dagegen betreiben.

Das öffentliche Interesse in den Leitungsgremien repräsentieren

Viele Vorstandsbeschlüsse haben Folgen, die über das eigene Unternehmen hinausreichen, sich aber nicht gut für Regulierungsmaßnahmen eignen, die ein grober Vorschlaghammer sind, der mühelos schwere Schäden anrichten kann. Ein Beispiel ist die Neigung von CEOs zu allzu niedrigen Investitionsausgaben: Eine Vorschrift, die Unternehmen dazu verpflichtete, einen bestimmten Prozentsatz ihres Gewinns zu investieren, würde einige der schlimmsten Fehler des sowjetischen Wirtschaftsplanungssystems wiederholen. Eine kluge Investitionsentscheidung hängt von einer Vielzahl detaillierter Informationen und Einschätzungen ab, die sich nicht in einige wenige Vorschriften packen lassen.

Die beste Methode, um diese Unzulänglichkeiten zu überwinden, besteht nicht darin, die Regulierung zu verstärken, sondern dem öffentlichen Interesse dort eine Stimme zu geben, wo die Entscheidungen getroffen werden: Es muss in den Leitungsgremien eines Unternehmens, in Vorstand und Aufsichtsrat, direkt repräsentiert sein. Dies bedeutet nicht, dass Unternehmen wie Wohltätigkeitsorganisationen geführt werden sollten, wo das Interesse des Unternehmens für ein Anliegen geopfert wird, an dem ein Vertreter des »öffentlichen Interesses« Gefallen findet. Obgleich der übergeordnete Zweck eines Unternehmens mit dem langfristigen gesamtgesellschaftlichen Wohl übereinstimmen sollte, erreicht es dies hauptsächlich dadurch, dass es sich auf seine Kernkompetenz fokussiert. Aber es bedeutet, dass die Leitungsgremien bei ihren Entscheidungen ein klares und erhebliches öffentliches Interesse nicht wegen eines kleinen Vorteils für das Unternehmen opfern sollten.

Wie kann dem öffentlichen Interesse in den Leitungsgremien am besten Geltung verschafft werden? Das entsprechende Gesetz könnte so geändert werden, dass die angemessene Berücksichtigung des öffentlichen Interesses für *alle* Mitglieder der Leitungsgremien verpflichtend vorgeschrieben würde. Aufgrund ihrer gesetzlichen Haftpflicht könnten Vorstands- und Aufsichtsratsmitglieder, die sich über einen wichtigen Aspekt des öffentlichen Interesses hinwegsetzten, zivil- und/oder strafrechtlich belangt werden. In dem Gesetz könnte beispielsweise stehen, dass von dem Unternehmen nicht erwartet werde, für einen geringfügigen öffentlichen Nutzen hohe Verluste in Kauf zu nehmen; wenn andererseits hinreichende Anhaltspunkte dafür vorlägen, dass einem geringfügigen Nutzen für das Unternehmen ein erheblicher Schaden für das Gemeinwohl gegenüberstehe, dann könnten die Verantwortlichen gerichtlich belangt werden. Mit diesem Wissen wäre es leichtsinnig, wenn Entscheidungsträger auf Vorstands- und/oder Aufsichtratsebene solche Entscheidungen nicht diskutierten und die Ergebnisse dieser Beratschlagung nicht im Sitzungsprotokoll festhielten. Die Rechtsprechung träfe auf der Grundlage früherer Gerichtsentscheidungen immer differenziertere Regelungen, und falls man den Eindruck hätte, die Ergebnisse seien in die eine oder andere Richtung allzu unausgewogen, könnte das Gesetz geändert werden.

In den Vereinigten Staaten gibt es bereits etwas Ähnliches, nachdem dort die neue Rechtsform der Public Interest Company eingeführt wurde. Dabei handelt es sich um Unternehmen mit einem zweifachen Auftrag: Ihr Board muss sowohl kommerzielle als auch öffentliche Interessen berücksichtigen. Dies ist der richtige Ansatz, aber Public Interest Companies werden nach Lage der Dinge nie mehr als einen Bruchteil des Unternehmenssektors ausmachen. Tatsächlich verdeutlicht ihre bloße Existenz ungewollt, dass alle anderen Unternehmen *nicht* im öffentlichen Interesse gemanagt werden. Die gegenwärtige Spielart von Public Interest Companies sollte im Grunde als ein Pilotprojekt angesehen werden. Durch Analyse des Verhaltens dieser Unternehmen lässt sich das Konzept weiter ausfeilen bis zu dem Punkt, an dem ein überarbeitetes Mandat unbedenklich im gesamten Unternehmenssektor eingeführt werden kann.

Das öffentliche Interesse überwachen

Jede Regulierung kann durch kluges förmliches »Abhaken von Kästchen« unterlaufen werden; jede Steuerlast kann durch geschickte Buchführung verringert werden; jedes Mandat kann durch eigennütziges Denken manipuliert werden.

Der einzige Schutz gegen derartige Handlungsweisen ist eine alles sorgfältig beobachtende »Polizei«. Damit ist nicht der neugierige *paternalistische Staat* gemeint, sondern einfache Leute in ihrer Rolle als Staatsbürger.

Sobald eine Gesellschaft genügend Bürger hat, die die eigentliche Zweckbestimmung von Unternehmen verstehen und diese als eine Norm anerkannt haben, werden wir selbst zu den Ankern des ethisch verantwortungsvollen Verhaltens von Unternehmen. Unsere Reaktionen auf gutes und schlechtes Betragen stützen sich auf die Wirksamkeit des sanften Drucks von Wertschätzung und Scham, des Systems, welches das riesige Netzwerk wechselseitiger Verpflichtungen, die alle erfolgreichen Gesellschaften kennzeichnet, aufrechterhält. Die sanfte Aufsichtsfunktion erfordert nicht, dass sich alle daran beteiligen: Wenn eine kritische Masse Teilnehmer überschritten wird, werden die Risiken, die durch das Fehlverhalten von Unternehmen entstehen, untragbar hoch. In jedem großen Unternehmen sind zwangsläufig viele Personen in wichtige Entscheidungen eingebunden. Nur einige von ihnen müssen sich moralisch korrekt verhalten, um anständiges Verhalten zu erzwingen. Wenn einige Stimmen darauf hinweisen, dass das öffentliche Interesse in Gefahr sei, geopfert zu werden, wird niemand so weit gehen, zu behaupten, das öffentliche Interesse sei belanglos. In seltenen Fällen wird schon eine einzige mutige Person ausreichen – der Whistleblower. Alle Unternehmen haben einen großen Pool an Mitarbeitern mit feinem ethischem Gespür, die bereit wären, eine zusätzliche Aufgabe zu übernehmen, und stolz darauf, Hüter des öffentlichen Interesses zu werden. Auf dem Höhepunkt des Bankenbooms beschloss eine der größten Investmentbanken, eine kleine Abteilung zur Förderung von sozialem Unternehmertum einzurichten. Wer dort arbeitete, würde die Boni verlieren, die angeblich die hochdynamische Unternehmenskultur motivierten, und der Vorstand fragte sich, ob überhaupt irgendjemand bereit wäre, in diese Abteilung zu wechseln. Die vier neuen Stellen wurden ordnungsgemäß innerhalb des Unternehmens ausgeschrieben: Tausend Mitarbeiter bewarben sich. Es besteht kein Mangel an hochmotivierten Menschen, die in Großunternehmen arbeiten und sich der Gesellschaft verpflichtet fühlen.

Seinen Arbeitgeber zu ermuntern, sozialethisches Verantwortungsbewusstsein zu zeigen, ist ein Beitrag zum Wohl der Gesellschaft, aber weiterhin für einen Arbeitgeber tätig zu sein, dem es an einer ethischen Grundorientierung fehlt, ist unbefriedigend und langfristig zerrüttend. Wie wir im nächsten Kapitel sehen werden, macht nicht finanzieller Erfolg unser Wohlbefinden aus. Wenn man für ein Unternehmen arbeitet, dem es an sozialem Verantwortungsbewusstsein mangelt, und man keine realistische Aussicht hat, dies zu ändern, sollte man sich – wenn möglich – *eine andere Stelle* suchen. Ich habe einige außergewöhnlich talentierte Neffen, aber der, den ich gegenwärtig am meisten bewundere, war als Autoverkäufer tätig. Sein Unternehmen arbeitete mit den üblichen schmutzigen Tricks und nannte seine Kunden, ähnlich wie Goldman Sachs in den der Öffentlichkeit zugespielten E-Mails, »Trottel«. Der junge Mann, der ein ausgeprägtes ethisches Verantwortungsgefühl besitzt, kündigte und wechselte auf eine neue Stelle, die schlechter bezahlt war, aber mehr Möglichkeiten bot, Kunden zu helfen. Er sagte mir, dass er jetzt viel zufriedener ist.

Diese neuen Identitäten, Normen und Narrative würden unsere Gesellschaft besser machen und unsere Lebenszufriedenheit steigern, aber sie müssen zunächst aufgebaut werden. Kein Unternehmen allein kann dies leisten. Forderte ein Unternehmen seine Mitarbeiter auf, ihren Fokus auf das öffentliche Interesse zu legen, würde dies vermutlich als eine weitere PR-Masche abgetan werden. Tatsächlich ist es so, dass die Unternehmenskultur, die in einer Firma vorherrscht, größtenteils denen entspricht, die in anderen maßgeblich sind. Einigen Gesellschaften gelingt es, Unternehmenskulturen verantwortungsbewussten Verhaltens zu etablieren. Vielleicht weil Japan eine ausgeprägtere Kultur der Arbeitnehmer-Arbeitgeber-Kooperation hat als die USA, konnte Toyota die ursprünglich amerikanische Idee, den Arbeitern am Fließband zuzutrauen, die Qualität der von ihnen gefertigten Fahrzeuge selbst zu kontrollieren, relativ leicht übernehmen. In ähnlicher Weise waren die Arbeitgeber-Arbeitnehmer-Beziehungen im Nachkriegsdeutschland stark von dem beeinflusst, was auch nach dem Dafürhalten des British Trades Union Congress – des gewerkschaftlichen Dachverbandes – eine bessere Form des gegenseitigen Verhältnisses wäre als die konfrontative britische Praxis der Vorkriegszeit. In Deutschland setzten sich jene Arbeitgeber-Arbeitnehmer-Beziehungen durch, die britische Gewerkschaften aufgrund des Versagens des hiesigen Systems ebenfalls für angemessen und zweckdienlich erachteten. Nach der Kriegsniederlage wurden die mächtigen Kapitalinteressengruppen in Deutschland zerschlagen, und es kam zu einem grundlegenden politischen Neuanfang, während ihre Pendants in Großbritannien aufgrund des Sieges ihren früheren Einfluss behielten.[11]

Die Erneuerung reziproker Verpflichtungen in Unternehmen ist als ein bedeutendes öffentliches Gut eine Aufgabe des Staates. In Kapitel 2 habe ich umrissen, wie neue Verpflichtungen begründet werden können. Wir müssen eine kritische Masse *ethischer Bürger* hervorbringen. Ethische Bürger sind Menschen, die die Verantwortung von Unternehmen und den bedeutenden gesellschaftlichen Beitrag, den diese leisten können, verstehen; sie identifizieren sich mit den Normen, die diese Verantwortung mit sich bringt, und sie ermuntern Unternehmen, den Verpflichtungen nachzukommen, indem sie zweifachen Druck durch soziale Wertschätzung und Missbilligung ausüben.

Die Bürger werden von der Regierung routinemäßig mit so vielen gut gemeinten Phrasen gefüttert, dass sie diese üblicherweise ignorieren, weshalb zunächst einmal die Glaubwürdigkeit wiederhergestellt werden muss. Wir haben bereits die Lösung für das Problem kennengelernt, wie eine misstrauische Öffentlichkeit überzeugt werden kann: durch *Signalisieren*. Rekapitulieren wir kurz: Ein Signal ist etwas, das einem misstrauischen Publikum Ihren wahren Charakter verrät. Wie funktioniert das? Der Nobelpreisträger Michael Spence erkannte, dass Sie es nur durch eine Handlung erreichen können, die – wenn Sie tatsächlich der Typ wären, für den Ihr Publikum Sie hält – untragbar kostspielig wäre. Höchstwahrscheinlich wird es eine Handlung sein, die – obwohl Sie nicht der Schurke sind, für den man Sie hält – unangenehm kostspielig für Sie sein wird. Sie müssen eine Handlung finden, die für Sie zu tragbaren Kosten das Vertrauen wiederherstellt, während sie für den Schurken untragbar wären. Was also kann eine Regierung unter Berücksichtigung dieser Erkenntnis in der augenblicklichen Lage tun?

Erinnern wir uns daran, dass gegenwärtig viele Bürger Unternehmen verachten, weil man sie im Allgemeinen für habgierig, korrupt und ausbeuterisch hält. Dieses vorherrschende Narrativ muss geändert werden, aber wenn die Leute von Ihnen als Erstes zu hören bekommen, dass Unternehmen einen hohen gesellschaftlichen Nutzen haben, werden etliche abschalten. Stattdessen können Sie spektakuläre, dramatische Dinge tun. Viele Menschen sind zu Recht darüber empört, dass kein Bankmanager wegen seines Verhaltens während der Finanzkrise zu einer Freiheitsstrafe verurteilt wurde. Dies ist darauf zurückzuführen, dass das Verhalten, das die Krise verursachte, nicht bewusst darauf abzielte, das Unternehmen zugrunde zu richten, sondern nur grob fahrlässig war. Wenn ein Autofahrer infolge Leichtfertig- oder grober Rücksichtslosigkeit den Tod eines anderen Menschen verursacht, klassifizieren wir diese Straftat als fahrlässige Tötung, was sie von Mord unterscheidet, einem Verbrechen, das vorsätzliche Tötung ist. Eine entsprechende Straftatkategorie benötigen wir für alle systemrelevanten Unternehmen: »fahrlässige Banktötung«. Das Wissen, dass ein ehemaliger CEO, selbst nachdem er sich mit einem goldenen Fallschirm in den Ruhestand verabschiedet hat, vom Golfplatz geholt und für vergangene Fehler zur Rechenschaft gezogen werden könnte, würde Verantwortungsträgern wahrscheinlich zu denken geben.

Sobald man ein gewisses Rückgrat gezeigt hat, kann man in einfachen Worten eine nationale Strategie vorstellen. Vielleicht beginnt man mit der Verantwortung von Unternehmen, der Gesellschaft in einer nachhaltigen Weise zu dienen und sich dafür einzusetzen, dass der Lebensstandard wieder steigt. Dann legt man dar, warum sich viele Firmen dieser Verantwortung entzogen haben. Man erläutert die politischen Maßnahmen, die diesen Missstand beheben sollen, und – was besonders wichtig ist – deren Grenzen. Anschließend bittet man Menschen aus allen gesellschaftlichen Schichten, die neue Rolle als *ethische Bürger* zu übernehmen. Wie alle erfolgreichen Narrative können Veränderungen nicht über Nacht erreicht werden. Es bedarf einer tragfähigen und konsistenten Botschaft, die von vielen verschiedenen Sprachrohren der Regierung verbreitet wird, doch wie alle Narrative kann sie auf fatale Weise durch Taten untergraben werden, die im Widerspruch zu den Worten stehen. Aber in den meisten westlichen Gesellschaften gelang es den Regierungen zwischen 1945 und 1970, viele neue reziproke Verpflichtungen aufzubauen. Obgleich sich diese Narrative nicht speziell um Unternehmen drehten, haben sie vermutlich Anteil daran, dass es damals so viele *ethische Unternehmen* gab. Erinnern wir uns: Früher gönnten sich CEOs nur das 20-Fache dessen, was sie ihren Mitarbeitern zahlten, heute ist es das 231-Fache. Das ethische Unternehmen wurde vom Vampirtintenfisch abgelöst. Die Zeiten haben sich geändert; jetzt müssen wir die alten Zeiten zurückholen.

5 Die ethische Familie

Die Familie ist die wirksamste aller Institutionen, die uns über das Individuum hinausheben. Ehemann und Ehefrau versprechen sich öffentlich die Einhaltung wechselseitiger Verpflichtungen. Außerdem gibt es eine starke emotionale Bindung von Eltern an ihre Kinder. Eltern sorgen für ihre Kinder, und oftmals sorgen Kinder, viele Jahre später, für ihre Eltern, aber das Potenzial für Reziprozität wird selten als ein Recht geltend gemacht. Während die Fürsorge im Alter willkommen ist, wird die Fürsorge für ein Kind bedingungslos gewährt; sie ist kein Vertrag auf Gegenseitigkeit. Aber Nachkommen betrachten Gegenseitigkeit oftmals als Verpflichtung. Einem wunderbaren alten Scherz aus Yorkshire liegt die kleine Lücke zwischen einer Verpflichtung und einem Recht zugrunde. Er enthüllt die moralische Unzulänglichkeit eines Sohnes: »Mutter, du hast dein ganzes Leben lang hart für mich gearbeitet, geh jetzt raus ... und arbeite für dich.« Das Netz von Verpflichtungen kann sich weit über Ehepartner und Kinder hinaus erstrecken. In antiken Gesellschaften galten familiäre Verpflichtungen auch gegenüber heute sehr entfernt erscheinenden Verwandten, wie etwa Cousins siebten Grades.

Auch Familien sind Netzwerke; in der typischen drei Generationen umfassenden Kernfamilie bilden die Eltern in der mittleren Generation das Zentrum, auch wenn sie oftmals Narrative von früheren Generationen weitergeben. Als Inkubatoren moralischer Normen eignen sich Familien sogar noch weit mehr als Staaten und Unternehmen. Sie sind natürliche Einheiten für die Herausbildung eines Gefühls der Zugehörigkeit, weil wir von unseren frühesten Lebensmomenten an darin aufgezogen werden. Körperliche Nähe wird verstärkt durch Geschichten der Zugehörigkeit: Sie binden jede neue Generation an die Familie und schaffen so ein »Wir«. Erzählungen über Verpflichtungen weisen auf Pflichten hin; andere Geschichten verknüpfen unsere Handlungen mit deren Konsequenzen. Wie in allen Familien erzählt man sich auch in meiner jede

Menge Geschichten, in denen Helden und schwarze Schafe vorkommen. Es macht Spaß, sich an sie zu erinnern und jede in ihre Kategorie einzuordnen: Zugehörigkeit, Verpflichtung und aufgeklärtes Eigeninteresse.

Wie in allen vernetzten Gruppen wird mit diesen Narrativen so lange herumjongliert, bis sie ein in sich stimmiges Paket, ein Glaubenssystem bilden. Die biologischen Grundlagen der Familie lassen viel Freiraum für gleichzeitig bestehende rivalisierende Glaubenssysteme, aber im Jahr 1945 war eines beinahe in allen westlichen Gesellschaften anzutreffen: Hier werde ich es *die ethische Familie* nennen. Damit will ich nicht sagen, dass es das einzige Glaubenssystem ist, das ethisch ist: Tatsächlich unterscheidet es sich deutlich von den Werten vieler Familien heute. Ich verwende lediglich ein Etikett für die ethische Struktur, die über lange Zeit in Familien weit verbreitet war.

In der ethischen Familie von 1945 akzeptierte das Ehepaar, das die mittlere Generation bildete, reziproke Verpflichtungen gegenüber den beiden anderen Generationen, ihren Kindern und ihren eigenen Eltern. Damit ging oftmals eine beträchtliche Belastung einher, aber da jede Person alle drei Generationen durchlief, wurde es als ein Zyklus der Verantwortung auf sich genommen. Die Struktur war ein sehr stabiles Glaubenssystem: ein Zusammengehörigkeitsgefühl, das den Geltungsbereich einer Norm abgrenzender Reziprozität definierte, gestützt von aufgeklärtem Eigeninteresse. Die gemeinsame Identität der Zugehörigkeit zur Familie ließ sich leicht begründen, weil es eine täglich gelebte Wirklichkeit, der Bereich »wechselseitiger Achtung«, war. Die Normen reziproker Verpflichtungen waren natürliche Erweiterungen von Gefühlen der Zuneigung. Und die Normen konnten durch Gemeinwohlzwecke verstärkt werden: Wenn ausreichend viele Menschen die Normen beachteten, führte dies zu einem allgemeinen Anstieg des materiellen Wohlstands – aufgeklärtes Eigeninteresse.

Im Jahr 1945 gehörte praktisch jeder einer solchen Familie an. Aber in den folgenden Jahrzehnten änderte sich das grundlegend. In allen westlichen Gesellschaften begann man, sich familiärer Verpflichtungen zu entledigen. Die Scheidungsrate explodierte, sie erreichte um 1980 in den USA und etwas später in Großbritannien ihren Höchststand. Aber als sich neue Gräben zwischen den Gebildeten und den weniger Gebildeten auftaten, wurde der Unterschied immer deutlicher.

Schockhafte Erschütterungen destabilisierten das lange Zeit so wirkmächtige Glaubenssystem der *ethischen Familie*; in dem Maße, wie sie an Bedeutung verlor, verschärften sich die sozialen Divergenzen – mit einigen sehr unschönen Folgen.

Schocks an der Spitze

Die erste Erschütterung der Normen der ethischen Familie war technologischer Natur. Die Antibabypille ermöglichte jungen Frauen die Kontrolle über ihr Leben: Sexualität konnte getrennt werden von der biologischen Folge, die sie bis dahin gehabt hatte, der Empfängnis. Das erleichterte es, einen kompatiblen Partner zu finden; vorübergehende sexuelle Beziehungen wurden weniger riskant, und das altüberkommene, nervenaufreibende »Gefeilsche um einen Ring« wurde abgelöst von einem sehr viel zuverlässigeren Prozess der Partnersuche: dem vorehelichen Zusammenleben. Um es in den scharfsinnigen Zeilen des britischen Dichters Philip Larkin auszudrücken: »Der Geschlechtsverkehr begann/Neunzehnhundertdreiundsechzig.«

Die Befreiung fing mit technologisch unterstütztem Sex an, ging aber bald weit darüber hinaus. Ein tiefer intellektueller Schock befreite Individuen von den Zwängen der vielen erdrückenden Normen der ethischen Familie. An die Stelle von Verpflichtungen gegenüber der Familie traten neue Verpflichtungen gegenüber sich selbst: die Verpflichtung zur Selbstverwirklichung durch persönliche Leistung. Gesetze wurden geändert, um die Scheidung zu erleichtern. Ein Hinweis auf die Veränderungen, die der leichter gewordenen Scheidung zugrunde lagen, war die Tatsache, dass die Gerichte keine Schuldzuweisung mehr vornahmen: Das »schuldig geschieden« gehörte der Vergangenheit an.

Es überrascht kaum, dass der intellektuelle Schock vom Universitätscampus ausging und daher in erster Linie die neue Schicht der Hochqualifizierten traf. Er stellte die Idee der ethischen Familie grundsätzlich infrage, die Vorstellung, dass Selbstachtung aus der Erfüllung von Verpflichtungen hervorgehe. Die neue Ethik setzte das Selbst an die Stelle der Familie; Selbstwertschätzung war in der neuen Ethik nicht mehr an die Erfüllung von Verpflichtungen gebunden, sondern erwuchs aus geglückter Selbstverwirklichung. Die Variante, die Frauen gefiel, war der Feminismus; die Variante, die Männer ansprach, war der *Playboy.* Handlungen, die in der Vergangenheit als Verlockungen angesehen worden waren, wurden jetzt umgedeutet in Gelegenheiten zur Selbstverwirklichung, die es zu ergreifen galt. In vielen Familien der neuen Schicht erkannte einer der beiden Ehepartner, dass die Ehe ein Hindernis für seine/ihre Selbsterfüllung und die Scheidung daher unumgänglich war.

In dem Maße, wie sich Männer und Frauen an die neuen Normen anpassten, wandelte sich im Kreis der sozialen Elite die Natur der Ehe, wobei dies durch einen weiteren Schock gefördert wurde: die enorme Expansion der Universitäten. Es führte dazu, dass sich die Zahlen akademisch gebildeter Männer und Frauen anglichen und die Suche nach einem passenden Partner noch einmal erheblich erleichtert wurde. Frauen und Männer lernten, wie sie Partner finden konnten, mit denen sie kompatibel waren (es findet seine Fortsetzung in den verbesserten Methoden der passgenauen Vermittlung auf Singlebörsen). Ergänzt wurde dies schon bald durch die Legalisierung der Abtreibung, einer zweiten wichtigen Entwicklung nach der Empfängnisverhütung. Die früheren Normen des Ehepaars der mittleren Generation, der Geschlechterhierarchie und wechselseitiger Verpflichtungen gegenüber den anderen Generationen wurden in den meisten Akademikerhaushalten durch wechselseitige Ermunterung zur Selbstverwirklichung durch persönliche Leistung ersetzt.[1]

Voreheliches Zusammenleben und assortative Paarung – also die Neigung, sich Partner mit ähnlichem Bildungsniveau zu suchen – führten dazu, dass akademisch ausgebildete Frauen und Männer sich in der Regel mit Partnern und Partnerinnen zusammentaten, die gut zu ihnen passten; entsprechend gingen die Scheidungsraten zurück. Beruflich erfolgreiche Eltern sind bestrebt, ihren Erfolg an ihre Nachkommen weiterzugeben, und so trat an die Stelle der

Geschlechterhierarchie, in der sich das Bildungsgefälle zwischen Mann und Frau widerspiegelte, die gemeinschaftliche elterliche »Treibhausförderung« der Kinder.

Als ich ein Kind war, half mir niemand bei den Hausaufgaben: keine elterliche Nachhilfe oder Kontrolle, keine Privatlehrer. Meine Eltern waren weder von ihrem Bildungsstand noch finanziell dazu in der Lage. Aber zu meinem Glück bekamen auch Kinder aus elitären Elternhäusern kaum Nachhilfe, als ich zur Schule ging, so dass ich mithalten konnte. Doch als Vater, der heute selbst der Elite angehört, bringe ich meinem elfjährigen Sohn Alex Naturwissenschaften bei, während meine Frau ihm Lateinunterricht gibt, und außerdem bezahlen wir noch einen Privatlehrer. Alle anderen Schüler in seiner Klasse erhalten eine ähnliche Unterstützung. Die Normen haben sich radikal gewandelt. Das frühere System hätte wahrscheinlich fortbestanden, wenn es nicht von einem anderen Schock erschüttert worden wäre, dem starken Wachstum der Mittelschicht und einer entsprechenden Verschärfung des Wettbewerbs um einen Studienplatz an einer Topuniversität. Die Universität Oxford, an der ich unterrichte, nimmt heute prozentual viel weniger britische Studienbewerber auf als in den sechziger Jahren; sie lässt heute viel mehr internationale Studienbewerber zu, was in der Praxis in aller Regel die Kinder ausländischer Eliten bedeutet. Doch aufgrund der Expansion der britischen Mittelschicht wollen viel mehr Familien, dass ihre Kinder dort studieren. Sobald einige Eltern damit begannen, ihrem Nachwuchs einen Vorteil zu verschaffen, indem sie ihm besagte Treibhausförderung zukommen ließen, mussten andere nachziehen, wenn sie nicht wollten, dass sich die Chancen ihrer Kinder noch weiter verschlechterten: Die alten Normen wurden über die Bandbreite von Umständen, in denen sie stabil waren, hinaus erschüttert und implodierten. In der Folge wurde die Kindererziehung in Akademikerfamilien zeitraubender, und entsprechend verringerten Paare die Zahl ihrer Kinder, sodass die Familiengröße abnahm.[2] Trophäenfrauen wurden von Trophäenkindern abgelöst: Leser, ich habe eines aufgezogen.*

---

* Für die Minderheit von Lesern, die keinen Humor haben: Dieses Spiel mit einem Satz von Charlotte Brontë ist als Scherz gemeint. Während unser Ältester tatsächlich

Das neue Selbstverwirklichungsethos der Bildungsschicht brachte vielen, die es beherzigten, einen echten Gewinn an Lebensqualität, auch wenn die Scheidungsepidemie Opfer forderte. Wir alle kennen sie: eine Frau, die den Zugang zu ihrem Sohn verloren hat, weil ihr Ehemann sie sitzen ließ, um sich mit einer anderen Frau selbst zu verwirklichen, und ein Mann, der den Zugang zu seiner Tochter verloren hat, weil seine Ehefrau ihn sitzen ließ, um sich mit einem anderen Mann selbst zu verwirklichen. Jene, die ihrer Selbstverwirklichung Priorität einräumten, führten zahlreiche entlastende Narrative ins Feld. Aber selbst nachdem die Scheidungsrate sank, hinterließ dies Spuren in den sozialen Normen. Für jene Akademiker, die, aus welchen Gründen auch immer, Single blieben, verlor die ethische Familiennorm, die besagte, »keine Kinder vor einer stabilen Beziehung«, ihre Bindungskraft: Wenn die Selbstverwirklichung ein Kind verlangte, dann war das halt so, zumindest in westlichen Gesellschaften. In dieser Hinsicht schlug Japan einen anderen Weg ein als die restlichen Industrieländer. Hier war der Druck, Trophäenkinder aufzuziehen, viel stärker als in westlichen Gesellschaften. Daher konnten Alleinerziehende nicht mit Zwei-Eltern-Familien mithalten, weshalb es gebildete alleinstehende Japanerinnen vorzogen, statt Kinder aufzuziehen, auf die sie möglicherweise nicht stolz wären, Haustiere zu halten.[3]

Der neuen Treibhausförderung der jüngeren Generation stand nichts Gleichwertiges in Bezug auf die ältere Generation gegenüber. In der ethischen Familie wurden die Älteren für gewöhnlich innerhalb des Haushalts der mittleren Generation oder in unmittelbarer Nähe davon versorgt. Meine verwitwete Großmutter lebte direkt neben einem ihrer Kinder; mein verwitweter Großvater lebte bei zweien seiner Kinder. Ich wuchs mit einem betagten Onkel auf, der im Schlafzimmer nebenan schlief. Solche Haushaltsstrukturen finden sich noch immer in manchen Gemeinschaften, aber sie sind nicht länger üblich. Die Eltern von Paaren mit hohem Bildungsstand lebten nicht nur deutlich seltener bei ihren Nachkommen, sie

alles besitzt, was ein Trophäenkind ausmacht, wäre er zu Recht empört und würde es nicht glauben, wenn man andeutete, dass seine Eltern auch nur das Mindeste zu seinen Leistungen beigetragen haben.

unterstützten ihre Kinder jetzt auch oftmals finanziell, während sie früher vielfach von diesen unterstützt worden waren. Darin spiegelte sich zum Teil der erhöhte Wohlstand pensionierter Akademiker wider, hinzu kam jedoch eine neue generationenübergreifende Kooperation zwischen Großeltern und Eltern in dem gemeinsamen Ziel, eine erfolgreiche dritte Generation aufzuziehen. Infolgedessen traf das Narrativ des zweckgerichteten aufgeklärten Eigeninteresses, das die Normen reziproker Verpflichtungen in der ethischen Familie bekräftigt hatte, nicht länger zu: Der Erfüllung von Verpflichtungen gegenüber Kindern entsprachen keine gleichwertigen Verpflichtungen erwachsener Nachkommen gegenüber ihren betagten Eltern mehr.

In ähnlicher Weise erodierten wechselseitige Verpflichtungen jenseits der Kernfamilie. Großfamilien schrumpften unter dem Druck einer kleineren Familiengröße und der geografischen Mobilität der Fachkräfte. Wieder liefert meine eigene Familiengeschichte ein anschauliches Beispiel für diesen Umschlag von einem ins andere Extrem. Ich wuchs mit zwölf Tanten und Onkeln auf, die alle im Umkreis von acht Kilometern um mein Elternhaus lebten; meine eigenen Kinder hingegen wachsen ohne eine einzige Tante, einen einzigen Onkel auf. An die Stelle der *ethischen Großfamilie* trat die *dynastische Kernfamilie*.

In dem Maße, wie die Hochqualifizierten zu einer eigenen Schicht wurden, entwickelten sie eine neue Form der Familie, in der einige der reziproken Verpflichtungen erneuert und sogar verstärkt wurden. Wir sehen dieses Muster in den Daten. Außereheliche Geburten waren 1965 in dieser Schicht selten: nur fünf Prozent; sie belaufen sich immer noch auf nur fünf Prozent.[4] Nach dem anfänglichen steilen Anstieg sank die Scheidungsrate wieder; im Jahr 2010 wurde nur noch jede sechste Ehe geschieden. Aufgrund der geringen Anzahl außerehelicher Geburten und der wenigen Scheidungen ging die Zahl der Kinder, die von Alleinerziehenden mit hohem Bildungsstand aufgezogen wurden, ebenfalls auf ein sehr niedriges Niveau zurück: Heute sind es wieder unter zehn Prozent.

Die neue Ethik der Selbstverwirklichung durch persönliche Leistung war mit einigen Schattenseiten verbunden, aber diese fielen im

Vergleich zu den Konsequenzen der Schocks, von denen die Geringqualifizierten betroffen waren, kaum ins Gewicht.

Schocks am unteren Ende

So wie die Technokraten im Silicon Valley vorhersagten, dass die
neue soziale Vernetzung den Hass verringern werde, so hieß es über
Pille und Abtreibung, sie würden die Zahl der ungewollten Schwangerschaften verringern. Wir sehen den daraus resultierenden Anstieg
der sexuellen Aktivität bei der niedriger gebildeten Hälfte der Tee-
nagerinnen in den Daten. In den sechziger Jahren hatten nur fünf
Prozent der unter Sechzehnjährigen Geschlechtsverkehr; im Jahr
2000 waren es bereits 23 Prozent. Dagegen hatten selbst 2000 nur elf
Prozent der jungen Frauen, die ein Studium aufnahmen, als Min-
derjährige Sex gehabt.[5]

Aber die Pille verhinderte die Empfängnis nur, wenn sie mit
kluger Voraussicht verbunden war, und dies begünstigte die Gebildeten. Die Abtreibung eines Fötus erwies sich als eine Entscheidung, die zwar innerhalb des neuen ethischen Glaubenssystems
der persönlichen Erfüllung unproblematisch, aber innerhalb der
alten Ethik familiärer Verpflichtungen belastend war – und auch
dies begünstigte die Gebildeten. Aufgrund von Kontakten, die
von vornherein nicht auf Dauer angelegt waren, kam es zu einer
explosionsartigen Zunahme der Schwangerschaften bei Teenagern
mit geringem Bildungsniveau. Eine solche Teenagermutter hatte
Optionen. Eine war das alte Modell der Ehe mit dem Vater – die
Mussheirat hat eine lange Tradition. Ein weiteres althergebrach-
tes Modell bestand darin, dass die Mutter und ihr Baby weiterhin bei ihren Eltern lebten; meine Urgroßmutter hatte dies getan,
ohne dass es in ihrem Dorf böse Folgen gehabt hätte. Eine dritte
Option war es, das neue Modell individueller Erfüllung einiger
gebildeter Frauen nachzuahmen und als alleinerziehende Mutter
etwas Neues zu wagen; hierfür bot der paternalistische Staat finanzielle Unterstützung und Sozialwohnungen an. Eine letzte Option
bestand darin, ein neues Modell des Zusammenlebens zu erpro-
ben: Für Väter war die nichteheliche Lebensgemeinschaft im Ver-

gleich zu einer öffentlichen Verpflichtung oft das kleinere Übel. Selbstverständlich kann eine Beziehung auch dann stabil sein, wenn die Partner nicht verheiratet sind, aber die meisten unverheirateten Paare, die zusammenziehen, bleiben nicht zusammen; im Durchschnitt dauert eine nichteheliche Lebensgemeinschaft lediglich vierzehn Monate.[6]

Der letzte Schock am unteren Ende der sozialen Stufenleiter war ökonomischer Natur. Aufgrund des Niedergangs des industriellen Sektors verloren Männer mittleren Alters ihre Arbeitsplätze. Viele Haushalte mit niedrigem Bildungsstand hatten nie an die neue Ethik der Selbstverwirklichung geglaubt, und viele Paare hatten an den Normen der ethischen Familie festgehalten, wonach der Ehemann das Oberhaupt war, und seine Autorität wurde durch seine Rolle als Ernährer der Familie gestützt. Diese Rolle hatte eine äußerst unangenehme Konsequenz: Wer an seiner Arbeitsstelle überflüssig wurde, wurde auch zu Hause überflüssig. Eine solche Ehe wurde von einem engen Netzwerk wechselseitiger Wertschätzung zu einem asymmetrischen Netzwerk; die Ehefrau behielt ihre Selbstachtung, aber ihre Anwesenheit verstärkte den Selbstwertverlust des Ehemannes. Manchmal versuchte er, seine Autorität durch körperliche Gewalt geltend zu machen, manchmal versank er in Depressionen. Es waren häufige Ursachen für Scheidungen.[7]

Auch das können wir in den Daten sehen. Wie bei den Gebildeten kam es zunächst zu einem steilen Anstieg der Scheidungen. Aber im Gegensatz zu den Gebildeten nahm die Scheidungsrate bei den niedrig Gebildeten stetig zu. Im Jahr 2010 wurde jede dritte Ehe zwischen Partnern mit niedrigem Bildungsstand irgendwann geschieden, das ist eine doppelt so hohe Quote wie bei Gebildeten.

An die Stelle der Fürsorgepflichten der ethischen Familie gegenüber ihren Kindern traten die vom paternalistischen Staat eingeführten »Rechte des Kindes«. Diese neuen Rechte beinhalteten nicht das Recht, von der Geburt bis zum Erwachsenenalter von den beiden Elternteilen erzogen zu werden, von denen das Kind genetisch abstammte. Im Gegenteil, die »Rechte des Kindes« zwangen die Behörden dazu, leiblichen Eltern Kinder wegzunehmen, wenn

Grund zu der Annahme bestand, dass das Kindeswohl gefährdet war. Als Reaktion auf spektakuläre Fälle, in denen Kinder durch die Hand ihrer Eltern starben, wurde diese Verpflichtung nach und nach verschärft. Wenn zum Beispiel in den USA ein Arzt bei einem Kind eine Verletzung feststellte, war er, sofern er nicht selbst zweifelsfrei davon überzeugt war, dass sie *nicht* von seinen Eltern verursacht worden war, dazu verpflichtet, sie den Behörden zu melden, die ihrerseits verpflichtet waren, den Eltern das Kind wegzunehmen. Die »Rechte des Kindes« erforderten entsprechend, dass höchste Ansprüche erfüllt werden mussten, ehe die aus ihrer Familie herausgenommenen Kinder von einer anderen Familie adoptiert werden durften, und einen entsprechend umfassenden bürokratischen Überprüfungsprozess, um sicherzustellen, dass eine Unterbringungsentscheidung der Behörden über jegliche öffentliche Kritik erhaben wäre. Die unvermeidliche Folge einer hohen Zahl von Fällen, bei denen Kinder aus der Familie der leiblichen Eltern herausgenommen wurden, und einer niedrigen Unterbringungsquote in neuen Familien war, dass immer mehr Kinder in der Luft hingen: In Großbritannien gibt es heute 70000 davon. In der Praxis bedeutet dieser Schwebezustand, dass der Staat Paare dafür bezahlt, vorübergehend Kinder in Pflege zu nehmen, wobei diese oftmals von einem Pflegepaar ans nächste weitergereicht werden. Wie nicht anders zu erwarten, ist das Aufwachsen in einer Pflegefamilie dem Kindeswohl aus mehreren Gründen oftmals nicht zuträglich: Die Beziehung zu den Pflegeeltern ist quasi ein kommerzielles Verhältnis, während Kinder echte Liebe benötigen; sie ist explizit befristet, während Kinder Beständigkeit brauchen; und sie kann kein Gefühl der Zugehörigkeit erzeugen.

Folgen der sozialen Divergenz

Die Folgen des selektiven Wegfalls familiärer Verpflichtungen waren für Kinder am tiefgreifendsten. In den USA, wo die Effekte am ausgeprägtesten sind – die vielleicht in Zukunft auch in Europa deutlich hervortreten werden –, verbringen mittlerweile über die Hälfte aller Kinder vor Erreichen des 18. Lebensjahres eine gewisse Zeit in einer Ein-Eltern-Familie.[8] Wie die vorstehende Analyse zeigt, ist dies in hohem Maße schichtabhängig. In der Bildungsschicht, der oberen Hälfte der amerikanischen Haushalte, wurden die familiären Verpflichtungen gegenüber Kindern weitgehend erneuert und verstärkt. Dagegen sind in der Hälfte mit niedrigem Bildungsstand Ein-Eltern-Kinder oder Kinder, die ohne Eltern aufwachsen, die Norm geworden. Sie stellen mittlerweile zwei Drittel aller Kinder in dieser Gruppe.

Ist das von Bedeutung? Leider ja. Ungeachtet des starken und verständlichen Tabus gegen die Stigmatisierung von Ein-Eltern-Familien, haben die Sozialwissenschaften jetzt schlüssig nachgewiesen, dass es Kindern besser geht, wenn sie von der Geburt bis ins Erwachsenenalter von den zwei Elternteilen aufgezogen werden, von denen sie genetisch abstammen.[9] Für viele Kinder sind selbst Ein-Eltern-Familien keine Option mehr. Die Verantwortung für die Kindererziehung hat sich zunehmend von den Eltern auf den Staat verlagert. Aber der soziale Paternalismus weist eine schlechte Erfolgsbilanz auf. Das ist nicht weiter verwunderlich, denn staatliche Fürsorge, ob in Kinderheimen oder bei der Pflegeunterbringung, krankt an jenen Mängeln, die der Philosoph Michael Sandel in anderen Zusammenhängen in seinem Buch *Was man für Geld nicht kaufen kann* beschrieben hat. Eltern dafür zu bezahlen, Kinder in Pflege zu nehmen, kann elterliche Fürsorge ergänzen, aber nicht ersetzen.

Während in der Hälfte der Bevölkerung mit niedrigem Bildungsstand viele Familien zu leeren Hüllen zerfallen, erleben wir in der Hälfte mit höherem Bildungsstand eine starke Zunahme von Dynastien. Das neue Modell der Treibhausförderung, das von gebildeten Haushalten übernommen wurde, hat zu einer massiven Erhöhung des elterlichen Erziehungseinsatzes geführt. Wie nie zuvor sind die Kinder der Gebildeten intensiven, zielgerichteten Interaktionen mit ihren gebildeten Eltern ausgesetzt.

In der Summe hat die Treibhausförderung erhebliche Auswirkungen. Sie beginnt früh. Tatsächlich weiß man mittlerweile, dass die vorschulischen Erfahrungen eines Kindes entscheidend sind: Bereits im Alter von sechs Jahren lassen sich die Leistungsunterschiede vorhersagen, die nach zehnjährigem Schulbesuch auftreten. Kurzum, das, was die Familien in den wenigen Jahren vor der Einschulung erzieherisch tun, ist wichtiger als das, was Schulen in den zwölf Jahren tun, in denen sie verantwortlich sind.

Die Unterschiede beginnen bei den Zielen und werden dann durch bestimmte Methoden verfestigt. Einkommensschwache alleinerziehende Eltern sind sehr viel häufiger gestresst – ihre Priorität ist nicht Treibhausförderung, sondern, weitaus banaler, das Chaos einzudämmen. Unter Eltern, die die Schule abbrachen, sind fast viermal mehr der Ansicht, Gehorsam sei wichtiger als Selbstständigkeit; unter Eltern mit Hochschulabschluss verhält es sich genau umgekehrt. Man hat festgestellt, dass dieses stressinduzierte elterliche Verhalten die nicht kognitive Entwicklung von Kindern beeinträchtigt, von der wir heute wissen, dass sie zumindest genauso wichtig ist wie die kognitiven Fähigkeiten.[10] Aber auch die kognitiven Fähigkeiten entwickeln sich schon frühzeitig auseinander. Die früheste gemessene Divergenz betrifft die Sprache: Treibhausförderung beinhaltet intensives Sprechen mit kleinen Kindern. Eine berühmte Studie fand einen Klassenunterschied von 13 Millionen Wörtern bis zum Eintritt in den Kindergarten. Und auch die Wörter an sich unterscheiden sich: Die Kinder von Akademikern hören achtmal mehr ermunternde als entmutigende Wörter; die Kinder von Sozialhilfeempfängern hören nur halb so viele ermunternde wie entmutigende Wörter. Dann folgt das Lesen. Elterliches Vorlesen fördert die Entwicklung des Kindes und ist der wichtigste Einzelfaktor, der Unterschiede in der Schulfähigkeit erklärt. Und schließlich spielt selbstverständlich Geld eine Rolle. Die Umstellung auf die Treibhausförderung hat zu einer massiven Erhöhung der Ausgaben geführt. Aber während sich diese Ausgaben eines amerikanischen Haushalts in den obersten zehn Prozent der Einkommensverteilung seit den achtziger Jahren auf 6600 Dollar verdoppelten, fielen sie bei den untersten zehn Prozent auf 750 Dollar. Die größte Divergenz betrifft dabei die entscheidenden Vorschuljahre.

Das gleiche Muster einer großen und weiter zunehmenden Divergenz hält während der Schuljahre an. In den USA war im Jahr 2001 die Kluft zwischen den Einkommensgruppen in Bezug auf die Rechen- und Lesekompetenz rund ein Drittel größer als eine Generation früher. Aber das gleiche Muster setzt sich nicht nur fort, es wird auch von demselben Prozess angetrieben: den grundlegenden Unterschieden zwischen Familien.

Die dramatischste Konsequenz dieser Divergenz zwischen der bildungsnahen und der bildungsfernen Schicht wurde jüngst im Hinblick auf amerikanische Kinder von Robert Putnam entdeckt, dessen Arbeit bahnbrechend ist. Er ordnete Kinder nach ihren kognitiven Fähigkeiten in Gruppen ein und analysierte ihre Chancen auf einen College-Studienplatz. Selbstverständlich würde man erwarten, dass die Kinder aus der bildungsnahen Schicht bessere Chancen haben, da sie wahrscheinlich höhere kognitive Fähigkeiten erben. Aber Putnam fand heraus, dass jene Kinder aus der bildungsnahen Schicht, die bezüglich ihrer kognitiven Fähigkeiten *in der untersten nationalen Gruppe* sind, eine höhere Chance haben, ins College aufgenommen zu werden, als jene Kinder aus bildungsfernen Familien, die *in der obersten Gruppe* sind. Die neue Treibhausförderung zieht nicht nur Trophäenkinder heran, sondern auch gut getarnte Dummköpfe.

Die Trends zu steigender sozialer Ungleichheit und stagnierender oder rückläufiger sozialer Mobilität sind jüngeren Datums, und die Zahlen bilden im Wesentlichen den Wandel von meiner eigenen Generation zur nächsten ab. Aber die beunruhigendste Neuigkeit ist, dass die beobachteten Veränderungen sehr wahrscheinlich dazu führen, die tatsächlich fortbestehende soziale Ungleichheit erheblich zu unterschätzen. In einem bemerkenswerten neuen Buch mit dem originellen Titel *The Son Also Rises* (»Auch der Sohn steigt auf«) untersuchte Gregory Clark die Weitergabe familiärer Ungleichheiten über viele Generationen hinweg.[11] Für gewöhnlich wird soziale Mobilität nur durch den Vergleich einer Generation mit der nächsten gemessen, aber er verfiel auf die schlaue Idee, seltene Familiennamen zu betrachten, die sich über die Jahrhunderte hinweg leichter verfolgen lassen. Offensichtlich zeichnete er hierbei die männliche Linie nach, was bedeutet, dass er für den größten Teil der Vergangenheit die Rolle des Haushaltsvorstands erfasste. Er fand heraus, dass Erfolg eine sehr hohe Beständigkeit zeigt, oftmals über Jahrhunderte hinweg. Clark zeigt, dass die üblichen Indikatoren sozialer Mobilität, die nur auf der Weitergabe von einer Generation an die nächste basieren, die fortbestehende Ungleichheit in keiner Weise

erfassen, und er liefert eine plausible Erklärung für diese Verzer-
rung. Eine Ressource wird durch die Generationen weitergegeben, ohne sich zu verflüchtigen. Was kann es sein? Es ist unwahrscheinlich, dass finanzieller Reichtum sich in einer solchen Weise
über Generationen hinweg erhält: Es braucht nur einen Schurken,
um ein Vermögen zu verschleudern, und das Klischee »vom Tellerwäscher (zum Millionär) zum Tellerwäscher« in drei Generationen basiert auf dieser Erkenntnis. Clark identifizierte zwei mögliche
Faktoren. Der eine ist genetischer Natur, aber wenngleich die genetische Vererbung wichtig ist, werden über mehrere Generationen
hinweg außergewöhnlich nützliche Gene wahrscheinlich durch Paarung geschwächt. Die zweite Möglichkeit ist das, was Clark familiäre Kultur nennt. Es ist ein Oberbegriff für die Normen und Narrative des Glaubenssystems, das Verhalten in der vernetzten Gruppe
der Familie prägt. Der Haushaltsvorstand in ihrem Zentrum ist gut
gerüstet, um für Kontinuität zu sorgen. Wir wissen, dass Eltern, die
der Elite angehören, erhebliche Anstrengungen unternehmen, um
ihre Kultur weiterzugeben, und vielleicht insbesondere jene Merkmale, die dem Erfolg förderlich sind, auch wenn sich die konkreten Merkmale im Lauf der Zeit verändern werden.[12]

Mit der Methode, seltene Familiennamen zu betrachten, lässt
sich auch das andere Ende des gesellschaftlichen Spektrums nach-
verfolgen, Familien, die von einer Generation zur nächsten am
unteren Ende der sozialen Stufenleiter stecken bleiben. Clark fand
das gleiche Muster der Kontinuität über viele Generationen hinweg:
Versagen wird über Generationen weitergegeben. Da Verschuldung
nicht vererbt werden kann, ist die transgenerationale Weitergabe
unzureichender Finanzmittel eine unplausible Erklärung. Tatsächlich besaßen die meisten Menschen während des größten Teils der
Geschichte kein Geldvermögen, sodass sie das gleiche monetäre
Erbe hatten: nichts.

Clark erklärt, weshalb die üblichen Maße gesellschaftlicher Mobilität, die auf unmittelbar aufeinanderfolgenden Generationen basieren, die Mobilität wahrscheinlich zu hoch ansetzen. Zur Verdeutli-
chung dieses Punktes wollen wir der Einfachheit halber annehmen,
der Erfolg in jeder Generation sei lediglich auf die Familienkultur
und Glück zurückzuführen. Jede Generation erbt eine Familien-

kultur und zieht ein Los aus dem Hut der »Glückslotterie«. Wenn die Familienkultur unversehrt über die Generationen weitergegeben wird, ist die einzige Quelle sozialer Mobilität Glück. Aber die Veränderung in Sachen Glück zwischen der ersten und jeder der nachfolgenden Generationen ist die gleiche, ob wir nun die unmittelbar anschließende Generation oder eine weiter entfernte betrachten. In diesem absichtlich übertriebenen Beispiel wäre die soziale Mobilität, die wir zwischen der ersten und der zweiten Generation beobachten, die gleiche wie die zwischen der ersten und der zwölften Generation. Wenn man nur die Erstere misst, könnte man den falschen Eindruck von einer mobilen Gesellschaft erhalten.

Die ethische Familie erneuern?

Einige Aspekte der ethischen Familie bildeten eine trügerische Fassade für Beziehungen, die von Macht und Missbrauch geprägt waren. Wir sind sie voll und ganz los. Aber andere Aspekte der »Befreiung« von der ethischen Familie waren wenig mehr als Egoismus, der als Selbstfindung daherkam. In ähnlicher Weise war die utilitaristische Sorge um »die Armen der Welt« bei gleichzeitiger Verleugnung der Verantwortung für die Familie weniger ein moralisches Erwachen als eine moralische Pose, in der man sich gefiel: Dickens nahm diese Einstellung in der Figur der Mrs Jellyby in *Bleak House* kritisch aufs Korn.

Auf einer grundlegenderen Ebene erscheint der Triumph der individuellen Selbstverwirklichung durch persönliche Leistung über die Erfüllung familiärer Verpflichtungen auch aus psychologischer Sicht problematisch. In seinem sehr subversiven Buch *Charakter. Die Kunst, Haltung zu zeigen* geht der Journalist David Brooks vom gängigen Loblied auf die Selbsterfüllung durch Leistung aus, nur um dann den Gegenstandpunkt einzunehmen und zu behaupten, dass wir uns in Zukunft wieder auf das Modell der Selbstverwirklichung durch Dienst an anderen Menschen rückbesinnen werden.[13] Der verführerischen Behauptung, dass wir uns selbst finden, indem wir uns auf uns selbst konzentrieren, widerspricht ein mächtiges Gegennarrativ, das vielleicht am besten von

Dietrich Bonhoeffer in *Widerstand und Ergebung. Briefe und Aufzeichnungen aus der Haft* ausgedrückt wurde, seinem geistigen Vermächtnis, während er auf seine Hinrichtung durch die Nazis wartete: Wir finden uns dadurch selbst, dass wir uns in dem Ringen der anderen Menschen in unserem Alltag »selbst verlieren«. Freiheit findet man nicht dadurch, sich dem Selbst zu unterwerfen, sondern dadurch, sich von ihm zu lösen. Bonhoeffer und Brooks haben die neuesten Erkenntnisse der Sozialpsychologie auf ihrer Seite. Unsere Reue über unzureichende persönliche Leistungen wird weit übertroffen von unserer Reue über Verpflichtungen, die wir nicht erfüllt haben. Der bekannte Psychologe Martin Seligman hat viele Jahre lang erforscht, wie Menschen ihr Wohlbefinden deutlich verbessern können. Seine Schlussfolgerung ist eindeutig: »Wenn man sich Wohlbefinden wünscht, dann bekommt man es nicht, indem einem nur Zielerreichung wichtig ist ... Enge persönliche Beziehungen sind nicht alles im Leben, aber sie sind von zentraler Bedeutung.«[14] Es stellt sich heraus, dass die Ablösung der *ethischen Familie* durch das *anspruchsberechtigte Individuum* mehr Tragödie als Triumph ist.

Scheinbar meilenweit davon entfernt, zeigte eine bahnbrechende Erkenntnis in den Wirtschaftswissenschaften, dass »schwächer« »stärker« bedeuten kann. Um Vorteile aus glaubwürdigen Selbstverpflichtungen ziehen zu können, mag es für eine Person notwendig sein, einen Teil ihrer Macht abzugeben. Die Fähigkeit, Selbstverpflichtungen einzugehen, ist ein Beispiel von aufgeklärtem Eigeninteresse. Hochgestochen formuliert: Eine »Technologie der Selbstbindung« löste das »Problem der Zeitinkonsistenz« – die Entdecker wurden mit dem Nobelpreis ausgezeichnet. Die Technologie der Selbstbindung zur Bekämpfung der Inflation bestand darin, Zentralbanken unabhängig zu machen; jene, die das Problem der Kindererziehung löste, war die Ehe. Im gleichen Zeitraum, in dem westliche Gesellschaften die Technologie der Selbstbindung zur Zähmung der Inflation einführten, schwächten sie paradoxerweise systematisch die Selbstbindungstechnologie, die das Recht des Kindes verteidigte, von den Menschen aufgezogen zu werden, die es zeugten. So, wie politisierte Zentralbanken einen anfänglichen Zuckerrausch des Gelddruckens auslösten, so verursachte die Schwächung der Ehebande den Zuckerrausch der Befreiung. In vielen westlichen Gesellschaften wird die Ehe durch ihre religiösen Assoziationen belastet, und daher brauchen wir ein rein weltliches Gegenstück. Das ist nicht revolutionär: In allen westlichen Gesellschaften ging die Ehe dem Christentum voraus, und religiöse und säkulare Formen der öffentlichen Selbstbindung können ohne Weiteres koexistieren. In jedem Fall bezieht die Selbstbindungstechnologie ihre Stärke aus der öffentlichen und expliziten Anerkennung wechselseitiger Verpflichtungen: Soziale Wertschätzung und Schande sind die Kräfte, auf die sie sich stützt. Wie Sie sich erinnern, ist eine Selbstbindungstechnologie im Selbstinteresse derjenigen, die sie einsetzen. Sie ist aufgeklärtes Eigeninteresse im gleichen Sinne wie in den vorherigen Beispielen: Sie verknüpft Regeltreue mit ethischer Verantwortung. Sobald man die wahre Kausalkette, die zu gewünschten Ergebnisse führt, verstanden hat, wird wechselseitige Regeltreue zu rationalem Verhalten. So wie aufgeklärtes Eigeninteresse andere wechselseitige Verpflichtungen ergänzt und verstärkt, so ergänzt die ökonomische Erkenntnis bezüglich des Nutzens öffentlicher Selbstbindungen die psychologische Erkenntnis über den Wert der Erfüllung dieser Verpflichtungen.

Gemeinsam können diese Erkenntnisse die etwas schal gewordenen Versprechungen der Selbsterfüllung durch Leistung in überzeugender Weise widerlegen. Aber dies ändert nichts an der neuen Realität des geschrumpften Verantwortungsbereichs der Familie, der Transformation von der *ethischen Großfamilie* in die *dynastische Kernfamilie*. Was könnte man dagegen tun? Glücklicherweise hat der technologische Fortschritt eine wunderbare Konsequenz, die diesen Prozess kompensieren kann: steigende Lebenserwartung.* Während Familien horizontal schrumpften, sind sie vertikal gewachsen, und viele erstrecken sich jetzt über vier statt nur drei Generationen. Die älteste Generation in einer solchen Familie gebietet über eine erweiterte Lebensspanne. Wenn jede Generation zwei Kinder hat, dann ist jeder hochbetagte Senior, jede hochbetagte Seniorin mit vier Kernfamilien und zwanzig Menschen verbunden, die sich auf die drei jüngeren Generationen verteilen.

---

* Eine Entwicklung, über die ich mich selbst immer mehr freue.

Solche Patriarchen und Matriarchen müssen sich nicht als vermeintliche Fossile in einen »nutzlosen« Lebensabend zurückziehen. Vielmehr sollte man ihnen eine Aufgabe geben: die Kraft der Wertschätzung zu erneuern, die die Einhaltung der Pflichten innerhalb der ethischen Großfamilie kontrolliert.

Ein persönlicher Nachtrag

Vor zehn Jahren standen meine Frau und ich vor einer schwierigen moralischen Entscheidung. In einer weiteren Wendung der Spirale auseinanderstrebender Lebensgeschicke wurden die minderjährigen Enkelkinder meiner Cousine von dem paternalistischen Staat in »Obhut« genommen (ein Euphemismus Orwell'schen Ausmaßes). Angesichts der gegenwärtigen Normen der neuen britischen Bildungselite sahen wir uns keinem sozialen Druck ausgesetzt, sie zu uns zu nehmen, und unsere Familien sahen uns in keiner Weise in der Pflicht. Ich wünschte, ich könnte sagen, dass wir nicht zögerten. Im Nachhinein ist es schwierig, die Gedankenfäden zu rekonstruieren, aber wir wurden jedenfalls entscheidend von dem beeinflusst, was die ältere Generation von uns erwartet hätte. Noch im Tod übte sie einen gewaltigen moralischen Druck auf unsere Selbstachtung aus. Ein weiterer wichtiger Einflussfaktor war angesichts unseres langen, intensiven Kontakts mit der afrikanischen Kultur unser Respekt für die afrikanische Norm der ethischen Großfamilie. Glücklicherweise machte es uns der Staat leicht, da ein neues Gesetz Mitgliedern der Großfamilie ermöglichte, das zermürbende Adoptionsverfahren zu umgehen. Ermuntert durch die Einmütigkeit behördlicher und familiärer Meinungen, brachten wir das Verfahren mit seinem Wust von Formularen, Überprüfungen und Gebühren in lediglich acht der so entscheidenden frühen Lebensmonate hinter uns. Während dieses ganzen Jahres wurden in einem Land mit 65 Millionen Einwohnern nur 60 Kinder im Rahmen des üblichen Verfahrens adoptiert: daher die Statistik von 70 000 Kindern, die in der vorübergehenden Pflegeunterbringung feststecken und nicht wissen, wie es mit ihnen weitergeht. Diese Zahl ist Jahr für Jahr gestiegen.

Als unsere beiden Kleinkinder zu uns zogen, reagierten unsere afrikanischen Freunde mit einem achselzuckenden »Willkommen im Klub«. Unsere britischen Freunde sagten uns, wir seien »wagemutig«, womit sie im Grunde ausdrücken wollten, »ihr werdet das noch bereuen«. Zehn Jahre später sind wir weit davon entfernt, irgendetwas zu bereuen, aber wir besitzen jetzt größere Klarheit in Bezug auf familiäre Verpflichtungen. Was uns widerfahren ist, sollte in unseren Gesellschaften genauso normal sein wie in Afrika. Aber in einer wohlhabenden und ethischen Gesellschaft sollte das, was wir getan haben, nicht einmal notwendig sein.

6 Die ethische Welt

Wie könnte eine *ethische Welt* aussehen? Die Ideologen haben jeweils ihre eigenen Rezepte. Die utilitaristische Ideologie würde eine paternalistische Weltregierung fordern, die den Auftrag hätte, fiskalische Transfers zu arrangieren, um »das größte Glück der größten Zahl« zu verwirklichen. Rawlsianische Juristen nehmen zunehmend Einfluss auf Erklärungen der Vereinten Nationen, in denen die Einhaltung der »Menschenrechte« gefordert wird. Dieser Kakofonie schließen sich die dramatisierenden Celebrity-Populisten an; Hollywoodstar Angelina Jolie, eine Sprecherin der unbedarften Herzensgüte, will den »weltweiten Frieden«.

Wenn wir dagegen die Grundregel aus Kapitel 2 anwenden, können wir uns in Analogie zu einem *ethischen Staat,* einem *ethischen Unternehmen* und einer *ethischen Familie* eine *ethische Welt* vorstellen.

Regel 1: Anerkennung der Verpflichtungen gegenüber anderen Gesellschaften, die nicht auf Reziprozität basieren: der Pflichten zur Hilfeleistung. Dazu gehören Verpflichtungen gegenüber Gruppen wie etwa Flüchtlingen, Gesellschaften in einer allgemeinen schweren Notlage und solchen, in denen Gerechtigkeit nicht einmal ansatzweise verwirklicht ist.

Regel 2: Die Begründung weiterreichender reziproker Verpflichtungen zwischen den Ländern, die gewillt sind, weiterzugehen.

Regel 3: Die Reziprozität wird gestützt durch die Anerkennung der gemeinsamen Mitgliedschaft in einer Gruppe, die auf gemeinsamen zweckgerichteten Handlungen basiert, welche das aufgeklärte Eigeninteresse jedes Mitglieds fördern.

Die internationale Lage im Jahr 1945 war so weit von einer ethischen Welt entfernt, wie man es sich nur vorstellen kann. Vier Albträume suchten die Welt damals seit vielen Jahren heim. Die Generation meiner Eltern hatte ein Drittel ihres bewussten Lebens in Weltkriegszeiten verbracht. Sie hatten den Zusammenbruch des weltwirtschaftlichen Wohlstands durchlebt, in den sie hineingeboren worden waren, als Folge einer sich wechselseitig aufschaukelnden opportunistischen Abwärtsspirale protektionistischer Maßnahmen im Sinne einer *Beggar-thy-Neighbour*-Politik, die zu wechselseitiger Verarmung der Nationen geführt hatte. Sie hatten eine Ära der Imperien durchlebt – das britische, französische, russische, japanische, österreichische, portugiesische, belgische, deutsche und italienische (Kolonial-)Reich –, die unter dem Druck ihrer unverkennbaren ethischen Widersprüche zerfielen. Und sie hatten die Schrecknisse durchlebt, die faschistische und marxistische Ideologien anrichteten, die in Deutschland, Russland, Spanien und Italien triumphierten. Zu diesen ererbten Katastrophen kamen am Ende des Zweiten Weltkriegs zwei weitere hinzu: die Aussicht, dass die aggressiven neuen kommunistischen Regime, die etwa ein Drittel der Welt kontrollierten, versuchen könnten, auch im Rest der Welt die Macht zu übernehmen; und die unmittelbare Realität einer riesigen Anzahl von Flüchtlingen, die eine Folge der Verwerfungen in Mitteleuropa war.

Die führenden Politiker der Zeit hätten verständlicherweise von dem Gefühl überwältigt sein können, »dass die Schwierigkeiten unüberwindlich groß sind«. Aber stattdessen begannen sie, mithilfe dieser drei Kernkonzepte eine ethische Welt aufzubauen: Sie erkannten jene Verpflichtungen gegenüber anderen Gesellschaften an, die unabhängig davon bestehen, ob sie erwidert werden – *Pflichten zur Hilfeleistung* –, und fingen an, ihnen nachzukommen. Auch begannen sie, das riesige ungenutzte Potenzial *reziproker Verpflichtungen* zwischen Nationen zu nutzen, indem sie neue, zweckspezifische »Klubs« aufbauten. Sie verstärkten diese Klubs durch Kausalketten, die die opportunistische Verfolgung des unmittelbaren Eigeninteresses durch das *aufgeklärte Eigeninteresse* ersetzten. Das war eine erstaunliche Leistung, und es zahlte sich aus: Die Welt veränderte sich nach und nach zum Besseren.

Aber die glückliche Generation der Politiker, die diesen Erfolg erbte, verstand den Prozess nicht, der ihn hervorgebracht hatte. An die Stelle des klugen Pragmatismus, der aus der Asche der Katastrophe eine neue, erfolgreiche Ordnung hatte auferstehen lassen, traten die verlockenden Narrative utilitaristischer und rawlsianischer Ideologen, die nach und nach dieses Erbe untergruben. Die gegenwärtige Welt ist nicht annähernd so unethisch wie jene von 1945, aber es bleibt wieder einmal viel zu tun. Die Geschichte eines bemerkenswerten Erfolgs, dessen Niedergangs und der vor uns liegenden Aufgabe bildet die Struktur dieses Kapitels.

Der Aufbau einer ethischen Welt

Führende Staatsmänner erkannten im Jahr 1945 sehr deutlich, dass das opportunistische Verhalten einzelner Nationen durch gemeinsame Verpflichtungen ersetzt werden musste, denen durch Gruppendruck Geltung verschafft werden sollte. Aber die Wirksamkeit von Gruppendruck hängt davon ab, dass eine gemeinsame Identität anerkannt wird, etwas, das in den dreißiger Jahren fehlte. Nach und nach wurden neue Klubs aufgebaut, deren Mitglieder bereit waren, reziproke Verpflichtungen einzugehen; durch zweckgerichtete Handlungen entstand ein Wirgefühl.

Die oberste Priorität war die internationale Sicherheit. Als Reaktion auf das Klima der Angst, das die Sowjetunion hervorrief, wurde 1949 ein neuer Klub gegründet – die Organisation des Nordatlantikvertrags (NATO). Der zentrale Grundsatz waren wechselseitige Sicherheitsgarantien zwischen den Mitgliedern. Das Zusammengehörigkeitsgefühl basierte auf der gemeinsamen Bedrohung und der gemeinsamen demokratischen Regierungsform. Es gab einige wenige Trittbrettfahrer, aber die neue Verpflichtung wurde durch ein überaus glaubwürdiges Narrativ aufgeklärten Eigennutzes verstärkt: zusammenhalten oder zusammen untergehen. Den Worten folgten Taten. Die Schlüsselmomente waren die Kubakrise von 1962 und die Stationierung von Mittelstreckenraketen und Marschflugkörpern in Westeuropa Anfang der achtziger Jahre. Die neuen reziproken Verpflichtungen waren erfolgreich, da sie den Frieden aufrechterhielten, während die inneren Spannungen in den kommunistischen Ländern immer weiter zunahmen.

Während die Sowjetunion die neue Bedrohung darstellte, blieb Deutschland innerhalb Europas das alte Schreckgespenst. Frankreich hatte in nur siebzig Jahren drei blutige Kriege gegen

Deutschland geführt. Das aufgeklärte Eigeninteresse war sogar noch offensichtlicher, aber es wurde behindert durch den Hass, den die Kriege erzeugt hatten. Die Lösung war ein von Realismus geprägter langsamer Prozess bescheidener, aber wiederholter gemeinsamer Anstrengungen, der 1951 begann und aus dem schließlich die Europäische Wirtschaftsgemeinschaft (EWG) hervorging. Wie bei der NATO war das zentrale Prinzip des Klubs die Anerkennung reziproker Verpflichtungen.

Um den Protektionismus der dreißiger Jahre, der »die Nachbarländer an den Bettelstab« bringen sollte, zu überwinden, wurde ein weiterer Klub gegründet: das Allgemeine Zoll- und Handelsabkommen (GATT). Zwischen 1947 und 1964 wurden sechs Verhandlungsrunden über wechselseitige Handelsliberalisierung erfolgreich abgeschlossen. Wieder war der Schlüsselfaktor aufgeklärtes Eigeninteresse; jeder wusste, wohin der Protektionismus geführt hatte.

Als Reaktion auf die Große Depression der dreißiger Jahre wurde noch ein weiterer neuer Klub von Nationen aus der Taufe gehoben: Der Internationale Währungsfonds (IWF) ist ein öffentliches Kreditinstitut, in das die Mitglieder Finanzmittel in bestimmter Höhe einzahlen, sich verpflichten, ein Regelwerk einzuhalten und ihre Wirtschaftspolitik überprüfen zu lassen, wofür sie im Gegenzug im Fall einer Krise Anspruch auf Kredite haben. Tatsächlich handelt es sich um einen riesigen Versicherungsverein auf Gegenseitigkeit.

Der gemeinsame Grundsatz der Wechselseitigkeit, auf dem diese Klubs basierten, wurde verstärkt durch die Organisation für Wirtschaftliche Zusammenarbeit und Entwicklung (OECD), die darauf ausgelegt war, Gruppendruck zu erzeugen. Sie förderte Vergleiche durch Ranglisten (wie etwa die PISA-Rangfolgen der Schulleistungen) und durch Begutachtungen nationaler Politiken.

Diese zweckgebundenen Klubs, die jeweils eine definierte und begrenzte Zahl von Mitgliedern, reziproke Verpflichtungen innerhalb der Gruppe und ein glaubwürdiges aufgeklärtes Eigeninteresse hatten, veränderten nach und nach die Welt. Jeder entfaltete sich in seinem eigenen Tempo zu voller Blüte, aber ihre gemeinsamen Erfolge sind erstaunlich.

Die NATO erfüllte die in sie gesetzten Erwartungen im Jahr 1989 mit dem Zerfall der Sowjetunion und dem Ende des Kalten Kriegs auf spektakuläre Weise. Innerhalb Europas verankerte die EWG Länder wie Spanien, Griechenland und Portugal fest in demokratischen Strukturen, während sie die Handelsverflechtung vertiefte und die ärmeren Mitglieder in die Lage versetzte, mit den reicheren gleichzuziehen. In seiner letzten Verhandlungsrunde im Jahr 1986 legte GATT die Grundlagen für die immensen Wohlstandsgewinne aus der anschließenden Ausweitung des Welthandels. Der IWF hat ein Sicherheitsnetz gegen Krisen aufgespannt; sein größtes Rettungspaket während der gesamten Zeit stellte er 1976 Großbritannien zur Verfügung, das sich in einer schweren politischen Krise befand. Dadurch ersparte er dem Land jenes Schicksal, das ihm in einer Schlagzeile der *New York Times* vorhergesagt wurde: »Lebewohl, Großbritannien, nett, dich kennengelernt zu haben«. Das Land wurde gerettet, weil Keynes und andere britische Amtsträger einer vorhergehenden Generation den IWF genau für einen solchen Notfall gegründet hatten. Sie sollten als nationale Helden verehrt werden.

Neben diesen Klubs wechselseitiger Verpflichtungen errichteten globale Führungspersönlichkeiten neue Organisationen, die Pflichten zur Hilfeleistung erfüllen sollten. Auch sie handelten klug. Statt die Pflichten zur Hilfeleistung jedem einzelnen wohlhabenden Land anheimzustellen, schufen sie globale Institutionen, die die wohlhabenden Nationen unter Verweis auf das Prinzip der Reziprozität dazu brachten, neue Verpflichtungsnormen gegenüber anderen zu erfüllen. Das Amt des United Nations High Commissioner for Refugees (UNHCR) und sein Hochkommissariat wurden gegründet, um sich um Flüchtlinge zu kümmern; die Weltgesundheitsorganisation (WHO) wurde ins Leben gerufen, um die Gesundheitsversorgung der Menschen in den ärmsten Ländern zu verbessern. Aber die Spitzenorganisation war die Weltbank. Sie hatte zwei Kategorien von Mitgliedern: reiche Länder, die sich gegenseitig zur Beitragszahlung disziplinierten, und ärmere Länder, die Empfänger der eingezahlten Finanzmittel waren.

Zur damaligen Zeit waren dies beispiellose kollektive Antworten auf die Pflicht zur Hilfeleistung, großzügige Handlungen, die den Aufstieg wechselseitiger Verpflichtungen ergänzten. Niemand stellte infrage, dass all diese Pflichten zur Hilfe erfüllt – und zwar kollektiv erfüllt – werden sollten. Im Rückblick ist es bemerkenswert, dass darüber nicht gestritten wurde.

Parallel zu den neuen Klubs und den internationalen Hilfsorganisationen erweckten die globalen Staatslenker von 1945 wieder eine Proto-Weltregierung zum Leben: eine Versammlung der Nationen. An die Stelle des gescheiterten und untergegangenen Völkerbundes, der nach dem Ersten Weltkrieg gegründet worden war, traten die Vereinten Nationen, deren Sicherheitsrat die Weltordnung aufrechterhalten sollte. Wie der Völkerbund und ungeachtet des vielen guten Willens agierte er aber nur selten erfolgreich. Die fünf ständigen Mitglieder des Sicherheitsrats waren eine hinreichend kleine Gruppe, in der Reziprozität praktikabel war, aber die ideologische Polarisierung zwischen den USA und der UdSSR machte es unmöglich, das für das aufgeklärte Eigeninteresse notwendige Vertrauen aufzubauen. Paradoxerweise erzielten die Vereinten Nationen ihre größten Erfolge, indem sie die Grundlage für einen Klub der Ausgeschlossenen bildeten: den »Klub der 77«, der von jenen Ländern gebildet wurde, die keine echte Mitsprache in den UN-Organisationen hatten.

Die Erosion der ethischen Welt

Die Klubs hatten auf der Grundlage von Reziprozität gearbeitet, die von den Normen der Loyalität und Fairness untermauert wurde. Als Ideologien an die Stelle des Pragmatismus traten, wurden diese Normen von denen der Fürsorge und Gleichheit, für die sich die Gruppe der WEIRD stark machte, und den daraus folgenden Forderungen nach Inklusion aller auf der Basis von Bedürftigkeit verdrängt. Als Reaktion auf dieses großherzige Anliegen erweiterten die Klubs sowohl ihre Mitgliedschaft als auch ihre Ambitionen.

Die NATO, die ursprünglich zwölf Mitglieder hatte, wuchs im Rahmen ihrer Osterweiterung auf gegenwärtig 29 Mitglieder.

Während die ursprüngliche Gruppe ein echtes Element der Reziprozität enthielt, lief die Erweiterung im Wesentlichen auf die Ausdehnung einer US-Sicherheitsgarantie auf Länder hinaus, denen es an militärischen Fähigkeiten fehlte. Die EWG, ursprünglich ein Klub mit sechs Mitgliedern, wuchs zu einer EU der 28 heran. Der Geltungsbereich der Regeln wurde enorm erweitert, von Handel und Demokratie auf die meisten Politikfelder. Das GATT ging in der Welthandelsorganisation (WTO) auf, der fast alle Staaten der Welt angehören und die ihren Regulierungsbereich entsprechend auf Landwirtschaft, Dienstleistungen und geistiges Eigentum ausdehnte. In ähnlicher Weise sind fast sämtliche Staaten der Welt Mitglieder des IWF, der seine Zuständigkeiten ebenfalls erweiterte.

In dem Maße, wie die definierten Gruppen expandierten, begann der innere Zusammenhalt, der die Befolgung reziproker Verpflichtungen gewährleistet hatte, zu schwinden.* Die Organisationen wurden daraufhin entweder weniger effektiv, oder aber sie verwandelten sich in Quasiimperien, die von einem inneren Kern von Mitgliedern geführt wurden, die den Regeln dadurch Geltung verschafften, dass sie Sanktionen gegen anders gestellte Mitglieder verhängten. Einige Organisationen nahmen eine Route, einige die andere.

Betrachten wir zunächst den Weg in zunehmende Ineffektivität. In der NATO schwand selbst unter den Gründungsmitgliedern die Bereitschaft, füreinander einzustehen. Nur fünf der 29 Mitglieder erfüllen heute ihre Zusage, zwei Prozent ihres BIP für die Verteidigung aufzuwenden. Entsprechend beginnt die amerikanische Bündnissolidarität zu bröckeln. Aber das Paradebeispiel eines erfolgreichen Klubs, der sich in eine ineffektive globale Organisation verwandelte, ist die WTO. Während GATT in den ersten 17 Jahren seines Bestehens sechs wechselseitige Handelsrunden erfolgreich zum Abschluss brachte, gelang es der WTO in 23 Jahren nicht, auch nur eine Runde zu Ende zu führen.

Da ist zudem die Entwicklung hin zu einer Art Imperium,

---

* Aus diesem Grund hat die britische Regierung die EU-Erweiterung einst so nachdrücklich befürwortet.

die für erhebliches Konfliktpotenzial sorgt. Die Erweiterung der EWG zur EU und des IWF von einer Art Genossenschaftsbank für einen Klub zu einem globalen Fonds für arme Länder verwandelte beide in quasiimperiale Organisationen, die einige Regierungen dazu nutzen, anderen Regierungen zu sagen, was sie tun sollen. In der EU wich das aufgeklärte Eigeninteresse, das Regelbefolgung mit gemeinschaftlicher Verantwortungsübernahme verband, einer breiten Palette von Vorschriften. Sie werden von einer inneren Gruppe festgelegt und durchgesetzt, die gegenwärtig im Streit mit drei Gruppen von Bittstellern liegt: östlichen Mitgliedstaaten, südlichen Mitgliedstaaten und Großbritannien. Ich möchte weder ein Urteil über die Normen fällen noch den Prozess überbewerten; in anderer Hinsicht bleibt die EU ein äußerst nützlicher Klub, und sie hat das Potenzial, noch mehr aus sich zu machen. Aber die EU ist nicht länger eindeutig ein Klub wechselseitiger Unterstützung: Sie wurde in zunehmendem Maße ein Instrument, das mächtige Staaten nutzen, um anderen Ländern zu sagen, was sie tun sollen.

Der IWF wurde zu einem globalen Fonds wie die Weltbank, die ursprünglich zu dem Zweck gegründet worden war, Pflichten zur Hilfeleistung zu erfüllen. Hilfspflichten sind naturgemäß weder reziprok noch an Bedingungen geknüpft. Aber in beiden Organisationen hatte schließlich ein innerer Kern von Geberländern, die Pflichten als Machtinstrumente nutzten, das Sagen. Sie knüpften ihre Unterstützung zunächst an die Bedingung, dass die um Hilfe ersuchenden Länder bestimmte wirtschaftspolitische Maßnahmen durchführten. Aber diese Konditionalität, die an sich schon äußerst fragwürdig ist, wurde sehr schnell von politisch einflussreichenden NGOs instrumentalisiert. Gegenwärtig knüpft der Westen die Entwicklungshilfe an die Erfüllung von Umweltschutz- und Menschenrechtsstandards, die oft so hoch sind, dass sie nicht einmal in reichen Ländern eingehalten werden. So schreibt die Weltbank bei all ihren Projekten eine »Umweltverträglichkeitsprüfung« vor. Die Finanzierung von Wasserkraftwerken wurde unmöglich, weil NGOs der Meinung waren, sie verstießen gegen Menschenrechte. Selbst die Verbreiterung von Straßen in Städten wurde von westlichen Menschenrechtsaktivisten blockiert.* Die Weltbank verlangte bei Projekten in armen Ländern die Einhaltung von Grenzwerten für Kohlenstoffemissionen, die erheblich strenger waren als jene, die in Ländern mit hohem Einkommen galten – was angesichts der gravierenden Energieknappheit in Afrika für erheblichen Unmut sorgte.** Auch hier möchte ich nicht missverstanden werden: Beide Organisationen haben sehr viel Gutes bewirkt und sind unsere wichtigsten Mittel, um noch viel mehr zu tun. Aber sie wurden für eine andere Agenda instrumentalisiert.

Der Wiederaufbau einer ethischen Welt

Wir sind darauf angewiesen, dass sowohl die reziproken Klubs als auch die Organisationen der internationalen Hilfeleistung gut funktionieren. Wir brauchen Klubs, weil eine paternalistische Weltregierung weder machbar noch wünschenswert ist: Ihre alle Völker über einen Kamm scherende Herrschaftsausübung hätte nur Widerstand und Verweigerung zur Folge. Statt die alten Klubs wiederzubeleben, wäre es leichter, einen neuen Mehrzweck-Klub zu gründen, der den gegenwärtigen wirtschaftlichen und militärischen Machtverhältnissen Rechnung trüge. Ein derartiger Klub sollte in der Lage sein, zahlreiche Gelegenheiten für wechselseitige Verpflichtungen zu finden, die der Weltgemeinschaft insgesamt zugutekämen. Die G20 hat zwar eine hinreichend große Spannweite, sie ist aber faktisch zu groß, zu disparat und zu unbeständig, um viel erreichen zu können, und sie hat außerdem mit dem Trittbrettfahrerproblem zu kämpfen. Die G7 ist kleiner und straffer organisiert, hat mittler-

---

* Weltbankpräsident Kim erzählte mir von seiner Frustration darüber, dass selbst dann, wenn opportunistischen Landbesetzern, die auf für die Verbreiterung von Straßen vorgesehenen Grundstücken siedelten, beachtliche Entschädigungssummen angeboten wurden, die Menschenrechtslobby stark genug war, um die Vorhaben zu blockieren.

** Wie mir ein hoch angesehener afrikanischer Staatspräsident im Ruhestand erzählte: »Ich sagte zu meinen Ministern, sie sollten zu der Weltbank oder zum IWF niemals Nein sagen, denn das war zu riskant. Aber sie sollten auch niemals das tun, was sie von uns verlangten, denn wir konnten ihnen nicht trauen.«

weile aber die falschen Mitglieder, da ihr weder China noch Indien angehören. Eine kleinere Gruppe, die sich aus China, Indien, den USA, der EU, Russland und Japan zusammensetzte, würde einen so großen Teil der globalen Wirtschaftsleistung und der militärischen Fähigkeiten repräsentieren, dass sie ein gemeinsames Interesse daran hätte, globale Probleme zu lösen, selbst wenn Nichtmitglieder sich als Trittbrettfahrer erweisen sollten. Und jedes Mitglied wüsste, dass die anderen Mitglieder es ihm gleichtun würden, falls es beschließen sollte, sich als Trittbrettfahrer zu versuchen.

Die Gründung eines solchen Klubs wird durch zwei Umstände erschwert. Da ist zum einen die Tatsache, dass die oben genannten sechs nichts gemeinsam haben, während ihre individuellen geopolitischen Interessen einander zuwiderlaufen. In Bezug auf drohende globale Probleme wie den Klimawandel, Pandemien und fragile Staaten werden sie jedoch in zunehmendem Maße ein gemeinsames Interesse entwickeln. Sie werden auch erkennen, dass ihnen ein besonderes Merkmal gemeinsam ist: Sie, und nur sie, sind zusammen groß genug, um diese Probleme zu lösen, während sie andererseits jeweils zu groß sind, um auf Kosten der anderen zu profitieren. Die zweite Herausforderung ist der absehbare Widerstand seitens der naiven Idealisten der Herzensgüte, die einwenden werden: Und was ist mit den Ausgeschlossenen? Es ist durchaus im Interesse der Ausgeschlossenen, eine Gruppe zu haben, die klein genug ist, um das globale Problem kollektiven Handelns zu überwinden. Andere können sich den Verpflichtungen anschließen, solange die sechs sich informell geeinigt haben, dass jeder von ihnen handeln muss. Die unterschiedlichen Interessenlagen der sechs stellen sicher, dass sie sich in einer Frage wohl kaum auf eine Lösung verständigen, die alle anderen benachteiligt. Das ist der neue Klub, den wir brauchen. Es wird Jahre dauern, bis er konkrete Gestalt annimmt, aber die grundlegende Logik effektiven Handelns in kritischen globalen Fragen wird uns vielleicht nach und nach dorthin bringen.

Neben den Klubs brauchen wir Organisationen, die unsere Pflichten zur Hilfeleistung wirksamer erfüllen. Das ist meine Domäne: Ich habe mein ganzes Erwachsenenleben mit dem Bemühen verbracht, Menschen in Wohlstandsgesellschaften davon zu überzeugen, dass wir solche Pflichten gegenüber anderen haben. Aber unsere diesbezügliche Bilanz ist verheerend; die Versuchung, Effekthascherei zu betreiben, beeinträchtigte die praktische Wirksamkeit, wie aus den nachfolgenden Beispielen hervorgeht.

Flüchtlinge*

Ich beginne mit unserer Pflicht zur Hilfeleistung gegenüber Flüchtlingen. Weltweit haben 65 Millionen Menschen, getrieben von Angst und Hunger, ihre Heimat verlassen. Ein Drittel von ihnen wird zu Flüchtlingen. Sie bemühen sich, wieder Normalität in ihr Leben zu bringen: einen Ort zu finden, an dem sie in gesicherten Verhältnissen leben, einen Arbeitsplatz zu finden, der es ihnen ermöglicht, ihre Familien zu ernähren, und enge soziale Kontakte zu anderen Menschen aus ihrer Gemeinschaft zu pflegen. Dies sind berechtigte Bedürfnisse, aber der Regierung des Nachbarlandes, in dem die Menschen Zuflucht suchen, fällt es oftmals schwer, diese zu befriedigen. Mit hoher Wahrscheinlichkeit sind die Einheimischen selbst arm, und sie können ihre eigenen Grundbedürfnisse nur mit Mühe befriedigen.

Gesellschaften haben Verpflichtungen gegenüber ihren Nachbarn, die – da sie natürlicherweise reziprok sind – größer sein können als die nichtreziproken Hilfspflichten. Aber bei einer so dramatischen Massenkatastrophe wie einem Exodus von Flüchtlingen gibt es auch eine globale Pflicht zur Hilfeleistung. Ein Nachbarland, das Zuflucht bietet, hat Grund zur Klage, wenn man es mit den damit verbundenen Problemen alleinlässt. Auch wenn es Flüchtlingen erlauben sollte, die Grenze zu überqueren, so haben reichere Länder doch auch eine Pflicht: Ärmere und reichere Länder sollten kooperieren, damit Erstere ihrer Pflicht zu gutnachbarlichem Verhalten und Letztere ihrer Pflicht zu Hilfeleistung nachkommen. Hier können wir uns sowohl von dem Grundsatz der Barmherzigkeit, der *Solidarität* mit der Gesellschaft verlangt, die an das Krisenland angrenzt, als auch von dem

---

* Dieser Abschnitt basiert auf Betts und Collier (2017).

Grundsatz des Verstandes leiten lassen, der uns sagt, dass wir unsere Verantwortlichkeiten entsprechend unseren *komparativen Vorteilen* aufteilen sollten.

Der Rat des Verstandes ist nicht kompliziert. Das Nachbarland ist am besten in der Lage, eine sichere Zuflucht zu gewähren. Es ist nah und daher leicht zu erreichen, aber auch die Rückkehr von dort ist einfach. Außerdem ist es dem Fluchtland wahrscheinlich so ähnlich, dass es ein vertrautes Umfeld bietet. Gegenwärtig findet die jüngste Flüchtlingsbewegung von Venezuela ins benachbarte Kolumbien statt. Wohlstandsgesellschaften verfügen über die internationalen Unternehmen, die vor Ort Arbeitsplätze schaffen können, und über das Geld, um Flüchtlingshaushalten beim Übergang in die wirtschaftliche Unabhängigkeit zu helfen und der aufnehmenden Gesellschaft alle anfallenden Kosten zu ersetzen. Dies und nicht die chaotische Flüchtlingspolitik der letzten Jahre ist die Strategie der Zukunft.

Die HIV-Positiven*

Für gewöhnlich erzeugt die Stärke der Reziprozität innerhalb einer Gesellschaft Verpflichtungen gegenüber Mitbürgern, die über jene hinausgehen, die wir gegenüber Menschen auf globaler Ebene haben. Aber manchmal haben wir Verpflichtungen gegenüber einigen Bürgern eines anderen Landes, die über diejenigen ihrer Mitbürger hinausgehen. HIV-Infizierte in armen Ländern fallen in diese Kategorie. Mit modernen antiretroviralen Medikamenten können HIV-Infizierte zu Kosten von unter 1000 Dollar pro Jahr viele Jahre lang ein normales Leben führen. Man muss es dem französischen Staatspräsidenten Jacques Chirac und dem US-Präsidenten George W. Bush hoch anrechnen, dass sie Folgendes erkannten: Wenn überhaupt jemals eine Pflicht zu Hilfeleistung bestanden hatte, dann in dieser Situation. Ohne die bereitgestellten Gelder würden Tausende Arme in Afrika mit Sicherheit binnen kürzester Zeit sterben. Die beiden Staatsführer erkannten, dass ihre Länder

---

* Dieser Abschnitt basiert auf Collier und Sterck (2018).

so reich waren, dass die Bürger in ihrer Gesamtheit bereit wären, diese lebensrettenden Ausgaben zu finanzieren.

Und wie reagierten die WEIRD, die Vertreter der liberalen, wohlhabenden Bildungselite des Westens? Gesundheitsökonomen, die von der utilitaristischen Ideologie durchdrungen waren, lehnten es strikt ab, Gelder für diesen Zweck auszugeben. Sie ignorierten völlig das moralische Gewicht der Pflicht zur Hilfeleistung und behaupteten, für das gleiche Geld könnten mehr Lebensjahre gerettet werden, wenn man die Mortalitätsrisiken durch präventive Maßnahmen gegen ein breites Spektrum anderer Erkrankungen geringfügig reduzierte. Es wäre kosteneffektiver, alle HIV-Infizierten sterben zu lassen. Gleichzeitig agitierten die unbedarften Populisten der Barmherzigkeit gegen eine andere, naheliegende Methode zur Rettung von Menschenleben. HIV wird in der Regel durch Geschlechtsverkehr übertragen. Wenn man die Leute von promiskem Sexualverhalten abbringen könnte, würde gleichzeitig die Übertragungsrate drastisch sinken. Genau das erreichte der ugandische Staatspräsident Museveni durch Rundfunkansprachen an die Nation. Aber Kampagnen, die auf Verhaltensänderungen abzielten, wurden abgelehnt, weil sie ungewollt HIV-Infizierte stigmatisieren könnten, indem sie stillschweigend unterstellten, die Erkrankten hätten vielleicht eine gewisse moralische Verantwortung für die Folgen ihrer Handlungen. Erinnern wir uns daran, dass Opfer nicht im Nachhinein für ihre Handlungen moralisch verurteilt werden sollten.

Die Pflicht, etwas gegen massenhafte Hoffnungslosigkeit zu unternehmen

Gegenwärtig haben viele afrikanische Jugendliche eine Vision der Hoffnung: die Flucht nach Europa. Das ist eine Tragödie. Die Abwanderung ist offensichtlich keine tragfähige Lösung für massenhafte Verzweiflung, und der Exodus der Intelligentesten und Tüchtigsten verschlimmert oftmals die Probleme einer armen Gesellschaft. In einer ethischen Welt sollte jede Gesellschaft in der Lage sein, ihrer Jugend in glaubwürdiger Weise Zukunftschancen anzubieten. Aufgabe der Wohlstandsgesellschaften ist es nicht, einige gescheite junge Menschen dazu zu verleiten, am Rande unserer eigenen Gesellschaften zu leben, sondern den vielen, die zu Hause in ihren Gesellschaften bleiben, Chancen zu eröffnen.

Alle Pflichten zur Hilfeleistung beginnen mit der Achtung für die, denen man Hilfe leistet. Verantwortungsvolle Hilfe zielt darauf ab, Selbstständigkeit wiederherzustellen und zu stärken, nicht darauf, Macht über Menschen auszuüben. Statt Hilfe von einem Sammelsurium hehrer sozialer und politischer Bedingungen abhängig zu machen, sollte internationale Unterstützung darauf abzielen, ethische Unternehmen in Gesellschaften zu locken, in denen es viel zu wenige davon gibt, und gleichzeitig die Aktivitäten korrupter Unternehmen einzuschränken. Fragile Länder benötigen dringend die Arbeitsplätze, die moderne Unternehmen bereitstellen können, aber nur wenige verantwortungsbewusste Unternehmen wollen dort aktiv werden: Kleine Märkte und hohe Risiken halten Unternehmen fern. Um dies zu ändern, müssen Unternehmen mit öffentlichen Geldern dafür entschädigt werden, dass sie durch Schaffung von Arbeitsplätzen dem Gemeinwohl dienen. Im Jahr 2017 verwendeten die Weltbank und Großbritannien erstmals Hilfsgelder dazu, ihre Entwicklungsfinanzierungsinstitutionen – die Internationale Finanz-Corporation (IFC) beziehungsweise die CDC Group – zu unterstützen, die mit Unternehmen zusammenarbeiten. Die Populisten der Herzensgüte reagierten darauf mit Abscheu: Sie könnten sich jetzt selbst nicht mehr so fotogen als »Entwicklungshelfer« in Szene setzen.

Schluss

Der Kopf kann uns in Verbindung mit dem Herzen auf pragmatische Weise den Weg zu neuen reziproken Klubs ebnen, die den heraufziehenden globalen Ängsten entgegenwirken und jene, die Hilfe brauchen, auf effektive Weise unterstützen. Eine frühere Generation globaler Staatsführer erbte eine viel besorgniserregendere Situation und brachte doch beides zustande; sie hinterließ der nächsten Generation eine deutlich bessere Welt, die zwar noch immer keineswegs perfekt war, sich aber im Umbruch befand. Dieses neuerliche Erbe veranlasste ihre Nachfolger dazu, den Verlockungen von Ideologien und Populismus zu erliegen. Heute zahlen wir den Preis für die daraus resultierende Schwächung der Klubs und die Fehlentwicklungen bei der Erfüllung unserer Hilfspflichten. Aber wenn wir zu einer pragmatischen Strategie zurückkehren, können wir die ethische Welt nicht nur wiederherstellen, sondern sie besser machen als je zuvor.

TEIL III
Die inklusive Gesellschaft erneuern

7 Die geografische Spaltung: Boomende Metropole, niedergehende Städte

London, New York, Paris, Mailand – überall in der westlichen Welt hat die Metropole den Rest des Landes weit hinter sich gelassen, und die wachsende Kluft lässt sich am Einkommen, am Beschäftigungswachstum und an den Immobilienpreisen ablesen. Es ist eine relativ neue Entwicklung, die um das Jahr 1980 einsetzte; bis dahin nahmen die Einkommensunterschiede zwischen Regionen ab. Die USA waren ein typischer Fall: Hundert Jahre lang hatten sich die Unterschiede mit einer Rate von fast zwei Prozent pro Jahr verringert. Aber seit 1980 ging der steile wirtschaftliche Aufschwung der Metropole mit dem jähen wirtschaftlichen Niedergang vieler Provinzstädte einher. Neue Analysen der OECD stellten fest, dass in den Ländern mit hohem Einkommen das Produktivitätsgefälle zwischen den Spitzenregionen und den übrigen Gebieten um 60 Prozent zugenommen hat. Großbritannien ist ein typischer Fall: Seit 1977 gibt es eine kontinuierliche Abwanderung von Nord nach Süd, und die Einkommensschere hat sich immer weiter geöffnet. Im Jahr 1997 war die Wirtschaftsleistung aller übrigen Landesteile 4,3-mal höher als die Londons. Im Jahr 2015 war sie nur noch 3,3-mal so hoch.

Dem Unmut über die Missstände im ländlichen Raum entsprach das verächtliche Selbstbewusstsein der Metropole: *flyover cities*, »Städte, die man überfliegt«, der geringschätzige amerikanische Ausdruck für Provinzstädte, wurde jüngst von der Wendung »[Orte, deren Bewohner] an einen Leichnam gefesselt sind«, übertroffen, den der politische Kommentator der *Financial Times*, Janan Ganesh, in die Welt setzte. Wo bleibt bei diesen Schlagwörtern die Empathie? Wo ist das Bewusstsein wechselseitiger Verpflichtungen? Sie wurden auf brutale Weise erledigt, verflüchtigten sich mit dem Verlust des Zusammengehörigkeitsgefühls, das früher die Metropole und die Provinzen verband. Es spiegelt sich in Wahlergebnissen wider: Die Metropolen stimmten mit großer Mehrheit gegen die rebellischen Kampagnen Trumps, den Brexit, Le Pen und die Fünf-Sterne-Bewegung, während diese in den niedergehenden Städten auf breite Resonanz stießen.

Was also sind die ökonomischen Kräfte, die die neue Spaltung vorantreiben, und was kann man dagegen tun?

Was treibt die neue Divergenz an?

Den Kräften, die die neue Divergenz verursachen, liegen zwei einfache Beziehungen zugrunde, die auf die Industrielle Revolution zurückgehen. Eine ist der Zusammenhang zwischen Produktivität und Spezialisierung, und der gängige Ausdruck dafür ist *learning by doing*, »Lernen durch Handeln«. Wenn sich Menschen auf weniger Aufgaben spezialisieren, können sie tiefere Fähigkeiten entwickeln. Der zweite Zusammenhang ist der zwischen Produktivität und Größe: Der übliche Ausdruck dafür lautet »Skaleneffekte« (Größenvorteile).

Um sich die Vorteile von Größe und Spezialisierung zunutze machen zu können, müssen sich Menschen in Städten zusammenfinden. Um Größenvorteile zu erzielen, benötigt ein Unternehmen einen großen Pool von Beschäftigten, einen großen Pool von Kunden und die Nähe anderer, ähnlicher Unternehmen. Mit zunehmender Spezialisierung müssen Arbeitskräfte in der Nähe von anderen mit komplementären Fachkompetenzen arbeiten. Städte bieten die räumliche Nähe, die all diese Beziehungen ermöglichen. Aber vernetzte Städte benötigen immense Investitionen in U-Bahnen, Straßen, Hochhäuser, Flughäfen und Eisenbahnknotenpunkten. Bis in die achtziger Jahre hinein konnten sich dies nur die europäischen und nordamerikanischen Großstädte leisten.

Die Produktivitätszuwächse aufgrund der leichten wechselseitigen Erreichbarkeit waren enorm, und viele Städte entwickelten ein Cluster von Unternehmen aus einer bestimmten Branche, das es ihnen erlaubte, weltweit führend zu sein. In meiner eigenen Heimatstadt Sheffield entstanden eine solche Konstellation von Spezialstahlherstellern und eine entsprechend hochspezialisierte Arbeiterschaft. Um das Jahr 1980 herum war der typische Arbeiter in diesen Städten erheblich produktiver als Arbeiter in jenen Teilen der Welt, die keine industriellen Cluster hatten. Da das Einkommen im Allgemeinen der Produktivität entspricht, waren die betreffenden Menschen auch deutlich wohlhabender.

Ungefähr ab dem Jahr 1980 änderte sich diese Situation infolge zweier gleichzeitiger Prozesse, die jedoch unabhängig voneinander waren: einer Explosion des Wissens und der Globalisierung. Die Explosion des Wissens führte dazu, dass der altbekannte Zusammenhang zwischen Spezialisierung und Urbanisierung deutlich an Dynamik gewann, was zu einem spektakulären Wachstum der größten Städte führte. Die Globalisierung eröffnete neue Möglichkeiten, um Größenvorteile zu nutzen, aber sie setzte die etablierten Cluster auch neuer Konkurrenz aus, die manchmal zu deren Niedergang führte.

Die Wissensrevolution und der Aufstieg der Metropole

Seit den achtziger Jahren expandierte die Wissensökonomie in einem exponentiellen Ausmaß. Angetrieben wird dies zum Teil durch eine beispiellose Zunahme der Erkenntnisse aus der Grundlagenforschung, die an Hochschulen betrieben wird, und zum Teil durch eine komplementäre Ausweitung der angewandten Forschung in Unternehmen. Die Fähigkeit, die stoffliche Natur zum menschlichen Vorteil zu nutzen, wird nur durch die fundamentalen Gesetze der Physik eingeschränkt. Wir stehen noch immer ganz am Anfang dieses Prozesses, weil die Beherrschung der materiellen Welt ein extrem komplexes Unterfangen ist. Mit jeder neuen Entdeckung dringen wir immer tiefer in diese komplexe Welt ein, und dies wird möglicherweise nach und nach unsere Produktivität revolutionieren. Aber aufgrund unserer begrenzten menschlichen Fähigkeiten können wir Komplexität nur durch zunehmende fachliche Spezialisierung meistern. Der letzte Mensch, der ernsthaft Anspruch darauf erheben konnte, das gesamte Wissen seiner Zeit zu kennen, starb im 15. Jahrhundert. Heute wissen unsere klügsten Köpfe sehr viel mehr über das eine, eng umschriebene Fachgebiet, in dem sie die Grenze des Wissens erreicht haben, und sie sind entsprechend weiter von der Grenze in allen anderen Fachgebieten entfernt. Dies gilt nicht nur für die Forschung, sondern auch für kommerziell verwertbare Kompetenzen. So wurde zum Beispiel das Rechtswesen komplexer, sodass sich das juristische Spezialistentum weiter auffächerte. Die Expansion der Universitäten brachte nicht nur Forschungsergebnisse hervor, sondern auch Absolventen, die in der Lage sind, die fachlichen Anforderungen zu meistern.

Aber der fundamentale Zusammenhang zwischen Spezialisierung und Städten gilt noch immer. Extreme Spezialisierung wird nur dann produktiv, wenn verschiedene Spezialisten nahe beeinander sind. Größere Spezialisierung erfordert mithin größere Cluster komplementärer Spezialisten und Zugang zu einem entsprechend größeren Pool potenzieller Kunden. In London ist eine Fachanwältin nahe bei Kollegen in anderen Spezialgebieten, bei Klienten, bei denen ihre Fachkenntnisse gefragt sind, und bei den Gerichten. Dieselbe Anwältin in einer Kleinstadt hätte den größten Teil des Jahres nichts zu tun.

Die Clusterbildung von Spezialisierungen hängt davon ab, dass die Metropole erstklassige Verkehrsanbindungen bietet. In London und dem Londoner Umland befinden sich die größten internationalen Flughäfen Großbritanniens; die Hauptstadt ist über die Eurostar-Hochgeschwindigkeitsstrecke mit Paris und Brüssel verbunden; sie ist der Knotenpunkt aller wichtigen britischen Bahnstrecken und der meisten Autobahnen. Und sie hat eine U-Bahn: In der Londoner Innenstadt kann sich der durchschnittliche Arbeitnehmer innerhalb von 45 Minuten mit jedem der anderen 2,5 Millionen Arbeitnehmern treffen. Außerdem ist London der Sitz der Regierung, sodass jeder Aktivität, die auf die Nähe zu Regierungseinrichtungen angewiesen ist, am besten von hier aus nachgegangen wird.

Die Beseitigung von Schranken für den internationalen Handel hat die Vorteile der räumlichen Ballung hochspezialisierter Fachkräfte noch erhöht, indem sie den potenziellen Markt von der nationalen auf die globale Ebene erweiterte. Der wichtigste Markt für die in London konzentrierten Dienstleistungen war einmal Großbritannien, heute ist es die Welt. Der Markt begünstigt heute also Juristen, die noch stärker spezialisiert sind, und ihre Kompetenzen und ihre Produktivität verbessern sich entsprechend. Folglich verdienen sie prächtig.

Eine große Bevölkerungsgruppe von Spitzenverdienern schafft wiederum einen Markt für Dienstleistungen zur Befriedigung ihrer vielfältigen Konsumwünsche. Nähe spielt dabei eine wichtige Rolle: Restaurants, Theater, Geschäfte drängen sich auf kleinstem Raum, um jede Laune der Leute, die in Geld schwimmen, aber wenig Zeit haben, zu erfüllen. Und dieses Cluster des Luxus lockt weitere Zuzügler an: die Reichen der Welt. London, New York, Paris haben ortsansässige Milliardäre, die ihr Vermögen andernorts machten, aber es gern hier ausgeben.

Voilà – die boomende Metropole!

Die Revolution der Globalisierung und der Niedergang der Provinzstädte

Obige Beschreibung trifft allerdings nicht auf das zu, was in Sheffield, Detroit oder Gelsenkirchen geschehen ist. Ich erinnere mich, dass ein Besucher Sheffields 1960 sagte: »Mensch, was für eine wohlhabende Stadt!«

Im Jahr 1990 hätte das niemand mehr gesagt. Cluster aus weltweit führenden Unternehmen wie jenes, das in den sechziger Jahren in Sheffield existierte, hatten einen großen Vorteil gegenüber neuen Wettbewerbern, aber sie waren nicht unverwundbar. Sheffield hatten keinen natürlichen Vorteil bei der Stahlproduktion. Die Besonderheit, die Firmen dazu veranlasst hatte, sich in der Stadt zu scharen, waren ihre schnell fließenden Wasserläufe, die die Schleifräder antrieben: Im 20. Jahrhundert bestand ihr einziger Vorteil darin, dass die Unternehmen und die Facharbeiter bereits da waren. Jedes Unternehmen blieb, weil die anderen da waren. Die Arbeiter waren produktiv, aber das schlug sich in ihren Löhnen nieder, sodass die Unternehmen nicht besonders profitabel waren.

Auf der anderen Seite der Welt baute das Schwellenland Südkorea eine neue Stahlindustrie auf. Als es ein eigenes Firmencluster entwickelte, hatte dieses einen anderen Vorteil: viel billigere Arbeitskräfte. Im Jahr 1980 war es etwas profitabler geworden, Stahl in Südkorea statt in Sheffield zu produzieren, sodass koreanische Firmen Unternehmen aus Sheffield auf den Weltmärkten allmählich ausstachen. Die Stahlindustrie in Sheffield begann zu schrumpfen, und die koreanische Industrie begann zu wachsen. In dem Maße, wie das Cluster in Sheffield schrumpfte, gingen die Gewinne vieler verflochtener, in unmittelbarer Nähe angesiedelter Firmen, die sogenannten »Agglomerationseffekte«, zurück. In der Folge stiegen die Kosten. Als das koreanische Firmencluster expandierte, sanken seine Kosten. Das Ergebnis war schockierend: Sheffields Stahlindustrie, die erstmals in Chaucers *The Canterbury Tales* erwähnt wurde, brach erstaunlich schnell zusammen. Facharbeiter, die ihrerseits die Söhne von Facharbeitern waren, standen plötzlich auf der Straße, ohne die geringste Aussicht, wieder eine qualifizierte Anstellung zu finden. Die menschliche Tragödie dieses koordinierten Schocks war so bemerkenswert, dass ihr 1997 in einem Film ein Denkmal gesetzt wurde, *Ganz oder gar nicht*. Sein bissiger, selbstironischer Humor vor dem Hintergrund der Katastrophe wird den Ereignissen in bemerkenswerter Weise gerecht. Da Sheffield meine Heimatstadt ist, hat mich diese Erfahrung selbst schmerzlich berührt, aber sie wiederholte sich in vielen ehedem wohlhabenden britischen Städten wie etwa Stoke, wo das von Josiah Wedgwood begründete Töpfereicluster zerfiel. Und in Deutschland wurde Gelsenkirchen nach dem Verlust der so bedeutenden Schwerindustrie von »der Stadt der tausend Feuer« zur »vergessenen Stadt« inmitten einer ohnehin vom Strukturwandel gebeutelten, ehemals großen Stahl- und Bergbauregion. Aber diese und alle anderen Beispiele werden von dem, was sich in den USA seit den achtziger Jahren in der einst blühenden Autostadt Detroit zugetragen hat, weit in den Schatten gestellt.

Erholen sich solche Städte? Die Ideologen der Rechten glauben, dass Marktkräfte das Problem beheben werden, solange sich der Staat nicht einmischt. Leider ist das lediglich eine ideologische Überzeugung. Um zu erfahren, was wirklich geschieht, benötigen wir Experten.

Der Markt reagiert auf den Zusammenbruch eines Clusters, aber nicht, indem er es durch ein neues ersetzt. Vielmehr besteht die erste Reaktion in einem Einbruch der Preise für Wohn- und Gewerbeimmobilien. Hauseigentümer geraten in die Überschuldungsfalle (der Marktwert ihres Hauses sinkt unter die Summe der darauf lastenden Schulden), und sie tun sich schwer, in die boomenden Städte umzuziehen, wo die Häuser viel teurer sind. Der Rückgang der Preise für Gewerbeimmobilien zieht in der Tat einige Betriebe an, aber sie bilden gleichsam den »Bodensatz« einer Volkswirtschaft: Lagerhäuser, die das Umland versorgen; Fertigungsunternehmen niedriger Produktivität, die nur überleben können, wenn die Kosten für ihre Betriebsgebäude sehr niedrig sind; Callcenter, die auf billige Räumlichkeiten und schlecht bezahlte Gelegenheitsarbeiter angewiesen sind. In dem Maße, wie sich solche Firmen in der Stadt ansiedeln, erholen sich die Immobilienpreise und die Löhne teilweise, aber die Stadt steckt in einer Sackgasse. Diese Aktivitäten stellen geringe Qualifikationsanforderungen, und daher nehmen die Arbeitskräfte nicht länger an der stetig ansteigenden Produktivität komplexer Spezialisierungen teil.[1] Die Superstar-Unternehmen in der Metropole bilden weiterhin die Speerspitze der technologischen Innovation, und daher profitieren die Einwohner der Metropole von steigenden Einkommen, aber weder die Technologie noch die Einkommen sickern zu den verödenden Städten durch. So zeigen zum Beispiel neue Daten für die USA, dass gut bezahlte Stellen im Hightechsektor sich nach und nach in den größten Clustern konzentrieren.[2] Im Wissenschaftsjargon formuliert: Die Diffusionsgeschwindigkeit neuer Technologien von den Erstanwendern zu den Nachzüglern hat sich verlangsamt.[3]

Das ist – ohne den Überschwang des *Voilà!* – die Stadt im Niedergang.

Der neuen Divergenz entgegenwirken

Die vorstehende Analyse hilft zu verstehen, warum in allen fortgeschrittenen Volkswirtschaften die Metropolen einen steilen Aufstieg erleben, während viele Provinzstädte einen demütigenden Niedergang durchmachen. Was können wir dagegen tun? Es gibt eine Vielzahl vertraut klingender »Lösungen«. Ideologen produzieren sie am laufenden Band, obgleich sie in eine Sackgasse übermäßiger Zuversicht führen.

Wenn es um die Frage geht, was man gegen die neue Spaltung unternehmen kann, haben es Populisten besonders leicht. Da die Divergenz *neu* ist, schlagen sie vor, die Uhr einfach auf den Zeitpunkt zurückzudrehen, bevor sie begann. Dass wollen sie durch protektionistische Maßnahmen erreichen, um die Globalisierung der Märkte rückgängig zu machen. Bevor Leser diese Antwort belächeln, sollten wir anerkennen, dass sie nicht offensichtlich unvernünftig ist. Wenn die Vergangenheit in einigen wichtigen Aspekten für viele Menschen besser war als die Gegenwart, dann erscheint es tatsächlich machbar und risikofrei, die Strategie zu verfolgen, die früheren wirtschaftlichen Verhältnisse wiederherzustellen. Dieselben Menschen haben gelernt, nicht den windigen Versprechungen zu trauen, dass alles besser werden wird, wenn sie sich mit weiteren Veränderungen abfinden.

Dennoch ist die Strategie des Zurückdrehens der Uhr zum Scheitern verurteilt. Der Hauptgrund dafür ist, dass Schwellenländer wie Südkorea, die neue, weltweit führende Cluster aufgebaut haben, keinerlei Interesse daran haben, die Uhr zurückzudrehen. Dank der Globalisierung konnten sie die Armut in einem beispiellosen Ausmaß verringern. Wenn Südkorea weiterhin die globale Stahlindustrie dominiert, können keine noch so weitgehenden protektionistischen Maßnahmen die Vorrangstellung Sheffields auf dem Weltmarkt wiederherstellen. Allenfalls könnte Sheffield dann wieder den *britischen* Stahlmarkt beherrschen, aber dieser wäre nicht groß genug, um die hohe Produktivität zu erneuern, die Sheffield einst auszeichnete, und zugleich würden die höheren Stahlkosten in Großbritannien sämtliche Branchen belasten, die Stahl benötigen.

Während Protektionismus Sheffields industrielle Blüte nicht zurückzuholen vermag, könnten eine Reihe handelsbeschränkender Maßnahmen möglicherweise den Wohlstand Londons untergraben. So wie das Stahlcluster in Sheffield schließlich von einem ausländischen Konkurrenten aus dem Markt gedrängt wurde, so könnte auch das Londoner Finanzcluster zerstört werden. Londons protziger Wohlstand ist ein Affront für die britische Provinz, in der man sich abrackert, um wirtschaftlich nicht völlig ins Hintertreffen zu geraten, und daher würde es in manchen Regionen des

Landes vermutlich mit heimlicher Schadenfreude quittiert werden, wenn dieser Wohlstand vernichtet werden würde. Aber das wäre äußerst töricht. Eine Metropole wie London ist besser als ein Erdölfeld, denn sie erschöpft sich nicht zwangsläufig. So ärgerlich diese goldene Gans auch sein mag, es gibt bessere Strategien, als ihr den Hals umzudrehen. Leider ist Großbritannien im Begriff, durch eine Brexit-Strategie, die eine koordinierte Verlagerung des Finanzsektors in andere europäische Städte auslösen könnte, genau das zu tun.

Ist es nicht besser, stattdessen die Eier einzusammeln? Anders gesagt: Warum verwendet man die Einnahmen aus der Besteuerung der Metropole nicht, um die Provinzstädte zu neuem Leben zu erwecken?

Ein solcher Vorschlag wird von den Ideologen beider Lager nur mit Hohn aufgenommen werden. Die Rechte wird über die negativen Anreizeffekte einer hohen Besteuerung dozieren, während sie gleichzeitig davor warnt, die Provinzen in eine riesige Zone dauerhafter Sozialtransfers zu verwandeln: »gefesselt an einen Leichnam«. Die Linke mag in ihrer Begeisterung, die City zu schröpfen, zu weit gehen und dadurch unabsichtlich einen Exodus beunruhigter Unternehmen auslösen, der die Agglomerationseffekte zunichtemacht.

In beiden Positionen steckt gerade so viel Wahrheit, dass sie ihre jeweiligen Anhänger überzeugen, aber nicht genug, um richtig zu sein. Die Wahrheit, die die Rechte erkannt hat, besteht darin, dass die Umwandlung von Provinzstädten in eine Zone permanenter Sozialtransfers nicht das Ziel sein kann. Individuelles Wohlergehen hängt von Würde und dem Gefühl der Sinnerfüllung ab, nicht nur davon, wie viel Konsum man sich leisten kann. Eine Strategie, unbefriedigende, schlecht bezahlte Jobs durch öffentliche Zuschüsse aufzubessern, ist kein Ersatz für die Schaffung von Arbeitsplätzen, die Kompetenzen erfordern, deren Beherrschung einen Arbeitnehmer mit Stolz erfüllt. Das Ziel sind mithin produktive Arbeitsplätze, keine öffentlichen Lohnzuschüsse für unproduktive Arbeitsplätze. Die Wahrheit, die die Linke erkannt hat, besteht darin, dass der protzige Reichtum der hochbezahlten Spezialisten in der Metropole ethisch anstößig ist. Diese Menschen glauben, ihre hohen

Einkommen stünden ihnen zu; ich werde zeigen, dass dies nicht der Fall ist.

Die Strategie, die ich vorschlage, zerfällt in zwei Teile: die Besteuerung der Metropole und die Erneuerung der Provinzstädte. Jeder Teil erfordert eine eigene Analyse.

Besteuerung und die Metropole: »Wir haben es verdient«?

Die Besteuerung sollte sich an ethischen und Effizienzmaßstäben orientieren. Die Ethik ist sowohl wegen ihres Wertes an sich als auch wegen der Tatsache von Belang, dass eine unethische Steuer Widerstand und Versuche, sie zu umgehen, hervorruft. Effizienz spielt eine Rolle, weil Steuern einen Keil zwischen Preise treiben; so wird zum Beispiel der Preis, den ein Verbraucher für ein Produkt zahlt, durch eine Steuer höher als der Betrag, den der Hersteller erhält. Solche Steuerkeile verzerren die Ressourcenverwendung und verringern daher die Effizienz.

Was Ideologien der Linken und der Rechten über Besteuerung zu wissen glauben, hat unsere Politik polarisiert und vergiftet. Eine Dosis Pragmatismus wirkt da befreiend: Intelligente neue Steuern könnten bestehende Steuern sowohl bei ethischen als auch bei Effizienzkriterien überlegen sein.

Die ethische Begründung für eine Steuer ist für deren Ausgestaltung vermutlich wichtiger als ihre Effizienz. Die Steuerverwaltung hängt entscheidend davon ab, dass Steuerpflichtige die Steuervorschriften freiwillig einhalten. Die übliche philosophische Methode für die Analyse ethischer Aussagen ist *praktische Vernunft*. Obwohl für die Steuerpolitik von zentraler Bedeutung, ist die praktische Vernunft kein Bestandteil der herkömmlichen wirtschaftswissenschaftlichen Methode. Folglich haben Ökonomen die ethischen Aspekte der Besteuerung weitgehend ignoriert. Als Berater von Finanzministerien schlagen sie recht oft Steuern vor, die Versprechen brechen, die ihres Erachtens töricht waren (und vermutlich haben sie damit recht). Tatsächlich scheinen Ökonomen zu glauben, durch Erfassung der *Einkommensungleichheit*, die mit dem utilitaristischen

Standardkalkül analysiert wird, hätten sie bereits ethische Aspekte hinreichend berücksichtigt.* Wie Jonathan Haidt herausgefunden hat, bedeutet *Fairness* für die meisten Menschen *Verhältnismäßigkeit* und *»das bekommen, was einem zusteht«* (Verdienstlichkeit), nicht Gleichheit. Aber ihre Meinung wurde ignoriert.[4] Man vergesse die Verdienstlichkeit: Wenn der Müßiggänger weniger Geld hat als derjenige, der hart arbeitet, wird der »Nutzen« durch einen Transfer erhöht. Man vergesse Leistungsansprüche: Wenn jemand, der sich eine Rente angespart hat, mit mehr Geld in den Ruhestand geht als jemand, der sein Leben am Strand verbracht hat, erhöht ein Transfer den »Nutzen«. Man vergesse Verpflichtungen: Mittlerweile haben Sie es verstanden. Utilitaristische Wirtschaftswissenschaftler werden vielleicht warnend darauf hinweisen, dass manche Transfers negative Anreizeffekte haben und daher *ineffizient* sein könnten, aber sie würden sie nicht als *unethisch* ansehen. Diese Blindheit gegenüber umfassenden ethischen Erwägungen ist ein Beispiel für ein größeres Phänomen: Solche Menschen gehören zur Gruppe der WEIRD.

Sobald wir anerkennen, dass Probleme der Verdienstlichkeit bei der Ausgestaltung von Steuern eine wichtige Rolle spielen sollten, hat dies weitreichende Folgen für die Agglomerationseffekte. Der Erste, der das erkannte, war Henry George, ein im 19. Jahrhundert lebender amerikanischer Journalist und Volkswirtschaftler. Nachdem er seine Idee dargelegt hatte, wurde sie zu einer Sensation.

Henry Georges große Idee

George lieferte eine ethische Begründung für die besondere Besteuerung von Agglomerationsgewinnen. Er erkannte, weshalb sie, ethisch gesehen, eine Sonderstellung hatten, und gelangte zu dem Schluss, es sei angemessen, die Wertzuwächse städtischer Grundstücke zu besteuern.

Sie können seinen Gedankengang nachvollziehen, wenn Sie sich eine Reihe von Fragen stellen. Beginnen Sie mit *»Wer erhält die*

---

* Es wird angenommen, dass jeder zusätzliche Dollar weniger »Nutzen« stiftet, sodass ein Transfer von jemandem mit hohem Einkommen an jemanden mit geringerem Einkommen den Gesamtnutzen erhöht und daher eine Verbesserung darstellt.

Agglomerationsgewinne?«. Um Ihnen die Antwort auf diese Frage zu erleichtern, präsentiere ich Ihnen hier eine skizzenartige Beschreibung der Industriellen Revolution. Am Anfang sind alle Menschen Bauern. Die Industrialisierung beginnt in einer neuen Stadt, und Menschen ziehen dorthin, um in Fabriken zu arbeiten. In dem Maße, wie das Cluster der Fabriken wächst, arbeiten Menschen produktiver als zuvor in der Landwirtschaft: Dieser Produktivitätszuwachs ist das, was mit »Agglomerationsgewinnen« gemeint ist. Der Produktivitätsanstieg spiegelt sich in den Löhnen wider, weil Firmen miteinander um Arbeiter konkurrieren. Aber um in den Fabriken arbeiten zu können, müssen die Menschen in deren Nähe leben, und daher müssen sie von demjenigen, dem das Land gehört, auf dem die Stadt entsteht, Immobilien mieten. Der Gewinn aus dem Umzug in die Stadt ist daher der höhere Lohn *minus dieser Miete.** Solange diese Miete niedriger ist als der Produktivitätsunterschied zwischen Landwirtschaft und Industrie, werden mehr Menschen in die Stadt ziehen. Aber das treibt die Mieten in die Höhe. Dieser Prozess dauert so lange an, bis die Mieten die gesamte Produktivitätsdifferenz aufzehren. Jetzt gibt es keinen Anreiz zum Umzug mehr; wirtschaftswissenschaftlich formuliert: Wir haben ein Gleichgewicht erreicht. Aber viel entscheidender ist, dass wir jetzt das nötige Wissen besitzen, um unsere Frage zu beantworten: *Sämtliche Agglomerationsgewinne fließen als Renten den Grundstückseigentümern zu.* Denjenigen am rechten Rand des politischen Spektrums, die vielleicht beginnen, sich etwas unwohl zu fühlen, möchte ich versichern, dass dies nichts mit Marxismus zu tun hat: George war kein Sozialist. Aber er war ein kluger Ökonom; viele Jahre nach seinem Tod bewiesen zwei Wirtschaftswissenschaftler seine Schlussfolgerung und fassten sie in die Form eine Theorems. Seinem Erstentdecker zu Ehren nannten sie es »Henry-George-Theorem«.[5]

George stellte dann eine zweite Frage, die innerhalb eines konventionellen wirtschaftswissenschaftlichen Bezugsrahmens unverständlich ist: *»Stehen diese Gewinne den Grundstückseigentümern zu?«*

---

* Der Einfachheit halber wollen wir annehmen, dass es, abgesehen davon, dass ihre Löhne höher sind als ihr früheres Einkommen als Bauern, für die Menschen keinen Unterschied macht, ob sie in der Stadt oder auf dem Land leben.

Auch wenn diese Frage für Ökonomen unverständlich ist, ist sie für alle anderen doch absolut verständlich. Um sie zu beantworten, brauchen wir kein Theorem: Wir benötigen lediglich praktische Vernunft. Um herauszufinden, ob jemand ein Einkommen verdient hat, gehen wir in die Vergangenheit zurück, um eine seiner Handlungen zu finden, die das Einkommen erzeugte, das ihm zugeflossen ist. Aber wenn wir die Agglomerationsgewinne zurückverfolgen, zeigt sich, dass die Handlungen, die die Gewinne erzeugten, von allen ausgeführt wurden, die in der Stadt arbeiten. Durch das Arbeiten in der Stadt hat jede Person zu der Produktivitätssteigerung insgesamt beigetragen. Die Agglomerationsgewinne entstehen durch die *Interaktionen zwischen Massen von Menschen*, und folglich sind sie eine kollektive Leistung, von der alle profitieren. Dies nennen Volkswirte ein öffentliches Gut. Welche Rolle also spielten die Grundeigentümer in diesem Prozess? Was ihren Beitrag anbelangt, so muss man sagen, dass sie genauso gut am Strand hätten liegen können. Tatsächlich haben sie ihre Zeit wahrscheinlich so verbracht. Ihr Einkommen verdankt sich der Tatsache, dass sie zufälligerweise Eigentümer der Grundstücke sind, auf denen sich Menschen scharen. Ihre Aktivität hat nichts zu den Agglomerationsgewinnen beigesteuert. In der verunklarenden wirtschaftswissenschaftlichen Terminologie werden sie als sogenannte »ökonomische Renten« klassifiziert.

Der springende Punkt ist, dass Grundeigentümern nach vernünftigen ethischen Maßstäben die Gewinne aus dem Wertzuwachs ihrer Grundstücke in geringerem Maße zustehen, als wenn sie dafür gearbeitet hätten oder es sich um einen Ertrag aus dem Kapital handelte, das sie durch Sparen angehäuft hätten. Dies bedeutet nicht, dass sie überhaupt keinen Anspruch haben. Als die rechtmäßigen Eigentümer des Bodens haben sie einen *rechtlichen* Anspruch auf Beteiligung an den Agglomerationsgewinnen. Aber dieser widerspricht dem kollektiven Anspruch aller Arbeitnehmer in der Stadt auf diese Gewinne, der ihnen aus *ethischen Gründen* zusteht. Wenn wohlbegründete Kriterien in dieser Weise miteinander kollidieren, fordert uns der Pragmatismus auf, Kompromisse zu suchen, statt uns auf den Sockel eines Dogmas zurückzuziehen. Und hier kommt nun die Besteuerung ins Spiel. Angenommen, die Gesellschaft einigte sich auf einen Steuersatz *für diese Einkommen, bei denen ethischer Anspruch (aus Verdienstlichkeit) und Rechtsanspruch zusammenfallen*: Der Bauer erzeugt einen bestimmten Ertrag, der ihm aufgrund seiner Arbeit zusteht und auf den er aufgrund seines Eigentums am Bauernhof einen Rechtsanspruch hat. Angenommen, der vereinbarte Steuersatz beträgt 30 Prozent. Bei der Festsetzung eines Steuersatzes auf Einkommen aus dem Wertzuwachs von Grundstücken, der den Agglomerationsgewinnen in angemessener Weise Rechnung trägt, sollten wir daher einen Steuersatz deutlich über 30 Prozent ins Auge fassen. Dies würde der Tatsache Rechnung tragen, dass der Anspruch des Grundstückseigentümers auf dieses Einkommen sehr viel schwächer ist als der Anspruch des Bauern auf sein Einkommen. Außerdem können die Arbeitnehmer, die diesen Agglomerationsgewinn erzeugt haben, nur durch dessen Besteuerung und durch Verwendung der Einnahmen zum Wohl der gesamten Stadt einen Anteil daran erhalten – der ihnen nach obiger Argumentation zusteht.

Henry Georges Idee war eine frühe Anwendung der praktischen Vernunft, die darauf beruht, dass Renten und andere Einkommensarten unterschiedliche *ethische Legitimationsgrade* aufweisen. Er unterschied sorgfältig zwischen Renten, die durch den Wertzuwachs von Grund und Boden erzeugt wurden, und Einkommen aus Kapital, das seines Erachtens ethisch legitim war: Sein Vorschlag war weder marxistisch noch populistisch.

Waren seine Ansichten exzentrisch? Im Gegenteil,

Sein ethischer Common Sense stieß auf breite Resonanz: *Progress and Poverty* wurde zum meistverkauften amerikanischen Buch des gesamten 19. Jahrhunderts.

Unglücklicherweise …

Henry George legte überzeugende ethische Argumente für eine hohe Besteuerung des Wertzuwachses städtischer Grundstücke vor. Obgleich er damit in der Öffentlichkeit großen Anklang fand, wurden seine Empfehlungen nie konsequent umgesetzt. Die Leute, die mit ihrem Grundbesitz im Zentrum großer Städte reich wurden, wehrten sich gegen dessen Besteuerung. Statt mit stichhaltigen ethischen Gegenargumenten aufzuwarten, nutzten sie einen Teil ihres explodierenden Vermögens dazu, sich politischen Einfluss zu kaufen. In Großbritannien saß der Mann, dem ein Großteil der Londoner Innenstadt gehörte, der Duke of Westminster, praktischerweise im House of Lords: Er wurde zum reichsten Mann des Landes. In den USA ist ein Mann, dessen Kerngeschäft Immobiliengeschäfte in New York waren, gegenwärtig Präsident.

Es ist nie zu spät, eine solche Steuer einzuführen. Die Wähler haben heute ein viel höheres Bildungsniveau als zu den Zeiten Henry Georges, und entsprechend sollte es leichter sein, eine politische Koalition zu schmieden, die den Widerstand mächtiger Interessengruppen überwindet. Außerdem erlebten die Metropolen seit den achtziger Jahren einen Wachstumsschub, worin sich die starke Zunahme der Agglomerationsgewinne widerspiegelt. Erinnern wir uns daran, dass dies auf den sprunghaften Anstieg der Komplexität und die damit einhergehende vertiefte Differenzierung beruflicher Kompetenzen zurückzuführen ist. Daher lassen sich heute größere Agglomerationsgewinne steuerlich abschöpfen als zu Henry Georges Zeiten, und es ist völlig unverständlich, dass die Politik dem weiterhin tatenlos zusieht. Statt etwas dagegen zu tun, verlieren wir uns weiterhin in alten, ideologisch motivierten steuerpolitischen Kontroversen, die zu nichts führen.

Aber das »Unglücklicherweise«, mit dem dieser Abschnitt überschrieben ist, soll kein Lamento über die gegenwärtigen Unzulänglichkeiten der Politik sein. Vielmehr bezieht es sich auf die Tatsache, dass die gleiche Komplexitätszunahme, die hinter den neuen Agglomerationsgewinnen der Metropolen steht, zugleich das Theorem Henry Georges ungültig gemacht hat. Seine Behauptung, wir könnten diese Gewinne durch Besteuerung von Grund und Boden abschöpfen, trifft nicht länger zu. Es gibt nach wie vor sehr gute Argumente für die Besteuerung dieser Gewinne, aber hierzu bedarf es einer intelligenten Neugestaltung der Steuervorschriften. Die Analyse, die den letzten beiden Sätzen zugrunde liegt, ist neu: Mein Kollege Tony Venables und ich stießen darauf, als wir uns mit etwas beschäftigten, das scheinbar gar nichts damit zu tun hatte (was bei wissenschaftlichen Entdeckungen erstaunlich oft der Fall ist).[6] Ich werde versuchen, Ihnen eine Ahnung davon zu vermitteln, wie aufregend es ist, eine neue Entdeckung zu machen. Diese Ideen lassen sich recht einfach darstellen, und genau so sind wir auf sie gestoßen. Man kann sich den neuesten wirtschaftswissenschaftlichen Erkenntnisstand in dieser Frage aneignen, indem man zwei einfache Szenarien durchdenkt.

Szenario 1: Eine Metropole, in der die Arbeitnehmer unterschiedliche Qualifikationen und unterschiedliche Wohnbedürfnisse haben

Das erste Szenario ist eine Variante unseres Fallbeispiels über den Beginn der Industrialisierung in einer landwirtschaftlich geprägten Gesellschaft, außer dass es diesmal Menschen mit unterschiedlichen Qualifikationen und Wohnbedürfnissen sind, die entscheiden, ob sie in eine Metropole umziehen sollen. Die hohe Vernetzung in einer Metropole steigert die Produktivität von Qualifikationen: Je höher qualifiziert eine Person ist, umso mehr steigert die Ansiedlung in der Metropole ihre Produktivität. Aber in dem Maße, wie Menschen in die Stadt abwandern, steigen die Mieten. Wer also zieht um, und wer bleibt, wo er ist? Die Personen, die am meisten von einem Umzug profitieren, sind eindeutig hochqualifizierte Singles. Die Fachanwältin für Gesellschaftsrecht, die im Büro Überstunden macht und ihre freien Abende in der Stadt unterwegs ist, bevor sie in ihr Ein-Zimmer-Apartment zurückkehrt, ist sehr viel produktiver, als wenn sie in einer Kleinstadt arbeiten würde, und sie wird nur einen geringen Teil ihres entsprechend spektakulären Einkommens für Miete ausgeben. In den Wirtschaftswissenschaften ist es oft hilfreich, jene Menschen zu betrachten, die zwischen zwei Optionen unentschieden sind, in diesem Fall zwischen dem Umzug in die Metropole und dem Verbleiben in der Kleinstadt. Wir wissen, dass für sie der Produktivitätsgewinn durch die zusätzliche Miete, die sie in der Metropole zahlen müssen, genau ausgeglichen wird. Aber wer sind sie? Einige sind lediglich angelernt: Sie sind Singles und brauchen nur ein Ein-Zimmer-Apartment, aber ihr Verdienst ist nicht viel höher als in einer Kleinstadt. Andere sind hochqualifiziert; da sie jedoch eine vielköpfige Familie haben, benötigen sie eine große Wohnung, und die Miete zehrt ihren zusätzlichen Verdienst auf. Diese Personen sind wichtig für die Analyse (in den

Wirtschaftswissenschaften werden sie auch »Grenzfälle« genannt), weil sie *nur gerade so* bereit sind, in der Metropole zu leben. Wenn Vermieter eine höhere Miete verlangten, würden sie ausziehen, und den Vermietern fehlte es an Mietern. Diese »Grenzfälle« legen die Höhe der Mieten fest, die Vermieter verlangen können. Die Fachanwältin für Gesellschaftsrecht wird für ihr Ein-Zimmer-Apartment die gleiche Miete zahlen wie der angelernte Single, der das benachbarte Apartment mietet. Was ist nun der springende Punkt dieses Szenarios? Die Tatsache, dass die Fachanwältin einen Teil der Agglomerationsgewinne abschöpft.

Verallgemeinernd können wir jetzt Folgendes festhalten: Aufgrund der unterschiedlichen Qualifikationen und Wohnraumbedürfnisse fließen viele der Agglomerationsgewinne nicht länger Vermietern zu, sondern sie bleiben bei den hochqualifizierten Singles, die keinen großen Wohnraumbedarf haben. Als Tony Venables und ich simulierten, was in einer Metropole wie London oder New York geschehen würde, fanden wir heraus, dass rund die *Hälfte* aller Agglomerationsgewinne schließlich diesen Personen und nicht den Vermietern zufließen. Als wir eine weitere Schicht von Unterschieden berücksichtigten, fiel der von den Vermietern vereinnahmte Anteil sogar noch weiter. Die wichtigste Schlussfolgerung daraus lautet, dass selbst bei maximaler Besteuerung der Vermieter der Staat den größten Teil der Agglomerationsgewinne nicht abgreifen kann.

Das ist eine schlechte Nachricht, weil das ethische Argument für Besteuerung nach wie vor sehr stark ist. Um dies zu verdeutlichen, stelle ich kurz das zweite Szenario vor.

Szenario 2: Eine Metropole, die die Herrschaft des Rechts benötigt

Dieses Szenario nähert sich noch etwas mehr realen Verhältnissen an und enthält eine noch bedeutsamere Pointe. Es gibt zwei Produktkategorien, Nahrungsmittel und Dienstleistungen, und viele Länder. Nahrungsmittel können überall produziert werden, aber Dienstleistungen nur in jenen Ländern, in denen Rechtsstaatlichkeit herrscht. Man kann sich dies als einen Indikator für viele andere Aspekte guter Regierungsführung vorstellen. Die Herrschaft des

Rechts wiederum hängt davon ab, dass gewöhnliche Bürger kooperieren und zusammenarbeiten, um sie zu stützen. Wenn sich jeder
Bürger einfach zurücklehnt und es anderen überlässt, das heißt,
wenn jeder ein Trittbrettfahrer ist, fehlt es an dem öffentlichen Gut
der Rechtsstaatlichkeit. In diesem Szenario sind die Menschen in
den meisten Gesellschaften Trittbrettfahrer, und Rechtsstaatlichkeit
ist selten gegeben. Folglich können nur die wenigen Gesellschaften, in denen Rechtsstaatlichkeit verwirklicht ist, Dienstleistungen
produzieren; in den übrigen produzieren alle lediglich Nahrungsmittel.

Die Agglomerationsgewinne gelten für Dienstleistungen, nicht
aber für Nahrungsmittel, sodass in den wenigen Gesellschaften, in
denen Recht und Gesetz regieren, diese Dienstleistungen in der
Metropole produziert werden. Weil nicht viele Länder Dienstleistungen produzieren können, werden diese auf den Weltmärkten
gegenüber Nahrungsmitteln mit einem Preisaufschlag verkauft.
Entsprechend sind die dienstleistungsexportierenden Länder wohlhabender als die nahrungsmittelexportierenden.

Als Nächstes gehen wir der Frage nach, wer in den dienstleistungsexportierenden Ländern von diesem Wohlstand profitiert.
Angenommen, in allen Ländern gebe es zwei Typen von Arbeitskräften: die ungewöhnlich Schlauen und alle anderen. Nehmen wir
des Weiteren an, dass hohe Intelligenz in der Landwirtschaft keine
Vorteile mit sich bringe. Dagegen ist hohe Intelligenz bei der Produktion von Dienstleistungen potenziell nützlich, aber dies hängt
davon ab, wie viele intelligente Menschen sich auf einem bestimmten Raum ballen: Eine isolierte intelligente Arbeitskraft im Dienstleistungssektor ist nicht produktiver als ein Bauer, aber je mehr
kluge Köpfe in der Metropole zusammenkommen, desto produktiver werden sie alle. Zum Schluss fügen wir noch die bekannte Tatsache über Mieten hinzu: Je mehr intelligente Menschen sich in der
Metropole scharen, umso höher steigen die Mieten.

Wer also erhält die Agglomerationsgewinne, und stehen sie den
Profiteuren auch zu? Wie in dem vorangehenden Szenario werden
die Gewinne geteilt zwischen den Arbeitskräften, die in der Metropole leben, und den Vermietern. Wir könnten die jeweiligen Anteile
ziemlich genau berechnen, aber für unsere gegenwärtigen Zwecke

spielt dies keine Rolle. Der springende Punkt ist, dass in diesem Szenario nur eine Gruppe eindeutig verdient, diese Gewinne zu bekommen, weil nur sie für die Handlungen verantwortlich ist, die von zentraler Bedeutung für die Generierung der Gewinne waren: nämlich die gewöhnlichen Bürger in allen gesellschaftlichen Gruppen, die insgesamt die Rechtsstaatlichkeit stützen. Aber sie erhalten *nichts* von den Gewinnen. Ein Teil der Gewinne fließt intelligenten Arbeitskräften im Dienstleistungssektor zu und der Rest den Vermietern. Da die Gruppe, die einen eindeutigen ethischen Anspruch auf einen Teil der Gewinne hat, leer ausgeht, sprechen starke Argumente für eine Besteuerung. Aber wie im vorherigen Szenario werden Grundsteuern allein nicht jene Gewinne erfassen, die den intelligenten Fachkräften in der Metropole zufließen.

Die beiden Szenarien haben ein bedeutsames Merkmal gemein: Die Hochqualifizierten, die die Agglomerationsgewinne einstreichen, glauben ernsthaft, dass ihnen diese zustehen. Ihr Glaube wurzelt in der Tatsache, dass sie viel verdienen, weil ihre Produktivität hoch ist. Und sie glauben, dass ihre Produktivität hoch ist, weil sie hochqualifizierte Spezialisten sind (Szenario 1) oder weil sie ungewöhnlich intelligent sind (Szenario 2). Diese Aussagen enthalten so viel Wahrheit, dass es verständlich ist, dass jene, denen sie zupasskommen, daran glauben. Aber sie sind nicht die *ganze* Wahrheit. Die Produktivität der Metropole hängt von den öffentlichen Gütern ab, die von der gesamten inländischen Bevölkerung bereitgestellt werden, wie etwa Rechtsstaatlichkeit und vergangene Investitionen in die Infrastruktur zur schnellen Vernetzung. Von ihnen profitieren alle Menschen in einem gewissen Maß, aber ganz besonders Hochqualifizierte, die in Metropolen arbeiten. Agglomerationsgewinne werden ihrem Wesen nach *kollektiv* produziert. Sie sind das Ergebnis der Interaktionen zwischen Millionen Erwerbstätigen, nicht bloß das Ergebnis der individuellen Anstrengung einer jeden hoch bezahlten Arbeitskraft. Die Höchstqualifizierten verdienen es, einen *Teil* der Erträge ihrer hohen Produktivität für sich zu behalten. Aber ihnen stehen nicht alle zu. Und sie verdienen auch keinen so großen Anteil wie jemand, der nicht in der Metropole ansässig ist und dessen Produktivität durch andere nicht so stark erhöht wird.

Das Effizienz-Argument für die Besteuerung der Agglomerationsgewinne

Bislang habe ich lediglich die ethischen Gründe für die Besteuerung der Agglomerationsgewinne betrachtet. Aber es gibt noch einen weiteren Aspekt der Besteuerung, der gerade Ökonomen besonders interessiert: die Effizienz. Die Wirtschaftswissenschaftler finden dies zu Recht faszinierend, und ihr Berufsstand liefert in Bezug auf die Besteuerung der Agglomerationsgewinne zumindest einige nützliche Erkenntnisse.

Von zentraler Bedeutung ist dabei das Konzept *ökonomischer Renten*. Darunter versteht man sämtliche Geldbeträge, die jemandem für eine Tätigkeit zufließen und über den Mindestbetrag hinausgehen, der ihn zu dieser Tätigkeit veranlasst hätte. Für unser vorheriges ethisches Kriterium ist dieses Konzept irrelevant. Nur weil eine Star-Tennisspielerin für weniger spielen würde als das Turnierpreisgeld, das sie gewinnt, ist es doch nicht illegitim, wenn sie es behält. Die Starspielerin verdient ökonomische Renten mit ihrem außergewöhnlichen Talent, aber da ebendies ihr Talent ist, steht ihr auch das Einkommen zu, das sie damit erwirbt. Doch wenn wir von der ethischen zur Effizienzbetrachtung übergehen, erweist sich das Konzept ökonomischer Renten als wirklich nützlich. Definitionsgemäß wirkt sich die Besteuerung der Rente nicht auf die Entscheidung zur Arbeitsaufnahme aus, und daher führt die Besteuerung nicht zu Ineffizienz. Die Agglomerationsgewinne sind ökonomische Renten: Gemäß dem Effizienzkriterium sind sie das ideale Ziel einer Steuererhebung.

In dem einfachen Szenario, in dem alle Agglomerationsgewinne Grundeigentümern zufließen, ist es offensichtlich, dass wir durch Besteuerung ihrer Gewinne ihr Verhalten nicht in einer Weise beeinflussen, welche die Entwicklung der Stadt bremst. Vielleicht erinnern Sie sich, dass wir sie an einem Strand zurückgelassen haben: Sobald wir sie besteuern, müssen sie vielleicht wie wir alle arbeiten. Aber selbst in den anderen Szenarien ist die Besteuerung der Renten effizient. Die Anwältin für Gesellschaftsrecht in ihrem Ein-Zimmer-Apartment wird einen Teil des spektakulären Überschusses ihres Einkommens über ihre Miete verlieren, aber solange sie finanziell weiterhin besser dasteht, als wenn sie in einer Kleinstadt arbeiten würde, wird sie weiterhin in der Metropole tätig sein. Ebenso können wir in unserem anderen Szenario die Hochqualifizierten, die in der Metropole Dienstleistungen erbringen, besteuern, ohne ihr Verhalten zu verändern, solange wir sicherstellen, dass sie besser dastehen, als wenn sie als Landwirte arbeiteten.

In Bezug auf die Steuereffizienz ist das Entdecken ökonomischer Renten gleichbedeutend mit dem Finden des Heiligen Grals: Es ermöglicht Steuereinnahmen ohne Kollateralschäden. Falls sich dies anhört, als wäre es zu schön, um wahr zu sein, dann machen Sie sich darauf gefasst, dass es noch besser kommt. Hierfür müssen wir ein weiteres nützliches wirtschaftswissenschaftliches Konzept einführen, das des *Rent-Seeking*.

Rent-Seeking ist eine Gefahr. Betrachten wir dazu ein Beispiel. Angenommen, ein Parlament verabschiedet ein Gesetz, das einer Gruppe von Produzenten ein Monopol gewährt. Warum hat das Parlament etwas Derartiges getan? Weil die Abgeordneten gezielt beeinflusst und mit Belohnungen geködert wurden. Das verabschiedete Gesetz erzeugt Renten, und die Lobbyarbeit zielte darauf ab, einer bestimmten Gruppe Gelegenheit zum Abschöpfen dieser Renten zu geben. Genau das ist mit Rent-Seeking – dem Streben nach Renten – gemeint. Die bekannte Volkswirtin Anne Krueger wies nach, dass Lobbyarbeit und andere Arten von Rent-Seeking-Verhalten bis zu dem Punkt zunahmen, wo ein zusätzlicher Dollar, der dafür ausgegeben wird, einen zusätzlichen Dollar Rente abwirft. Die für Rent-Seeking verwendeten Ressourcen sind vollkommen vergeudet.

Die Agglomerationsgewinne sind Renten: Verlocken sie mithin zum Rent-Seeking? Wirtschaftswissenschaftler haben diese Frage nie gestellt, und es gibt einen einfachen Grund dafür. Wenn das Henry-George-Theorem richtig ist und die Gewinne nur Grundeigentümern zufließen, dann gibt es keinen Spielraum für Rent-Seeking. Das Angebot an Grund und Boden ist unveränderlich und daher nicht anfällig für Lobbyismus oder eine andere Aktion. Aber das Henry-George-Theorem ist falsch. In einer Metropole fließen die meisten Agglomerationsgewinne den Hochqualifizierten mit geringem Wohnraumbedarf zu. Mit einem Mal tun sich viele Gelegenheiten zum Rent-Seeking auf. Menschen bahnen sich ihren Weg an Arbeitsplätze, indem sie gut vernetzte Verwandte »bearbeiten«; sie bezahlen Privatlehrer für die zusätzlichen Bildungsanstrengungen, die ihnen weitere Qualifikationen verschaffen; sie gehen zu Hunderten Vorstellungsgesprächen. Oder sie reduzieren ihre Wohnraumansprüche, indem sie die Heirat oder ihren Kinderwunsch aufschieben. All dies ist eine Form des Rent-Seeking. In dem Konkurrenzkampf um das Abschöpfen der lukrativen Agglomerationsrenten kommt es zu Verhaltensverzerrungen. Das Rent-Seeking erhöht nicht die Gesamtgröße des Kuchens, es fügt Menschen, die in der Mitte ihres Berufswegs miteinander konkurrieren, lediglich einen kollektiven Verlust an Wohlbefinden zu. Diese Verluste durch Rent-Seeking können massiv sein.

Durch Besteuerung der Agglomerationsgewinne verringern wir die Gelegenheiten zu Rent-Seeking. Es würde sich zwar noch immer lohnen, einen Job in der Metropole zu bekommen, aber da es weniger lukrativ wäre, würde die Bereitschaft von Personen zu extremen Maßnahmen sinken. Das Aufschieben des Kinderwunsches, nur weil man in einem bereits sehr teuren Apartment in London oder New York City bleiben will – und sich ein größeres Apartment nicht leisten kann –, könnte zu einem allzu großen Opfer werden. Die ökonomischen Renten der Agglomeration in unseren florierenden Großstädten sind gegenwärtig unglaublich hoch. Der Ansturm auf sie schadet nicht nur den Menschen, die sich daran beteiligen, vielmehr mag dessen schiere Wucht die Menschen blind machen für den nicht wiedergutzumachenden Schaden, den sie sich dadurch womöglich selbst zufügen.

Zusammenfassung: Wie können die Agglomerationsgewinne besteuert werden?

Grundsätzlich gilt es heute als sinnvoll, ökonomische Renten zu besteuern. Der einflussreichste Befürworter in jüngster Vergangenheit ist der Nobelpreisträger und Begründer der Theorie des Wirtschaftswachstum, Robert Solow, der behauptete, ökonomische Renten hätten zugenommen und sie sollten daher steuerlich stärker belastet werden, während Arbeitseinkommen entlastet werden sollten.

Mit dieser Rückendeckung werde ich jetzt die beiden Argumentationslinien zusammenführen. Die Besteuerung der Agglomerationsgewinne ist sowohl aus ethischen Erwägungen als auch aus Gründen der Effizienz klug und sachgerecht. Jedes dieser Kriterien ist relevant, und es gibt einige weitere Steuern, die beide Kriterien erfüllen.

In der Regel bestehen außergewöhnlich starke ethische Gründe für die Besteuerung von Agglomerationsgewinnen in Metropolen. Normalerweise ist das Beste, was wir über eine Steuer sagen können, dass die Last gerecht verteilt ist, aber in diesem Fall ist die Besteuerung der Renten notwendig, um die Gewinne besser mit dem in Einklang zu bringen, was allen aus ethischen Erwägungen berechtigterweise zusteht. In ähnlicher Weise können wir aus Effizienzgründen für eine Steuer bestenfalls erhoffen, dass sie kaum Kollateralschäden anrichtet. Nur wenige Steuern erfüllen selbst diese sich bescheiden anhörende Bedingung, aber die Besteuerung der Agglomerationsgewinne könnte die Effizienz sogar *erhöhen*, indem sie Rent-Seeking-Verhalten eindämmt.

Die relevante Frage lautet: Wie lassen sich die Gewinne unter praktischen Gesichtspunkten besteuern? Erinnern Sie sich daran, dass sie zwischen städtischen Grundeigentümern und hochqualifizierten städtischen Fachkräften aufgeteilt werden. Die Abschöpfung dieser Gewinne durch Steuern erfordert daher eine unterschiedlich hohe Besteuerung dieser beiden Gruppen.

Ein vernünftiger Ausgangspunkt ist die Abschöpfung des Wertzuwachses von Boden und Immobilien. Am besten erfolgt dies in Form einer jährlichen Gebühr in Höhe eines bestimmten Prozentsatzes der Grundstücks- und Immobilienwerte.* Das Aufkommen

---

* Eine jährliche Steuer ist besser als eine einmalige Steuer auf den Wertzuwachs, weil bei der Einführung einer einmaligen Steuer Bauträger Investitionen, die den Grundstückswert erhöhen würden, aufschieben und die finanziellen Mittel stattdessen in Lobbyarbeit investieren, um die Aufhebung der Steuer zu erreichen, die sie als Investitionshemmnis anprangern würden. Bei einer jährlichen Steuer fällt dieser strategische Anreiz zum Aufschieben – fachsprachlich »Optionswert« genannt – weitgehend weg.

einer solchen Steuer sollte *landesweit* verwendet werden: Es wird benötigt, um die Umverteilung auf andere Städte zu finanzieren, denen die gleichen Kräfte, von denen die Metropole profitiert hat, schwer zusetzen. Statt stärker besteuert zu werden als andere Einkommensarten, wird der Wertzuwachs von Grundstücken in Metropolen gegenwärtig geringer besteuert. In vielen Ländern – Großbritannien ist eines davon – wird er sogar kaum besteuert. Das ist ein Konstruktionsfehler im Steuersystem von gigantischen Ausmaßen. Im 19. Jahrhundert zerbrachen sich Politiker den Kopf über »die unwürdigen Armen (die es nicht verdienten, dass man ihnen half)«. Politiker des 21. Jahrhunderts sollten sich den Kopf über die Folgen unserer politischen Versäumnisse zerbrechen; wir haben heute viele Tausende »unwürdige Reiche«. Leider sind nicht wenige von ihnen Politiker. Die Rechte will die Reichen schützen, die Linke will sie rösten. Wir müssen sie differenziert betrachten. Einige sind unglaublich nützlich für die Gesellschaft, andere haben lediglich die Früchte kollektiver Anstrengungen eingeheimst.

Aber der Kernpunkt unserer Analyse ist, dass ein Großteil der Renten nicht den Grundeigentümern zufließt, sondern Hochqualifizierten, die in der Metropole arbeiten. Die Abschöpfung dieser Renten erfordert eine steuerliche Innovation: Steuersätze müssen nicht nur, wie gegenwärtig, nach Einkommen differenziert werden, sondern nach Einkommen und Wohnsitz: Wer ein hohes Einkommen und einen Wohnsitz in der Metropole hat, muss höher besteuert werden als jemand mit hohem Einkommen, der auf dem Land lebt.

Geringqualifizierte Arbeitskräfte in der Metropole erhalten keinerlei Anteil an den Agglomerationsrenten. Eine große Mehrheit der Geringqualifizierten arbeitet in ländlichen Gebieten, und entsprechend richtet sich die Lohnhöhe eines geringqualifizierten Arbeitnehmers in London, der den Morgenkaffee für den Anwalt zubereitet, danach, was ein Geringqualifizierter in den ländlichen Gebieten verdient. Hinzu kommt ein Zusatzbetrag zur Deckung der höheren Miete, die ein Ein-Zimmer-Apartment in London im Vergleich zu einem Ein-Zimmer-Apartment auf dem Land kostet. Der Eingangssatz der Steuer, die landesweit auf das Einkommen von Geringverdienern erhoben wird, ist auch für Geringverdiener in der Metropole voll und ganz angemessen. Aber die hervorragend verdienende Wirtschaftsanwältin in ihrem Ein-Zimmer-Apartment vereinnahmt Agglomerationsrenten, die mit anderen geteilt werden sollten. Also sollte sie einen höheren Steuersatz zahlen, als wenn sie auf dem Land arbeiten würde, wo ihr diese Renten nicht zuflössen. Das ist keineswegs abwegig: Würde sie in New York City arbeiten, zahlte sie bereits acht Prozent mehr Einkommensteuer, als wenn sie die gleiche Summe in einer kleineren Stadt verdiente. Sie zahlt diesen Steuersatz, weil sie dort *arbeitet*, selbst wenn sie außerhalb der Stadtgrenzen *wohnt*. Wenn sie in London arbeitete, würde sie keinen erhöhten Satz zahlen – aber sie könnte es tun. Bei geringen Steuersätzen auf ökonomische Renten würden nur wenige ihre Arbeitsplatzwahl ändern, und entsprechend wäre die Steuer weitaus weniger schädlich als gegenwärtige Steuern. Die Herausforderung, die sich jedoch mit modernen Techniken der Fiskalanalyse mühelos bewältigen ließe, bestünde darin, zu berechnen, wie hoch die zusätzliche Steuer auf hohe Einkommen von Erwerbstätigen in der Metropole sein dürfte, bevor die Effizienzkosten vergleichbar wären mit gegenwärtigen Steuern. Der Unterschied zwischen dem, was New York bereits tut, und diesem Vorschlag betrifft nur die Frage, wem die Steuereinnahmen zufließen sollten. In New York City fließen die Einnahmen aus der achtprozentigen Einkommensteuer New York City zu; nach meinem Vorschlag würde sie dem ganzen Land zufließen, um die Wiederbelebung von Städten wie Detroit, Sheffield oder Gelsenkirchen zu fördern.

All dies bedeutet, dass der Basissteuersatz, der für die meisten Erwerbstätigen gilt, weiterhin landesweit gelten würde. Aber jeder Steuersatz, der auf höhere Einkommen anwendbar wäre, würde mit einem Aufschlag für Metropolenbewohner versehen werden, der auf die Agglomerationsrenten abzielte, die von dieser Qualifikationsgruppe vereinnahmt werden. Da die Agglomerationsgewinne für die Höchstqualifizierten viel größer sind, würden die Aufschläge für höhere Einkommensniveaus progressiv ansteigen. Da Steuerverwaltungen wissen, wo die Leute leben und arbeiten, ist dies unter praktischen Gesichtspunkten erstaunlich einfach: Tatsächlich sind, wie in dem New Yorker Beispiel, viele Steuern bereits geografisch differenziert.* Das wahrscheinlichste Hindernis ist der unverhältnismäßig große politische Einfluss wohlhabender Stadtbewohner, nicht zuletzt deshalb, weil sie in Parlamenten enorm überrepräsentiert sind. Obgleich sie sich sehr viel auf ihre hehre moralische Gesinnung zugutehalten, wird dieser Vorschlag für eine ethisch gerechte und ökonomisch effiziente Steuer wahrscheinlich auf selbstgerechte Empörung stoßen. Aber erinnern Sie sich: Da wir ökonomische Renten besteuern, sind die absehbaren Gegenargumente – negative Anreizeffekte und der Vorwurf, um das gebracht zu werden, was einem legitimerweise zustehe – den eigenen Interessen dienlich: Machen Sie sich auf eine Lawine »eigennützigen Denkens« gefasst. Aber eine Besteuerung ist nicht nur aus analytischen Gründen gerechtfertigt, sie ist auch die angemessene Reaktion auf die neue urbane Arroganz.

Provinzstädte wiederbeleben: »Gefesselt an einen Leichnam«?

Wie lassen sich Städte wie Sheffield, Detroit und Gelsenkirchen wiederbeleben? Die Besteuerung der Metropole dient nicht der Finanzierung von Sozialleistungen für die Bewohner dieser Orte, sondern der Deckung der Kosten für ihre Wiederherstellung als Cluster produktiver Arbeit. Wie wir gesehen haben, wird der Markt ein einmal zerbrochenes Cluster nicht durch ein neues ersetzen; vielmehr füllt sich die Stadt nach und nach mit Aktivitäten niedriger Produktivität. Aber warum können Marktkräfte kein neues Cluster erzeugen, und wenn Märkte dies nicht zuwege bringen, wieso sollte es dann der Staat richten können?

Ein erfolgreiches Cluster ist der gemeinsame Standort vieler verschiedener Unternehmen, von denen einige miteinander konkur-

---

*   In den USA haben Bundesstaaten und Städte unterschiedliche Steuersätze. In Großbritannien haben Schottland und England heute unterschiedliche Einkommensteuersätze. Der hier unterbreitete Vorschlag unterscheidet sich von diesen Ausgestaltungen nicht in der administrativen Durchführung, sondern in der Zuweisung der resultierenden Einnahmen.

rieren. Die Ballung ermöglicht es ihnen, gemeinsame Skaleneffekte zu realisieren, sodass sie alle von niedrigeren Kosten profitieren. Sobald ein Cluster entsteht, wird es durch Marktkräfte aufrechterhalten: Kein Unternehmen will aussteigen, weil es weiß, dass die anderen Unternehmen nach wie vor da sein werden, nicht irgendwo anders. Aber die *Bildung* eines neuen Clusters ist viel anspruchsvoller. Gerade weil Unternehmen voneinander abhängig sind, ist ein einzelnes viel eher bereit, an einen neuen Standort umzuziehen, wenn es davon ausgeht, dass viele andere die gleiche Entscheidung treffen. Aber wie kann das Unternehmen wissen, ob andere dies tun werden? Wenn der Pionier vorangeht, wird sich ihm vielleicht eine weitere Firma als zweite im Cluster anschließen, und wenn dies geschieht, beschließt vielleicht ein weiteres Unternehmen, der Dritte im Bunde zu werden. Aber es gibt keinen Marktmechanismus für die Generierung und Offenlegung dieser Entscheidungen. Die Bildung von Clustern ist mit einem Koordinierungsproblem konfrontiert, und daher benötigt sie einen Koordinator. Das Silicon Valley verdankt seine Entstehung einer solchen Koordinierung im Umfeld der Stanford University. Was könnte an weniger begünstigten Orten funktionieren?

Privatwirtschaftliche Lösungen für Koordinierungsprobleme

Das Koordinierungsproblem entsteht dadurch, dass die Entscheidung jedes Unternehmens von allen anderen Unternehmen abhängt. In der Volkswirtschaftslehre heißen diese Effekte *Externalitäten (externe Effekte);* weil sie sich nicht auf das Unternehmen selbst, sondern auf andere Unternehmen auswirken, berücksichtigt es sie nicht bei seinen Entscheidungen. Aber es *gibt* Marktlösungen für diese wechselseitige Abhängigkeit: lokal denken, sich hohe Ziele setzen.

Lokal denken

Ein Bereich der Wirtschaft spielt bei der Koordinierung von Unternehmen automatisch eine Rolle: der Finanzsektor. Im besten Falle sammelt er alle verfügbaren Informationen über Unternehmen und lenkt Kapital dorthin, wo sich zukünftige Wachstumschancen bieten. Eine Bank, die ihr Geschäft aus rechtlichen Gründen ausschließlich in einer bestimmten Stadt ausüben dürfte, wüsste, dass ihre eigene Zukunft von dem Erfolg der örtlichen Wirtschaft abhinge. Sie würde die Effekte, die für jede der Firmen, die sie finanzierte, extern wären, internalisieren. Damit dies die Bank nicht in ihrer Existenz bedrohte, müsste sie möglichst viel über die Chancen und wechselseitigen Abhängigkeiten der einzelnen Firmen in Erfahrung bringen. Sie würde sich daher grundlegend von den in Kapitel 4 beschriebenen Finanzinstituten unterscheiden. Sind solche Banken ein Hirngespinst? Im Gegenteil, vor einer Gesetzesänderung im Jahr 1994 waren sie in den USA die Regel. In Großbritannien müssen wir weiter zurückgehen, aber Namen wie The Midland Bank und The Yorkshire Bank zeugen von einer Vergangenheit, in der kommunale bzw. regionale Kreditinstitute eine wichtige Rolle spielten, und in Deutschland sind lokale Banken – Sparkassen und Volksbanken – trotz der Ausdünnung des Filialnetzes noch relativ weit verbreitet. Der Kurswechsel hin zu globalen Banken hätte die Finanzierungsmöglichkeiten für Städte, die neue Unternehmen ansiedeln wollen, verbessern können, indem sie ihnen Zugang zu einem größeren Kapitalpool verschaffte. Aber in der Praxis haben globale Banken kaum Anreize, um in lokalen Wissenserwerb zu investieren. Wenn eine Stadt zu schrumpfen beginnt, werden ihre örtlichen Zweigstellen angewiesen, ihr Kreditvolumen zu reduzieren, und das wiedererlangte Geld wird in andere Städte transferiert. Eine Rückkehr zur Lokalisierung würde dem Finanzsektor einen Anreiz geben, seine für die gesamte Gesellschaft nützliche Rolle zu erfüllen: Informationen über die Realwirtschaft zu sammeln und zu bewerten.

Hoch hinaus …

Die Notwendigkeit der Koordinierung kann mithilfe eines Megaunternehmens überwunden werden: wie zum Beispiel Amazon, das aufgrund seiner Größe ausschließlich durch seine eigene Geschäftstätigkeit so viele Cluster-Skaleneffekte realisiert, dass es sich für das Unternehmen lohnt, die Rolle eines Pioniers zu spielen. Das Unternehmen ist in sich selbst ein Cluster, und dort, wo es sich ansiedelt, lockt es ein ganzes Gefolge von Lieferanten an. In den meisten Branchen ist diese Größe eher ein Handicap: Die Cluster-Effizienzen werden wahrscheinlich durch die Schwierigkeiten wettgemacht, die mit der Steuerung eines Mammutkonzerns verbunden sind. Nur selten ist ein Unternehmen so groß, dass es sein eigenes Cluster bildet. Es gibt sehr viel weniger dieser Firmen als abgehängte Städte, deren Bürgermeister gern hätten, dass sich ein Megaunternehmen bei ihnen ansiedelt. Das Problem, welchen niedergehenden Städten es gelingt, Megakonzerne anzulocken, hat auch eine Marktlösung, aber keine schöne. Ein kluger Megakonzern, der einen neuen Standort sucht, wird eine Auktion abhalten, bei der Städte gegeneinander um den Zuschlag für die Niederlassung bieten. Der Wert des Zuschlags sind die Agglomerationsgewinne, die der Stadt von dem neuen Cluster zufließen werden. Neuere Studien, die Städte, die bei diesen Auktionen den Zuschlag erhielten, mit denen verglichen, die dabei verloren, bestätigen, dass die Gewinne tatsächlich existieren.[7] Die Auktionstheorie sagt uns, wie hoch das Gebot ist, das den Zuschlag erhält: Es ist gleich dem Wert des Auktionsobjekts.* Der Markt »löst« das Koordinierungsproblem, vor dem eine Stadt im wirtschaftlichen Niedergang steht, also dadurch, dass sie sämtliche Gewinne eines neuen Clusters dem Megaunternehmen zukommen lässt. Gegenwärtig führt Amazon eine Auktion unter amerikanischen Städten für einen neuen Standort seiner Zentrale durch. Das Unternehmen ist hinreichend groß, um eine abgehängte Stadt wiederzubeleben, und es ist skrupellos genug, um diese Vorteile für sich einzufordern.

Öffentliche Lösungen für das Koordinierungsproblem

Die Vorstellung, der Staat übernehme die Rolle des Koordinators unternehmerischer Entscheidungen, lässt Marktfundamentalisten erschaudern. Aber ich schreibe diesen Abschnitt in Singapur, und von meinem Schreibtisch aus habe ich eine fantastische Aussicht auf eine Stadt, deren außerordentlicher Wohlstand sich öffentlicher Planung

---

* Es kann den Wert des Auktionsobjekts auch übersteigen; dieses Phänomen wird »Fluch des Gewinners« genannt.

verdankt. Als ich Singapur 1980 erstmals besuchte, hatte man dort gerade den Mindestlohn angehoben, um eine Branche zu vergraulen, die nach Ansicht der Regierung keine Zukunft hatte – die Bekleidungsindustrie. Die Strategie wurde von den Marktfundamentalisten heftig angegriffen: Mindestlöhne würden lediglich die Arbeitslosigkeit in die Höhe treiben. In Amerika und Europa hatte der Staat als Koordinator tatsächlich immer wieder aus sachfremden politischen Erwägungen heraus in den Markt eingegriffen, mit blamablen Ergebnissen. Aber Ostasien ist ein lehrreiches Korrektiv, das zeigt, dass Koordinierung erfolgreich sein kann. Der Gründer Singapurs, Lee Kwan Yew, verstand die ökonomischen Zusammenhänge und ethischen Herausforderungen des Agglomerationsprozesses. Seine Politik spiegelte dies wider: »Ich sah keinen Anlass, weshalb private Grundeigentümer von einem der wirtschaftlichen Entwicklung und der mit öffentlichen Geldern finanzierten Infrastruktur geschuldeten Wertzuwachs von Grund und Boden profitieren sollten.«[8]

Hier nun eine Strategie, die, oberflächlich betrachtet, die geringsten Verzerrungseffekte hat. Wenn die Metropole einer zusätzlichen Besteuerung unterworfen wird, warum sollte man die Einnahmen dann nicht dazu verwenden, eine entsprechend niedrigere Besteuerung von Firmen in abgehängten Städten zu finanzieren, und es anschließend dem Markt überlassen, zu entscheiden, welche Unternehmen sich dort ansiedeln? Dies löst allerdings das Koordinierungsproblem nicht, und es scheitert aus dem gleichen Grund, aus dem der Markt Cluster *aufrechterhält*, sobald sie sich gebildet haben, aber selbst keine *erzeugt*. Zu wissen, dass Unternehmen, die sich in einer wirtschaftlich abgehängten Stadt ansiedeln, weniger Steuern zahlen, hilft einem Pionierunternehmen nicht, herauszufinden, welche Firmen umsiedeln, wohin sie ihren Standort verlegen oder wann sie dies tun werden. Bürgermeistern bliebe weiterhin nichts anderes übrig, als Gebote für die Ansiedlung von Megakonzernen abzugeben. Aber die Auktion eines Megakonzerns hätte jetzt noch einen zusätzlichen Aspekt. Da alle abgehängten Städte in den Genuss dieses Steuervorteils kämen, hätten sie nach wie vor den gleichen Anreiz, gegeneinander zu bieten, um die Auktion zu gewinnen. Wie zuvor würde der Megakonzern einen Gewinn abschöpfen, der gleich dem Wert des Auktionsobjekts für die Stadt wäre, aber jetzt erhielte er die Steuersubvention als Zugabe obendrauf. Was aber könnte funktionieren?

Pioniere entschädigen

Abgehängte Städte müssen Unternehmen anziehen, die so dynamisch sind, dass sie in ihrem Schlepptau ein neues Cluster erzeugen. Solche Pionierunternehmen sind jedoch rar, weil sie vermutlich pleitegehen, wenn andere Unternehmen ihrem Beispiel nicht folgen. Aber selbst wenn ihnen andere Unternehmen folgen, ist der Pionier im Vergleich zu den Nachzüglern weiterhin im Nachteil. Wenn Pionierunternehmen nach den Fachkräften suchen, die sie brauchen, werden sie sie wahrscheinlich nicht finden. Wie sollen ortsansässige Arbeitskräfte derartige Qualifikationen erwerben, wenn es bislang dort keine Unternehmen gab, die diese nachfragten? Der Pionier muss daher Fachkräfte aus anderen Regionen an seinen Standort holen, damit sie die ortsansässigen Mitarbeiter allmählich schulen, was wahrscheinlich kostspielig ist. Wenn nun ein zweites Unternehmen beschließt, sich in derselben Stadt anzusiedeln, wird es ihm leichter fallen, die benötigten Fachkräfte zu rekrutieren – es kann einige der Arbeitskräfte, die der Pionier ausgebildet hat, abwerben. Folglich sind die Anlaufkosten des zweiten Unternehmens niedriger als die des Pioniers, sodass es eine höhere Kapitalrendite erzielen kann.

In anderen Worten: Clusterpioniere haben einen eindeutigen *Wettbewerbsnachteil*. Das ist eine Besonderheit, denn normalerweise haben Pioniere einen *Wettbewerbsvorteil*, aber er gilt für Pioniere auf neuen *Märkten* und neuer *Technologien*. Wenn ein Unternehmen als Erstes in einen Markt eintritt, dann hat es einen Vorsprung vor Folgeunternehmen, weil es bei seinen Kunden Markentreue aufbauen kann – man denke nur an Hoover. Und wenn ein Unternehmen als Erstes eine neue Technologie einführt, kann es sich diese patentieren lassen – man denke an Apple. Aber wenn das Unternehmen ein neues Cluster gründen will, das sein Produkt mit einer etablierten Technologie in einem etablierten Markt verkauft, dann trägt der Pionier die Kosten, die spätere Firmen sparen.

Für eine abgehängte Stadt leistet ein Clusterpionier jedoch einen wichtigen Beitrag zur wirtschaftlichen Revitalisierung. Was also soll man tun? Da der Pionier externe Effekte erzeugt, sollte dieser gesellschaftliche Wohlfahrtseffekt durch öffentliche Gelder ausgeglichen werden. Dies ist im Grundsatz einfach, aber die Umsetzung erfordert fachkundige und spezialisierte Behörden. Wie lässt sich das am besten erreichen?

Entwicklungsbanken

Es ist eine Sache, Gelder für ein gutes Ziel bereitzustellen, eine andere ist es, sie möglichst wirtschaftlich auszugeben. Die Behörden, die öffentliche Gelder in Unternehmen investieren, sind Entwicklungsbanken, und ihre Aufgabe ist es, in die Privatwirtschaft zu investieren, um ein öffentliches Ziel zu erreichen. Alle großen Staaten und supranationalen Organisationen haben sie: Die Europäische Union hat eine sehr große, die Europäische Investitionsbank und Japan und China haben vergleichbare Institute. Eine Entwicklungsbank mit dem Auftrag, die Wirtschaft in Provinzstädten wiederzubeleben, ist ein potenzielles Instrument zur Verteilung der Einnahmen aus den neuen Steuern, die auf die Metropole erhoben werden. Einige Entwicklungsbanken waren sehr erfolgreich bei der Realisierung ihrer Ziele, andere sind im Morast der Korruption versunken: Alles hängt davon ab, dass sie ein klares Mandat, hohe Integritätsstandards und motivierte Mitarbeiter haben, die an das Mandat glauben und einer sorgfältigen, sachorientierten Aufsicht unterliegen. »Sachorientiert« ist hier das entscheidende Wort. Investitionen in den Aufbau von Clustern sind riskante, langfristige Vorhaben; oftmals wird man jahrelang nicht wissen, ob eine Investition erfolgreich ist, und es wird viele Fehlschläge geben. Wenn die Politiker und die Öffentlichkeit, denen die Bank rechenschaftspflichtig ist, dies nicht verstehen, wird sie allzu vorsichtig agieren und nicht erfolgreich sein. Eine Entwicklungsbank, die versucht, eine Stadt im Niedergang wiederzubeleben, indem sie Aktivitäten finanziert, die die Produktivität ortsansässiger Arbeitskräfte deutlich steigern können, muss risikofreudig, gut informiert und engagiert sein. Wie bei Wagniskapitalfirmen müssen ihre Mitarbeiter hin und wieder in das operative Tagesgeschäft eingreifen, und manchmal werden selbst hochmotivierte Mitarbeiter, die jahrelang für ein Projekt tätig sind, schließlich mit der Tatsache konfrontiert sein, dass all ihr Einsatz umsonst war. Die Bank kann nur auf der Basis ihres Gesamtportfolios und ihrer langfristigen Leistungsbilanz beurteilt werden.* Aber angesichts der allgemeinen Unzulänglichkeiten herkömmlicher Finanzmärkte (die wir in Kapitel 4 erörtert haben) sind diese Banken mit den richtigen Mitarbeitern jedenfalls einen Versuch wert.

Gute Rahmenbedingungen schaffen: Wirtschaftszonen

Pionierunternehmen kommen nur dann in eine Stadt, wenn es dort einen geeigneten Standort für ihre Niederlassungen gibt. Firmen können ein verlassenes Gebäude kaufen und es ihren Bedürfnissen anpassen, aber Gewerbegebiete stellen die zweckgebundenen Flächen und die Infrastruktur bereit, die ein Cluster wahrscheinlich benötigt. Viele Unternehmen suchen die Nähe anderer Firmen. Vermutlich besitzt die Stadt, nachdem sie ihr früheres Cluster verloren hat, ein Viertel mit leer stehenden Fabrikgebäuden. Mit öffentlichen Geldern kann eine städtische Agentur finanziert werden, die das Viertel saniert und ein neues Gewerbegebiet verwaltet.

Eine zentrale Frage für solche Agenturen ist der Preis, den sie für Grundstücke zahlen. Sobald die Agentur in den Markt eintritt, steigt der Wert ungenutzter Flächen. Sie gibt nicht nur Angebote für deren Erwerb ab, sondern die Aussicht, ein Cluster zu schaffen, erhöht den zukünftigen Wert des Bodens. Da die Agentur für diesen Wertzuwachs verantwortlich ist, sollte ganz offensichtlich auch ihr – und nicht dem Grundeigentümer – die Wertsteigerung zustehen. In Großbritannien wurde dieser Grundsatz im Development Corporations Act (Gesetz über Entwicklungsgesellschaften) von 1981 verankert. Aber Richter sind keine Wirtschaftswissenschaftler oder Verwaltungsfachleute, und gewiefte Anwälte versuchen, das Gesetz sehr weit auszulegen – ein klassisches Beispiel von Rent-Seeking durch »eigennütziges Denken«. In der Vergangenheit ist es gewieften Anwälten auf diese Weise gelungen, die Staatskasse zu plündern: Bei der Auslegung des zur Grundstücksbewertung herangezogenen

---

* Diese Ideen wurden maßgeblich beeinflusst von meinen Gesprächen mit Diana Noble, die als CEO der britischen Entwicklungsfinanzierungsagentur CDC deren Fokus erfolgreich darauf ausrichtete, Unternehmen dazu zu bringen, in armen Ländern Arbeitsplätze zu schaffen.

Gesetzes wird heutzutage eine Zwischensumme zwischen dem Grundstückswert ohne Nachfrage durch die Agentur und seinem Wert mit Nachfrage durch die Agentur ermittelt, und den Grundeigentümern fließt für gewöhnlich ein erheblicher Teil der Wertsteigerung zu, der eigentlich der Agentur zustünde. Das lässt sich korrigieren, aber das Gesetz sollte so abgefasst werden, dass es den Talenten von Anwälten zu einseitig interessengeleiteten Spitzfindigkeiten und den begrenzten Fähigkeiten von Richtern, dem Gemeinwohl Geltung zu verschaffen – sofern es für sie überhaupt relevant ist –, von vornherein Rechnung trägt.

Investitionsförderungsagenturen

Die Agenturen, die Gewerbegebiete ausweisen und verwalten, blicken sozusagen nach innen, auf die Stadt und ihre Einrichtungen. Investitionsförderungsagenturen blicken nach außen, auf Firmen, die sich eventuell in der Stadt ansiedeln würden. Wenn der Markt reibungslos funktionieren würde, wie es die Ideologen der Rechten annehmen, wären Investitionsförderungsagenturen Geldverschwendung. Die Iren wissen es besser. In den fünfziger Jahren war Irland eine der ärmsten Regionen Europas. Um das zu ändern, gründete die irische Regierung eine Investitionsförderungsagentur, die mit erstaunlichem Erfolg internationale Firmen anlockte und neue Arbeitsplätze schuf.* Die Agentur stellte ein Team von Mitarbeitern zusammen, die Recherchen über infrage kommende Industriezweige durchführten, Kontakte zu potenziell interessierten Unternehmen herstellten und eines der größeren als einen potenziellen »Anker-Investor« umwarben.

Sobald ein solches Unternehmen sein Interesse bekundete, arbeitete die Irish Investment Authority mit ihm zusammen und lernte dabei, mögliche Probleme vorherzusehen, mit denen das Unternehmen bei seiner Ansiedlung in Irland konfrontiert wäre. Nachdem sich die Behörde über die Geschäftstätigkeit des Unterneh-

---

* Ich möchte Professor John Sutton danken, dem Dekan des Fachbereichs Wirtschaftswissenschaften an der London School of Economics und Doyen der Industrieökonomik (sowie stolzem Irländer), auf dessen Erkenntnissen dieser Abschnitt basiert.

mens gründlich informiert hatte, versuchte sie, diese zukünftigen Probleme im Vorfeld zu lösen, und beriet andere Behörden wie etwa Kommunalverwaltungen dabei, auf welche Weise sie das Unternehmen unterstützen könnten. Die Beziehung zu dem Unternehmen endete nicht, nachdem es seine Investition getätigt hatte. Der Mitarbeiter der Agentur, der den Auftrag erhalten hatte, sich gründlich über die Geschäftätigkeit zu informieren, hielt engen Kontakt und versuchte, weitere lukrative Chancen für das Unternehmen ausfindig zu machen. Über die Hälfte der Auslandsinvestitionen in Irland war die Folge solcher anschließenden Geschäftsausweitungen.

Die Investitionsagentur und die Agentur, die das Gewerbegebiet verwaltet, müssen sich selbstverständlich miteinander koordinieren, da jede Informationen hat, die für die andere wichtig sind. Aber ihre Aufgaben sind doch so unterschiedlich, dass es ihre behördliche Eigenständigkeit rechtfertigt.

Wissenscluster: lokale Universitäten

Die meisten Provinzstädte verfügen heute über Universitäten, und diese sollten eine herausragende Rolle bei der Wiederbelebung ihrer Stadt spielen. Dass es Sheffield gelungen ist, sich von dem Zusammenbruch seiner Stahlindustrie zu erholen, verdankt sich zu einem großen Teil dem glücklichen Umstand, dass die Stadt zwei angesehene Universitäten beherbergt. Einige Fachgebiete sind besser als andere darin, Wissen zu generieren, das sich kommerziell anwenden lässt. Die praktische Verwertung des neuen Wissens eignet sich in besonderer Weise für Clusterbildung: Erkenntnisfortschritte verdanken sich oftmals der Verknüpfung zweier neuer Entdeckungen, die bis dahin unverbunden nebeneinanderstanden, daher hilft die Nähe zu anderen Wissenschaftlern. Und Wissen fließt auch nicht einfach aus der Grundlagenforschung in Anwendungen. Oftmals lernt man aus der Anwendung von Erkenntnissen der Grundlagenforschung, wo man nach weiteren Fortschritten suchen sollte. Folglich hilft die Nähe zu Unternehmen, die Wissen anwenden, sowohl ihnen als auch den Universitäten. In den engen Verbindungen zwischen der Stanford University und dem Silicon Valley sowie zwischen Harvard-MIT und dem Wohlstand der Region Boston wird dieser Prozess auf nachdrückliche Weise sichtbar.

Allerdings halten manche Wissenschaftler auch hochtrabende Plädoyers für die reine, nicht anwendungsorientierte Forschung. Selbstverständlich sollte eine wohlhabende Gesellschaft auch Ressourcen für die Gewinnung solcher nicht unmittelbar anwendungsbezogener Erkenntnisse bereitstellen, aber Universitäten in wirtschaftlich abgehängten Städten sollten ihre Verpflichtung gegenüber ihrer Gemeinde erkennen. Universitäten in Provinzstädten müssen sich auf jene Fachgebiete fokussieren, bei denen eine realistische Chance besteht, dass sie Kontakte zu Unternehmen knüpfen. Das ist ein weiterer möglicher Verwendungszweck öffentlicher Gelder.

Universitäten generieren nicht nur kommerziell verwertbares Wissen, sie unterrichten auch Studenten; ob diese später einmal produktive Arbeitskräfte werden, hängt davon ab, was ihnen beigebracht wird und wie gut sie mit potenziellen Arbeitgebern vernetzt sind. Schlimmstenfalls konzentrieren Universitäten in krisengebeutelten Provinzstädten ihre Lehre auf Fächer, die ihren Absolventen keine auf dem Arbeitsmarkt begehrte Qualifikationen vermitteln. Sie bilden Akademiker aus, die zwar ein Diplom, aber keine marktgängige Qualifikation besitzen. Junge Leute werden dazu verlockt, Kredite aufzunehmen, die sie später mit ihrer Qualifikation nicht zurückzahlen können.

Der geeignete Ort für die Vermittlung neuer Qualifikationen in einer abgehängten Stadt sind ihre Universität und ihre Fachhochschule. Wenn alles gut läuft, entstehen enge Verbindungen zwischen den Firmen, die sich in einer Stadt ansiedeln und ein neues Cluster schaffen, und den einschlägigen Fachbereichen der örtlichen Universität oder Fachhochschule: Sie kooperieren in der angewandten Forschung und bei der Ausbildung von Arbeitskräften. In partnerschaftlicher Zusammenarbeit können Unternehmen, Universität und Fachhochschule Programme entwickeln, die älteren Arbeitskräften auf dem Arbeitsmarkt benötigte neue Kompetenzen vermitteln.

Schluss: »Alles Notwendige«

Die geografische Spaltung zwischen florierenden und verödenden Städten ist nicht unabänderlich; sie ist in jüngerer Vergangenheit entstanden und lässt sich rückgängig machen. Aber das erreicht man nicht durch kleine Retuschen an der bisherigen Politik. Noch wichtiger ist die Tatsache, dass Standortentscheidungen von den eigenen Erwartungen abhängen: Firmen siedeln sich dort an, wo sich ihrer Einschätzung nach auch andere Firmen ansiedeln werden. Erwartungen basieren gegenwärtig auf den Veränderungen in den letzten Jahrzehnten, und daher ist die Dynamik selbst erfüllend. Um dies zu ändern, bedarf es eines so weitreichenden politischen Kurswechsels, dass sich die Erwartungen grundlegend neu ausrichten.

Angesichts der Ungewissheiten darüber, wie effektiv jede der oben diskutierten Maßnahmen tatsächlich ist, würde eine sofortige Umsetzung irgendeiner davon auf breiter Front jeglicher Grundlage entbehren. Sie müssen im Rahmen eines bedächtigen Prozesses schrittweisen Experimentierens getestet werden. Aber ein solcher Prozess wird nicht den notwendigen Schock erzeugen. Wie lässt sich die Notwendigkeit eines umsichtigen Experiments mit der Notwendigkeit eines Schocks in Einklang bringen? Die Lösung besteht darin, ein nachdrückliches politisches Bekenntnis zu dem Ziel einer Verringerung der geografischen Ungleichheiten abzulegen. Im Jahr 2011 stand die Eurozone vor dem gleichen Dilemma: Politische Entscheidungsträger wussten nicht, welche Maßnahmen sich bei der Verteidigung des Euro bewähren würden, und so begannen sie mit einer Reihe von Experimenten. Aber diese erfolgten auf der Grundlage eines unmissverständlichen Bekenntnisses des Präsidenten der Europäischen Zentralbank, der versicherte, »alles Notwendige zu tun«. Die Aussage hatte eine sofortige und dauerhafte Wirkung; die Spekulationen hörten auf, weil Mario Draghi für sich ein Scheitern ausschloss. Wir brauchen das gleiche entschlossene politische Bekenntnis zu den abgehängten Städten.

8 Die soziale Spaltung: Überfluss und Entbehrung

Wie ich in Teil I berichtete, verkörpern meine Cousine und ich eine vermeidbare Divergenz. Warum ist es dazu gekommen? Was kann man dagegen tun?

In vielen Familien sind die Erwachsenen heute höher gebildet und höher qualifiziert als je zuvor in der Menschheitsgeschichte; sie neigen stärker als je zuvor dazu, Partner zu heiraten, die wie sie selbst sind; Männer haben eine revolutionäre, historisch beispiellose Familiennorm der Gleichberechtigung und Kooperation übernommen, und Eltern kümmern sich intensiver um ihre Kinder als je zuvor. Erfolg stabilisiert solche Familien; ihre Kinder erben den Erfolg der Eltern. Diese Familien haben alles: Sie werden zu Dynastien.

In vielen anderen Familien haben die Erwachsenen nur ein geringes Bildungsniveau, und die Qualifikationen, die sie so mühsam erwarben, haben ihren Wert verloren. Auch sie heiraten eher Partner, die wie sie selbst sind, aber das ist auf schwindende Chancen zurückzuführen: Die »assortative« Partnerwahl unter den Gebildeten lässt Frauen mit weniger Bildung weniger Chancen, aufwärts zu heiraten; Männer aus dieser Gruppe halten zwar an der traditionellen Norm des Ernährers der Familie fest, sind aber nicht länger in der Lage, ihr gerecht zu werden; und Eltern halten an der traditionellen Norm fest, die Erziehung der Schule zu überlassen. Die wachsenden Spannungen infolge des Scheiterns destabilisieren die Familie; Kinder erben die Instabilitäten ihrer Eltern. Diese Familien zerfallen.

Viele der Merkmale, die erfolgreiche Familien ausmachen, sind nicht nur gut für die Familien selbst, sondern auch gut für die gesamte Gesellschaft. Umgekehrt sind viele der Merkmale, die für das Scheitern von Familien verantwortlich sind, nicht nur private Tragödien, sondern soziale Katastrophen. Wenn man die neue soziale Schere wieder schließen will, muss man damit beginnen, die zerfallenden Familien zu stärken. Wir müssen der Tatsache ins Auge sehen, dass der soziale Paternalismus gescheitert ist: Der Staat kann die Familie nicht ersetzen. Aber Familien benötigen mehr Unterstützung denn je zuvor – eine Strategie, die ich *sozialen Maternalismus* nenne.* Aber nicht alle Gewohnheiten erfolgreicher Familien sind für die Gesellschaft insgesamt von Nutzen.

Überlastete Familien unterstützen

Die Menschen, die in Jobs mit niedriger Produktivität enden, beginnen ihr Leben oft mit Eltern, die schlecht darauf vorbereitet sind, sie großzuziehen. Wie wir in Kapitel 5 gesehen haben, hat die Anzahl der Kinder stark zugenommen, die in Haushalten aufwachsen, in denen ein biologisches Elternteil oder beide fehlen. Leider richtet das oftmals nicht wiedergutzumachende Schäden an. Aus diesen brutalen Tatsachen folgt, dass öffentliche Maßnahmen zu einem frühen Zeitpunkt im Leben eines Kindes beginnen müssen; dabei geht es darum, Familien zu helfen zusammenzubleiben und elterliche Fürsorge durch andere Formen der Unterstützung zu ergänzen.

Die Familie zusammenhalten

Aus irgendeinem Grund wurde die Ansicht, Zwei-Eltern-Familien sollten möglichst gefördert werden, mit der politischen Rechten gleichgesetzt und als »sozialer Konservatismus« bezeichnet. Aber nur die extremsten Vertreter des Anarchismus sind jemals für die freie Liebe eingetreten. Wie Alison Wolf, eine der renommiertesten britischen Expertinnen für Sozialpolitik, sagt: »Keine bekannte menschliche Gesellschaft hat jemals vollkommene sexuelle Freizügigkeit praktiziert. Im Gegenteil, sie alle hatten eine allgemein anerkannte Institution der Ehe ... Sämtliche Gesellschaften hatten – oftmals drakonische – Regeln, die Männer, die Kinder zeugten, dazu zwingen sollten, die Mütter zu heiraten.«[1] Diese Regeln haben ihre guten Gründe. Zum Zeitpunkt der Geburt ihres Kindes wollen die allermeisten unverheirateten Mütter den Kindsvater heiraten, und die

---

* Ein Terminus, der so neu ist, dass meine Rechtschreibprüfung ihn nicht erkannt hat.

meisten Männer wollen die Kindsmutter ebenfalls. Aber fünf Jahre später sind nur noch 35 Prozent dieser Paare zusammen, und weniger als die Hälfte von ihnen haben sich ehelich verbunden.[2] Das ist nicht belanglos: Heute ergänzen naturwissenschaftliche Forschungsergebnisse sozialwissenschaftliche Erkenntnisse mit eindeutigen Belegen für Chromosomenschäden. Telomere sind die Schutzkappen an den Enden der DNA-Moleküle: Je kürzer sie sind, umso stärker sind die Zellen geschädigt, und die Gesundheit verschlechtert sich. Wenn die Mutter instabile Beziehungen hat, haben sich die Telomere ihres Kindes im Alter von neun Jahren um 40 Prozent verkürzt.[3] Um das Ausmaß dieses Effekts richtig einordnen zu können: Die *Verdopplung* des Familieneinkommens erhöht die Telomerlänge nur um fünf Prozent. Der Schaden, der durch fehlende Beteiligung des Vaters an der Erziehung entsteht, ist so groß, dass er nicht ausgeglichen werden kann. Dies mag für viele »eine unangenehme Wahrheit« sein, aber es ist keine Entschuldigung dafür, sie zu leugnen.

Die Forderung, dass sich beide Eltern an der Erziehung ihrer Kinder beteiligen sollten, ist nicht per se konservativ; als ein Kernaspekt unserer Verpflichtungen gegenüber anderen würde man ihn eher mit dem Kommunitarismus der Linken als mit dem Individualismus in Verbindung bringen. Die Vorsicht der Linken ist zurückzuführen auf die Vermischung der Verpflichtung der Eltern gegenüber ihren Kindern mit der religiösen Obsession, außerehelicher Geschlechtsverkehr sei eine Sünde, und mit der Vorstellung, die Ehe sei lange Zeit eine Institution zur Unterdrückung von Frauen gewesen. Verschlimmert wurde dies noch durch die Freude, die Teile der Rechten daran haben, Menschen zu stigmatisieren.

Beginnen wir mit der Sünde. Unter den vielen Menschen, die den Begriff als unsinnig abtun, sind einige, die glauben, durch seine Ablehnung würden sie die Verbindung zwischen Sexualität und Verpflichtungen aufbrechen. Sünde ist ein Verstoß gegen die Verpflichtungen gegenüber Gott; wenn es keinen Gott gibt, dann gibt es auch keine Verpflichtung, gegen die man verstoßen könnte. Der Dichter Philip Larkin hat diesen moralischen Einstellungswandel, der sich recht zügig in den sechziger Jahren vollzog, treffend auf den Punkt gebracht: »kein Gott, kein Angstschweiß mehr im Dunkeln/ vor Strafen, Hölle oder so«, wir können jetzt alle »auf der Rutschbahn/in das Glück ohne Ende« gleiten.[4] Aber der »Tod Gottes« entlässt uns nicht aus den Verpflichtungen gegenüber anderen: Richtig verstanden, verstärkt er sie sogar noch. *Gott* ist nicht verantwortlich für das menschliche Elend scheiternder Kinder: *Wir* sind es. So, wie sich soziale Narrative in den sechziger Jahren grundlegend wandelten, als Jugendliche die moralischen Einstellungen ihrer Elterngeneration ablehnten, so muss eine neue Generation diese revidieren und Verpflichtungen, die mit der Sexualität verbunden sind, entschlossen von religiösen Überzeugungen trennen. Sex: ja; unverantwortliches elterliches Verhalten: nein. Was die Behauptung anbelangt, in der Ehe werde die Frau unterdrückt, so besteht die angemessene Lösung nicht darin, auf die Ehe zu verzichten, sondern darin, deren Normen zu verändern, wie es bereits in vielen Ehen geschehen ist. Der Verzicht auf die Ehe führt nicht dazu, dass die Mutter selbstbestimmter entscheiden und handeln kann, sondern zu ihrer Selbstversklavung, da Frauen sich allein abrackern, zwei notwendigen Rollen gerecht zu werden.

Nun zur Stigmatisierung: Menschen machen Fehler, und junge Menschen mit ihrem starken sexuellen Verlangen machen mehr Fehler als andere. Auch wenn wir alles in unserer Macht Stehende tun sollten, um Fehlern vorzubeugen, werden weiterhin viele gemacht werden. Die moralisch angemessene Reaktion der Gesellschaft ist dann Vergebung, nicht Verurteilung. Vergebung erkennt ausdrücklich an, dass ein Fehler gemacht wurde, aber sie verzichtet auf das Bedürfnis nach Bestrafung. Zwei junge Menschen mit einem ungeplanten Kind sollten nicht stigmatisiert, sondern vielmehr ermuntert werden, ihr Kind als Paar großzuziehen.

Aus der Tatsache, dass Entscheidungen in hohem Maße von den Meinungen anderer Personen im eigenen sozialen Netzwerk beeinflusst werden, folgt, dass die Reaktionen von Familien und Freunden eine große Rolle spielen: Wir sind zutiefst soziale Wesen.[5] Aber politische Maßnahmen könnten hier verstärkend wirken. Regierungen könnten den immensen gesellschaftlichen Mehrwert anerkennen, der erzeugt wird, wenn die beiden biologischen Eltern beschließen, mit dem Kind zusammenzuleben: Eine Steuergutschrift könnte die Steuerlast derer senken, die Steuern zahlen, und das Einkommen derer, die keine Steuern zahlen, könnte durch einen Betrag in gleicher Höhe aufgebessert werden. Wenn sich junge Eltern fürsorglich um ihre Kinder kümmern, profitieren wir alle davon, und wir sollten bereit sein, dafür zu zahlen. Denn wenn Eltern dies nicht tun, zahlen wir alle dafür – und zwar einen hohen Preis.

Familienförderung für Kinder im Vorschulalter

Warum sind in Großbritannien 70 000 Kinder in staatlicher »Obhut«? Weil der soziale Paternalismus erst dann eingreift, wenn eine junge Frau ein Kind hat, dessen Erziehung sie überfordert, und man es ihr dann wegnimmt. Es geschieht wiederholt *bei denselben Frauen.* So kam beispielsweise bei einer Studie über Kindeswegnahmen im Londoner Stadtbezirk Hackney heraus, dass auf nur 49 Frauen 205 in Obhut genommene Kinder entfielen. Sozialer Maternalismus würde nicht »abwarten und dann zuschlagen«, vielmehr würde er rechtzeitig erkennen, dass etwas im Leben dieser Frauen total schiefläuft, und ihnen helfen, es wieder auf die Reihe zu bekommen. Die schreckliche Statistik veranlasste einige Privatpersonen dazu, sich zusammenzuschließen und genau dies zu tun: Sie gründeten die Nichtregierungsorganisation *Pause.*[6] Tatsächlich befanden sich die 49 Frauen in einer ziemlich verzweifelten Lage. Bis auf eine waren alle drogen- oder alkoholabhängig. Die Hälfte von ihnen hatte chronische psychische Probleme. Und die Hälfte von ihnen war selbst in Einrichtungen der »Kinderfürsorge« aufgewachsen: ein Beleg für das generationenübergreifende Scheitern, das der soziale Paternalismus verschärft hat. *Pause* erkannte, dass es entscheidend darauf ankam, die Lebenssituation der Frauen zu verbessern, statt ihnen immer wieder die Kinder wegzunehmen, denn dieses Trauma ließ sie immer tiefer verzweifeln und schadete dem Kind, das sie austrugen.* Die Verbesserung der Lebenssituation erfordert sowohl Empathie als auch Mentoring sowie praktische Unterstützung bei der Bewältigung von Problemen im Zusammenhang mit Suchterkrankungen, den Wohnverhältnissen und Missbrauch durch

---

* Die Praxis, einer schwangeren Mutter vorab anzukündigen, dass ihr das Kind unmittelbar nach der Geburt weggenommen wird, erzeugt eine starke Zunahme des mütterlichen Stresses, der den Fötus irreversibel schädigt.

gewalttätige Männer. Der Erfolg hängt davon ab, dass es gelingt, das Selbstwertgefühl der Mütter zu heben, nicht davon, Menschen durch schikanöse Behandlung aus Sozialleistungen zu drängen. Ersteres versucht *Pause*, wobei die Organisation ihr Netz allmählich auf sämtliche stigmatisierten Städte Großbritanniens ausweiten will. Funktioniert es?

Vor Kurzem wurde *Pause* von unabhängiger Seite evaluiert. Dabei kam heraus, dass sich der Lebensstil der 137 Frauen, die unterstützt worden waren, erheblich verbessert hatte. 75 Prozent derer, die an psychischen Problemen litten, verzeichneten deutliche Verbesserungen, und Substanzmissbrauch und häusliche Gewalt hatten erheblich abgenommen. Dies wiederum führte zu weniger Schwangerschaften: Es gab jedes Jahr schätzungsweise 27 Geburten weniger. *Pause* arbeitete außerdem höchst kosteneffektiv: Für jedes Pfund, welches das Programm kostete, wurden über die folgenden fünf Jahre neun Pfund eingespart. Aber selbstverständlich ist *Pause* nur ein Tropfen auf den heißen Stein: Der soziale Paternalismus ist nach wie vor Herr im Haus und dominiert die öffentlichen Ausgaben für »Kinderfürsorge«.

Warum aber ist der soziale Paternalismus ungeachtet seiner offenkundigen Mängel noch immer tonangebend? Weil engagierte Fachkräfte vor Ort in der zersplitterten behördlichen Hierarchie, die vor allem auf Kontrolle zugeschnitten ist, gefangen sind. Hier ein Fallbeispiel, das zeigt, wie dadurch sozialer Maternalismus gehemmt wird; es stammt von einem Psychotherapeuten, der ein gemeindepsychiatrisches Team in einer abgehängten Stadt und ihrem Hinterland leitete, wo seine Patienten ein Leben führten, das von Demütigungen, Vereinsamung und Stress geprägt war. Einige Mütter wagten es nicht, ihre Kinder zur Schule zu bringen, und zwar wegen »Mobbing« – dessen Opfer aber nicht etwa ihre Kinder in der Schule waren, sondern besagte Mütter selbst an der Schulpforte, wo sie von anderen Müttern angegangen wurden, die sich um die begrenzte Zahl von Männern stritten. Das Team erkannte, dass die Patientinnen einen sicheren Raum brauchten, wo sie sich allmählich mit anderen Frauen, die dem gleichen Stress ausgesetzt waren, anfreunden konnten. Man plante, Cafés in den Problemvierteln zu betreiben, Läden zu mieten und sie in attraktive Räume umzuwandeln. Jedes Café wurde als eine Genossenschaft von Freiwilligen unter den Patienten in der Gemeinde organisiert. Weil sie ansprechend gestaltet waren, wurden sie regelmäßig von einem breiten Querschnitt der Gemeinde besucht, ohne dass die Patienten, die dort arbeiteten, im Geringsten stigmatisiert wurden. Die Auswirkungen auf die mentale und emotionale Gesundheit der Freiwilligen wurden auf der Grundlage ihrer eigenen Aussagen von den an ihrer Betreuung beteiligten Fachkräften und durch Analyse ihrer Krankenakten beurteilt. Betroffene berichteten, wie ihre Isolation durch die neuen Freundschaften endete, die durch ihre Kontakte am Arbeitsplatz gefördert wurden. Wenn jemand nicht erschien, machte es sich eine Freundin zur Aufgabe, die Person zu kontaktieren: Die Cafés waren gewissermaßen Brutstätten reziproker Verpflichtungen. Die Freundschaften, die geschlossen wurden, befähigten die Patientinnen, ihr Leben in dem Tempo umzukrempeln, das ihnen behagte. Ohne Angst vor Demütigung konnten sie über die Krisenintervention hinaus denken. Nach und nach gelang es einigen, wieder Ordnung in ihr Leben zu bringen. Die Zahl der Rückfälle und der Klinikaufenthalte ging zurück, und die Betroffenen entwickelten Selbstachtung. Es rückte für sie wieder in den Bereich des Vorstellbaren, Qualifikationen zu erwerben und einer Berufstätigkeit nachzugehen: Sie wurden bessere Eltern, sie bekamen Jobs. Ein Beleg dafür, dass sich die Cafés allgemeiner Wertschätzung erfreuten, war der Umstand, dass sie im Unterschied zu anderen lokalen Geschäften nicht von Vandalismus betroffen waren. Die Finanzlage des Projekts verbesserte sich nach und nach, und es hätte beinahe schwarze Zahlen geschrieben. Seine Erfolge waren eindrucksvoll, und es wurde zu einem Beispiel, das in Konferenzen vorgestellt wurde.

Und dann wurde es beendet.

Das Betreiben eines Cafés wurde von den Vorgesetzten des gemeindepsychiatrischen Teams im britischen Gesundheitsdienst NHS als etwas Nebensächliches erachtet, das keine kontinuierliche Bereitstellung von Budgetmitteln rechtfertige: Die Kernaktivität des Teams sei die Behandlung. Die Anzahl der Klinikaufenthalte ging zurück, aber das war ein anderes Budget. Die Betroffenen, die Arbeit fanden, benötigten keine Sozialleistungen mehr, aber das betraf das Budget der Sozialversicherung. Was den Sozialdienst anbelangte, warum sollte er Gelder von Kernaktivitäten abzweigen, um etwas zu finanzieren, das der NHS einstellen wollte? Eine bessere elterliche Fürsorge half den Kindern in der Schule, aber das Budget der Bildungsbehörde diente der Finanzierung des Schulunterrichts. Abgehobene Behördenhierarchien, die in ihrem Schubladendenken gefangen waren, versetzten einer Initiative den Todesstoß, die den Kern des Problems anging, statt von ihr zu lernen und sie in größerem Maßstab zu reproduzieren. Für jede Behörde hatte das Symptom, das sie behandelte, Priorität. Wie der verzweifelnde Psychotherapeut meinte: »Ohne bessere Interventionen wird es über die Generationen hinweg weitergegeben, und nur relativ wenige Betroffene entkommen diesem Teufelskreis.«

Hier setzt der soziale Maternalismus an, und er geht weiter. Junge Eltern, die sich mit einem ungeplanten Kind schwertun, sind Belastungen ausgesetzt, auf die sie nicht vorbereitet sind. Die meisten Eltern kümmern sich die meiste Zeit instinktiv um ihren Nachwuchs, aber die elterliche Fürsorge kann bei kleinen Kindern enorm belastend sein: Es gibt zweifellos Momente, in denen Paare wütend auf ihre Kinder und wütend aufeinander werden. Es erfordert Geschick, Selbstdisziplin und Versöhnlichkeit, um zu verhindern, dass solche Momente eskalieren und zu dauerhaften Schäden führen. Teenager, die gerade der Kindheit entwachsen sind, werden in eine Situation gestoßen, in der sie auf die unmittelbare Bedürfnisbefriedigung verzichten, ihre Stimmungsschwankungen kontrollieren und vorausplanen müssen. Junge Eltern brauchen Geld, Entlastung und nicht wertendes Mentoring. Das ist der Kern des sozialen Maternalismus: Wie können diese Dinge bereitgestellt werden?

Haushalte passen ihren Lebensstil an ihr Einkommen an: Mit etwas Planung und Umsicht sind die allermeisten Eltern in der Lage, die Grundbedürfnisse ihrer Kinder zu befriedigen. Paternalistische Großzügigkeit kann ein zweischneidiges Schwert sein. Großbritannien stellt alleinerziehenden Müttern kostenlosen Wohnraum zur Verfügung; Italien und Spanien tun dies nicht. Großbritannien hat eine der höchsten Quoten von Teenagerschwangerschaften in Europa; Italien und Spanien haben jeweils eine der niedrigsten. Im Jahr 1999 erhöhte Großbritannien die Sozialleistungen für einkommensschwache Familien mit Kindern. Mithilfe moderner statistischer Methoden können wir die Folgen dieses politischen Kurswechsels genau ermitteln: Einkommensschwache Familien bekamen deutlich mehr Kinder, schätzungsweise zusätzliche 45000 pro Jahr.[7] Infolge des kostenlosen Wohnraums und der erhöhten Sozialleistungen wachsen Kinder in Haushalten auf, die etwas mehr Geld zur Verfügung haben. Aber viele Frauen wurden dazu ermuntert, Kinder auszutragen, denen keine gute elterliche Fürsorge zuteil wird. Das sind extrem teure Leistungsprogramme mit zwiespältigen Effekten, während andere Verwendungen öffentlicher Gelder eindeutig nützlich sind, aber die Versorgung mit den entsprechenden Leistungen unzureichend ist. Hier ein Beispiel.

Junge Paare hatten noch nicht die Zeit, um ein Polster von Ersparnissen aufzubauen, sodass sie in einer unverhofften Krisensituation schnell in finanzielle Bedrängnis geraten. Das Abfedern solcher Erschütterungen ist daher eine nützliche Verwendung öffentlicher Gelder. Der offenkundigste Schock ist Arbeitslosigkeit. In den USA verursachte die Finanzkrise von 2008 einen hohen und länger anhaltenden Anstieg der Arbeitslosigkeit. Eine neuere Studie eines meiner Doktoranden weist eindeutig nach, dass dies die Zahl der vernachlässigten kleinen Kinder erhöhte.[8] Der Effekt war groß und kausal. Bei jeder einprozentigen Erhöhung der Arbeitslosigkeit in einem County stieg die Häufigkeit der Fälle, in denen Kinder vernachlässigt wurden, um 20 Prozent, wobei vor allem Kleinkinder betroffen waren. Aber politische Maßnahmen können helfen, den durch Arbeitslosigkeit verursachten Schaden abzuschwächen. In den Counties gelten unterschiedliche Bestimmungen über die Bezugsdauer von Arbeitslosengeld; in jenen, in denen das Geld länger gezahlt wurde, waren die Auswirkungen der Arbeitslosigkeit auf das Problem der Vernachlässigung deutlich geringer.

So viel zum Thema Geld für die elterliche Fürsorge. Kommen wir jetzt zur Unterstützung bei der Bewältigung von Aufgaben, die, wenn sie auf angemessene Weise erledigt werden sollen, unglaublich anspruchsvoll sind. Die Entlastung beginnt mit der Großfamilie: Es gibt eine Verpflichtung der anderen Familienmitglieder, den Eltern unter die Arme zu greifen, aber die Großfamilie ist geschrumpft. Mein Vater war eines von sieben Geschwistern, meine Mutter eines von vier, und so gab es eine Vielzahl von Tanten und Onkeln, die sie bei meiner Erziehung unterstützen konnten. Heute haben Eltern weniger Geschwister, sodass die Verpflichtungen der verbleibenden Geschwister entsprechend zugenommen haben. Aber Eltern wie ich sind Einzelkinder, und in solchen Situationen muss die Großfamilie wiederbelebt werden. Normen müssen sich ändern; die höhere Lebenserwartung, die die Familie in vertikaler Richtung wachsen lässt, gleicht die horizontale Schrumpfung aus. Tatsächlich ändern die Menschen als Reaktion auf die neuen Bedürfnisse ihre Normen in der geeigneten Art und Weise: Großeltern kümmern sich viel intensiver um ihre Enkelkinder als in der Vergangenheit.

Regierungen können ebenfalls viel mehr tun. Die meisten sind so vernünftig, Eltern mit kleinen Kindern finanziell zu unterstützen, aber dies wurde in zunehmendem Maße mit dem Ziel verknüpft, die Empfänger zur Aufnahme einer Arbeit anzuhalten. In gestressten jungen Familien ist der Zeitraum, in dem Erwachsene Kleinkinder umsorgen, nicht der richtige Moment, um sie damit unter Druck zu setzen. Die Menschen, die keine Kinder haben, erhalten von Eltern ein riesiges Geschenk: Die Rentner können nur deshalb von ihren Ersparnissen leben, weil die nachfolgende Generation diese Ersparnisse arbeiten lässt. In jener Phase, in der sich Eltern abmühen, ihre Kleinkinder aufzuziehen, sollte der Staat die Transferzahlungen leisten, die diesem gesellschaftlichen Beitrag entsprechen.

Aber der Staat kann mehr tun, als nur Geldleistungen zu verteilen: Er kann Sachleistungen innerhalb des Haushalts und darüber hinaus bereitstellen. Für jedes frischgebackene Elternteil ist es eine Herausforderung, das Neugeborene bedürfnisgerecht zu umsorgen, aber einige Paare befinden sich in einer so schwierigen Lage, dass Probleme gleichsam vorprogrammiert sind. Wo Schwierigkeiten absehbar sind, kann man sie durch intensive vorbeugende Interventionen abwenden.

So, wie es eine Grenze dessen gibt, was Märkte leisten können, so gibt es eine Grenze dessen, was der Staat durch öffentliche Unterstützungsleistungen erreichen kann. Allerdings haben wir diese Grenze noch nicht erreicht. Es gibt ein paar Beispiele von intensiver öffentlicher Unterstützung, und soweit sie evaluiert wurden, scheinen sie erfolgreich zu sein. Ein Beispiel ist das Dundee Project, ein bescheidenes Experiment in bedingungsloser Unterstützung für gestresste Familien. Praktische tagtägliche Unterstützung für eine junge Familie ist kostspielig, aber weitaus billiger als die Folgen eines Zerbrechens der Familie.

Ein zentrales Merkmal des Dundee Project bestand darin, dass es vollständig getrennt war von dem staatlichen Dienst, der die Familie überprüfte. Überprüfungen sind notwendig: *Im Extremfall* sollte ein Kind seinen Eltern weggenommen werden. Aber ohne eine solche völlige Trennung der Aufgaben sind die Grundvoraussetzungen für den Aufbau einer vertrauensvollen Beziehung zwischen den Eltern und den helfenden Betreuern nicht gegeben. In Großbritannien gab das Dundee Project den Anstoß zu einer massiven Ausweitung dieses Angebots im Rahmen des Troubled Families Programme (TFP), aber obgleich gut gemeint, war es durch das zusätzliche Ziel belastet, junge Mütter in Arbeit zu bringen, sowie durch den Umstand, dass es über die bestehenden Sozialdienste laufen sollte, die auch Überprüfungspflichten hatten. Diese Überfrachtung schwächte die Wirksamkeit des TFP.

Obgleich die Verknüpfung von Unterstützung mit Überprüfung das Vertrauen in jeden Dienst untergräbt, kann es durchaus vorteilhaft sein, physische mit psychologischer Unterstützung zu verbinden. Oft haben die Eltern in jenen Familien, in denen mit hoher Wahrscheinlichkeit Erziehungsprobleme auftreten, beginnende psychische Probleme. Psychologische Interventionen wie kognitive Verhaltenstherapie und Aggressionstraining wurden nach wissenschaftlichen Grundsätzen bewertet und zeigten eindrucksvolle Erfolgsraten. Derartige Präventionsmaßnahmen kosten Geld, aber sie verhindern möglicherweise Verhaltensweisen, die für die Gesellschaft langfristig viel kostspieliger sind. Während die *Erbringung* erzieherischer Unterstützungsleistungen, psychologischer Betreuung und Überprüfungsmaßnahmen zusammen erfolgen sollte, sollten die *Aufgaben* der Mitarbeiter der verschiedenen Dienste strikt getrennt bleiben.

Teenagerpaare, die ein Baby erwarten, sind Eltern mit einem »Fahranfänger«-Schild und brauchen Beratung und Anleitung ohne

Sanktionsandrohung. Der gelegentliche Abendkurs dürfte kaum ausreichen. Großeltern können helfen, aber Paare, die dysfunktionale Eltern werden, stammen oftmals aus Familien, die selbst dysfunktional sind. Junge Paare benötigen jenseits der Familie jemanden, der ihnen als Mentor zur Seite steht und sie unbürokratisch unterstützt. Eine Möglichkeit, um schrumpfende oder dysfunktionale Großfamilien zu ergänzen, besteht darin, eine neue Ressource zu schaffen: ein modernes Pendant für unsere eigenen Gesellschaften, das dem US-Friedenskorps oder dem Voluntary Service Overseas (einer internationalen Entwicklungsorganisation) entspricht, die ehedem viele Tausend junge Amerikaner und Briten inspirierten. Damals war die neue soziale Ressource ein wachsender Pool gebildeter junger Menschen, die jenseits ihres eigenen materiellen Wohlstands nach einer weitergehenden Sinnerfüllung suchten. Dem entspricht heute der wachsende Pool rüstiger und kenntnisreicher Rentner, die finanziell wohlversorgt sind, aber, seit ihre Kinder ausgezogen sind, das Gefühl einer schmerzlichen Lücke verspüren. Doch das Leben hat ihnen jene nichtkognitiven Fähigkeiten beigebracht, die sie zu idealen, wohlwollenden Helfern für gestresste junge Paare machen, die Unterstützung brauchen. Wenn man einer Pflicht zur Hilfeleistung nachkommt, kann das ein zutiefst befriedigendes Gefühl der Sinnerfüllung in einer Phase erzeugen, in der das Leben ansonsten oftmals von Wehmut oder Rückzug geprägt ist. Wie alle Unterstützungsmaßnahmen müsste auch diese Rolle genau definiert und die Teilnehmer müssten geschult werden, um sicherzustellen, dass sie nicht zu einer Beziehung verkommt, die durch das negative Muster »bevormunden-tadeln-überprüfen-melden« gekennzeichnet ist. Vielleicht sollte das Engagement entlohnt werden; die Bezahlung sollte allerdings von der Genehmigung der jungen Eltern abhängig gemacht werden, um ihnen das Gefühl zu geben, dass sie aktiv mitgestalten können. Vielleicht könnte man ihnen auch ein Budget zur Verfügung stellen, das sie für einen solchen Zweck nutzen könnten. Statt dies alles staatlich zu organisieren, könnte ein neuer Typ von NGOs »kompetente Menschen mit Zeit« rekrutieren, um den Tausenden jungen Familien zu helfen, die nicht mit ihren Verpflichtungen klarkommen. Während Regierungen Angst davor haben zu scheitern und daher Experimenten eher ablehnend gegenüberstehen, eignen sich NGOs hervorragend dazu, neue Ansätze auszuprobieren.

Der Ausdruck »Trotzalter« ist durchaus begründet: Kleinkinder sind zeitweise unerträglich, und sie bringen selbst erfahrene Eltern an die Grenzen ihrer Belastbarkeit. Ab diesem Alter profitieren Kinder davon, dass sie in Gruppen jenseits der Familie sozialisiert werden – in Kindergärten. Es gibt gute Gründe dafür, dass der Staat sie bereitstellen und sie allen Kindern kostenlos offenstehen sollten. Alle Staaten finanzieren die Schulbildung, und die Argumente für die staatliche Finanzierung von Kindergärten sind stärker als die für alle anderen Bildungsstufen. Allgemein gilt: Je älter Kinder werden, umso komplexer und differenzierter werden ihre Bildungsbedürfnisse. Den größten Vorteil gegenüber anderen Leistungsträgern hat der Staat bei jenen Aktivitäten, die sich für eine Standardisierung eignen und aufgrund von Größenvorteilen billiger erbracht werden können. Kindergärten sind nicht komplex: Ihr gesellschaftlicher Nutzen besteht vor allem darin, dass sie ein standardisiertes Forum bereitstellen, in dem Kleinkinder mit anderen Kleinkindern aus den unterschiedlichsten sozialen Schichten zusammentreffen. Standardisierung und kostenlose Bereitstellung haben den wichtigen Vorteil, dass sie dadurch, dass sie die elterliche Entscheidung, das Kind in den Kindergarten zu schicken, zur gesellschaftlichen Norm machen, die Wahrscheinlichkeit erhöhen, dass auch die Eltern, die am wenigsten dazu befähigt sind, gute Entscheidungen zu treffen, dies tun werden. Die allgemeine Bereitstellung kostenloser öffentlicher Kindergärten erreicht somit zwei höchst wünschenswerte Ergebnisse: Sie bieten ein sozial gemischtes Erfahrungs- und Lernumfeld zu einer Zeit, in der Kinder am stärksten durch soziale Einflüsse geprägt werden, und Kinder mit dem dringendsten Bedarf an vorschulischer Erziehung werden wahrscheinlich einen Kindergarten besuchen. Allerdings haben viele Länder statt öffentlicher Kindergärten eine Vielzahl von Förderprogrammen für private Träger, die mit jeder neuen ministeriellen Initiative zur Deckung einer offenkundigen Bedarfslücke immer weiter angewachsen sind. So verfolgte das britische »Sure Start«-Programm zum Beispiel in erster Linie das Ziel, Mütter in Arbeit zu bringen, aber es ließ sich leicht missbrauchen, indem Arbeitgeber bei der Einstellung die leichtesten »Erfolge« anvisierten, die die Kriterien formal erfüllten: Je komplexer ein Programm ist, umso größer ist die Wahrscheinlichkeit, dass es von denen in Anspruch genommen wird, die es am wenigsten brauchen, und private Trägerschaft garantiert, dass bei der Aufnahme eine gewisse Selektion erfolgt. Das Musterbeispiel für kostenlose staatliche Kindergärten ist Frankreich mit seinen *écoles maternelles*. Wir haben dies selbst erlebt, als wir in einer einkommensschwachen Stadt in der Bretagne lebten; weder in Washington noch in Oxford konnten wir ein vom Markt bereitgestelltes Pendant finden.

Schulen als Orte der Unterstützung

Erinnern wir uns daran, dass die wichtigste Aktivität in einer Schule nicht der Unterricht an sich, sondern die Kontakte innerhalb der Bezugsgruppe sind; die Unterschiede, die in der Familie beginnen, werden durch die Unterschiede in der sozialen Zusammensetzung von Schulklassen reproduziert und verstärkt. Im Silicon Valley ist man der Überzeugung, dass die dort entwickelten Technologien den Kindern der weniger Gebildeten die Welt des Wissens geöffnet haben. Aber die empirische Befunde widersprechen solchen Hoffnungen: Das Internet vergrößerte noch die Kluft bei den Verwirklichungschancen. Heute hat jeder Zugang, aber neuere Studien zeigen, dass die Kinder der Gebildeten lernen, das Internet für die Erweiterung ihres Wissens zu nutzen, während es den Kindern der weniger Gebildeten vor allem zur Unterhaltung dient.[9]

Wünschenswert wäre eine stärkere soziale Durchmischung in den Schulen. Das größte Hindernis für die soziale Durchmischung sind Schulbezirke. Da Wohnviertel heute oftmals bezüglich der sozialen Schichtzugehörigkeit ihrer Bewohner recht homogen sind, sorgen Schulbezirke dafür, dass sich die Homogenität in den Schulen wiederfindet. Eine Möglichkeit, dieser Falle nach der Grundschule zu entkommen, besteht darin, öffentliche Schulen mit einem stadtweiten Einzugsgebiet zu gründen, die eher nach dem hauptsächlichen Bildungsziel als nach dem elterlichen Wohnort differenzieren. So könnte eine Schule zum Beispiel als der beste Ort für aufstrebende Profisportler Werbung für sich machen, eine andere als die beste

Einrichtung für aufstrebende Schauspieler und wieder eine andere als beste Institution für die Kinder von Eltern, die großen Wert auf Disziplin legen. Ausgehend von den in Kapitel 2 eingeführten Konzepten, ist anzunehmen, dass Schulleiter und Schulbeiräte versuchen würden, Schulen mit leicht unterschiedlichen *Glaubenssystemen* aufzubauen: Sie werden zu vernetzten Gruppen, in denen jeweils unterschiedliche Narrative zirkulieren. Die Schulen würden wissen, dass sie in dem, was sie tun, gut sein müssten, da andernfalls Eltern in wohlhabenden Schulsprengeln ihre Kinder weiterhin auf die von ihnen bevorzugte örtliche »Schule für Reiche« schicken würden. Neue Vorschriften erlauben jetzt die Gründung derartiger Schulen in Großbritannien, und ich war Teil eines Teams, das versuchte, eine solche Schule in Oxford ins Leben zu rufen, wo die Einzugsgebiete in grotesker Weise verzerrt sind. Unser Plan für einen stadtweiten Zugang auf der Basis eines Losverfahrens stieß auf eine absehbare Reaktion: eine Mauer aus mächtigen Interessengruppen und ideologischer Verbohrtheit. Die empörte lokale Bildungselite unter Führung der Schule im wohlhabenden Einzugsgebiet begehrte wütend gegen das Vorhaben auf. Es gelang ihr, uns zu blockieren; vielleicht haben Sie mehr Glück.

Schulen als Organisationen

Die Unterrichtsqualität an Schulen ließe sich verbessern – ein Thema, das umfassend erforscht wurde und zu dem eine umfangreiche Literatur vorliegt. Dabei kam heraus, dass die Qualität der Lehrkräfte viel wichtiger ist als Geld. Vier einfache Handlungsempfehlungen können die Qualität verbessern: bessere Lehrkräfte gewinnen, die Ausbildung auf praxisnahe Methoden und Konzepte aus evaluierten Experimenten stützen, die besten Lehrer in die schwierigsten Umfelder entsenden und die schwächsten Lehrer aussieben.

In Großbritannien war das »Teach First«-Programm enorm erfolgreich. Sein Ziel ist einfach: gute Studenten nach ihrem Abschluss dazu bewegen, ihre ersten Berufsjahre als Lehrer zu arbeiten, ehe sie einen anderen Berufsweg einschlagen. In Analogie zu diesem Ansatz könnte man eine andere Gruppe gezielt ansprechen: Wie wäre es mit

»Teach Last«? Nach seiner Emeritierung in Amsterdam wurde Professor Jan Willem Gunning, der bei vielen Aufsätzen mein Ko-Autor war, Mathematiklehrer an einer örtlichen Schule. Er sagte mir, dies sei die bereicherndste Erfahrung seines Lebens gewesen. Aber das »Teach First«-Programm war auf Schulen in London beschränkt, die Region im ganzen Land, die es am wenigsten brauchte. Die Schulen, die »Teach First« benötigten, befinden sich in den Provinzstädten, wo gute Lehrer oftmals nur ungern Stellen annehmen aus Sorge, nicht mehr von dort wegzukommen. Gerade weil jene, die lebenslang unterrichten wollen, von der Furcht festzusitzen abgeschreckt werden, sollten sich jene, die nicht beabsichtigen, Lehrer zu bleiben, am leichtesten anwerben lassen. Die Bevorzugung Londons bei »Teach First« wird durch eine Gehaltszulage verschlimmert, die gegenwärtig Lehrern in London gezahlt wird, wo Schulen viel mehr Mittel pro Schüler erhalten als im Rest des Landes. London hat die besten Schulergebnisse in Großbritannien. »Teach First«, die Gehaltszulage für Lehrer und die Finanzierungszulage je Schüler sollten in London abgeschafft und auf die Regionen umgeleitet werden, die sie wirklich benötigen. »Teach First« war genau das richtige Programm, das genau am falschen Ort angewandt wurde.

Bei der Auswahl von Unterrichtsmethoden sollte man sich an den Ergebnissen randomisierter Studien orientieren. Aber Politiker und Entscheidungsträger im Bildungswesen lehnen derartige Studien ab. Pragmatismus gilt ihnen als Eingeständnis der Unwissenheit, und das Selbstvertrauen, das mit einer ideologischen Überzeugung einhergeht, ist viel befriedigender. Aber die großen Unterschiede in den PISA-Ergebnissen zwischen Ländern und Schulen deuten darauf hin, dass uns nach wie vor wichtige Erkenntnisse fehlen, und die können wir nur durch evaluierte Studien gewinnen. Die Lehrerausbildung sollte sich an diesen empirischen Ergebnissen orientieren, und Studenten sollte die Bereitschaft zu lebenslangem pädagogischem Lernen vermittelt werden.

Das Aussortieren der schwächsten Lehrer kann einen dramatischen Effekt haben.[10] Während es sehr ausgetüftelter sozialwissenschaftlicher Forschungsmethoden bedarf, um nachzuweisen, dass die schlechtesten Lehrer massive Schäden anrichten, bedarf es keines großen Forschungsaufwands, um zu verstehen, warum nichts dagegen unternommen wird. Die mächtige Interessenvertretung der Lehrer, die in mehreren Gewerkschaften organisiert sind, droht jedem Politiker die Vernichtung an, der es wagt, etwas Derartiges vorzuschlagen. Verständlich? Ja. Ethisch? Nein.

Es gibt einige wenige Unterrichtskonzepte, die bei mangelhaften schulischen Leistungen erfolgversprechend zu sein scheinen, auch wenn sich »Moden« wandeln und der ideologisch verzerrte Blick eine klare Analyse behindert. Neben der Qualität des Unterrichts ist die Leistungsbereitschaft der Schüler von entscheidender Bedeutung: Die Frage lautet, wie man sie am besten bei denen erzeugt, die am allerwenigsten bereit sind, sich anzustrengen. Volkswirte an der Universität Chicago versuchen mithilfe von Laborexperimenten, verschiedene Methoden zu testen, und sie haben herausgefunden, dass schon recht einfache Techniken erhebliche Effekte erzielen können.[11] Eine davon ist, dass Belohnungen nur dann wirken, wenn sie unmittelbar nach der Anstrengung – innerhalb von Minuten, nicht von Monaten – verteilt werden. Was die Arten von Belohnung anbelangt, so wirkt Wertschätzung besser als Geld (ein weiteres Mal zeigt sich, dass wir nicht in erster Linie habgierige, sondern soziale Wesen sind). Aber Belohnungen sind nicht der beste Anreiz. Wir neigen viel stärker dazu, Verluste zu vermeiden, als Gewinne anzustreben – der Fachausdruck dafür lautet »Verlustaversion«. Daher sind zügige Sanktionen, die in einem Verlust an Wertschätzung bestehen, vielleicht am wirkungsvollsten. Aber dies ist eine Botschaft, die an pädagogischen Hochschulen nicht besonders hoch im Kurs steht.

Das Problem der Einteilung in Leistungsgruppen ist mit ideologischen Kontroversen überfrachtet, und es ist eine Frage, die dringend einer pragmatischen Lösung bedarf. Laut einer anerkannten psychologischen Theorie streben Kinder nach Wertschätzung durch Gleichaltrige, und sie sind bereit, sich anzustrengen, um diese zu erhalten (oder sie zu behalten). Die einflussreichste Bezugsgruppe sind vermutlich die anderen Schüler in der Klasse. Wenn der Altersjahrgang in Leistungsgruppen eingeteilt wird, sodass das Leistungsgefälle zwischen stärkeren und schwächeren Schülern gering ist, dann lohnt es sich für schwächere, sich anzustrengen; ebenso müssen sich die leistungsstärksten mehr Mühe geben, ihren Vorsprung zu halten. Aber wenn das Gefälle sehr groß ist, wie es der Fall ist, wenn der Jahrgang nach dem Zufallsprinzip – statt nach Leistungsfähigkeit – auf Klassen aufgeteilt wird, dann bringt es den schwächeren Schülern nichts, sich anzustrengen, und für die stärkeren ist es nicht nötig. Es gibt gewisse empirische Befunde, die diese Hypothese untermauern, aber sie muss noch gründlicher überprüft werden. Was wir in Schulen am dringendsten brauchen, sind keine Dogmen, sondern verschiedene praktische Ansätze, die nach wissenschaftlichen Grundsätzen evaluiert werden.

Schließlich gibt es das Problem des Geldes. Die gegenwärtigen Unterschiede in den öffentlichen Ausgaben je Schüler *verstärken* tendenziell andere Unterschiede, die sich auf schulische Leistung auswirken. Die bedeutendsten Unterschiede sind geografischer Natur: Die Metropole hat sprudelnde Steuereinnahmen und lautstarke Lobbys; Städte im Niedergang haben keines von beiden. In Großbritannien sind die Unterschiede vorhersehbarerweise extrem. London hat mit Abstand die höchsten öffentlichen Ausgaben je Schüler, während meine eigene Heimatregion, das heutige Yorkshire and The Humber, mit die niedrigsten hat. Dabei glänzt London bereits mit den besten Prüfungsergebnissen im Land, während meine Heimatregion die schlechtesten aufweist: Diese Kluft hat sich erst in jüngerer Vergangenheit aufgetan, doch sie ist bereits groß und wächst weiter. Den mächtigen Interessengruppen, die die massive Fehlverteilung von Geldern mit eigennützigen Argumenten verteidigen, sollte man so intensiv ins Gewissen reden, dass sie ihren Widerstand gegen eine fairere Verteilung aufgeben.

Jenseits der Schule: Aktivitäten und Mentoring

Die meisten außerschulischen Aktivitäten wenden sich an Teenager, aber die Ursachen für das Auseinanderklaffen der schulischen Leistung und der Lebenschancen liegen in früheren Phasen. Für Kinder von neun bis zwölf Jahren ist das Verhalten, das den Ausschlag gibt, äußerst einfach: Lesen. Die Kinder aus der Bildungsschicht lesen; die Kinder aus der weniger gebildeten Schicht nicht. Lesen öffnet Türen, und die Kinder der Elite gehen durch sie hindurch. Die Schule soll dieses Problem lösen; Kindern wird dort die Technik des Lesens beigebracht, aber das ist etwas ganz anderes, als Lesen zu einer Gewohnheit werden zu lassen. Wir wissen heute, wie man diese Gewohnheit bei Kindern nicht lesender Eltern fördert, wir sind nur noch nicht dazu gekommen, das Wissen auf breiter Front anzuwenden. Aber jede besorgte Gruppe von Bürgern, die sich hier engagieren will, kann etwas bewirken, wie folgendes Beispiel zeigt.

Rotherham ist eine Stadt mit denkbar schlechtem Ruf, die in Großbritannien zum Inbegriff sozialer Ausgrenzung geworden ist. Wie das nahe Sheffield ist es eine Stahl- und Bergarbeiterstadt, die massive Arbeitsplatzverluste hinnehmen musste.* Inmitten dieser Tragödie und der damit verbundenen Demoralisierung beschloss eine kleine Gruppe von Bürgern, etwas zu unternehmen, um die Lesekompetenz bei den Kindern der am stärksten ausgegrenzten Familien zu verbessern. Sie hielten Ausschau nach einem Modell, an dem sie sich orientieren könnten, und wählten eines, das allem Anschein nach in einer amerikanischen Stadt funktioniert hatte. Sie passten es an die Umstände an, die sie vor Ort vorfanden, und taten sich mit einer der Universitäten in Sheffield zusammen, um ihr Projekt einer quantitativen Evaluierung zu unterziehen. Wir wissen, dass es erfolgreich ist, weil es sich in den Prüfungsergebnissen in den Schulen zeigt. Sie gründeten eine Wohltätigkeitsorganisation, fanden ein leer stehendes Gebäude im Stadtzentrum – es gab eine Vielzahl davon – und überzeugten lokale Firmen, die ehemalige Kneipe in einen wirklich magischen Ort zu verwandeln. Ich benutze das Wort »magisch« sowohl im übertragenen als auch im wörtlichen Sinn. Der Name »Grimm & Co« über der Tür, das Schild »Keine Erwachsenen« an der Tür und die getönten Fensterscheiben locken Kinder herein, die in der Regel entweder ihre zögernden Eltern hinter sich herziehen oder zu einem im Voraus vereinbarten Besuch mit ihren Klassenkameraden kommen. Sobald sie eingetreten sind, entdecken sie eine riesige Bohnenstange, ein weiteres Schild mit der Aufschrift »Bitte keine Mitarbeiter fressen« und eine Vielzahl

---

* Ganz im Einklang mit der Marginalisierung weigert sich das Rechtschreibprogramm, den Namen zu erkennen, obwohl der Großstadtbezirk Rotherham gut hunderttausend Einwohner mehr hat als Oxford, gegen das es keine Einwände erhebt.

anderer fantasieanregender Reize. Aber dies ist nur ein Vorspiel: Jetzt werden sie verlockt, durch eine Tapetentür zu gehen, um die Büchertreppe hinaufzusteigen, vorbei an dem Büro des vorübergehend abwesenden Herrn Grimm und hinein in den Raum, in dem ihnen die losen Blätter seines neuen Märchens vorgelesen werden. Aber dann: Katastrophe! Die letzte Seite fehlt! Dabei wird das vollständige Märchen dringend benötigt: Kann bitte jemand helfen? Hier sind ein paar Stifte, falls du den Schluss schreiben kannst.

Dies führte immer zu einem regelrechten Ansturm. Lehrer brachen in Tränen aus, als Kinder, die nie bereitwillig einen Stift in die Hand genommen hatten, schrieben, als wenn ihr Leben davon abhinge. Und man bleibt am Ball: Rotherham-Klassen haben Gedichtsammlungen veröffentlicht, die weltweit vertrieben werden; die Royal Shakespeare Company reiste an und spielte für sie; der Popmusiker und »Live Aid«-Begründer Bob Geldof schrieb eine Geschichte für sie. Begierden können angefacht, Gewohnheiten verändert werden. Die großartige Initiative – die von einer leidenschaftlichen Frau ins Leben gerufen wurde – lässt sich in größerem Maßstab reproduzieren und auf die jeweils unterschiedlichen lokalen Gegebenheiten zuschneiden. Delegationen aus China und Südkorea haben sich bereits vor Ort kundig gemacht. Tatsächlich: Die Ostasiaten lernen von *Rotherham*, nicht vom bei Millionären und Prominenten beliebten Londoner Stadtteil Hampstead. Wenn *sie* es tun, dann können Sie es vielleicht auch.[12]

Es gibt viele weitere derartige Aktionen, die Kinder außerhalb der Schule helfen können. Die nichtkognitiven Fähigkeiten werden nicht durch Lernen aus Büchern, sondern durch Menschen geformt, die zu Mentoren werden, denen man vertraut, und durch Gruppenaktivitäten wie Sport, bei denen Kinder Kooperation und Durchsetzung lernen. Einen Mentor zu finden, der sachkundig und verlässlich ist, hängt von der Breite des sozialen Netzes eines Kindes ab, das wiederum das seiner Familie widerspiegelt. Die wichtigste Entscheidung in meinem eigenen Bildungsweg fiel in dem Monat, bevor ich aufs College ging: Nachdem ich bereits eine Zulassung für Rechtswissenschaften erhalten hatte, stellte ich einen Antrag, um auf Wirtschaftswissenschaften umsteigen zu dürfen. Im Vorfeld dieser Entscheidung wünschte ich mir sehnlichst sachkundige Beratung, da mir klar wurde, dass es eine Entscheidung für zwei recht unterschiedliche Lebenswege wäre.* Aber unter meinen Verwandten war niemand, der mir sachdienliche Auskünfte geben konnte. In meiner Verzweiflung wandte ich mich an meinen Zahnarzt (wie zu erwarten, konnte auch er mir nicht weiterhelfen). Heute haben Kinder aus den beiden divergierenden Bildungsschichten soziale Netze von sehr unterschiedlicher Spannbreite. Das in Washington ansässige Pew Research Center unterscheidet neun Typen von Personen, aus denen sich das soziale Netz einer Familie zusammensetzen kann. Zu acht Typen haben gebildete Haushalte mehr Verbindungen als weniger gebildete: Der neunte Typ sind Hausmeister, und hier haben die weniger Gebildeten einen Vorteil. Unter den acht anderen betrifft die größte Divergenz den Typ, der mir bei meiner Entscheidungsfindung fehlte: »Kennen Sie einen Professor?« Für die Familie, in der ich aufwuchs, wäre eine solche Frage gleichbedeutend gewesen mit »Kennen Sie die Queen?«. Meine eigenen Kinder dagegen haben eine Fülle derartiger Kontaktmöglichkeiten: Als mein siebzehnjähriger Sohn Daniel sich für Nanotechnik zu interessieren begann, war seine erste Anlaufstelle der Nachbar.

Aber das Mentoring durch eine Person, auf die ein Teenager hört, ist nicht nur nützlich wegen der Informationen, die er erhält: Sie ist auch eine Quelle jener Narrative, mit denen Menschen ihrem Leben Struktur und Richtung geben. Teenager, die auf Abwege geraten, können durch den sanften Einfluss von Narrativen, die Halt und Orientierung bieten und außerhalb des Kontextes elterlicher Belohnungen und Bestrafungen vermittelt werden, zu Neubesinnung und Umkehr bewegt werden: Paternalistische Macht hemmt die Bereitschaft zuzuhören.[13]

---

* Statt Bücher zu schreiben, wäre ich vielleicht zu einem Anwalt geworden, dem es weniger um die Interessen seiner Mandanten und mehr um Selbstbereicherung gegangen wäre.

Qualifikationen, Unternehmen, Renten: Die Kluft wird größer

Die Schule bereitet uns nicht auf das Leben, sondern auf unsere weitere Ausbildung vor. Sie wird im besten Falle einigen Schülern kognitive Fähigkeiten vermitteln, aus denen sich Kompetenzen aufbauen lassen, die in manchen Berufen sehr produktiv eingesetzt werden können. Aber die nichtkognitiven Fähigkeiten werden nicht die gleiche Aufmerksamkeit erhalten. Bei vielen produktiven Tätigkeiten sind gute kognitive Fähigkeiten jedoch weniger wichtig als hoch entwickelte nichtkognitive Fähigkeiten wie etwa Beharrlichkeit. Beim Wechsel von der Schule zur Ausbildung haben jene, die auf dem »kognitiven Pfad« bleiben, einen weniger anspruchsvollen Übergang zu bewältigen als jene, die von kognitiven zu nichtkognitiven Kompetenzen springen.

Nachschulische Kompetenzen

Wir wissen, was funktioniert, und wir wissen, was nicht funktioniert. Die meisten Hocheinkommensländer haben einige Aspekte der nachschulischen (Aus-)Bildung gut hinbekommen, aber sie unterscheiden sich von Land zu Land, und es besteht nach wie vor wenig Bereitschaft, voneinander zu lernen.

Denen mit hervorragenden kognitiven Fähigkeiten, die daran interessiert sind, sie weiterzuentwickeln, bieten die USA und Großbritannien die besten Bildungseinrichtungen, die die Welt jemals hatte: exzellente Universitäten. So sind unter den Top Ten der Welt fünf amerikanische und drei britische Hochschulen. Dagegen haben die – nach dem Brexit – 27 Mitglieder der Europäischen Union keine einzige Top-Ten-Universität, und dies ist symptomatisch für weiter verbreitete Missstände in ihren Hochschulsystemen. Der Grund für diesen Unterschied ist die Hochschulpolitik. Hohe Standards werden durch Wettbewerb und dezentrales Management erreicht: die gleichen Faktoren, die den modernen Kapitalismus so produktiv gemacht haben. In Frankreich dagegen war die gleiche zentralistische Steuerung des Bildungswesens, die in dem standardisierten Umfeld niedriger Komplexität der Vorschulerziehung so hervorragende Ergebnisse brachte, auf Universitätsebene ein totaler Fehlschlag.

Für diejenigen jedoch, die nicht zu der an Eliteuniversitäten ausgebildeten Minderheit gehören, sind die USA und Großbritannien ein schlechtes Umfeld für den Kompetenzerwerb. Erinnern wir uns daran, dass die meisten jungen Menschen von jener Art der Ausbildung, die lediglich kognitive Fähigkeiten vertieft, auf jene umsteigen sollten, die vernachlässigte nichtkognitive Fähigkeiten entwickelt. Da dies eine anspruchsvollere Umstellung ist, sollte sie der Schwerpunkt der nachschulischen Bildungspolitik sein. Aus der Sicht des Schülers ist es psychologisch anspruchsvoller, weil es ein Sprung ins Unbekannte ist. Aus der Sicht des Staates ist es organisatorisch anspruchsvoller, weil die erforderlichen Kompetenzen sich grundlegend von denen unterscheiden, die der Staat durch das übrige Bildungssystem steuert. Pro Schüler sollte dieser Teil des Bildungswesens ein größeres Budget haben als das Hochschulsystem.

Die Fachleute wissen, was benötigt wird: eine qualitativ hochwertige Berufsausbildung, die jungen Menschen lieber ist, als sich auf einem eher kognitiv fokussierten Bildungsweg abzumühen. Zum Glück wissen sie auch, wie sich dies erreichen lässt, denn Deutschland praktiziert es bereits seit Langem, mit dem Erfolg, dass es hochproduktive und gut bezahlte Arbeitskräfte hat. Wie geht Deutschland dabei vor? Wie ist die Berufsausbildung dort organisiert, und wie ist es gelungen, Millionen junger Menschen dazu zu bringen, den notwendigen inneren Einstellungswandel zu vollziehen? Wichtiger noch: Warum haben andere das Modell nicht nachgeahmt?[14]

Die zentralen organisatorischen Komponenten des deutschen Systems sind lokale Partnerschaften zwischen Betrieben und Berufsschulen innerhalb einer bestimmten Branche. Im Berufsschulunterricht steht die Vermittlung einschlägiger Kompetenzen im Vordergrund, und in den Firmen sammeln die Auszubildenden praktische Berufserfahrungen und werden von versierten Facharbeitern betreut und angeleitet. Je ein Teil der Ausbildung findet im Betrieb und in der Berufsschule statt. Die Ausbildungsdauer beträgt in der Regel drei Jahre, anschließend wird der Auszubildende häufig von seinem Ausbildungsbetrieb übernommen. Die Ausbildung verfolgt mehrere Ziele, von denen keines trivial ist und manche recht anspruchsvoll sind. Tatsächlich hört sich die Liste der Einstellungsanforderungen für einen jungen Facharbeiter/Handwerker fast so anspruchsvoll an wie Rudyard Kiplings berühmte Liste der Eigenschaften, die einen Mann ausmachen. Eine davon lautet, dass der Auszubildende Routinewissen besitzen muss: Kompetenzen, die durch praktische Tätigkeiten erworben und durch Rückmeldungen vervollkommnet werden. Eine weitere Anforderung ist die Fähigkeit zur eigenständigen Problemlösung: die Kenntnisse und das Zutrauen in sich selbst, sich immer zu helfen zu wissen. Das Handwerk ist mit einer Berufsethik der Vortrefflichkeit und mit dem Stolz auf eine gut gemachte Arbeit verbunden. Dies lernt man dadurch, dass man mit jemandem zusammenarbeitet, der zu einem Vorbild wird. Dann kommen die funktionalen Fähigkeiten: Rechenkenntnisse, Lese- und Schreibfähigkeit, Kommunikationstechnologie und Grafik. Da es die meisten Stellen in der Privatwirtschaft gibt, benötigen junge Leute einen soliden Geschäftssinn; dazu gehört auch die Einsicht, dass Aufträge davon abhängen, ob Kunden bereit sind, für die geleistete Arbeit zu zahlen. Ebenso benötigt der junge Handwerker auch die grundlegenden Fähigkeiten der Selbstdarstellung und den Willen, einen Auftrag pünktlich und respektvoll zu erledigen. Schließlich die Fähigkeit zur Anpassung: Neugier und Belastbarkeit, die sich auf den Glauben an sich selbst, Empathie, Durchhaltevermögen, Kooperationsbereitschaft und Kreativität stützt. Der durchschnittliche Student in Oxford, der dies liest, wäre vielleicht eingeschüchtert, aber es sind genau die Eigenschaften, die es braucht, um die Hälfte der Bevölkerung, die weniger abstrakt-analytisch und mehr praktisch-handwerklich begabt ist, in der Berufswelt des 21. Jahrhunderts zu produktiven Arbeitskräften zu machen.

Die Ausbildung qualifizierter Arbeitnehmer ist eine regionale und nationale Aufgabe. Um erfolgreich zu sein, müssen politische Maßnahmen durch die Übernahme sozialer Verantwortung seitens der Betriebe ergänzt werden. Wir sind hier wieder beim Konzept des ethischen Unternehmens, also einer Gruppe von Menschen, die eine über ihre persönliche Bereicherung hinausgehende Aufgabe verinnerlicht haben. Ein ethisches Unternehmen erkennt seine Verantwortlichkeiten gegenüber jungen Mitarbeitern und verwendet Zeit und Geld darauf, sie fachgerecht auszubilden, nicht nur in den eng umgrenzten Kompetenzen des jeweiligen Handwerks oder Geschäftsfelds, sondern in dem breiten Spektrum von Fähigkeiten, die das deutsche System der dualen Ausbildung abdeckt. In Großbritannien verdeutlichten zwei Einzelhandelsriesen die gegensätzlichen Einstellungen von Unternehmen gegenüber ihren Beschäftigten: John Lewis und British Home Stores. In den USA taten das Toyota und GM. Erinnern wir uns, dass ethisch nicht gleichbedeutend ist mit dumm; BHS und GM gingen pleite, John Lewis und Toyota nicht.

Wir wissen auch, was nichts bringt: eine Ausbildung, die losgelöst ist von der realen Arbeitswelt. Zwei verbreitete politische Maßnahmen, die anscheinend dem Problem unzureichender Qualifikationen abhelfen wollen, genügen diesem Erfordernis nicht.

Als Reaktion auf Sorgen über Mängel in der beruflichen Ausbildung förderten einige Regierungen vermeintlich berufsbildenden Unterricht, der jedoch nur ein paar Monate dauert, nicht mit der Aussicht auf eine zukünftige Anstellung in einem bestimmten Unternehmen verbunden ist und lediglich die elementaren fachlichen Grundlagen eines Berufs vermittelt. Ausgespart bleiben dabei sämtliche allgemeinen Fertigkeiten, ohne die Fachkompetenz in einem Unternehmen nur von eingeschränktem Nutzen ist.

Außerdem hat die Zahl qualitativ geringwertiger berufsbildender Lehrgänge, die von Universitäten angeboten werden, enorm zugenommen. Das damit verbundene vordergründige Renommee ist in Wirklichkeit eine Verschwendung von Ressourcen. Sowohl in den USA als auch in Großbritannien studiert heute die Hälfte aller jungen Menschen – eine Reaktion auf das übertriebene Prestige eines akademischen Grads. In Großbritannien endet ein Drittel der Studenten in Jobs, die früher von Nichtakademikern besetzt wurden und deren Qualifikationsanforderungen sich nicht geändert haben. Ihre Diplome haben die jungen Leute nicht produktiver gemacht.[15] In der Schule träumen viele Kinder von den glamourösen Berufen, die sie in den Social Media sehen. Es gibt ein massives Missverhältnis zwischen der Häufigkeit, mit der verschiedene Berufe medial dargestellt werden, und ihrer tatsächlichen Häufigkeit in der Arbeitswelt. Kinder sollten natürlich träumen und planen und streben, aber ihre Sehnsüchte müssen realistisch bleiben.

Die Anpassung von Träumen an realistische berufliche Optionen ist Teil des schmerzhaften Prozesses des Erwachsenwerdens. Wie es der norwegische Schriftsteller Karl Ove Knausgård so treffend ausgedrückt hat, wird das Leben zwischen sechzehn und vierzig, »das jetzt so stolz und gewaltig daherkommt, unbarmherzig weniger und weniger, bis es eine handliche Größe erreicht hat – dann tut es nicht mehr so weh, aber dann ist es auch nicht mehr so schön«.[16]

Erwachsene sollten diese Übergangsphase nicht für sich ausnutzen. Personen, die in glamourösen Berufen arbeiten – Gerichtsmediziner zum Beispiel –, haben mir erklärt, dass Studiengänge, die vermeintlich auf ihren Beruf vorbereiten, Interessenten mit falschen Versprechungen ködern. Studenten haben nach Abschluss dieser Studiengänge hohe Schulden: In den USA sind die Verbindlichkeiten oftmals höher als die von Studenten an Topuniversitäten, deren Lehrveranstaltungen sich später sicher auszahlen werden. Die Absolventen besagter Studiengänge wurden durch das Etikett »Diplom«, das an einen Traumberuf angeheftet wurde, in eine kostspielige Sackgasse hineingelockt, während sie in Wirklichkeit ein Sprungbrett in eine produktive, wenn auch weniger verlockende berufliche Laufbahn benötigt hätten.

Sowohl in den USA als auch in Großbritannien findet sich das riesige Potenzial von unterqualifizierten Arbeitskräften, die eine Stelle suchen, in Firmen wieder, deren Geschäftsmodell auf geringer Produktivität und entsprechend niedriger Bezahlung beruht. Solche Firmen senken ihre Kosten, sobald die Nachfrage zurückgeht, indem sie bei der Aus- und Weiterbildung sparen und Gewerkschaften ausschließen. Sie lernen, mit der hohen Mitarbeiterfluktuation klarzukommen, und stützen sich auf die Verzweifelten und die Naiven, um die zu ersetzen, die kündigen. In einigen Branchen ist dieses Geschäftsmodell der niedrigen Produktivität und der geringen Kosten rentabler als das Modell der hohen Produktivität und hohen Kosten, bei dem Unternehmen in ihre Mitarbeiter investieren. Dort, wo es profitabler ist, werden Billiganbieter hochpreisige Unternehmen vom Markt verdrängen. Aber obgleich die Leute in ihrer Rolle als Verbraucher davon profitieren, stehen sie sich in ihrer Rolle als Arbeitnehmer schlechter; ihre Einkommen sind niedriger, weil sie weniger produktiv sind. Wissenschaftlich ausgedrückt: Es gibt ein Marktversagen im Prozess der Berufsbildung. Es ginge den Menschen finanziell besser, wenn sie für das, was sie kaufen, etwas mehr bezahlen und gleichzeitig in ihrem Beruf deutlich besser verdienen würden, aber es gibt keinen Mechanismus, der die Kette von Verpflichtungen zu Transaktionen in Gang setzte, die insgesamt zu dem besseren Ergebnis führen würden. Auch wenn man das Problem in dieser Weise formuliert, verschwindet es nicht einfach: Die Gesellschaft muss etwas dagegen tun. Mindestlohngesetze, gesetzliche Ausbildungsabgaben und Gewerkschaftsrechte tragen alle dazu bei, den Spielraum von Unternehmen, die Arbeitskosten zu Lasten der Produktivität zu senken, einzuschränken. Betrachten wir ein einfaches Beispiel der Marktregulierung und ihrer Auswirkungen: Eine Restaurantkette, die Gaststätten in Paris und London betreibt, muss mit den sehr unterschiedlichen Mindestlohngesetzen klarkommen. In Paris, wo der Mindestlohn viel höher ist, werden die Menüs und die Mitarbeiter effizient und straff organisiert; das Personal wird in komplexeren Serviceabläufen geschult, sodass jeder Kellner mehr Gäste bedienen kann als in London. Folglich ist die Produktivität der Servicekräfte in Paris höher als in London. Die Essenspreise sind gleich, auch wenn einem Abendessen in Paris weniger Beachtung geschenkt wird als einem in London. Aber der entscheidende soziale Unterschied besteht darin, dass die Bedienungen in Paris mehr verdienen. Ja, London hat viele Jobs, aber sie sind schlecht bezahlt.

Nachdem ich ausgeführt habe, wie eine gute Berufsausbildung aussieht, und den alternativen Weg dargestellt habe, in den viele junge Menschen heute gelockt werden, können wir uns abschließend der Psychologie zuwenden: Was ist ausschlaggebend dafür, ob junge Leute diese Option bevorzugen? Gemäß der undifferenzierten Psychologie im *Wohlstand der Nationen* interessieren sich Menschen nur für Geld. Die realistischere Psychologie der *Theorie der ethischen Gefühle* sagt uns, dass sie auch Wert auf ihre Stellung innerhalb der Gesellschaft legen: Sie lassen anderen Wertschätzung zukommen und erhalten Wertschätzung von anderen. Die empirischen Befunde darüber, was Menschen bereuen, untermauern unsere intuitive Überzeugung, dass uns Wertschätzung mehr bedeutet als Geld. Aber selbst in Bezug auf das Kriterium des Geldes werden viele junge Leute in den USA und Großbritannien in Studiengänge gelockt, die sich später für sie nicht auszahlen. Sie tun das, weil es gegenwärtig die Entscheidung ist, die ihnen am meisten Anerkennung in ihrer Bezugsgruppe einbringt. Wenn sie ihren Freunden sagen, dass sie studieren werden, macht es jene, die das nicht tun, verlegen. Wenn sie ihren Freunden sagen, dass sie Gerichtsmedizin studieren werden, erkennen ihre Freunde das Vorbild von Netflix. Der springende Punkt ist die Fehlverteilung sozialer Anerkennung zwischen akademischer und nichtakademischer Ausbildung. Sie ist tief in den angelsächsischen Gesellschaften verwurzelt; junge Menschen lernen sie aus Narrativen, die ihnen von den Älteren erzählt werden. Sie ist so tief verankert, dass man sie für unvermeidlich halten könnte. Aber das ist sie nicht. Deutschland hat uns gezeigt, dass man es anders machen kann.

Ich könnte Ihnen die Daten vorlegen, aber ich habe es auf eine persönlichere Art und Weise gelernt. Ein Jahr lang lebte ein deutsches Au-pair-Mädchen bei uns, das sich in jener Phase seines Lebens befand, in der es entscheiden musste, ob es studieren oder doch lieber eine Berufsausbildung machen sollte. Sie besaß auf jeden Fall die nötigen intellektuellen Fähigkeiten, um ein Studium erfolgreich zu absolvieren: Sie hatte Zusagen von mehreren Universitäten. Aber eigentlich wollte sie einen Ausbildungsgang besuchen, der gemeinsam von einem Betrieb und einer Fachhochschule in ihrer Heimatstadt angeboten wurde.* Das Ausbildungsprogramm im Marketingbereich, für das sie sich entschieden hatte, war sehr anspruchsvoll: Das Produkt, das die Firma herstellte und das sie vermarkten sollte, war ein technisch komplexer Ausrüstungsgegenstand. In der ersten Woche ihres ersten Ausbildungsjahrs arbeitete sie zusammen mit den Arbeitern, die das Teil herstellten, an einer Drehbank. Im dritten Jahr war sie in Lateinamerika, wo sie Spanisch lernte. Heute ist sie eine gut bezahlte Angestellte mit einem sicheren Arbeitsplatz. Vielleicht wird sie mit einem britischen Vertriebsmitarbeiter mit Hochschulabschluss konkurrieren. Als sie uns von ihrer Entschei-

---

* Auch in Großbritannien gab es solche Fachhochschulen, die hier »Polytechnics« hießen. Entsprechend der Neigung der Briten zu akademischem Prestige wurden sie alle in Universitäten umgewandelt.

dung in Kenntnis setzte, überraschte sie unsere Überraschung. Die Berufsausbildung, die sie machte, war nicht nur anspruchsvoller als ein Studium, sie war auch prestigeträchtiger. Anerkennung und materielle Anreize lenkten sie in die gleiche Richtung.

Um in den USA und Großbritannien ähnliche Einflüsse zu erzeugen, müssen wir uns von den Symbolen akademischer Privilegierung verabschieden. Dem Begriff »akademischer Grad« muss sein Nimbus genommen werden: Drehbänke und Lateinamerika können glamouröser sein, als drei weitere Jahre die Schulbank zu drücken. In Deutschland ist dies gut gelungen, aber Spitzenreiter ist hier die Schweiz. Die Berufsausbildung hat dort einen sehr hohen Stellenwert: Die Ausbildung dauert in der Regel drei bis vier Jahre, und die Betriebe werden eng darin eingebunden, weil sie die Hälfte der beträchtlichen Kosten tragen. Sie ist zudem populär: 60 Prozent der jungen Leute machen eine Berufsausbildung, zum Teil deshalb, weil sie eine Ausbildungsvergütung erhalten, aber auch, weil die Berufsausbildung Zugang zu Spitzenjobs verschafft.* Der Erfolg ist umso bemerkenswerter, als dieses beste Berufsausbildungssystem der Welt mit einer Universität unter den globalen Top Ten koexistiert: Die akademischen Bildungsgänge müssen nicht geschwächt werden, damit sich die nicht akademischen Ausbildungsgänge hervorragend entwickeln.

Die Berufsausbildung benötigt ein höheres Ansehen, nicht nur für die Auszubildenden, sondern auch für diejenigen, die sie unterrichten. Hochschullehrer genießen automatisch ein hohes soziales Prestige: Wir haben Titel wie »Professor« und gehören einer »Universität« an. Das britische Berufsausbildungssystem ist gegenwärtig so zersplittert, dass es weitaus weniger prestigeträchtig ist. Vielleicht muss man die vielen beruflichen Ausbildungsgänge unter dem Dach einer Organisation zusammenführen, die ihr Prestige daraus zieht, dass sie eine überaus wichtige nationale Aufgabe erfüllt: eine Nationale Berufsbildungsakademie, auf die alle Mitarbeiter stolz sein können.

---

* In Großbritannien haben im Jahr 2016 von allen Sekundarschülern nur 4000 praktische, berufsbezogene Qualifikationen erworben. Das ist weniger als jeder 10 000. Brite (Alison Wolf, *Financial Times*, 28. Dezember 2017).

Arbeitsplatzsicherheit

Sobald ein Arbeitnehmer einen produktiven Arbeitsplatz hat, stellt sich die Frage, wie viel Beschäftigungssicherheit er haben sollte. Arbeitnehmer gehen langfristige Verpflichtungen ein, etwa Hypothekenkredite, und brauchen daher eine möglichst hohe Arbeitsplatzsicherheit. Dagegen erleben Unternehmen immer wieder deutliche Einbrüche der Nachfrage nach ihren Produkten und wünschen sich daher eine möglichst hohe Flexibilität. Den Kompromiss, den sie erreichen, hängt von ihrer relativen Verhandlungsmacht ab, die wiederum stark von der Regierungspolitik beeinflusst wird. In dem einen Extremfall, der von Frankreich verkörpert wird, ist die Sicherheit des Arbeitsplatzes eine gesetzliche Anstellungsbedingung. Im anderen Extremfall, für den die USA in den zwanziger Jahren stehen, werden die Spielräume von Gewerkschaften gesetzlich eingeschränkt. Dazwischen erzeugen branchenspezifische Unterschiede in der Verhandlungsmacht von Arbeitnehmern ein Flickwerk. Jeder Professor, wie öde seine Vorlesungen auch sein mögen, genießt eine lebenslange Arbeitsplatzgarantie. Andernfalls könnten wir von Sorgen umgetrieben werden, und das könnte unserer Fähigkeit schaden, großartige Gedanken zu denken (zweifellos werden andere Professoren noch weitere Rechtfertigungsgründe anführen). Unterdessen sieht mein Neffe, ein preisgekrönter Schauspieler, der in einer mit Arbeitssuchenden gesättigten Branche tätig ist, einem Berufsleben ungesicherter Beschäftigung entgegen.

Bei der Neuausgestaltung von Arbeitnehmerrechten werden uns ideologische Betrachtungsweisen nicht weiterbringen: Während die Linksideologen den *Markt* für Arbeit verabscheuen, wird er von den Rechtsideologen als unantastbar verklärt. Die häufigste Kritik von Wirtschaftsliberalen lautet, Mindestlöhne führten zu Arbeitslosigkeit. Arbeitslosigkeit ist das auffälligste Anzeichen dafür, dass etwas nicht in Ordnung ist, aber es ist nicht immer das wichtigste. Ein Arbeitsmarkt hat zwei verschiedene Funktionen. Jene, die für die Arbeitslosigkeit von Belang ist, besteht darin, Arbeitssuchende mit einer bestimmten Qualifikation mit den Stellen, die Unternehmen für diese Qualifikationen schaffen, zusammenzubringen: Es geht um *passgenaue Koordinierung*. Aber die für den gesamtgesellschaftlichen Wohlstand entscheidende Funktion ist die Entwicklung der

Qualifikationen: *Investition*. Zwischen beiden Funktionen besteht ein grundlegendes Spannungsverhältnis. Die Fähigkeit, bindende Zusagen zu machen, kann die Investition rentabler machen. Die Ausbildung, die ein Arbeitnehmer benötigt, um eine Qualifikation zu erwerben, ist kostspielig, und jemand muss sie bezahlen. Insofern der Arbeitnehmer dafür zahlt, fragt er sich besorgt, ob ihn das Unternehmen lange genug mit einem höheren Gehalt beschäftigen wird, sodass sich seine Investition in seine Ausbildung auszahlen wird. Aber wenn das Unternehmen dafür aufkommt, fragt es sich, ob der Mitarbeiter nach der Ausbildung kündigen und einen besser bezahlten Job bei einem anderen Unternehmen annehmen wird. Eine Arbeitsplatzgarantie kann dem Arbeitnehmer das Vertrauen vermitteln, das er braucht, um die erste Sorge zu überwinden. Die Arbeitslosigkeit, die als Nebenwirkung einer staatlichen Lohnkontrolle auftritt, kann dem Unternehmen die zweite Sorge nehmen, sodass beide zusammen wahrscheinlich die Ausbildungsinvestitionen erhöhen werden. Aber Arbeitsplatzgarantien und Lohnkontrollen halten Unternehmen davon ab, Arbeitskräfte einzustellen, und beeinträchtigen so die Aufgabe des Arbeitsmarktes, Nachfrage und Angebot passgenau zu koordinieren. Aus diesem Grund ist es besser, das Investitionsproblem des Unternehmens nicht dadurch zu lösen, dass man Arbeitnehmer durch hohe Arbeitslosigkeit davon abhält zu kündigen, sondern dadurch, dass man die Ausbildung über eine staatliche Zwangsabgabe finanziert.

Aber Arbeitnehmer brauchen nicht nur deshalb sichere Arbeitsplätze, damit sie ihre Investitionen in ihre beruflichen Qualifikationen wieder hereinholen können, sondern auch, weil sie im Vertrauen auf die Sicherheit ihres zukünftigen Arbeitseinkommens Verpflichtungen eingehen. Die Fähigkeit, Verpflichtungen einzugehen, wie etwa Kinder großzuziehen oder ein Haus zu kaufen, ist für die Gesellschaft insgesamt von Nutzen, sodass Arbeitsplatzsicherheit im gesellschaftlichen Interesse ist. Es ist womöglich effizienter, wenn sich das Unternehmen auf die Notwendigkeit einstellt, den Arbeitnehmer in Phasen stagnierender Nachfrage weiter zu beschäftigen, als wenn der Arbeitnehmer das Risiko der Entlassung tragen muss. Wenn das Unternehmen den Mitarbeiter weiterbeschäftigen muss, wird es ihn vielleicht in mehreren weiteren

Fertigkeiten schulen, sodass es ihn, wenn die Nachfrage in einem Produktbereich einbricht, in einem anderen einsetzen kann.

Allerdings muss die Arbeitsplatzsicherheit eine Grenze haben; zwar sollten Unternehmen in der Lage sein, mit vorübergehenden Schwankungen klarzukommen, aber sie können sich nicht an einen erheblichen, dauerhaften Nachfragerückgang anpassen, ohne Mitarbeiter zu entlassen. Im Extremfall würde das Unternehmen ohne diese Möglichkeit pleitegehen. Aber die Tatsache, dass der Arbeitsplatzverlust unvermeidlich ist, vermindert in keiner Weise die Kosten für den Arbeitnehmer. Für solche Schocks benötigen wir eine Institution, die größer als das Unternehmen ist – den Staat. Der Nobelpreisträger Jean Tirole hat eine intelligente Methode vorgeschlagen, mit welcher der Staat Unternehmen dazu veranlassen kann, Mitarbeiter bei vorübergehenden Nachfragetiefs weiterzubeschäftigen, während er ihnen zugleich die Möglichkeit lässt, in einem längeren konjunkturellen Abschwung Mitarbeiter zu entlassen. Sie besteht darin, eine Zwangsabgabe zu erheben, wenn ein Unternehmen Mitarbeiter entlässt, um den staatlichen Zusatzkosten für Sozialleistungen und Umschulungsmaßnahmen Rechnung zu tragen.

Die Regierungen, die wohl am besten auf solche Beschäftigungsschocks reagierten, sind die Dänemarks und Schwedens, die das Konzept der *Flexicurity* (ein Kofferwort aus den englischen Wörtern für Flexibilität und Sicherheit) entwickelt haben. Diese arbeitsmarktpolitische Maßnahme ist eng verknüpft mit der Herausforderung der Revitalisierung wirtschaftlich niedergehender Städte: Wenn eine Industrie zusammengebrochen ist, trifft dies einige Standorte besonders schwer, und die betroffenen Arbeitskräfte müssen umgeschult werden. *Janesville* ist eine seltene Studie über Umschulungsprogramme in einer amerikanischen Stadt, deren größte Fabrik dichtgemacht wurde.[17] Sie zeigt, dass die Umschulung ein klarer Fehlschlag war. Von jenen unter den freigesetzten Arbeitskräften, die an dem Programm teilnahmen, fanden *weniger* eine Neuanstellung als Nichtteilnehmer, und wenn sie eine Arbeit fanden, verdienten sie *weniger* als jene, die keine Umschulung gemacht hatten. Warum scheiterte das Programm auf ganzer Linie? Meines Erachtens wurden drei Schlüsselfaktoren vernachlässigt. Zudem hing die

Vernachlässigung unmittelbar mit dem zusammen, was den Leuten in der Schule beigebracht worden war: Den freigesetzten Mitarbeitern waren nie Fähigkeiten vermittelt worden, die für den zeitgenössischen Wissenserwerb von grundlegender Bedeutung sind. Die Vernachlässigung ging dann während ihrer langen Beschäftigungszeit in der Fabrik weiter. Da dem Unternehmen keine Sanktionen für die Entlassungen drohten, wie sie von Tirole vorgeschlagen wurden, hat es keinen Anreiz, seinen Mitarbeitern zusätzliche Qualifikationen beizubringen, die ihre Arbeitsvermittlungsfähigkeit vielleicht verbessert hätten. Aber vor allem war die Umschulungsmaßnahme nicht mit einem gezielten Anreizprogramm koordiniert, das neue Unternehmen zur Ansiedlung in der Stadt ermuntert hätte. Vielmehr löste der Clustereffekt eine Abwärtsspirale aus: Die Werksschließung führte zu einem entsprechenden Nachfrage- und Umsatzrückgang bei den anderen örtlichen Arbeitgebern, sodass es für umgeschulte Arbeitskräfte nur wenige offene Stellen gab. Die in *Janesville* geschilderten Erfahrungen deuten darauf hin, dass ohne solche öffentlichkeitswirksamen koordinierten Anstrengungen Umschulungsmaßnahmen eine trügerische Hoffnung sind. Aber selbst bei einem höheren Bildungsniveau, breiteren beruflichen Qualifikationen im Vorfeld und massiven Anstrengungen zum Aufbau eines Ersatzclusters werden freigesetzte Arbeitskräfte sehr wahrscheinlich zögern, ihre jetzt so dringend benötigten Ersparnisse in Umschulungsmaßnahmen zu versenken. Zwei Professoren der Booth School of Business der Universität Chicago, Luigi Zingales und Raghuram Rajan, haben vorgeschlagen, allen Arbeitnehmern einen lebenslangen Kredit zur Verfügung zu stellen, den sie im Bedarfsfall für Umschulungsmaßnahmen in Anspruch nehmen können.*

Die beginnende Robotikrevolution und die weiteren technologischen Revolutionen, die sich daran anschließen werden, werden viele Menschen zur Umschulung zwingen. Die Robotik wird meines Erachtens kaum den Bedarf an Arbeitskräften reduzieren – unsere Bedürfnisse sind vermutlich unersättlich. Aber sie wird die Zusammensetzung der Aufgaben verändern, für die menschliche

---

* Die französische Regierung hat im Mai 2018 ein entsprechendes Gesetz erlassen.

Arbeiter notwendig sind. Dies ist die Quintessenz einer nützlichen Erkenntnis.

Stellen wir uns den typischen Arbeitsplatz als eine Reihe von Aufgaben vor. Selbst die vermeintlich vollkommene Routinetätigkeit beinhaltet Momente, die Urteilskraft, die Fähigkeit, mit anderen Menschen zu interagieren, und eine nicht routinemäßige Handlung erfordern. Die Robotik wird einige Aufgaben beseitigen und dadurch die Kosten der Menge an Gütern, die gegenwärtig an einem Arbeitstag produziert wird, drastisch verringern. Durch Hinwendung zu den verbliebenen Aufgaben, die nicht von Robotern übernommen werden können, und zu neuen Aufgaben, die durch den verstärkten Einsatz von Robotern entstehen, kann die typische Arbeitskraft viel produktiver werden.[18] Weil bei verschiedenen Berufen die jeweiligen Anteile von robotergeeigneten und -ungeeigneten Aufgaben sehr unterschiedlich sind, werden sich die Qualifikationsanforderungen in der Arbeitswelt wahrscheinlich erheblich verändern. Arbeitnehmer werden regelmäßig umlernen müssen, um neue Aufgabenbündel ausführen zu können. So wie Bedienungen in Paris mehr verdienen als ihre Kollegen in London, so werden Arbeitnehmer morgen mehr verdienen als heute, aber nur dann, wenn sie, wie die Pariser Bedienungen, neue Kompetenzen erwerben. In der Folge wird einer der arbeitsintensivsten Sektoren, der Aus- und Weiterbildungssektor, massiv expandieren müssen.

Sichere Renten

Ich würde gern in den Ruhestand gehen, aber bitte noch nicht. Ich weiß allerdings bereits, welche Höhe meine staatliche und meine Universitätspension haben werden: Ich bin bis zu meinem Tod finanziell abgesichert. Nicht dagegen viele andere. Risiken lassen sich leicht bündeln, und die meisten Arten von Risiken verflüchtigen sich, wenn sie gebündelt werden. Der Grund dafür, bei der Bündelung von Risiken vorsichtig zu sein, ist das »moralische Risiko«. In einigen Situationen geht jeder höhere Risiken ein, sobald das Risiko geteilt wird: Weil wir alle eine Feuerversicherung haben, sind wir sorgloser. Aber ein Risiko, das von vielen Rentnern getragen wird, ist mit keinerlei »moralischem Risiko« verbunden: Es ist das Risiko, das mit allen beitragsorientierten Altersvorsorgeplänen verbunden ist. Praktisch alle Unternehmen sind zu dem Schluss gelangt, dass *leistungsorientierte* Vorsorgepläne wie mein eigener wahnsinnig kostspielig sind. Mein Pensionsplan, der für britische Universitäten, bestätigt dies; er hat das größte Defizit angehäuft, das jemals bei einem Pensionsfonds verzeichnet wurde. Zum Glück für mich hat dies keinen Einfluss auf meine eigenen Ansprüche, für die die nächste Generation von Dozenten und Studenten aufkommt, die höhere Gebühren zahlen werden. Es wird sie ermutigen, zu erfahren, dass ich ihnen wirklich dankbar bin.*

Unterdessen wurden alle anderen in *beitragsorientierte* Vorsorgepläne gedrängt. Hier sind sie drei Risiken ausgesetzt. Eines besteht darin, dass der gesamte Pensionsfonds, in den sie Beiträge einzahlen, eine schlechtere Wertentwicklung zeigt als andere Fonds; anders als bei einem leistungsorientierten Pensionsplan haftet ihr Arbeitgeber nicht für die Deckungslücke. Ein weiteres Risiko besteht darin, dass sich ihre Auswahl an Wertpapieren innerhalb des Fonds schlechter entwickelt als die durchschnittliche Auswahl anderer Mitarbeiter. Schließlich ist es möglich, dass an dem Tag, an dem sie in den Ruhestand gehen werden und die Leistung ausgezahlt werden wird, der Markt unter seinen langfristigen Durchschnitt fällt: Börsen sind manchmal höchst volatil. Aufgrund dieser drei Risiken können zwei Arbeitnehmer, die über die Laufzeit der Pläne die gleichen Beträge eingezahlt haben, sehr unterschiedliche Pensionen erhalten. Während die leistungsorientierten Pläne wie der meine zu großzügig sind und das gesamte Risiko auf die Gesellschaft abwälzen, setzen die beitragsorientierten Pläne die Leute unnötigerweise just in dem Moment vermeidbaren Risiken aus, wenn sie am wenigsten in der Lage sind, sie zu tragen. Sie sind von der Streuung von Risiken, die diese verschwinden lässt, dazu übergegangen, die Risiken zu einem Zeitpunkt auf Individuen abzuwälzen, wenn diese besonders schutzbedürftig sind. Das ist ein Konstruktionsfehler, der dringend behoben werden sollte.

Aber die von den schwerwiegendsten Unsicherheiten im Ruhestand Betroffenen sind jene, die ihr Arbeitsleben damit verbringen,

---

* Nur für alle Fälle sollten sie wissen, dass ich sie gerichtlich einklagen könnte: ein Glück für die Anwälte.

sich von einem Ausbeuterbetrieb zum nächsten zu schleppen. Sie häufen nicht einmal Ansprüche auf Beitragszusagen an. Wenn sie dann zu alt zum Arbeiten sind, werden sie eine Bürde für die Gesellschaft. Auch dies ist ein Marktversagen: Ihren Arbeitgebern wurde erlaubt, ihre Personalkosten übermäßig stark zu senken, indem sie keine angemessenen Einzahlungen in einen Pensionsplan leisteten. Was die Mindestlohngesetze anbelangt, scheint die französische Variante dem angelsächsischen Modell überlegen zu sein: Die hohen Beiträge, die Arbeitgeber zahlen müssen, stellen sicher, dass Beschäftigte im Lauf ihres Erwerbslebens ausreichende Rentenanwartschaften erwerben. Allerdings setzt dies selbstverständlich voraus, dass die Wirtschaft so gemanagt wird, dass sie genügend produktive Stellen für alle schafft. Das ist die kritische Messlatte für Ausbildungsprogramme; die Erwerbslosen mit lausigen Jobs von der Straße zu holen ist ein Versagen, kein Ersatz.

Zugehörigkeit zur Gesellschaft

Bislang habe ich die Familie, den Arbeitsplatz und die Nation als die Eckpfeiler der Zugehörigkeit hervorgehoben, aber in allen gesunden Gesellschaften gibt es auch ein dichtes Gefüge miteinander vernetzter Gruppen, denen sich die Leute anschließen. Robert Putnams vielgelobtes Buch *Bowling Alone* beklagte den Niedergang dieser Formen der Zugehörigkeit in den USA. Solche Bindungen stärken die Bereitschaft von Menschen, reziproke Verpflichtungen anzuerkennen; außerdem wirken sie Vereinsamung und dem Verlust von Selbstachtung und Depressionen, die damit verbunden sind, entgegen. Der Niedergang in den USA ist weder unumgänglich, noch betrifft er den übrigen Westen gleichermaßen. In Deutschland sind amtlich eingetragene zivilgesellschaftliche Gruppen, Vereine, weit verbreitet. Die Hälfte der Deutschen gehört mindestens einem Verein an, und die Zahl der Vereine hat sich in den letzten zwanzig Jahren um ein Drittel erhöht. Der Prozentsatz der Deutschen, die in Vereinen organisiert sind, ist ungefähr dreimal so hoch wie in Südeuropa.[19]

Wohlstand gerechter verteilen

Der Aufstieg der neuen Bildungsschicht hat zweifellos die soziale Ungleichheit erhöht. Aber die meisten der Verhaltensweisen, die sie so erfolgreich machten, gingen nicht zulasten der übrigen Gesellschaft. Es wäre sinnvoller, ihre Strategien nachzuahmen, als sie einzudämmen. Einige Aspekte des Erfolgs der Bildungsschicht *gingen* allerdings zulasten anderer, und diese betreffen den Immobilienmarkt, den Arbeitsmarkt und das Sozialverhalten.

Immobilien: Eigenheim oder Kapitalanlage

Die Leute haben zwei Motive für den Erwerb einer Immobilie. Für die meisten ist es ein Eigenheim, für andere ein Vermögenswert. Im Großbritannien des Jahres 1950 diente die Hälfte des gesamten Wohnungsbestandes als Kapitalanlage und wurde entsprechend an Leute vermietet, die eine Wohnung brauchten. Nur 30 Prozent der Menschen waren Eigentümer ihrer Immobilie. Einer der Triumphe der Sozialdemokratie war es, diese Situation zu verändern. Bis 1980 schrumpfte der private Mietsektor drastisch, auf nur noch zehn Prozent, während sich die Eigennutzung fast verdoppelte. Anfang der achtziger Jahre erhöhte sich im Zuge einer weiteren politischen Maßnahme der Anteil der eigengenutzten Immobilien auf einen Höchststand von 70 Prozent, indem Mieter von Sozialwohnungen das Recht erhielten, ihre Wohnungen mit einem Preisnachlass zu kaufen.

Dieser Anstieg von 30 auf 70 Prozent war der Erfolg einer ganzen Reihe gesetzgeberischer Maßnahmen. Als *Eigentümer* eines Hauses hat man ein stärkeres Gefühl der Zugehörigkeit, und das ist meines Erachtens ein grundlegendes gesellschaftliches Gut. Zugehörigkeit ist die Grundlage reziproker Verpflichtungen. Wohnungseigentum sorgt auch dafür, dass sich die Leute mehr für die Gesellschaft, in der sie leben, interessieren, und es veranlasst sie dazu, umsichtiger zu sein: Psychologen haben herausgefunden, dass Menschen, sobald sie etwas besitzen, unbedingt verhindern wollen, es wieder zu verlieren. Und der Besitz eines Hauses verankert sie auch. Eine Straße in Oxford war einmal auf halber Länge zwischen Mietern und Eigentümern geteilt; die Grenze ist wegen der Höhe der Bäume noch heute sichtbar – sie wurden nur von Eigentümern gepflanzt.

Vier öffentliche Maßnahmen hielten die Immobilienpreise für Familien mit mittlerem Einkommen erschwinglich. Ein von der Kommunalverwaltung initiiertes Bauprogramm erhöhte das Angebot; Zuwanderungsbeschränkungen begrenzten die Zuwachsrate der Haushalte, Beschränkungen von Mieteigentum begrenzten die Nachfrage nach Immobilien zur reinen Kapitalanlage, und ein Limit für das Verhältnis von Hypothekendarlehen zu Einkommen begrenzte die Höhe des Kredits, den Kaufinteressenten aufnehmen konnten. Die Vermögensübertragung an Mieter in Sozialwohnungen ergänzte diese Maßnahmen, indem sie Familien, deren Einkommen unter dem mittleren Einkommen lag, ermöglichte, Eigentümer der von ihnen genutzten Wohnung zu werden.

Ab Ende der achtziger Jahre wurden die Fortschritte dann allmählich wieder rückgängig gemacht. Die Wohneigentumsquote ist bereits auf 60 Prozent gesunken und nimmt weiter ab; junge Familien können es sich nicht länger leisten, eine Immobilie zu kaufen. In den letzten zwanzig Jahren stieg der Preis eines Durchschnittshauses vom 3,6-Fachen des Durchschnittsverdienst auf das 7,6-Fache an. Das ist nicht überraschend: Alle vier Maßnahmen, die die Immobilienpreise bremsten, wurden rückgängig gemacht. Kommunale Bauprogramme wurden in der Hoffnung eingestellt, Privatunternehmen würden an ihre Stelle treten (das taten sie nicht, zum Teil deshalb, weil der Erwerb von Grundstücken mit Baugenehmigung für sie viel schwieriger war als für die Kommunalverwaltungen). Zuzugsbeschränkungen wurden gelockert, was zur Haupttriebfeder der Zunahme der Haushalte wurde. Die Vorschriften, die Immobilienerwerb zur Vermietung (Mieteigentum) eindämmen sollten, wurden ersetzt durch Vorschriften, die dazu ermunterten, was einen gewaltigen Nachfrageschub nach Immobilien zur Kapitalanlage auslöste. Mieteigentumsimmobilien verdoppelten sich auf etwa 20 Prozent des Immobilienbestands. Schließlich wurden die Beschränkungen bei der Hypothekenfinanzierung aufgehoben, was bonusgierige Banken dazu veranlasste, wie im Rausch und ohne Rücksicht auf Verluste Kredite zu vergeben. Aus diesem Grund explodierten die Häuserpreise. Und für die nachkommenden

Familien mit unterdurchschnittlichen Einkommen gab es auch kein neues Programm der Vermögensübertragung.

Als Folge der hohen Preise und der unbeschränkten Kreditvergabe konnten Interessenten, die Immobilien als Kapitalanlage erwerben wollten, die Personen überbieten, die eine Immobilie zur Eigennutzung kaufen wollten und bei denen es sich typischerweise um junge Familien handelte. Vor zwanzig Jahren nahm über die Hälfte der jungen Familien ein Hypothekendarlehen auf; heute sind es noch etwa ein Drittel. Die verdrängt wurden, waren nicht die hochqualifizierten Akademikerpaare, sondern Paare mit niedrigem Bildungsniveau. Ihre Unfähigkeit, sich eine eigene Immobilie zuzulegen, und die schwindende Aussicht, dies jemals tun zu können, ist von zentraler Bedeutung für die neuen Ängste. Aber wer sind die Menschen, die sie ausstechen? In Anbetracht der steigenden Preise wollte jeder ein Haus kaufen: Möglich war es denen, die die höchsten Kredite aufnehmen konnten. Die Gewinner in diesem Konkurrenzkampf waren die älteren Mitglieder der Bildungsschicht und kluge Köpfe, die die Möglichkeiten des kreditfinanzierten Immobilienkaufs zur Vermietung maximal ausreizten. Ein spektakulärer Fall war ein Lehrerpaar, das seinen Beruf an den Nagel hängte und ein riesiges Immobilienimperium aufbaute. Die Vermögenden und die Gewieften profitierten von einer doppelten Goldgrube: Sie können leichter hohe Kredite aufnehmen als junge Familien, und sie können Mieten verlangen, die höher sind als ihre Zinszahlungen. Außerdem haben sie infolge des Anstiegs der Immobilienpreise einen enormen Vermögenszuwachs verzeichnet.

Was kann man dagegen tun? Auch hier stellen ideologische Standpunkte eine Gefahr dar. Die Linksideologen wollen zurück zu den Mietpreisbindungen der vierziger Jahre; aber wie damals würde dies Mieter an die Immobilie, die sie gegenwärtig bewohnen, gewissermaßen fesseln und so die Arbeitsplatzmobilität verringern. Die Konservativen hingegen wollen die Finanzierungsmöglichkeiten für den erstmaligen Hauskauf erweitern; da dies die Nachfrage weiter anheizen würde, stiegen die Preise noch höher. Dabei ist es nicht schwer, das Problem anzugehen, denn die gleichen Maßnahmen, die schon einmal erfolgreich waren, würden wieder funktionieren.

Es ist sinnvoll, das Angebot zu erhöhen, und dies würde auf effektivste Weise dadurch geschehen, dass man den Planungsstillstand beseitigte. Kommunen sind am besten in der Lage, neue Bauprogramme zu planen, die anschließend in Partnerschaft mit gewerblichen Bauträgern ausgeführt werden können. Lokale Behörden könnten den Bau von Immobilien zur Eigennutzung statt zur Vermietung vorantreiben. Aber das Angebot an Immobilien muss allmählich erhöht werden: Eine jähe, starke Ausweitung des Angebots wäre mit dem Risiko eines Verfalls der Immobilienpreise verbunden, was zur Folge hätte, dass viele junge Eigenheimbesitzer plötzlich überschuldet wären, weil der Marktwert ihrer Immobilie geringer wäre als die darauf lastenden Hypothekenschulden. Entsprechend ist es sinnvoll, die Zunahme der Zahl der Haushalte durch Zuwanderungsbeschränkungen zu begrenzen. Der Kreditrausch, der durch die Deregulierung der Finanzmärkte ausgelöst wurde, läutete nicht das Nirvana ein – er endete vielmehr mit einem Bankrun, der einer Bankrotterklärung der Regulierungsbehörden gleichkam. Der Anblick von Bankkunden, die Filialen der Bank Northern Rock belagerten, war das erste derartige Ereignis in Großbritannien seit 150 Jahren. Wie bei einem Hausbauprogramm müssen Veränderungen mit Fingerspitzengefühl und allmählich durchgeführt werden, aber die Richtung muss klar sein: Wir müssen wieder Obergrenzen für das Verhältnis von Hypothekendarlehen zu Einkommen und das Verhältnis von Hypothekendarlehen zu Bankeinlagen einführen. Es ist außerdem sinnvoll, den Immobilienkauf zum Zweck der Vermietung einzudämmen. Der öffentliche Nutzen des Wohnungseigentums rechtfertigt es, jene, die eine Immobilie zur Eigennutzung erwerben möchten, gegenüber jenen zu begünstigen, die eine Immobilie als Kapitalanlage kaufen wollen.

Alle oben genannten Maßnahmen entfalten ihre Wirkung allmählich. Aber es ist möglich, die Wohneigentumsquote kurzfristig stark zu erhöhen, ohne die Immobilienpreise zu gefährden, und zwar durch eine Bestandsübertragung, ähnlich wie die vergünstigten Käufe von Sozialwohnungen, die in den achtziger Jahren die Wohneigentumsquote erhöhten. Gegenwärtig entspricht den Sozialwohnungen der achtziger Jahre der aufgrund politischer

Maßnahmen aufgeblähte Bestand an vermieteten Eigentumswohnungen. Viele dieser Eigentümer profitieren »unverdientermaßen« von enormen Wertsteigerungen ihres Immobilienvermögens. Die notwendige politische Maßnahme ist eine Bestandsübertragung von diesen Grundeigentümern auf ihre Mieter, indem Letztere einen gesetzlichen Anspruch auf den käuflichen Erwerb ihrer Wohnung erhalten, vielleicht zu ähnlichen Konditionen wie in den achtziger Jahren, also mit hohen Preisnachlässen. Um den Immobilieneigentümer nicht in finanzielle Bedrängnis zu bringen, könnte die Höhe des Preisnachlasses an die Höhe seiner etwaigen Hypothekenrestschuld gekoppelt werden.* Das steht offenkundig in Widerspruch zum unmittelbaren Eigeninteresse der Grundeigentümer. Aber die Umverteilung der (ökonomischen) Renten aus der Wertsteigerung einer Immobilie an jene, die darin wohnen, steht sowohl ethisch als auch angesichts des sozialen Nutzens eines dadurch verstärkten Zugehörigkeitsgefühls im Einklang mit dem aufgeklärten Eigeninteresse der Vermögenden.

Sinnerfüllende Arbeit

Viele der hoch produktiven Fachkräfte leisten einen enormen Beitrag zur gesellschaftlichen Wohlfahrt. Aber viele nutzen ihre Kompetenzen auch dazu, sich selbst auf Kosten anderer zu bereichern.

Die hochbezahlten Stellen im Finanzsektor und in den Anwaltskanzleien sind der Kern dieses Systems der Vergeudung von Talenten. Kehren wir einen Moment lang zu dem erstaunlichen Volumen des Handels mit Finanzanlagen zurück. Zwar können aktive Transaktionen nützlich sein, um Wertpapiere liquide zu machen, aber ein Großteil des Handels gleicht einem Nullsummenspiel: Würde das Volumen der Transaktionen verringert werden, erlitte die Gesellschaft keinen Verlust. Aber warum werden sie getätigt, wenn sie in der Summe nichts bringen? Die Antwort lautet, dass die Superschlauen die etwas weniger Schlauen austricksen. Märkte für Ver-

---

* Die Hypothekenrestschuld am Tag der erstmaligen Bekanntgabe der Maßnahme, um Manipulationen durch Aufnahme einer Neuhypothek zu verhindern.

mögenswerte sind weitgehend Arenen für »Turniere«, bei denen Gewinner einen kleinen Informationsvorsprung vor den Verlierern haben. Die Gewinner sind diejenigen mit den außergewöhnlichen Fähigkeiten und Ressourcen, die es ihnen erlauben, andere zu überlisten; folglich verdienen sie unglaubliche Summen. In Anbetracht des potenziellen Nutzens eines Informationsvorsprungs besteht ein ständiger Druck, Zugang zu Informationen zu erhalten. Ein Unternehmen investierte in ein Hochgeschwindigkeitskabel zwischen Chicago und New York, das Preisinformationen zwischen den beiden Märkten Millisekunden schneller übermittelt.[20] Der kommerzielle Ertrag der Investition hing davon ab, dass sie einen winzigen Vorsprung im computergestützten Wertpapierhandel generierte, sodass die Information an einige Unternehmen verkauft werden konnte, die sie auf Kosten derjenigen nutzen würden, die dieselbe Information Millisekunden später erhielten. Eine Gesellschaft, in der in ein solches Kabel investiert wird, während man es hinnimmt, dass Brücken aufgrund unzulänglicher Wartung einstürzen, hat ihre Prioritäten falsch gesetzt.

Übermäßige Vermögenstransaktionen schaden nicht nur den daran beteiligten Unternehmen, wie in Kapitel 4 dargestellt, sondern verursachen auch soziale Kosten. So erhöhen sie etwa die Ungleichheit, ohne dass damit irgendein positiver Effekt verbunden wäre. Die Superschlauen arbeiten nur für sich selbst: die Folge des Bonussystems, in dem die Stars tatsächlich einen geringen Teil ihrer individuellen Gewinne für die bereitgestellten Dienstleistungen an ihren Arbeitgeber abführten. Die Deutsche Bank, das extremste Beispiel einer Investmentbank für Stars, zahlte 71 Milliarden Euro an Boni aus, während sie in der gleichen Zeit nur 19 Milliarden Euro an ihre Aktionäre ausschüttete.*

Die Macht liegt nicht länger in den Händen der Kapitaleigner, nicht einmal in denen der Manager ihres Vermögens. Pensionsfonds können die Megagehälter, die sie Stars bieten müssten, nicht bezahlen, und entsprechend werden sie von denen gemanagt, die etwas weniger smart sind. Transaktionen zwischen den beiden Gruppen

---

* Als der Aktienkurs einbrach, erlitten die Aktionäre schließlich Verluste, die weit höher waren als diese Dividenden.

führen zu einem allmählichen Vermögenstransfer von zukünftigen Rentnern zu den Supergescheiten.

Ein weiterer Verlust entsteht dadurch, dass diese Nullsummenturniere einige der klügsten Köpfe in der Gesellschaft an Tätigkeiten binden, die außer ihnen selbst niemandem etwas bringen. Dabei können diese Hochbegabten für andere überaus nützlich sein. Den Gegenpol zur Vermögensverwaltung bildet die Innovation. Ökonomen schätzen, dass ein Innovator im Durchschnitt nur etwa vier Prozent der Gesamterträge seiner Innovation abschöpft: die restlichen 96 Prozent fließen uns allen zu. Die Anreize, die der Markt bereitstellt, damit die Superschlauen ihre seltenen Fähigkeiten für Innovationen einsetzen, sind mithin viel zu schwach, während die Anreize, sie für den Wertpapierhandel zu nutzen, viel zu stark sind. Mir ist kein Versuch bekannt, diese Form sozialer Kosten zu quantifizieren, aber meines Erachtens sind sie beachtlich, denn Innovation und Vermögensverwaltung sind beide sehr große Sektoren. In den USA steuert der Finanzsektor ungefähr 30 Prozent zu den Gewinnen des gesamten Unternehmenssektors bei. Anders formuliert: Der Finanzsektor erbringt angeblich Dienstleistungen, die die Volkswirtschaft produktiver machen, aber er müsste die Rentabilität der restlichen Wirtschaft schon um 43 Prozent erhöhen, nur um die Gewinne zu bezahlen, die er selbst einstreicht, bevor der Rest von uns die Gewinnschwelle erreicht.* Das ist eher unwahrscheinlich: Würden wir wirklich einen großen Unterschied bemerken, wenn unsere Finanzsektoren schlanker wären?

Was für Vermögensverwalter gilt, trifft auch auf Juristen zu. Willem Buiter, der ehemalige Chefvolkswirt der Citigroup, formuliert es treffend: Das erste Drittel der Juristen produziert den immensen gesamtgesellschaftlichen Wert, den wir »Rechtsstaatlichkeit« nennen. Das zweite Drittel beschäftigt sich mit Rechtsstreitigkeiten, die im Wesentlichen Nullsummenspiele sind: Jede Seite investiert zu viel, um das Turnier zu gewinnen, und daher sind diese Streitigkeiten gesamtgesellschaftlich nutzlos. Die Rechtsstaatlichkeit ist ein äußerst wertvolles öffentliches Gut, aber keinem Wirtschaftsjuristen geht es darum, der »Gerechtigkeit« Geltung zu verschaffen, sondern

---

* 30/70 = 0,43

vielmehr darum, ein Turnier zu gewinnen. Die »Rendite« der letzten Stunde derartiger juristischer Bemühungen, die eine Seite eines Rechtsstreits bezahlt, besteht nicht in mehr Gerechtigkeit, sondern in der Erhöhung der Chancen, das Turnier auf Kosten der anderen Seite zu gewinnen. Das Wirken des letzten Drittels der Anwälte ist der gesellschaftlichen Wohlfahrt abträglich: Sie versuchen mit legalen juristischen Tricks, die Produktiven abzuzocken. Sie sind die Rent-Seekers par excellence. In den USA war eine dieser Betrugsmaschen, bei der ungenutzte Patente aufgekauft und als Grundlage für zivilrechtliche Klagen genutzt wurden, die Schadensersatz von innovativen Unternehmen abpressten, so ungeheuerlich, dass selbst der ansonsten parteipolitisch blockierte Kongress die Entschlossenheit aufbrachte, die gesetzliche Lücke zu schließen. Als in Großbritannien Klagen, die sich auf einen Krankenversicherungsbetrug stützten, verboten wurden, halbierte sich der Marktwert der betreffenden Anwaltssozietät von einem Tag auf den anderen.

Anwälte sind nützlich, aber es gibt zu viele davon. Junge Menschen werden durch eine Vielzahl von Anreizen in diesen Beruf gelockt. Ich erinnere mich daran, dass ich mich deshalb zunächst für das Studium der Rechtswissenschaften entschied, weil ich mir naiverweise vorstellte, Anwälte seien die modernen Pendants von Seelenhirten, die gute Ratschläge erteilen, Recht sprechen und helfen, und manchmal sind sie das auch. Aber ich änderte meinen Entschluss, als ich herausfand, dass britische Anwälte 70 Prozent ihres Einkommens mit ihrem Monopol auf Immobiliengeschäfte erzielen: Rent-Seeking war das vorherrschende Geschäftsmodell der Anwaltschaft. Ich wäre kein Seelenhirte, sondern ein Parasit. Heutzutage fühlen sich viele junge Menschen angezogen von der Idee, für Gerechtigkeit zu kämpfen – Duelle im Gerichtssaal sind Standardkost bei Netflix. Auch die siebenstelligen Einkommen von Anwälten in der Londoner City mögen eine gewisse Anziehungskraft ausüben. Aber so, wie es zu viele Schauspieler gibt, gibt es auch zu viele Anwälte. Der berühmte Harvard-Ökonom Larry Summers hat einmal eine Korrelation zwischen dem Verhältnis von Ingenieuren zu Anwälten in einer Gesellschaft und der Wachstumsrate der Volkswirtschaft berechnet: Es war eine hübsche Metapher für das übergeordnete Problem, dass Marktkräfte nicht das richtige

Gleichgewicht zwischen wohlfahrtsmindernden Aktivitäten und solchen, die, wie etwa Innovationen, gesellschaftlich nützlich sind, hervorbringen.

Was kann man dagegen tun? Wie bei der Metropole sind ein Teil der Antwort Steuern, allerdings gibt es einen wichtigen Unterschied. Die von der Metropole erzeugten Renten sind gesamtgesellschaftlich vorteilhaft; sie sind lediglich unfair verteilt. Zweck der Besteuerung der Hochqualifizierten in der Metropole wäre es nicht, ihre Aktivitäten einzuschränken, sondern die Renten umzuverteilen. Dagegen haben die von Wertpapierhändlern und Anwälten abgeschöpften Renten keinen gesellschaftlichen Nutzen; die Aktivitäten selbst müssen eingedämmt werden. Daher sollte der Zweck der Aktivitäten, nicht der Ort, an dem ihnen nachgegangen wird, anvisiert werden.

Es gibt viele Vorschläge für Steuern auf Finanztransaktionen. All diese Steuern müssen sorgfältig ausgestaltet werden, damit sie die richtigen Transaktionen treffen; so muss beispielsweise der Aktienhandel viel stärker eingeschränkt werden als der Devisenhandel. Es ist keinerlei gesellschaftlicher Nutzen damit verbunden, dass die Aktien des typischen Großunternehmens siebenmal pro Jahr in andere Hände übergehen, was gegenwärtig die Regel ist.

Was die Besteuerung von Zivilprozessen anbelangt, so könnte die Steuer so ausgestaltet werden, dass sie sowohl die Anzahl der vor Gericht gebrachten Streitfälle als auch die hohen Renten verringert, die Anwälte gegenwärtig damit vereinnahmen. Anwälte sind nicht immun gegen die Verlockungen des Eigeninteresses. Als Verträge nach der Anzahl der Wörter bezahlt wurden, mussten sie nach Ansicht der Anwälte sehr lang sein; als sie dann später pro Vertrag und nicht mehr pro Wort bezahlt wurden, wurden sie sehr schnell viel kürzer. Die Anwaltskosten steigen sprunghaft an, um sämtliche mit dem Prozess verbundenen ökonomischen Renten aufzuzehren. Nehmen wir einen neueren Rechtsstreit, der vielen Briten geläufig ist: die Verleumdungsklage des Politikers Andrew Mitchell gegen eine Zeitung. Der Streit drehte sich im Kern um die Frage, welche Worte genau er bei einem heftigen Streit mit einem Polizisten geäußert hatte, der ihn daran gehindert hatte, sein Rad durch ein Tor zu schieben. Da es keine Zeugen gab, die dem Vorfall beigewohnt hatten, musste der Richter danach entscheiden, welcher der beiden Aussagen er mehr Glauben schenkte: der von Mitchell oder der des Polizisten. In dem Prozess über diese triviale Angelegenheit häuften die Anwälte Kosten in Höhe von insgesamt drei Millionen Pfund an, die die unterliegende Partei tragen musste. Anders gesagt, die juristische Bagatelle zehrte *den Gegenwert des durchschnittlichen Lebenseinkommens dreier britischer Haushalte auf.* Dadurch, dass wir solche Rechtsstreitigkeiten besteuerten, könnten wir dafür sorgen, dass mehr davon außergerichtlich beigelegt würden, und außerdem einen Teil der Renten aus den aufgeblähten Anwaltskosten an die Gesellschaft übertragen. Anwälte werden gewiss spitzfindig begründen, warum ein solcher Vorschlag ein Angriff auf die Gerechtigkeit wäre.*

Es gibt noch eine weitere Methode: Scham. So, wie wir ethische Bürger brauchen, die Unternehmen durch öffentliche Anprangerung dazu bringen, sich verantwortungsvoller zu verhalten, so kann die Macht sozialer Sanktionen den Rent-Seeking-Berufen etwas von ihrem oberflächlichen Glanz nehmen. Wir müssen talentierten junge Menschen die gesellschaftlichen Folgen ihrer Berufswahl eindringlich vor Augen führen: Wie kommen Megaeinkommen eigentlich zustande?

Die soziale Divergenz eindämmen

Bis 1958 veranstaltete der Buckingham Palace jedes Jahr einen Debütantinnenball, der ein Forum der Eheanbahnung für die Spitzen der britischen Gesellschaft war. Er wurde eingestellt, weil hinreichend viele Menschen erkannten, dass es eine Gefahr, kein Dienst wäre, Klassenspaltungen in dieser Weise aufrechtzuerhalten. Die größere Durchlässigkeit der alten Oberschicht wird durch die Heirat von Prinz William mit Kate Middleton symbolisiert, deren Mutter Flugbegleiterin war: Kate wäre nicht zu einem Debütantinnenball

---

* Aber nicht notwendigerweise: Im Rahmen der Realitätschecks für dieses Buch bat ich einen sehr erfahrenen Anwalt, diese Vorschläge zu kommentieren. Er antwortete: »Mir gefällt die Idee, die reichen City-Anwälte und ihresgleichen in der Metropole ins Visier zu nehmen.« Aber vielleicht ist er untypisch: Er ist Quäker.

eingeladen worden. Aber an die Stelle der assortativen Paarung in der alten Oberschicht trat eine noch effektivere assortative Partnerwahl unter der neuen Elite.[21] Prinz William und Kate lernten sich während ihres Studiums an der Eliteuniversität St. Andrews kennen. »Gleich und Gleich gesellt sich gern« ist eine mächtige Kraft sozialer Ungleichheit. Eine solche assortative Partnerwahl, die dazu beiträgt, Ehen zu stabilisieren, vergrößert unabsichtlich die Klassenspaltung. Aber man kann nur wenig dagegen tun.

Einige Verhaltensweisen sind jedoch ausbeuterisch und könnten potenziell eingedämmt werden. In den USA erhöhten Kinder in Grundschulen ihre Lernstunden zwischen 1981 und 1996 um erstaunliche 146 Prozent.[22] In Großbritannien nahmen im letzten Jahrzehnt die Suizidraten unter Studenten um 50 Prozent zu. Weil es Nullsummenaspekte des Erfolgs gibt, auf den sich »Tigereltern« fixieren, geben sie ihren Stress nicht nur an ihre eigenen Kinder, sondern auch an andere weiter. Bis zu einem gewissen Grad könnte dies in Schulen aufgefangen werden. Schulleiter und ihre Mitarbeiter versuchen unwillkürlich, eine bestimmte Lernkultur zu etablieren. Dabei bemühen sie sich normalerweise, eine Untergrenze der Lernanstrengungen durchzusetzen, aber vielleicht braucht es auch eine Obergrenze. Auch wenn wir es uns nicht leisten können, hinter globale Standards zurückzufallen, sollten die Teenagerjahre nicht die toxischen Rivalitäten in einer Investmentbank vorwegnehmen.

Was diese schädlichen Rivalitäten anbelangt, so sorgte ein Vorfall im Jahr 2013 für Schlagzeilen: Jemand, der ein Sommerpraktikum bei einer Investmentbank ableistete, war so versessen darauf, Eindruck zu machen, dass er zwanzig Stunden pro Tag arbeitete, bevor er tot umfiel – der Extremfall einer Abwärtsspirale, die manche Leute dazu treibt, Workaholics zu werden. Jeder würde gewinnen, wenn er weniger arbeitete, aber niemand wagt es, aus der Reihe zu tanzen: Man würde in dem Wettstreit um Beförderung den Kürzeren ziehen und dadurch, dass man gegen die vorherrschenden Normen verstieße, an sozialer Anerkennung verlieren. Dies ist ein klassisches Koordinierungsproblem, das eine einfache Lösung hat: politisches Handeln. Besteuerung kann dafür sorgen, dass sich Überstunden nicht mehr lohnen, und auch Regulierung kann langen Arbeitszeiten entgegenwirken. Als die französische Regierung die erlaubte Wochenarbeitszeit auf 35 Stunden begrenzte, wurde sie dafür weithin gescholten. Aber ich erinnere mich an einen gehetzten Manager in einer Workaholic-Organisation, der sehnsüchtig erwähnte, sein eigener CEO versuche, einen 35-Stunden-*Tag* durchzusetzen. Eine allmähliche Verringerung der Arbeitsstunden und entsprechende Verlängerungen der Urlaubszeiten sind geeignete und notwendige Schritte, um den Anstieg der nationalen Produktivität in eine höhere Lebensqualität umzuwandeln. Ohne dies und die oben vorgeschlagenen Maßnahmen wird die Gesellschaft noch weiter zerfallen in eine Schicht von arbeitssüchtigen hochqualifizierten Fachkräften mit reichlich Geld, aber wenig Zeit, der eine Schicht von unterbeschäftigten ungelernten Arbeitskräften mit reichlich Zeit, aber wenig Geld gegenübersteht.

Schluss: Sozialer Maternalismus mit einer harten Kante

Berufstätigkeit sollte die Kernjahre unseres Lebens mit Sinn erfüllen. Gegenwärtig tut sie dies für viele derer, die Glück haben, aber nicht für alle. Viele finden sich an Arbeitsplätzen wieder, die ihrer Selbstachtung kaum förderlich sind: Sie sind zu anspruchslos, um eine Quelle des Stolzes zu sein, oder sie vermitteln nicht die Zufriedenheit, die mit dem Wissen verbunden ist, dass das, was man tut, einen Beitrag zur Gesellschaft leistet. Dies, und nicht einfach die Lohnunterschiede an sich, ist das Entscheidende an jenen Versäumnissen, die dazu führen, dass Divergenzen zwischen Familien zu Divergenzen in der Zufriedenheit mit den Arbeitsstellen werden. Die Einkommensungleichheiten spielen eine Rolle und werden bis zum Erreichen des Rentenalters immer größer. Aber wenn man ihnen lediglich durch Umverteilung abzuhelfen versucht, dann werden nicht nur die notwendigen Steuern und Sozialleistungen eine immense Höhen erreichen, auch das größte Defizit – mangelnde Sinnerfüllung – wird weiter zunehmen. Viele Menschen werden von der produktiven Arbeit anderer leben.

Die Herausforderung besteht darin, die immer breitere Streuung von Produktivitäten zu verringern. In dem Bemühen, Antworten darauf zu finden, haben wir einen langen Weg zurückgelegt, der mit der Umstellung vom sozialen Paternalismus, in dem der Staat widerspenstige Familien gefügig zu machen sucht, auf den sozialen Maternalismus begann, in dem der Staat ihnen mit praktischer Hilfe unter die Arme greift. Die harte Kante, die der soziale Paternalismus zerfallenden Familien zeigt, würde er besser einer Minderheit unter den Erfolgreichsten zeigen, deren Aktivitäten der Gesellschaft schaden. Beides wird notwendig sein, um einen Kapitalismus aufzubauen, der es jedem erlaubt, in Würde zu arbeiten, wo auch immer er lebt.

9 Die globale Spaltung: Gewinner und Abgehängte*

Die Globalisierung ist ein kraftvoller Motor für den Anstieg der globalen Lebensstandards. Die Wirtschaftswissenschaftler, die in vielen politischen Fragen geteilter Meinung sind, stimmen dieser Einschätzung praktisch einhellig zu. Aber die Ökonomen und ihre Ratschläge haben das Vertrauen der Öffentlichkeit verloren. Der Berufsstand hat seine »Betriebserlaubnis« zum Teil infolge der Weltwirtschaftskrise eingebüßt. Aber es gibt noch einen spezifischeren Grund: Unsere Begeisterung für die Globalisierung war nicht ausreichend nuanciert. Das ist seltsam, weil »Globalisierung« nicht einmal ein wirtschaftswissenschaftliches Konzept ist, sondern ein journalistisches Amalgam von grundverschiedenen wirtschaftlichen Vorgängen, die nur mit sehr geringer Wahrscheinlichkeit gemeinsame Wirkungen haben, geschweige denn durchgängig positiv sind.

Die Profession der Ökonomen hat sich unprofessionell verhalten aus Sorge, jegliche Kritik werde dem Populismus Vorschub leisten, sodass die Schattenseiten dieser verschiedenen Prozesse kaum erforscht wurden. Für gewöhnliche Bürger dagegen waren die Schattenseiten klar ersichtlich, und die Tatsache, dass die Ökonomenzunft sie anscheinend nicht zur Kenntnis nehmen wollte, hatte zur Folge, dass immer mehr Leute »Experten« kein Gehör mehr schenken wollen. Damit mein Berufsstand wieder Glaubwürdigkeit erlangt, müssen wir eine ausgewogenere Analyse vorlegen, in der die Schattenseiten eingestanden und in der Absicht, geeignete politische Abhilfemaßnahmen zu konzipieren, sachgerecht eingeordnet werden. Dem Berufsstand ist mit einem *mea culpa* vielleicht besser gedient als dadurch, weiterhin im Ton der Entrüstung die Globalisierung zu verteidigen.

---

* Dieses Kapitel hat von zahllosen Gesprächen mit Tony Venables profitiert. Es basiert auf Collier (2018a).

Das *Mea culpa* des Handels

Das Schuldeingeständnis beginnt beim Handel, der für gewaltige Umverteilungen innerhalb und zwischen Gesellschaften sorgt.

Die Theorie des komparativen Vorteils sagt uns, dass es aufgrund der Tatsache, dass der Außenhandel (zwischen zwei Ländern) für beide Seiten vorteilhaft ist, bei *angemessener Entschädigung durch Umverteilung innerhalb jeder Gesellschaft* möglich ist, jeden besserzustellen. Aber wir Wirtschaftswissenschaftler sind von dieser wahren Aussage zu der offensichtlich falschen übergegangen, dass jedes Mitglied einer Gesellschaft bessergestellt *wird*. Die Außenwirtschaftstheoretiker haben sich kaum für die inländischen Mechanismen der Entschädigung interessiert. Dies ist aber umso wichtiger, weil in einfachen Modellen zwei Aspekte außer Betracht gelassen werden: Verluste werden weitgehend über den Arbeitsmarkt weitergegeben, und sie sind geografisch konzentriert. Als Sheffield seine Stahlindustrie verlor, dürfte das Wissen, dass andernorts in Großbritannien die Konsumgewinne die Konsumverluste der arbeitslos gewordenen Stahlarbeiter in Sheffield mehr als ausglichen, kein großer Trost gewesen sein.

Der Welthandel hat Länder in unterschiedliche Spezialisierungen getrieben. Um es in einem Satz zusammenzufassen: Europa, die USA und Japan haben sich auf die Wissensindustrien spezialisiert, Ostasien auf Industrieproduktion, Südasien auf Dienstleistungen, der Nahe Osten auf Erdöl und Afrika auf Bergbau. Dies ermöglichte sowohl Ost- als auch Südasien eine spektakuläre Aufholjagd gegenüber den Hocheinkommensländern, was die globalen Ungleichheiten in einem historisch beispiellosen Ausmaß verringerte. Aber der Abbau von Bodenschätzen stellt eine gewaltige Herausforderung für die betreffende Regierung dar, weil er immense ökonomische Renten erzeugt, über deren Verteilung politisch entschieden werden muss. Einige Gesellschaften kommen mit diesen Belastungen gut zurecht, aber viele leiden darunter, dass mächtige Interessengruppen sich einen Großteil der Rohstoff-Exporterlöse unter den Nagel reißen. So waren etwa die reichen Ölvorkommen für den Südsudan mehr Fluch als Segen: Sie führten zu bewaffneten Konflikten, Hungersnöten und Massenvertreibungen. Der globale Boom der Rohstoffpreise zwischen 2000 und 2013 schien Afrika und dem Nahen Osten damals eine kräftigen Entwicklungsschub zu geben, aber heute erscheint das zweifelhaft. Bemerkenswerte neue globale Daten erlauben es, umfassende Kenngrößen des nationalen Vermögens pro Einwohner zu ermitteln, in die nicht nur herkömmliche Komponenten wie der Kapitalstock, sondern auch Bildung und natürlicher Ressourcenreichtum eingehen.[1] Die Daten liefern zwei Schnappschüsse – 1995 und 2014 –, die zufälligerweise mit dem Anfang und dem Ende des Rohstoff-Superzyklus zusammenfallen. Daraus können wir ersehen, ob die beispiellose vorübergehende Zunahme der Einnahmen aus Rohstoffexporten vieler armer Länder zu Verbesserungen führte, die nachhaltig waren. Wir stellen fest, dass die ärmsten Länder weiter hinter alle anderen Länder zurückgefallen sind. Nicht nur die absolute, sondern auch die prozentuale Vermögenszunahme pro Kopf der Bevölkerung war in den Niedrigeinkommensländern viel geringer als in allen anderen Einkommensgruppen, und in vielen afrikanischen Ländern ging das nationale Vermögen sogar zurück. Wie in Bezug auf die Auswirkungen des Außenhandels innerhalb von Gesellschaften zeigen die optimistischen Modelle auch hier lediglich das Potenzial. Und dessen Realisierung hängt von politischen Schritten ab, die die Modelle nicht erfassen.

Das regulatorische *Mea culpa*

Konzerne haben sich globalisiert und in rechtlich komplexe Netzwerke aus Tochtergesellschaften verwandelt, die miteinander handeln und von einer Muttergesellschaft kontrolliert werden. Solche Unternehmen zahlen nur noch Steuern, wenn sie es wollen. In Großbritannien war Starbucks ein Beispiel dafür: Obwohl das Unternehmen Milliarden Tassen Kaffee verkaufte, machte die britische Tochtergesellschaft zehn Jahre lang praktisch keine steuerpflichtigen Gewinne. Dann wurde bekannt, dass eine weitere Tochtergesellschaft, die ihren Sitz auf den Niederländischen Antillen hat, bemerkenswert hohe Gewinne erwirtschaftete, obwohl sie überhaupt keinen Kaffee verkaufte; dafür verkaufte sie die Rechte zur

Nutzung des Namens »Starbucks« an die britische Tochtergesellschaft. Wie das Unternehmen empört bekanntgab, habe es sämtliche auf den Niederländischen Antillen geschuldete Steuern gezahlt, vergaß dabei aber zu erwähnen, dass der Steuersatz dort gleich null war. Das Gegenstück dazu ist in armen Ländern die Rohstoffgewinnung: In Tansania bewerkstelligte es ein Goldbergbauunternehmen, gegenüber den tansanischen Steuerbehörden Verluste auszuweisen, während es gleichzeitig sehr hohe Dividenden an seine Aktionäre ausschüttete.

Ein noch bedenklicherer Aspekt der Globalisierung der Konzerne ist die Zunahme von Mantelgesellschaften und Steueroasen mit weitgehendem Bankgeheimnis. Eine Mantelgesellschaft, die von hochversierten Anwälten in einer Metropole gegründet wird – typischerweise in London oder New York –, ist ein Unternehmen, dessen wahre Eigentümer verschleiert werden. Wenn ein solches Unternehmen ein Bankkonto in einer Steueroase eröffnet, sind die Einlagen durch eine doppelte Mauer der Verschleierung gegen Überprüfung durch Behörden geschützt. Diese Struktur ist zu einem viel genutzten Instrument geworden, um Gelder aus Bestechung und sonstigen Straftaten vor Entdeckung zu schützen. Seit Kurzem stellt Bitcoin eine weitere Option dar.

Was für den Außenhandel selbst gilt, das gilt auch für die Globalisierung der Konzerne: Um ihre potenziellen Wohlfahrtsgewinne für die Gesellschaft insgesamt zu realisieren, muss die Politik angemessen reagieren. Aber das hat sie nicht getan: Die Globalisierung der Unternehmen ging nicht mit einer entsprechenden Globalisierung der Regulierung einher. Die Fähigkeit, Steuern zu erheben und zu regulieren, bleibt fest auf der nationalen Ebene angesiedelt. Wie in Kapitel 6 dargelegt, haben unsere supranationalen Koordinierungsmechanismen – die OECD, der IWF, die EU, die G7 und die G20 – die Fähigkeit verloren, bindende reziproke Verpflichtungen aufzubauen, die sich auf das aufgeklärte Eigeninteresse stützen. Jede Nation beteiligt sich lieber an einem Unterbietungswettbewerb. Das Scheitern politischer Ordnungsgestaltung ist der unschönste Aspekt der modernen Globalisierung. Nachdem Großbritannien das Epizentrum des Problems gewesen war, unternahm die britische Regierung während ihrer G8-Präsidentschaft im

Jahr 2013 erste Schritte zu seiner Lösung.* So griff Großbritannien als erstes Land hart gegen Mantelgesellschaften durch; heute hat das Land ein öffentliches Register, in dem die wahren Eigentümer aller britischen Unternehmen angegeben werden müssen. Auf diese Weise wurde eine vielgenutzte Möglichkeit zur Verschleierung von Korruptionsgeldern beseitigt.

Das *Mea culpa* der Migration

Konzerne nehmen heute erheblichen Einfluss auf die Wirtschafts-politik, wobei sie besonders nachdrücklich auf die Vorteile der Zuwanderung hinweisen. Es liegt auf der Hand, warum Unterneh-men Zuwanderung befürworten: Sie vergrößert das Reservoir an Arbeitskräften, aus dem sie schöpfen können. Allerdings sind die Interessen von Unternehmen und Bürgern nicht deckungsgleich. Während maßvolle Zuwanderung beiden nützt, profitieren Unter-nehmen selbst dann noch davon, wenn Zuwanderung die Wohl-fahrt der Bürger verringert.

Die Globalisierungsbefürworter haben den Außenhandel und die Wanderung von Arbeitskräften in einen Topf geworfen, dabei gibt es einen grundlegenden analytischen Unterschied zwischen bei-den: Der Handel wird vom *komparativen* Vorteil angetrieben, wäh-rend die Wanderung von Arbeitskräften vom *absoluten* Vorteil ange-trieben wird. Obgleich nach herrschender Lehrmeinung Migration im globalen Maßstab effizient ist – also sämtliche Gewinne der Gewinner weltweit größer sind als sämtliche Verluste der Verlierer weltweit –, gibt es daher keinen Grund, anzunehmen, dass sie für aufnehmende Gesellschaften und Herkunftsgesellschaften wechsel-seitig vorteilhaft ist.

Die Migration führt eine dritte Kategorie von Nutznießern ein, die Migranten selbst, die als Einzige eindeutig profitieren (wenn sie nicht besser dastünden, würden sie nicht auswandern). Sie erhal-ten die absolute Produktivitätsdifferenz, die der Wanderung von

---

* Ich ergriff die Gelegenheit, einen Beitrag zu diesen Initiativen zu leisten (Collier 2013).

Arbeitskräften zugrunde liegt, das heißt, sie können ihr Einkommen um die Differenz zwischen dem Wert ihrer Arbeit an dem Ort, den sie verließen, und dem Wert ihrer Arbeit am Zielort ihrer Wanderung erhöhen. Migration ist global effizient, sodass grundsätzlich Transfers von Migranten an aufnehmende Gesellschaften und an die Menschen in ihren Ursprungsländern die Wohlfahrt aller erhöhen könnten. Aber ohne solche Transfers kann Zuwanderung für beide Gesellschaften nachteilig sein. Es ist für jeden einzelnen Migranten persönlich vernünftig auszuwandern, aber dies führt in der Summe nicht notwendigerweise dazu, dass Gesellschaften insgesamt profitieren. So steigt zum Beispiel das globale BIP, wenn ein sudanesischer Arzt nach Großbritannien einwandert und als Taxifahrer arbeitet, obwohl dabei ganz offensichtlich knappes Humankapital ineffizient verwendet wird.

Betrachtet man Zuwanderung im Rahmen der Rentenschöpfung in der Metropole, die wir in Kapitel 7 eingeführt haben, so werden ihre möglichen Kosten für die Bürger unmittelbar ersichtlich. Die Metropole erzeugt »Agglomerationsrenten«, die zum Teil Grundeigentümern zufließen, aber größtenteils hochqualifizierten Arbeitskräften mit geringen Wohnraumansprüchen. Wenn ein Land seine Grenzen für Zuwanderer öffnet, wird das Reservoir potenzieller Arbeitskräfte größer. Für das typische Land ist das globale Arbeitskräftereservoir ungefähr hundert Mal größer als das nationale Arbeitskräftereservoir, sodass die vollständige Öffnung der Grenzen dramatische Folgen hätte. Viele Ausländer werden besser qualifiziert sein und geringere Wohnraumansprüche haben als die Einheimischen. Da diese Zuwanderer einen Anreiz haben, sich um die hochproduktiven freien Stellen zu bewerben, werden sie Einheimische verdrängen.

Dieser Prozess ist global effizient: Die Wirtschaft der Metropole wird wachsen und damit die Renten der Agglomeration. Wer aber bekommt die Renten? Bei Arbeitskräften, die geringere Wohnraumbedürfnisse und höhere Qualifikationen haben, verlagern sich die Renten von den Immobilieneigentümern auf die Fachkräfte, deren angemessene Besteuerung dadurch schwieriger wird. Unter den Fachkräften werden jene alteingesessenen Bürger gewinnen, die ihre hochqualifizierten Stellen in der Metropole *behalten*; sie sind jetzt noch produktiver, weil sie mit Menschen zusammenarbeiten, die höher qualifiziert sind. Aber die Bürger, die von den qualifizierten Stellen in der Metropole *verdrängt werden*, verlieren die Renten, die ihnen ansonsten zugeflossen wären: Stattdessen arbeiten sie jetzt mit niedrigerer Produktivität in Provinzstädten. Auf diese Weise werden Renten von Bürgern auf Zuwanderer übertragen. Wenn Bürger politische Einstellungen, in denen sich ihr Eigeninteresse widerspiegelt, zum Ausdruck brächten, dann stünde zu erwarten, dass sich die beiden Effekte als Zuwanderungsbefürwortung unter hochqualifizierten Bürgern der Metropole und Zuwanderungsablehnung unter Bürgern in der Provinz manifestieren würden.

So etwas Ähnliches mag sich in Großbritannien ereignet haben. Die Einwohnerzahl Londons ist heute die gleiche wie 1950, aber die Zusammensetzung der Einwohner hat sich stark verändert. Im Jahr 2011 waren 37 Prozent davon Zuwanderer der ersten Generation, während diese 1950 einen verschwindend geringen Prozentsatz ausmachten. Es ist allerdings unwahrscheinlich, dass London ohne Zuwanderung um 37 Prozent geschrumpft wäre. Wahrscheinlicher ist, dass durch Zuwanderung Menschen mit geringeren Wohnraumbedürfnissen und höherer Qualifikation als viele alteingesessene Bürger nach London kamen und diese auf dem dortigen Arbeitsmarkt ausstachen. Auf nationaler Ebene offenbarte das Brexit-Votum die Divergenz der Identitäten, auf die wir in der Diskussion des *rationalen weiblichen Homo socialis* in Kapitel 3 eingegangen sind. Aber in den Unterschieden zwischen London und dem Rest des Landes spiegeln sich möglicherweise die divergierenden ökonomischen Auswirkungen der Zuwanderung auf die beiden neuen Klassen innerhalb der Stadt wider. Tatsächlich lassen sich anhand der Analyse des Brexit-Votums zwei ein wenig kontraintuitive Vorhersagen überprüfen.* Die Theorie sagt vorher, dass

---

* Die nachfolgenden Statistiken stammen von dem Wahlforscher Dr. Stephen Fisher von der Universität Oxford und basieren auf den verlässlichsten Erhebungsdaten zum Brexit. Wir haben die Möglichkeiten zur Überprüfung dieser Hypothesen zu spät erkannt, um vor dem Veröffentlichungstermin für dieses Buch einen Forschungsbericht zu schreiben, aber wir beabsichtigen, unsere Ergebnisse von Fachkollegen begutachten zu lassen und zur Veröffentlichung einzureichen. Bis dahin müssen die Ergebnisse als vorläufig betrachtet werden.

jene Mitglieder der Bildungsschicht, die nicht von ihren Stellen in London verdrängt wurden, aufgrund des Zustroms qualifizierter Einwanderer in die Stadt produktiver wurden und daher mit *geringerer Wahrscheinlichkeit für »Leave«* stimmten als die Gebildeten in der Provinz. Dies trifft nach unseren Ergebnissen zu: Sie stimmten mit einer um 25 Prozent geringeren Wahrscheinlichkeit für den EU-Austritt. Dagegen dürften, so die Theorie weiter, Londoner mit niedrigem Bildungsstand, die sich der Konkurrenz durch gering qualifizierte Einwanderer ausgesetzt sehen, aber die Stadt nicht verlassen haben, zu den Zuwanderungsverlierern zählen, und sie müssten daher mit *geringerer Wahrscheinlichkeit für »Remain«* gestimmt haben als Menschen aus derselben Schicht, die auf dem Land leben. Auch diese Hypothese erwies sich als richtig: Sie stimmten mit einer um 30 Prozent niedrigeren Wahrscheinlichkeit für den EU-Verbleib. Innerhalb von London war der *rationale männliche Homo oeconomicus* also vielleicht noch am Leben und wohlauf. Unterschiede in der Zusammensetzung sozialer Schichten und die unterschiedlichen wirtschaftlichen Konsequenzen der Zuwanderung erklären das Abstimmungsergebnis möglicherweise besser als das in der Metropole vorherrschende Narrativ provinzieller Fremdenfeindlichkeit.

Ein ganz anderer »Kostenfaktor« der Zuwanderung für alteingesessene Bürger ist deren Tendenz, reziproke Verpflichtungen, die innerhalb der Gesellschaft entstanden sind, zu untergraben. Erinnern wir uns daran, dass sich die Zeit zwischen 1945 und 1970 dadurch auszeichnete, dass auf der Basis eines starken Zusammengehörigkeitsgefühls viele neue wechselseitige Verpflichtungen aufgebaut wurden. Wer es im Leben zu Wohlstand brachte, akzeptierte die Verpflichtung, denen zu helfen, die es nicht so gut getroffen hatten. Das Narrativ der Verpflichtung wurde durch ein Narrativ untermauert, das Pflichterfüllung sinnvoll erscheinen ließ: Wer konnte schon wissen, ob die Nachkommen der Wohlhabenden nicht vielleicht bereits in der nächsten Generation selbst zu den Bedürftigen zählen würden, sodass es im aufgeklärten Eigeninteresse von allen war, den Verpflichtungen nachzukommen. Zuwanderer hatten nicht die Gelegenheit, die Narrative des Zusammengehörigkeitsgefühls, der reziproken Verpflichtungen und des aufgeklärten Eigeninteresses zu verinnerlichen, und daher mögen die Alteingesessenen bezweifeln, dass die Zuwanderer sie für sich als verbindlich anerkennen. Daher sinkt womöglich bei den Bürgern, die es zu Wohlstand brachten, die Bereitschaft, Steuern zu zahlen, denn von den Abgaben profitieren die Zuwanderer und die Alteingesessenen gleichermaßen. Ein solcher Effekt wäre für besorgte, gering qualifizierte Provinzbewohner eine besonders schlechte Nachricht; gerade dann, wenn sie gezwungen sind, Verpflichtungen in Anspruch zu nehmen, wenden sich ihre Mitbürger aufgrund der Zuwanderung von diesen ab. Leider gibt es mittlerweile überzeugende Belege für einen solchen Effekt. Bei neueren Umfragen in mehreren europäischen Ländern versuchte man, zu erfassen, was Personen mit überdurchschnittlichem Einkommen von einer umverteilenden Besteuerung halten, die jenen helfen soll, denen es finanziell schlecht geht.[2] Wie nicht anders zu erwarten, sind Menschen mit überdurchschnittlichen Einkommen überall in Europa weniger angetan von der Umverteilung als die mit unterdurchschnittlichen Einkommen. Aber wenn man die Antworten mit dem Prozentsatz der Zuwanderer in der jeweiligen Bevölkerung abgleicht, schält sich ein klares Muster heraus: Je höher der Prozentsatz der Zuwanderer, umso geringer die Bereitschaft der Gutverdiener, eine umverteilende Besteuerung zu unterstützen. Menschen mit überdurchschnittlichem Einkommen fühlen sich zwar nach wie vor bis zu einem gewissen Grad ihren ärmeren Mitbürgern verpflichtet, aber das Gefühl der Verpflichtung schwindet in dem Maße, wie der Kreis der Hilfsbedürftigen auf Nichtstaatsangehörige erweitert wird. Meinungsumfragen sind eine altbewährte sozialwissenschaftliche Methode. Ein neueres Verfahren besteht darin, medizinische Experimente zu simulieren, indem man Probanden nach dem Zufallsprinzip auf zwei Gruppen aufteilt und die eine einer »Behandlung« unterzieht, die die andere nicht erhält. In einer neuen Studie, die das gleiche Problem mit dieser ganz anderen Methode untersuchte, stellten zwei spanische Forscher die gleiche Frage, lenkten jedoch die Aufmerksamkeit der einen Gruppe bereits im vorhinein auf das Thema »Zuwanderung«, indem sie sie durch eine Diskussion darüber »primten« – grob gesagt: ihr das Thema ins Gedächtnis riefen –, während sie die andere Gruppe auf ein nichtssagendes Thema primten.[3] Sie fanden die gleiche Tendenz wie die andere Studien: Die an das Thema Einwanderung erinnerte Gruppe war in erheblich geringerem Maße bereit, umverteilende Steuern zu zahlen.

Während eine maßvolle Zuwanderung also aufnehmenden Gesellschaften und Ursprungsgesellschaften sowie den Migranten selbst sehr wahrscheinlich nützt, besteht keinerlei Grund zu der Annahme, dass das Ausmaß an Zuwanderung, das durch marktge-stützte, eigennützige private Entscheidungen erzeugt wird, gesamt-gesellschaftlich ideal ist. Wie gewöhnlich sind Ideologien auch hier irreführend. Die Linke misstraut allen marktgestützten Prozessen mit Ausnahme der Migration, während die Rechte die entspre-chende Ausnahme von ihrer generellen Marktbegeisterung macht. Pragmatismus und praktische Vernunft sind nuancierter: Sie fra-gen, wie viel Zuwanderung einer Gesellschaft nützt und welche Zuwanderer.

Schluss: ein professionelles *Mea culpa*

Ökonomen wie ich haben die Globalisierung etwas allzu eifrig gegen ihre Kritiker verteidigt. Unter dem Strich sind die Effekte positiv, aber die Globalisierung ist kein einheitliches Phänomen, das generell begrüßt oder zur Gänze abgelehnt werden müsste. Es ist ein Oberbegriff für vielfältige wirtschaftliche und gesellschaftliche Ver-änderungen, die potenziell voneinander getrennt werden können. Aufgabe der Politik ist es, jene Komponenten zu fördern, die ein-deutig vorteilhaft sind, Entschädigungen für jene vorzusehen, die überwiegend vorteilhaft sind, aber identifizierbaren Gruppen erheb-liche Verluste zufügen, und jene zu begrenzen, die Umverteilungen herbeiführen, die nicht ohne Weiteres ausgeglichen werden können.

Teil IV
Eine inklusive Politik

10 Den Extremen Einhalt gebieten

Der Kapitalismus erzeugt gespaltene Gesellschaften, in denen viele Menschen ein Leben führen, das von Existenzängsten geprägt ist. Dennoch ist er das einzige Wirtschaftssystem, das in der Lage ist, Massenwohlstand zu erzeugen. Die Ereignisse der jüngeren Vergangenheit sind nichts, was dem Kapitalismus per se innewohnte; vielmehr handelt es sich um eine schädliche Fehlfunktion, die behoben werden muss. Das ist keine leichte Aufgabe, aber angeleitet von besonnenem Pragmatismus, können empirische Befunde und Analysen, die unserer gegenwärtigen Lage gerecht werden, Grundlage für die Konzipierung politischer Maßnahmen sein, die allmählich die gewünschte Wirkung entfalten. Im Anschluss an die Weltwirtschaftskrise in den dreißiger Jahren brachte eine pragmatische Politik den Kapitalismus wieder auf Kurs; das kann sie heute wieder. Aber unser politisches System versagt in dieser Hinsicht. Es ist so dysfunktional geworden wie unsere Volkswirtschaften. Warum ist es nicht länger in der Lage, pragmatisch über Problemlösungen nachzudenken?

Gut funktionierte der Kapitalismus zuletzt zwischen 1945 und 1970. In dieser Zeit bestimmte eine kommunitaristische Form von Sozialdemokratie, die die großen politischen Volksparteien durchdrang, die Politik maßgeblich. Aber die ethischen Grundlagen der Sozialdemokratie zerfielen. Ihren Ursprung hatte sie in den Genossenschaftsbewegungen des 19. Jahrhunderts gehabt, die entstanden waren, um den drängendsten sozialen Missständen der Zeit abzuhelfen. Ihre Narrative der Solidarität wurden zur Grundlage eines immer dichter geknüpften Netzes wechselseitiger Verpflichtungen, die sich der aus diesen Verhältnissen erwachsenen Ängsten annahmen. Aber die Führung der sozialdemokratischen Parteien ging von der Genossenschaftsbewegung auf utilitaristische Technokraten und rawlsianische Juristen über. Ihre Ethik spricht die meisten Menschen nicht an, und Wähler kehrten sich allmählich von ihnen ab.

Weshalb wandten sich die politischen Parteien nicht dem Pragmatismus zu? Es war sehr wahrscheinlich die Schuld der Wähler. Der Pragmatismus fordert Menschen auf, herauszufinden, was die beste Lösung in einer gegebenen Situation ist, indem sie auf die besonderen Umstände achten, um mithilfe praktischer Vernunft zu beurteilen, ob vorgeschlagene Lösungen tatsächlich etwas taugen. Das ist mühsam. Gut informierte Wähler sind das höchste öffentliche Gut, und wie bei allen öffentlichen Gütern hat jeder Einzelne kaum Anreize, es bereitzustellen. Die meisten öffentlichen Güter kann der Staat anbieten, aber dieses können nur die Menschen selbst bereitstellen.

Das Vakuum, das die Implosion der Sozialdemokratie hinterließ, wurde von politischen Bewegungen gefüllt, die Wähler mit einfachen, mühelosen Lösungen umwarben. Der Pragmatismus hat zwei Feinde: Ideologien und Populismus, und beide ergriffen ihre Chance. Die Ideologien der Linken und der Rechten behaupten, dass Kontext, Besonnenheit und praktische Vernunft durch eine Allzweckanalyse umgangen werden könnten, die Wahrheiten ausstößt, die für sämtliche Kontexte und alle Zeiten gelten. Der Populismus bietet eine andere Abkürzung an: charismatische Führungspersönlichkeiten, die so offensichtliche Lösungsansätze präsentieren, dass sie unmittelbar verständlich sind. Oftmals verschmolzen Ideologie und Populismus, wurden so noch wirkungsmächtiger: ehedem diskreditierte Ideologien, die durch leidenschaftliche, mit verlockenden neuen Heilmitteln hausieren gehende Anführer aufgemöbelt wurden. Heil den Vorboten: Bernie Sanders, Jeremy Corbin und Jean-Luc Mélenchon von der radikalen Linken; Marine Le Pen und Norbert Hofer von den Nativisten; Nigel Farage, Alex Salmond und Carles Puigdemont von den Sezessionisten; und Beppe Grillo und Donald Trump aus der Welt der prominenten Unterhaltungskünstler.

Gegenwärtig wird das politische Schlachtfeld anscheinend von beunruhigten, aufgebrachten utilitaristischen und rawlsianischen Avantgarden beherrscht, die von populistischen Ideologen angegriffen werden. Damit scheint ein politisches Desaster vorprogrammiert. Um es abzuwenden, bedarf es eines grundlegenden Wandels, der nur dadurch zustande kommen kann, dass wir unsere Politik mit einem anderen ethischen Diskurs verbinden. Aber es gibt auch einige Veränderungen in der Mechanik unseres politischen Systems, die zu der gegenwärtigen Polarisierung führten, wie wir in diesem Kapitel sehen werden.

Wie es zu der politischen Polarisierung kam

Unsere politischen Systeme sind demokratisch, aber die Details ihrer Architektur haben sie in zunehmendem Maße anfällig gemacht für Polarisierung. In vielen Ländern begünstigt das Wahlrecht die beiden größten Parteien. Das sich den Wählern bietende Menü der Optionen hängt also davon ab, was diese beiden Parteien anbieten. Am bedenklichsten war allerdings, dass die großen politischen Parteien in vielen Ländern im Namen von mehr Demokratie ihren Mitgliedern das Recht gaben, die Parteichefs zu wählen. Dies Vorgehen trat an die Stelle eines Systems, in dem der Parteichef aus der Gruppe der erfahrensten Parteiveteranen stammte und oftmals von den Mandatsträgern der Partei gewählt wurde. Die Menschen, die sich am ehesten einer politischen Partei anschließen, sind jene, die sich mit einer bestimmten politischen Ideologie identifizieren. Folglich führte diese Veränderung dazu, dass tendenziell Ideologen die Führungsposten übernahmen. Von den drei großen Ideologien erwies sich die Sozialdemokratie aus Gründen, die ich in Kapitel 1 darlegte, als besonders instabil. Ihre Kombination aus utilitaristischer und rawlsianischer Philosophie ist nicht fest in unseren gemeinsamen Werten verankert. Daher konnten die polarisierenden Ideologien des Marxismus und des Nativismus das politische Feld dominieren. Der Marxismus schien nach dem Zusammenbruch der Sowjetunion und dem Umschwenken Chinas auf ein kapitalistisches System endgültig diskreditiert zu sein, aber eine neue Generation ist herangewachsen, für die das lediglich historische Ereignisse sind, die im Geschichtsunterricht bestenfalls oberflächlich behandelt wurden. Der Nativismus wurde durch den Holocaust und das wach gehaltene Andenken daran gänzlich diskreditiert. Aber dort, wo die konservative Volkspartei ihre Einwanderungspolitik auf eine Kombination aus utilitaristischer und rawlsianischer Ethik stützte, haben nativistische Parteien eine Lücke gefunden.[1]

Der Aufstieg der Ideologen lässt den vielen pragmatisch eingestellten Wählern nur die Auswahl aus einem Menü, das von den Extremen zusammengestellt wurde. Da sich zudem viele Menschen von der Politik abwenden, weil sie das Menü nicht anspricht, versuchen die Parteiführungen, Wahlen nicht länger mit einem Programm zu gewinnen, das den unschlüssigen Wähler in der Mitte des Spektrums überzeugen soll, sondern mit einer Strategie, die sicherstellt, dass alle ideologisch motivierten Wähler zur Wahl gehen. Um »Inklusion« zu fördern, könnte man das Mindestalter für die Ausübung des Wahlrechts und für die Mitgliedschaft in einer Partei herabsetzen, aber Teenager sind am anfälligsten für ideologischen Extremismus. Jene nicht ideologischen Wähler, die das Gefühl haben, dass ihre Stimme nicht mehr gehört wird, waren eine leichte Beute für die Populisten. Mehrere bedeutende Wahlen in jüngerer Vergangenheit haben diesen Prozess konkret veranschaulicht. Bei der amerikanischen Präsidentschaftswahl von 2016 konnten ideologische Links- und Rechtspopulisten die Wahlkämpfe mit simplen Rezepten gegen die Mängel des Kapitalismus beherrschen. Auf der Linken wurde Bernie Sanders mühsam in Schach gehalten, aber um den Preis, dass die Bindung der demokratischen Parteibasis an die archetypische rawlsianische Juristin Hillary Clinton, die systematisch um die Stimmen der »Opfergruppen« warb, erheblich geschwächt wurde.[2] Auf der Rechten hat Donald Trump, der es hervorragend verstand, seine Prominenz medienwirksam einzusetzen, alle gemäßigteren Kandidaten verdrängt. Im Wahlkampf blieb er dann bei seiner simplen Kritik, während es Clinton unterließ, eine differenziertere Sichtweise zu präsentieren, sodass sie fast als Apologetin des herrschenden Systems erschien.

Bei den französischen Präsidentschaftswahlen von 2017 wurden alle potenziellen Anführer der beiden größten Parteien ausgeschaltet. Auf der Linken erkannte der unpopuläre Amtsinhaber, Staatspräsident Hollande, ein archetypischer Sozialdemokrat, dass eine erneute Kandidatur aussichtslos wäre, und sein Premierminister Manuel Valls, ebenfalls ein Sozialdemokrat, wurde in den parteiinternen Vorwahlen von Benoît Hamon, einem Ideologen der Parteilinken, aus dem Rennen geworfen. Auf der Rechten wurden Ex-Staatspräsident Nicolas Sarkozy und der gemäßigte Konservative Alain Juppé zugunsten eines Ideologen vom rechten Flügel der Partei Les Républicains, François Fillon, ausgeschaltet, dessen Kampagne dann von persönlichen Veruntreuungsvorwürfen gegen ihn überschattet wurde. So wurde die erste Runde der französischen Präsidentschaftswahlen, bei der zwei Kandidaten übrig blieben, zu einem knappen Rennen zwischen fünf unkonventionellen Bewerbern – vier Ideologen und einem Pragmatiker. Keiner der Kandidaten der beiden großen Volksparteien schaffte es in die zweite Runde, in der sich dann der Pragmatiker Emmanuel Macron und die nativistische Rechtspopulistin Marine Le Pen gegenüberstanden. Hätten damals nur drei Prozent der französischen Wähler anders gestimmt, dann wären zwei ideologische Populisten in die Stichwahl gekommen – Le Pen auf der Rechten und Jean-Luc Mélenchon auf der Linken. Frankreich überlebte sein Wahlsystem, allerdings nur knapp. Im Gegensatz zu Hillary Clinton konnte Emmanuel Macron eine klare, nicht ideologische und doch differenzierte Kritik an dem gegenwärtigen System artikulieren, die sich nicht an »Opfergruppen«, sondern an den französischen Durchschnittsbürger richtete, während sie die populistischen Lösungsvorschläge als faulen Zauber entlarvte. Sein Programm war ein Musterbeispiel an Pragmatismus; er verstand es, komplexe Argumente auf eine so verständliche Weise zu kommunizieren, dass die populistischen Quacksalberrezepte keine Chance dagegen hatten.

Zwischen den britischen Unterhauswahlen 2010 und 2017 änderte die Labour Party ihre Statuten für die Wahl des Parteichefs. Im Jahr 2010 war ihr archetypischer utilitaristischer sozialdemokratischer Parteichef Gordon Brown ohne Gegenkandidaten von den Labour-Unterhausabgeordneten zum Vorsitzenden gekürt worden. Im Jahr 2017 stand ein marxistischer Populist, Jeremy Corbyn, an der Spitze der Partei; während er unter den Labour-Abgeordneten nur einen schwachen Rückhalt genoss, war er von leidenschaftlichen jungen Idealisten gewählt worden, die nach der Änderung der Statuten mühelos Mitglied der Partei werden konnten.* Dieser Schritt führte

---

* Die offizielle marxistische Theorie erkennt schon seit Langem an, dass die Avantgarde darauf angewiesen ist, eine Kategorie von Anhängern zu rekrutieren, die »nützliche *(useful)* Idioten« genannt werden. Corbyn hat sie mit feinem Gespür weiterentwickelt zur Kategorie der »jugendlichen *(youthful)* Idioten«.

dazu, dass sich die Zusammensetzung der Basis der Labour Party vollständig änderte. Bei den Konservativen wurde der gemäßigte Parteichef David Cameron, der seit 2010 amtierte, im Jahr 2016 von der unbekannten Größe Theresa May ersetzt, ein verzweifelter Schritt konservativer Abgeordneter, mit dem die neue Parteisatzung umgangen werden sollte, die vorschrieb, dass der Parteivorsitzende von den Parteimitgliedern gewählt wird. In diesem Fall würde wahrscheinlich ein unkonventioneller Ideologe gewählt werden, wie es bereits 2001 der Fall war, als die neue Satzung erstmals angewendet wurde. Gegenwärtig haben die beiden großen politischen Parteien Großbritanniens Regularien bezüglich der Wahl ihrer Vorsitzenden, die, wenn sie eingehalten werden, geradezu garantierten, dass das Menü politischer Optionen aus polarisierenden Ideologen besteht – »vegan oder Kalb, Sir?«. Bei der Unterhauswahl von 2017 propagierte Jeremy Corbyn einen ideologischen Linkspopulismus, während Theresa May keine kohärente Strategie formulierte, sodass die Wähler keine klaren Optionen hatten, was zu einem Parlament ohne klare Mehrheitsverhältnisse führte.

Selbst in Deutschland genügte der Flirt von Bundeskanzlerin Merkel mit einer seltsamen Mischung aus rawlsianischem Legalismus und Populismus, der dazu führte, dass die Grenzen Deutschlands im September 2015 geöffnet wurden, um bei den Bundestagswahlen 2017 jeden achten Wähler in die Arme einer neuen nativistischen Partei zu treiben, der AfD. Der Stimmenanteil der unter Merkel nach links gerückten, nur noch mäßig konservativen CDU stürzte auf den niedrigsten Wert seit ihrer Gründung im Jahr 1949. Aber die massiven Einbußen von Mitte-Rechts halfen Mitte-Links nichts. Der Stimmenanteil der SPD verzeichnete auch ein deutliches Minus, es war ebenfalls sein niedrigster Wert seit 1949. Die Mitte schrumpft und überlässt das Feld populistischen Ideologen.

Die Erneuerung der Mitte durch politische Verfahren

Wir brauchen ein Verfahren, das dafür sorgt, dass die Volkspar-teien wieder Richtung Mitte rücken. Hier könnten zwei Änderun-gen der Regeln für die Wahl des Parteivorsitzenden, die beide weit-aus demokratischer wären als die gegenwärtigen Vorschriften, schon viel erreichen.

Am einfachsten wäre es, nur die gewählten Abgeordneten der Partei den Parteivorsitzenden bestimmen zu lassen. Gewählte Ver-treter haben zwei Eigenschaften, die dafür sorgen, dass sie besser geeignet sind, einen Vorsitzenden auszuwählen, als die Parteimit-glieder. Zum einen sind sie daran interessiert, eine größere Gruppe von Wählern anzusprechen; das lässt sie zu gemäßigten Kandidaten tendieren. Zweitens lassen sie sich als Insider nicht so leicht von aus-gebufften Tricks, wie sie medienerfahrene Prominente beherrschen, ins Bockshorn jagen: Sie sind wohlinformierte Wähler. In Großbri-tannien zum Beispiel wäre dann 2001 Ken Clarke zum Parteivor-sitzenden der Konservativen gewählt worden, ein Gemäßigter mit langjähriger Erfahrung als Minister; der Labour-Vorsitzende im Jahr 2015 wäre ebenfalls ein Gemäßigter gewesen. Und wenn republika-nische Kongressabgeordnete den Präsidentschaftskandidaten ihrer Partei gewählt hätten, säße Donald Trump nicht im Weißen Haus.

Gewählte Vertreter haben eine größere demokratische Legiti-mation als Parteimitglieder; insgesamt repräsentieren sie *viel mehr Anhänger* der Partei als die Zahl in den offiziellen Mitgliederver-zeichnissen. Aber wenn das ausgewählte System die größtmögliche Zahl von Personen einschließt, deren Meinungen berücksichtigt werden, dann wäre es das kleinere Übel, zumindest bei den gro-ßen Parteien allen wahlberechtigten Bürgern ein Stimmrecht bei der Kür des Parteivorsitzenden zu geben, auch wenn die diesbezüg-lichen Erfahrungen wenig zuversichtlich stimmen. Da der durch-schnittliche Wähler kaum etwas über die Kandidaten weiß, neigt er charismatischen Populisten zu.

Sollte eine Reform der Statuten über die Wahl des Parteivor-sitzenden nicht möglich sein, ist die beste Alternative vermutlich ein Wahlsystem, das bis zu einem gewissen Grad auf dem Verhält-niswahlrecht basiert. Dieses hat Nachteile, aber immerhin halten

Koalitionen Parteien davon ab, ideologische Programme umzusetzen, und sie fördern einen Pragmatismus, der sich an dem orientiert, was sich praktisch bewährt hat. Norwegen, die Niederlande und die Schweiz, die seit Langem von Koalitionen regiert werden – eine Folge des Verhältniswahlrechts –, blieben alle von den schlimmsten Exzessen des modernen Kapitalismus verschont. Die Zeit, in der Großbritannien eine Koalitionsregierung hatte, die Jahre 2010–2015, und die Zeit der politischen Blockade in den USA, die von 2011 bis 2017 dauerte, erscheinen im Rückblick als Perioden, in denen bis zu einem gewissen Grad mehr erreicht wurde als unter den vorangehenden und nachfolgenden Regierungen.

Die Mitte erneuern: informierte Gesellschaften

Das Herumbasteln an unseren politischen Systemen mag dazu beitragen, sie empfänglicher für Strategien zu machen, die ethisch fundiert und pragmatisch konzipiert sind. Aber die Politik kann nicht besser sein als die Gesellschaften, die sie widerspiegelt. Eine Politik, die ethisch und pragmatisch ist, setzt voraus, dass eine Gesellschaft eine kritische Masse von Bürgern hat, die eine solche Politik einfordern. Aus diesem Grund habe ich dieses Buch in erster Linie für Bürger, nicht für Politiker geschrieben. Eine kritische Masse bedeutet nicht *alle* Bürger; es bedeutet so viele, dass Politiker den Mut zum Handeln finden. Zum Glück lassen sich über Social Media nicht nur schlechte, sondern auch gute Ideen verbreiten. Als Gedächtnisstütze habe ich nachfolgend die Maßnahmen, die den neuen Spaltungen direkt entgegenwirken können, und die grundlegenden Strategien zur Erneuerung der Ethik in Organisationen zusammengefasst.

Eine pragmatische neue Politik

In einem kurzen Buch mit breit gefächerten Themen können neue Lösungskonzepte nicht im Detail dargestellt werden. Alle hier gemachten Vorschläge basieren auf sorgfältiger wissenschaftlicher Analyse, müssen jedoch umfassend ausgearbeitet werden, ehe sie umgesetzt werden können. Allerdings dürften die Hindernisse eher politischer, nicht technischer Natur sein.

Um die größer werdende Kluft zwischen der Metropole und abgehängten Städten allmählich zu schließen, müssen erhebliche Finanzmittel aufgewendet werden, die durch Besteuerung der in der Metropole generierten, enorm angewachsenen Agglomerationsrenten beschafft werden können. Kapitel 7 erläuterte, warum ein Großteil der üppig sprudelnden Produktivitätsgewinne der Metropole eine Form von ökonomischer Rente und kein »verdientes«, legitimes Einkommen der Menschen ist, die diese Rente einstreichen. Aber es verdeutlichte auch die Schwierigkeiten, die mit der Besteuerung der Renten verbunden sind: Ein Großteil davon fließt nicht, wie bislang angenommen, den Immobilieneigentümern, sondern hochqualifizierten Spitzenverdienern zu. Genau der gleiche Grund, der es rechtfertigt, Grund und Boden in der Metropole höher zu besteuern als Grundbesitz andernorts, gilt auch für die Besteuerung der Einkünfte der Hochqualifizierten. Ich ahne schon die entrüstete Ablehnung all derer, die ihre eigennützigen Interessen bedroht sehen. Wie wird dieses Geld nun am sinnvollsten ausgegeben, um niedergehenden Städten neues Leben einzuhauchen? Der Schlüssel ist eine wohlkoordinierte Initiative, um Unternehmen einer zukunftsträchtigen Branche anzulocken, vielleicht eine, die den besonderen Traditionen der jeweiligen Stadt Rechnung trägt. Die Koordinierung hängt von Beziehungen ab: Um gemeinsames Wissen aufzubauen, muss Firmen, die sich möglicherweise in der Stadt ansiedeln würden, bekannt sein, was andere Firmen tun. Wahrscheinlich muss die Stadt eine ganze Gruppe vernetzter Firmen umwerben. Aus- und Weiterbildung von lokalen Arbeitskräften bringen nichts, wenn sie nicht auf die spezifischen Anforderungen solcher Unternehmen zugeschnitten und vorzugsweise gemeinsam mit ihnen geplant und durchgeführt wird.

Um die neue soziale Spaltung zwischen den Hoch- und den Geringqualifizierten rückgängig zu machen, sind außerdem Maßnahmen notwendig, die an beiden Seiten ansetzen. Wenn man an einer Stelle mit niedriger Produktivität festsitzt, ist dies oftmals der Endpunkt einer lebenslangen Benachteiligung, die schon im Kleinkindalter begann. Ich habe eine Strategie des *sozialen Maternalismus* vorgeschlagen: umfassende praktische Unterstützung und Betreuung junger Familien, die Gefahr laufen zu zerbrechen, gefolgt von der intensiven Betreuung und Förderung von Risikokindern während ihrer Schulzeit. Mentoring ist für den sozialen Maternalismus das, was Überwachung für den sozialen Paternalismus ist. Aber um dieser Divergenz entgegenzuwirken, genügt es nicht, die Geringergebildeten zu befähigen, beruflich erfolgreich zu sein. Einige Verhaltensweisen der Hochqualifizierten müssen eingedämmt werden, weil sie ausbeuterisch sind: Die Fähigkeit, ein »Turnier« zu gewinnen, kann riesige private Gewinne einbringen, die auf Kosten derjenigen gehen, die verlieren. Zu viele unserer Spitzentalente nutzen ihre Fähigkeiten, um sich auf Kosten anderer besserzustellen, während Bereiche wie Innovation mit einem hohen Nutzen für die Gesamtgesellschaft unter einem Mangel an Talenten leiden. Die Sektoren, die am anfälligsten für Nullsummenspiele sind, sollten höher besteuert werden als die, in denen nur ein geringer Teil der Gewinne jenen zufließt, die in ihnen arbeiten.

Die Verringerung der globalen Spaltung zwischen den reichen Gesellschaften der Welt und denen, die in der Armutsfalle festsitzen, erfordert mehr als ein großes Herz. Menschen, die in armen und stagnierenden Gesellschaften leben, schaffen entweder ihr Geld außer Landes, sofern sie reich sind, oder sie emigrieren, wenn sie gebildet sind. Die Reaktionen sind verständlich, aber insgesamt schaden sie oftmals ihren eigenen Gesellschaften. Afrika verliert jedes Jahr 200 Milliarden Dollar durch Kapitalflucht; Haiti verliert 85 Prozent seiner jungen Fachkräfte. Diese Verhaltensweisen als ein »Menschenrecht« hinzustellen untertreibt den Stellenwert der Verpflichtungen, gegen die sie verstoßen. Die meisten Menschen sind keine Heiligen: Zwar erkennen sie ihre Verpflichtungen an, aber wenn man sie starken Verlockungen aussetzt, können sie nicht widerstehen. Jahrzehntelang leisteten Anwälte in London und Banken in der Schweiz Beihilfe zur Kapitalflucht aus Afrika. In ähnlicher Weise ist der Exodus von Humankapital aus Afrika eine verständliche Reaktion auf eine Politik, die andernorts Chancen auf ein besseres Leben eröffnet. Betrachten wir einen Extremfall, der dies verdeutlicht: Der norwegische Staatsfonds hat mittlerweile ein so großes Vermögen angehäuft, dass auf jeden Bürger 200 000 Dollar entfallen. Wenn eine fünfköpfige Familie ihr armes Heimatland verlässt und sich in Norwegen niederlässt, erwirbt sie einen Anspruch auf einen Kapitalanteil im Wert von einer Million Dollar, und zwar zusätzlich zu dem Einkommen, das die Familienmitglieder verdienen. Der Regierung ihres Heimatlandes fehlen jegliche Mittel, um einem solchen Anreiz zur Auswanderung etwas entgegenzusetzen. Allerdings haben zwei Personengruppen einen weitaus fundierteren Anspruch auf diese eine Million Dollar: die Norweger, die das Geld sparten, und die Tausende Arme, unter denen es aufgeteilt werden könnte. Arme Gesellschaften müssen zu den reichen aufschließen. Zu diesem Zweck benötigen sie von unseren reichen Gesellschaften das, was wir haben und was ihnen fehlt: Unternehmen, die Menschen produktiv machen. Wir könnten viel mehr tun, um unsere Unternehmen dazu zu ermuntern, dieses alltäglich anmutende Wunder in den ärmsten Ländern zu wirken.

Ethisch erneuerte Organisationen

Dieses Buch begann mit Ethik, und es wird mit Ethik enden. Ich habe versucht, die Grundlagen einer moralischen Politik zu skizzieren, die die abstrusen und spalterischen Dogmen der utilitaristischen Ethik durch eine Ethik ersetzt, die der menschlichen Natur besser gerecht wird und zugleich zu besseren Ergebnissen führt. Im Gegensatz zur utilitaristischen Vision autonomer Individuen, die aus ihrem jeweiligen Konsum einen Nutzen nur für sich selbst ziehen und die in der großen moralischen Arithmetik des Gesamtnutzens alle gleich viel zählen, sind Beziehungen die Atome – die nicht weiter teilbaren Grundbausteine – einer wirklichen Gesellschaft. Im Gegensatz zum psychopathischen Egoismus des *Homo oeconomicus*, der durch die platonischen Wächter des sozialen Paternalismus gezügelt wurde, verstehen normale Menschen, dass Beziehungen Verpflichtungen mit sich bringen und es für ein sinnerfülltes Leben entscheidend darauf ankommt, diesen Verpflichtungen nachzukommen. Die schädliche Verbindung aus platonischen Wächtern und *Homo oeconomicus*, die die Politik bestimmte, enthob die Menschen unweigerlich ihrer moralischen Verantwortung, indem sie Verpflichtungen auf den paternalistischen Staat abschob. In einer seltsamen Parodie der christlichen Glaubenslehre des Mittelalters werden die Leute in die Rolle von Sündern gedrängt, die von mustergültigen Menschen regiert werden müssen – der moralischen Meritokratie. Mit dem Aufstieg der utilitaristischen Avantgarde kamen die »Heiligen« an die Macht. In dem Maße, wie Verpflichtungen auf den Staat übergingen, ließ er seinerseits Rechte und Konsumansprüche auf uns herabregnen mit der Folge, dass wir heute alle Kinder sind.

Dabei hat der Staat Verantwortlichkeiten übernommen, die ihn überfordern und nur von Unternehmen und Familien in angemessener Weise wahrgenommen werden können. Eltern, deren Gefühl der Verpflichtung gegenüber ihren Kindern von Liebe getragen ist, sind allen Formen des Ersatzes überlegen, die der paternalistische Staat anbietet. Unternehmen, deren Gefühl der Verpflichtung gegenüber ihren Mitarbeitern seinen Ursprung in langjähriger Reziprozität hat, sind allen Formen der Aus- und Weiterbildung überlegen, die der paternalistische Staat anbietet. Der Staat hat eine Rolle, aber sie besteht darin, einen metapolitischen Ordnungsrahmen zu definieren, der diese Verpflichtungen dort erneuert, wo sie eigentlich hingehören. Es war ein kultureller Wandel, der das innerfamiliäre Gefüge wechselseitiger Verpflichtungen schwächte. An die Stelle der ethischen Familie trat der *anspruchsberechtigte Bürger,* der unbeirrbar nach Befriedigung seiner Bedürfnisse strebte. Aber der Staat leistete diesem Wandel Vorschub, indem er Gesetze, Steuern und Sozialleistungen so änderte, dass sie nicht länger Familien, sondern Individuen privilegierten. Der Staat kann heute seine Narrative, Gesetze, Steuern und Sozialleistungen abermals ändern, um die *ethische Familie* zu erneuern. Es war ein kultureller Wandel, der in Unternehmen das Gefühl der Verpflichtung gegenüber Mitarbeitern und der Gesellschaft schwächte; die betriebswirtschaftlichen Fakultäten brachten einer Generation von Führungskräften bei, sich den *Homo oeconomicus* zum Vorbild zu nehmen und dass der einzige Zweck eines Unternehmens darin bestehe, Gewinne für seine Eigentümer zu erwirtschaften. Dieser kulturelle Wandel wiederum wurde verstärkt dadurch, dass sich durch den wachsenden Einfluss von Investmentfondsmanagern, die Quartalsgewinnen nachjagten, die materiellen Anreize wandelten. Der Staat kann mithilfe von

Narrativen, Gesetzen, Steuern und Subventionen das *ethische Unternehmen* erneuern.

Die dem utilitaristischen Paternalismus innewohnende Anmaßung erreichte ihren Höhepunkt, als er auf die globale Ebene ausgedehnt wurde. Pflichten zur Hilfeleistung, die bedingungslos hätten erfüllt werden müssen, wurden zu Werkzeugen eines ethischen Imperialismus. Internationale Klubs, die nach und nach wechselseitige Verpflichtungen innerhalb eines bestimmten Politikfeldes aufgebaut hatten, überdehnten sich, als sie zu »inklusiven« Organisationen mit stark erweiterten Zuständigkeiten wurden, in denen Reziprozität allmählich zerfiel. Wir hatten noch nie eine *ethische Welt*, aber zwischen 1945 und 1970 kamen wir diesem Ziel näher als zu irgendeinem anderen Zeitpunkt der Geschichte. Doch dieser Fortschritt wurde zunichtegemacht. Wenn wir wieder eine Vorwärtsdynamik in Gang setzen wollen, müssen wir erneut zu dem realistischen Ansatz des besonnenen Pragmatismus zurückkehren. Es ist für uns erschwinglich und möglich, denen, die unsere Hilfe benötigen, wirkungsvoll unter die Arme zu greifen; den heraufziehenden globalen Ängsten hilft man am besten nicht durch utilitaristisches Moralisieren ab, sondern durch Klubs, die unter den Wohlstandsländern neue reziproke Verpflichtungen knüpfen, den Pflichten zur Hilfeleistung nachzukommen.

Das Netz wechselseitiger Verpflichtungen, das durch gemeinsame Zugehörigkeit ermöglicht wird, bringt Staaten hervor, denen mehr Vertrauen entgegengebracht wird und die daher effektiver sind. Wenn die unzähligen Aufgaben, die mit der Erfüllung von Verpflichtungen verbunden sind, weit innerhalb einer Gesellschaft verteilt sind, werden sie nicht nur besser erledigt, vielmehr sind die Menschen auch engagierter und ausgefüllter. Folglich werden diese Gesellschaften ein höheres Maß an Lebenszufriedenheit aufweisen, als es utilitaristische Paternalisten zustande brachten. Selbst nach ihrem eigenen Kriterium schneiden die Paternalisten schlecht ab. Die »Maximierung der Nutzen« ist ein Beispiel dafür, was John Kay »Verirrung« nannte: Man erreicht sie nicht, indem man direkt darauf hinarbeitet. Freiwillige Reziprozität ist überlegen.

Eine neue Politik des Zusammenhalts

Politik wird überwiegend auf nationaler Ebene gestaltet. Damit die Politik tatsächlich ein dichtes Netz reziproker Verpflichtungen knüpfen kann, benötigen die Bürger einer Nation ein gewisses Maß an gemeinsamer Identität. Damit ein solches Wirgefühl nicht spaltet, sondern eint, kann nicht die Zugehörigkeit zu einer bestimmten ethnischen Gruppe ausschlaggebend dafür sein, ob man Brite, Amerikaner oder Deutscher ist. Und es kann auch nicht ausschlaggebend sein, dass man bestimmte gemeinsame Werte hat, auch wenn man sich dies vielleicht wünschen würde. Welche gemeinsamen Werte unterscheiden Donald Trump und Bernie Sanders einerseits von Nigel Farage und Jeremy Corbyn andererseits? Eine Identität, die von all jenen geteilt wird, die in einem kulturell vielfältigen Land aufwachsen, kann nur definiert werden durch gemeinsame Verbundenheit mit dem Ort, an dem man lebt, und das gemeinsame Streben nach einem Ziel, das alle besserstellt. Sie kann sich die festverdrahteten Bindungen an das eigene Zuhause und die Region, in der man lebt, zunutze machen; sie kann die wechselseitigen Vorteile gemeinsamer zweckgerichteter Handlungen verdeutlichen. Sie ist die Basis eines gemeinsamen »Wir«. Eine ethische Politik kann den instinktiven Drang nach gemeinsamer Zugehörigkeit und die Rationalität des gemeinsamen Strebens nach ethisch wertvollen Zielen durch weitere Einflüsse verstärken.

Sie wird durch kollektiven Einsatz für ein – noch so triviales – gemeinsames Ziel gestärkt: Dafür genügt schon der Sieg der Fußballnationalmannschaft.[3] Sie wird gestärkt durch die miteinander verflochtenen sozialen Interaktionen, die sich auf natürliche Weise innerhalb des gemeinsamen Raums ereignen. Gruppen, die völlig voneinander abgeschottet sind, haben in der Regel kein nennenswertes Zusammengehörigkeitsgefühl, sodass ein gewisses Maß an sozialer Integration wünschenswert ist, da sie kulturelle Absonderung – ob aus Bildungs-, ideologischen oder religiösen Motiven – begrenzt. Wir müssen einander begegnen. Aber vor allem wird sie durch unterstützende politische Narrative der Zugehörigkeit gestärkt. Es ist eine zentrale Aufgabe unserer führenden Politiker, solche Narrative zu kommunizieren: Dadurch, dass sie Narra-

tive der Zugehörigkeit auf der Grundlage der Verbundenheit mit
dem Ort, an dem man lebt, und gemeinsamen, ethisch zweckgerichteten Handelns mieden, schufen sie eine Lücke für spaltende
Narrative der Zugehörigkeit, die nationale Identität für einige unter
Ausschluss von anderen beanspruchen.

Politische Führungspersönlichkeiten können neue Narrative pro-
pagieren, aber das schwindende Vertrauen in Politiker hat zu einer
Autoritätsverschiebung geführt; Menschen schenken heute denjenigen, die im Zentrum ihrer sozialen Netzwerke stehen, mehr
Aufmerksamkeit als den Nachrichtensprechern im Fernsehen. Die
Netzwerke wurden jedoch zu in sich geschlossenen Echokammern,
und daher fehlt uns sogar der gemeinsame Raum für den kommu-
nikativen Austausch. Das ist unglaublich schädlich, weil durch die
Teilnahme an einem gemeinsamen Netzwerk das gemeinsame Wissen entsteht, dass wir alle die gleichen Narrative hören. Ohne diese
fällt es selbst Narrativen gemeinsamer Identität schwer, die Voraus-
setzungen zu schaffen, die die Menschen darauf vertrauen lassen,
dass die von ihnen anerkannten Verpflichtungen von anderen erwidert werden. In Echokammern zirkulieren keine Narrative gemeinsamer Verbundenheit mit einem Ort, vielmehr wird »der andere«
dort typischerweise diffamiert. Salman Abedi, der Selbstmordatten-
täter, der 2017 bei einem Konzert in Manchester viele Kinder mit in
den Tod riss, wuchs in der Stadt auf, wurde jedoch in einem völlig
abgeschotteten islamischen Netzwerk indoktriniert, alle »Ungläu-
bigen« zu hassen, und so mangelte es ihm selbst an rudimentärer
Empathie mit den Menschen in seinem Umfeld. Echokammern
schaden dem gesellschaftlichen Zusammenhalt, aber ich sehe keine
realistische Möglichkeit, wieder eine gemeinsame Diskussionsarena
zu errichten. In Ermangelung einer solchen haben all jene, die in
jeder dieser Echokammern seit Neuestem über Einfluss gebieten –
die Komiker, die Schauspieler, die Imame, die exhibitionistischen
Extrovertierten –, eine Verantwortung übernommen, der sie jetzt
gerecht werden müssen. Sie sind die dezentralen sozialen Auto-
ritätsfiguren, die in einer besseren Position als jeder andere sind,
in all diesen fragmentierten Netzwerken ein Zusammengehörigkeitsgefühl aus Verbundenheit mit einem gemeinsamen Ort aufzubauen. Die Narrative, die sie zirkulieren lassen, sollten ein Fokus

öffentlicher Aufmerksamkeit werden. Sie sollten eindringlich dazu ermahnt werden, nicht mit den spalterischen ideologischen Narrativen hausieren zu gehen, die ihr Metier geworden sind.

Wie andere gemeinsame Identitäten sind die gemeinsame Verbundenheit mit einem Ort und gemeinsames, zweckgerichtetes Handeln nützlich, weil sie Verpflichtungen bekräftigen können. Die demokratischen Verfahren politischer Entscheidungsfindung sind überwiegend national organisiert, weil die Politikgestaltung überwiegend in die nationale Zuständigkeit fällt. Manche politischen Maßnahmen werden auf lokaler Ebene beschlossen, andere auf regionaler und einige wenige auf globaler, aber in allen fortgeschrittenen Volkswirtschaften ist die nationale Ebene von überragender Bedeutung. In den Vereinigten Staaten werden ungeachtet der Tatsache, dass so viel Aufhebens um die Rechte der Bundesstaaten gemacht wird, 60 Prozent der öffentlichen Ausgaben auf nationaler, nicht auf bundesstaatlicher Ebene getätigt. In der Europäischen Union werden ungeachtet der Tatsache, dass die angebliche Machtfülle Brüssels ein öffentliches Dauerthema ist, 97 Prozent aller Ausgaben auf nationaler Ebene getätigt, nicht von der Kommission. Nationen und ihre Bürger sind nach wie vor der wichtigste Bezugsrahmen politischen Handelns und werden dies in absehbarer Zukunft bleiben. Die wichtigste politische Funktion gemeinsamer Identität besteht darin, Nationen als Instrumente für ein wachsendes Netz reziproker Verpflichtungen nutzbar zu machen. Die Erosion dieses Netzes führte dazu, dass die durch die jüngste Entwicklung des Kapitalismus erzeugten Ängste zu schwärenden Wunden an unserem Gesellschaftskörper wurden.

So, wie Narrative gemeinsamer Zugehörigkeit auf der Basis örtlicher Verbundenheit und ethisch zweckgerichteten gemeinsamen Handelns das nationale Identitätsbewusstsein stärken können, so können Narrative über reziproke Verpflichtungen der Bürger untereinander das ethische Netz stärken. Es ist nicht weiter verwunderlich, dass sich Salman Abedi nicht einmal elementare reziproke Verpflichtungen zu eigen machte: Sein Nachbar berichtete, Abedis Auto habe oft seine Einfahrt blockiert. Reziproke Verpflichtungen ihrerseits können durch zweckorientierte Narrative aufgeklärten Eigeninteresses verstärkt werden. Bürger vermögen auf diese

Weise Kausalketten zu erkennen, die zeigen, dass Verhalten, das nicht in ihrem unmittelbaren Eigeninteresse ist, wie etwa das Zahlen von Steuern, zu Ergebnissen beitragen kann, die im langfristigen Eigeninteresse aller sind. Abedi verinnerlichte ein solches Narrativ: Er opferte sein unmittelbares Eigeninteresse für die Aussicht, ins Paradies zu kommen. Narrative sind wirkmächtig; wir sollten bessere konzipieren.

In einem Satz zusammengefasst: *Gemeinsame Identität wird zur Grundlage weitsichtiger Gegenseitigkeit.* Gesellschaften, denen es gelingt, entsprechende Glaubenssysteme aufzubauen, funktionieren besser als solche, die entweder auf dem Individualismus oder auf einer der wiederbelebten Ideologien basieren. Individualistische Gesellschaften verspielen das riesige Potenzial öffentlicher Güter. Die ideologischen Erneuerungsbewegungen basieren jeweils auf dem Hass auf einen anderen Teil der Gesellschaft und führen notwendigerweise zu Konflikten. In einer gesunden Gesellschaft wurden jene, die Erfolg haben, dazu erzogen, das Netz reziproker Verpflichtungen zu akzeptieren. Da sie selbst Glück hatten, setzen sie sich für die ein, die im Leben weniger erfolgreich waren. Die Erfolgreichen kommen den Verpflichtungen nach, weil sie belohnt werden mit jener Selbstachtung und Anerkennung durch ihresgleichen, die mit der Erfüllung der Pflichten verbunden ist. Gegen eine Minderheit, die sich nicht an die vereinbarten Regeln hielte, wäre auch die Anwendung von Maßnahmen legitim, die mit Zwangsandrohungen einhergingen.

Dies ist der moralische Pragmatismus, der einen politischen Kurswechsel inspirieren könnte: weg von polarisiertem Versagen hin zu kooperativen Bemühungen, die Spaltungen in unseren Gesellschaften zu überwinden. Wir haben Fürsorgepflichten gegenüber Flüchtlingen, die vor Katastrophen fliehen, gegenüber denen, die in den ärmsten Gesellschaften der Welt ein Leben in Hoffnungslosigkeit führen, gegenüber Männern in ihren Fünfzigern, deren berufliche Qualifikationen nicht länger gebraucht werden, gegenüber Teenagern, die drauf und dran sind, Berufe ohne Zukunft zu ergreifen, gegenüber Kindern aus zerbrochenen Familien, gegenüber jungen Familien, für die ein Eigenheim in unerreichbare Ferne rückt. Wir müssen diesen Pflichten nachkommen. Aber wir müssen auch die weitaus anspruchsvolleren wechselseitigen Verpflichtungen erneuern, die ehedem aus unseren gemeinsamen Identitäten hervorgingen.

Dies mag den Konservativen Schauer über den Rücken jagen, weil sie Umverteilungen befürchten, die vordergründig denen ähneln, die in der marxistischen Ideologie vorgesehen sind. Ebenso mag es den Linken Schauer über den Rücken jagen, weil es die spezifischen Verpflichtungen innerhalb von Familien und Nationen, die gegen rawlsianische und utilitaristische Normen verstoßen, anerkennt. All diese Bedenken sind unbegründet.

Ich plädiere keineswegs für eine Variante des Marxismus. Die marxistische Ideologie stützt sich auf ein hasserfülltes Narrativ, in dem an die Stelle gemeinsamer Identität die extremen Spaltungen der Klassenidentität treten. Sie ersetzt gegenseitige Verpflichtungen durch vorgebliche Rechte einer Klasse auf Enteignung dessen, was der anderen Klasse gehört. Wie der radikale Islam beschwört ihre Version des aufgeklärten Eigeninteresses ein fernes Paradies, in dem der Staat »abstirbt«. Das tatsächliche Ergebnis der marxistischen Ideologie sind jedoch, wie immer wieder zu sehen war, gesellschaftliche Konflikte, wirtschaftlicher Zusammenbruch und ein Staat, der, anstatt abzusterben, maßlose und brutale Macht ausübte. Es manifestiert sich gegenwärtig in dem Exodus von Flüchtlingen aus Venezuela, und jeder, der es sehen will, kann es sehen. Der Unterschied zwischen einer Gesellschaft, die den Kapitalismus auf pragmatische Weise auf der Grundlage rationaler Wechselseitigkeit steuert, und einer anderen, die von marxistischen Ideologen geleitet wird, besteht darin, dass die eine mit sich selbst in Frieden ist, während die andere von wachsendem Hass zerrissen wird.

Was die rawlsianischen und utilitaristischen Träume anbelangt, so würde die Diskreditierung familiärer Verpflichtungen zugunsten gleichwertiger Verpflichtungen gegenüber allen Kindern oder nationaler Verpflichtungen zugunsten von Verpflichtungen gegenüber globalen »Opfern« nicht den Garten Eden errichten. Sie würde der nächsten Generation eine Gesellschaft hinterlassen, die in die Grube des anspruchsberechtigten Individualismus rutscht. Im Rückblick wird die Zeit der utilitaristischen und rawlsianischen Vorherrschaft der gemäßigten Linken als das erkannt werden, was sie gewesen ist: arrogant, vermessen und destruktiv. Die gemäßigte Linke wird sich in dem Maße erholen, wie sie zu ihren kommunitaristischen Wurzeln und zu der Aufgabe zurückkehrt, das Netz auf Vertrauen beruhender reziproker Verpflichtungen, das den Ängsten und Sorgen von Arbeitnehmerfamilien Rechnung trägt, wiederherzustellen.* In gleicher Weise wird man erkennen, dass die gemäßigte Rechte in jener Zeit, in der sie von der Idee des durchsetzungsstarken Individuums beherrscht war, der Verlockung des *Homo oeconomicus* erlag. In dem Maße, wie sie ihre ethische Orientierung zurückerlangt, wird sie sich wieder auf den »One-Nation«-Konservatismus** zurückbesinnen. Die neuen Ängste sind zu schwerwiegend, als dass man sie der extremen Linken überlassen könnte. Die Verbundenheit mit einem Ort ist eine so starke und potenziell so konstruktive Kraft, dass man sie nicht der extremen Rechten überlassen sollte.

In Anbetracht der neuen Ängste sollte es offensichtlich sein, dass die größte *wirtschaftliche* Gefahr von der neuen, sich immer weiter öffnenden Wohlstandsschere zwischen Großstadt und Land sowie Hoch- und Geringqualifizierten ausgeht. Angesichts des Aufstiegs extremistischer religiöser und ideologischer Identitäten sollte es offensichtlich sein, dass die größte *soziale* Bedrohung von der Zersplitterung in antagonistische Identitäten ausgeht, die durch die Echokammern der Social Media aufrechterhalten werden. Nach dem Brexit und dem Wahlsieg Donald Trumps sollte es offensichtlich sein, dass die größte *politische* Bedrohung von einem exklusiven Nationalismus ausgeht. Dadurch, dass die Liberalen das gesellschaftliche Wirgefühl und den gutartigen Patriotismus, den es fördern kann, als irrelevant abtaten, verzichteten sie auf die einzige

---

* Im Dezember 2017 erhielt ich eine Einladung, einen Vortrag vor den dänischen Sozialdemokraten zu halten. Mette Frederiksen, die bemerkenswerte neue Parteivorsitzende, war genau zu der gleichen Diagnose gelangt und führte die Partei entschlossen zu ihren genossenschaftlichen, kommunitaristischen Wurzeln zurück. Einen langen Abwärtstrend umkehrend, stieg ihr Stimmenanteil bereits wieder, nur nicht in der Gruppe der hochqualifizierten Großstädter, die sich entrüstet der extremen Linken zuwandten.

** Der »One Nation«-Konservatismus ist eine wertkonservative, stark sozialpolitisch orientierte Strömung innerhalb der britischen Konservativen. A. d. Ü.

Kraft, die in der Lage ist, unsere Gesellschaften hinter erfolgverspre-
chenden Lösungen zu einen. Unabsichtlich und leichtfertig haben
sie sie den Scharlatanen der Extreme überlassen, die sie händerei-
bend für ihre eigenen wahnwitzigen Ziele einsetzen. Wir können es
besser: Wir haben es schon einmal getan, und wir können es wieder tun.

Danksagung

Die Idee zu diesem Buch geht auf eine Einladung von Toby Lichtig vom *Times Literary Supplement* zurück, für die erste Nummer des Jahres 2017 einen Aufsatz über den »Zustand der Gesellschaft« zu schreiben. Die unruhigen Zeiten hatten eine ganze Reihe von Büchern hervorgebracht, die verschiedene Missstände diagnostizierten, und Toby überließ es mir, so an sie anzuknüpfen, wie es mir passend erschien. Während der Weihnachtszeit wechselten Bücher, Kinder und Laptop auf meinem Schoß ab, bis mir schließlich klar wurde, dass diese Zeiten ein Buch über den *Sozialen Kapitalismus* nötig hatten, das bislang leider noch niemand geschrieben hatte. Der Artikel löste eine bemerkenswerte Reaktion aus, die darin gipfelte, dass Andrew Wylie die Nachricht aus New York überbrachte, dass drei Verlage vorsorglich Angebote für ein Buch abgegeben hatten, das zu schreiben ich noch nicht einmal vorgeschlagen hatte. Mein britischer Verlag, Penguin, bat mich, das Buch, für das ich bereits einen Vertrag unterschrieben hatte, aufzuschieben und dieses vorzuziehen.

Es war eine gewaltige intellektuelle Aufgabe, da ich es für notwendig erachtete, eine Synthese aus Moralphilosophie, politischer Ökonomie, Finanzökonomik, Wirtschaftsgeografie, Sozialpsychologie und Sozialpolitik vorzulegen. Jedes dieser Fachgebiete hat Minenfelder um sich herum angelegt, die Eindringlinge abschrecken und vernichten sollen. Ich hatte das Glück, dass einige brillante Wissenschaftler bereit waren, Arbeitsfassungen des Manuskripts durchzuarbeiten und es zu kommentieren. Ihre Vorschläge haben die Endfassung zweifellos erheblich verbessert, aber meine Dankbarkeit ihnen gegenüber bedeutet nicht, dass sie im Geringsten mitverantwortlich wären für das Ergebnis.

Unter den Philosophen möchte ich insbesondere Tom Simpson dafür danken, dass er das gesamte Manuskript durchgegangen ist und subtile Probleme mit mustergültiger Klarheit und Geduld erläutert hat; Chris Hookway für die vielstündigen Diskussionen über den Pragmatismus; Jesse Norman für sein profundes Wissen über Adam Smith; und Konrad Ott für die vielstündigen Gespräche über Reziprozität und die kantische Betrachtungsweise.

Unter Ökonomen stellten Colin Mayer und ich mit großer Freude fest, dass wir Bücher geschrieben hatten, die einander perfekt ergänzten und zudem zur selben Zeit erscheinen sollten, wobei seines den Titel *Prosperity* (»Wohlstand«) trägt. Ich habe seit Langem gewaltigen intellektuellen Respekt vor John Kay, der die Fähigkeiten eines Universalgelehrten mit dem Pragmatismus gesunden Menschenverstands verbindet. Er war so liebenswürdig, das gesamte Manuskript gründlich durchzuarbeiten, und er machte viele nützliche Anregungen und Vorschläge. Tim Besley, einer der führenden Vertreter der modernen analytischen Ökonomik, der jedoch auch erstaunlich bewandert in Moralphilosophie ist, hat das Manuskript nicht nur kommentiert, sondern im All Souls College in Oxford ein Seminar darüber abgehalten. Er überredete Alison Wolf dazu, die Vorschläge zum »sozialen Maternalismus« vorzustellen und kritisch zu diskutieren. Tony Venables, dessen tiefgreifender Einfluss auf Kapitel 7 offensichtlich ist, hat das gesamte Manuskript ebenfalls gründlich kommentiert. Schließlich hat Denis Snower, der Präsident des Kieler Instituts für Weltwirtschaft, das Manuskript nicht nur umfassend kommentiert, sondern auch bedeutende Beiträge zur »Verhaltensökonomik zweiter Generation« geleistet: der Versuch, sozialpsychologische Erkenntnisse auf die ökonomische Analyse von Gruppenverhalten anzuwenden, das nicht den gleichen Verzerrungen unterliegt wie die individuelle Entscheidungsfindung. Unsere Kollegen im Forschungsverbund »Economic Research on Identity, Narratives and Norms« werden an verschiedenen Stellen erkennen, welche intellektuellen Anregungen ich ihren Werken verdanke.

Eine der vielfach unterschätzten Erklärungen für das anhaltend hohe intellektuelle Niveau der Universität Oxford ist die Tatsache, dass das Collegesystem zufällige soziale Kontakte mit Vertretern anderer Disziplinen fördert. In meinem Fall kommt die ungewöhnliche Tatsache hinzu, dass ich großzügigerweise an zwei verschiedenen Colleges kostenlos zu Mittag essen darf. Bei einem Mittagessen im St Antony's College begann Roger Goodman, Professor für die Soziologie Japans, damit, mir die Einstellungen von Frauen aus der japanischen Oberschicht gegenüber Kindern zu erklären. Und bei einem Mittagessen im Trinity College beschrieb Stephen Fisher, der führende akademische Wahlforscher Großbritanniens, mir die in Kapitel 8 vorgestellte Analyse von Brexit-Einstellungen. Steve hat außerdem die ausführlichsten schriftlichen Kommentare zum Manuskript verfasst, in dem entschlossenen und hochherzigen Bestreben, mich vor mir selbst zu schützen. Die unermüdliche Laura Stickney vom Penguin Verlag hat mir einen komplementären und genauso wichtigen Dienst erwiesen, indem sie mich dazu anstieß, das Manuskript in eine lesbare Form zu bringen.

Schließlich bin ich den vielen Menschen dankbar, die ihre persönlichen Erfahrungsberichte als empirische Belege beisteuerten: Bill Boynton, Chairman der Organisation Keele World Affairs, der ein brillantes Bildungsforum für die Einwohner von Stoke-on-Trent aufgebaut hat; Deborah Bullivant, die treibende Kraft hinter Grimm and Co; Paul Cornick von der britischen Gewerkschaft Unite; der Soziologe Professor Mark Elchardus und die Mitarbeiter der P&V-Genossenschaftsbewegung in Brüssel; Ian Moore, der viele Jahre lang ein Team von kognitiven Verhaltenstherapeuten in Sheffield leitete; Gianni Pittella, ehemaliger Vorsitzender der Fraktion der Progressiven Allianz der Sozialdemokraten im Europäischen Parlament, und sein Berater Francesco Ronchi; und Alan Thompson, Anwalt und Quäker.

Ein Buch, das leicht zu lesen ist, ist schwer zu schreiben, und meine Familie musste mit dem Prozess des mühsamen Ringens leben. Wie immer hat Pauline uns zusammengehalten und zugleich das Manuskript mit dem Adlerauge einer gewogenen Leserin gemustert. Da ich erzogen wurde, das Licht der öffentlichen Bekanntheit zu scheuen, war es eine schwierige Entscheidung, ein so persönliches Buch zu schreiben; aber ohne diese Bereitschaft, mich dem Scheinwerferlicht der Öffentlichkeit auszusetzen, hätte der zornige Ton mancher Sätze, die ich geschrieben habe, aufgesetzt gewirkt.

Bibliografie

Acemoglu, D., und Autor, D. (2011), »Skills, tasks and technologies: implications for employment and earnings«, in: *Handbook of Labor Economics* (Vol. 4B). Amsterdam: North Holland/Elsevier, S. 1043–1171.

Akerlof, G. A., und Kranton, R. E. (2011), *Identity Economics: How Our Identities Shape Our Work, Wages, and Well-Being*, Princeton: Princeton University Press.

Akerlof, G. A., und Shiller, R. (2009), *Animal Spirits: Wie Wirtschaft wirklich funktioniert*, Frankfurt/New York: Campus.

Arnott, R. J., und Stiglitz, J. E. (1979), »Aggregate land rents, expenditure on public goods, and optimal city size«, *The Quarterly Journal of Economics*, 93 (4), S. 471–500.

Autor, D., Dorn, D., Katz, L. F., Patterson, C., und Van Reenen, J. (2017), *The Fall of the Labor Share and the Rise of Superstar Firms*, Cambridge, Mass.: National Bureau of Economic Research.

Bénabou, R., und Tirole, J. (2011), »Identity, morals, and taboos: beliefs as assets«, *The Quarterly Journal of Economics*, 126 (2), S. 805–855.

Besley, T. (2016), »Aspirations and the political economy of inequality«, *Oxford Economic Papers*, 69, S. 1–35.

Betts, A., und Collier, P. (2017), *Gestrandet: Warum unsere Flüchtlingspolitik allen schadet – und was jetzt zu tun ist*, München: Siedler.

Bisin, A., und Verdier, T. (2000), »Beyond the melting pot: cultural transmission, marriage, and the evolution of ethnic and religious traits«, *The Quarterly Journal of Economics*, 115 (3), S. 955–988.

Bonhoeffer, D. (2005), *Widerstand und Ergebung: Briefe und Aufzeichnungen aus der Haft*, Gütersloh: Gütersloher Verlagshaus.

Brooks, D. (2012), *Das soziale Tier: Wie Beziehungen, Gefühle und Intuitionen unser Leben formen*, München: DVA.

Brooks, D. (2015), *Charakter: Die Kunst, Haltung zu zeigen*, München: Kösel.

Brooks, R. (2018), *Bean Counters: The Triumph of the Accountants and How They Broke Capitalism*, London: Atlantic Books.

Brown, D., und Cao, E. de (2017), »The impact of unemployment on child maltreatment in the United States«, Department of Economics Discussion Paper Series No. 837, Oxford University.

Case, A., und Deaton, A. (2017*), Mortality and Morbidity in the 21st Century*, Washington, DC: Brookings Institution.

Chauvet, L., und Collier, P. (2009), »Elections and economic policy in developing countries«, *Economic Policy*, 24 (59), S. 509–550.

Chetty, R., Grusky, D., Hell, M., Hendren, N., Manduca, R., und Narang, J. (2017), »The fading American dream: trends in absolute income mobility since 1940«, *Science*, 356 (6336), S. 398–406.

Christakis, N. A., und Fowler, J. H. (2009), *Connected: The Surprising Power of Our Social Networks and How They Shape Our Lives*, New York: Little, Brown.

Chua, A. (2018), *Political Tribes: Group Instinct and the Fate of Nations*, New York: Penguin Press.

Cialdini, R. B. (2017), *Die Psychologie des Überzeugens: Wie Sie sich selbst und Ihren Mitmenschen auf die Schliche kommen*, Göttingen: Hogrefe.

Clark, G. (2014), *The Son Also Rises: Surnames and the History of Social Mobility*, Princeton: Princeton University Press.

Collier, P. (2008), *Die unterste Milliarde: Warum die ärmsten Länder scheitern und was man dagegen tun kann*, München: C. H. Beck.

Collier, P. (2013), »Cracking down on tax avoidance«, *Prospect*, Mai.

Collier, P. (2016), »The cultural foundations of economic failure: a conceptual toolkit«, *Journal of Economic Behavior and Organization*, 126, S. 5–24.

Collier, P. (2017), »Politics, culture and development«, *Annual Review of Political Science*, 20, S. 111–125.

Collier, P. (2018a), »The downside of globalisation: why it matters and what can be done about it«, *The World Economy*, 41 (4), S. 967–974.

Collier, P. (2018b), »Diverging identitites: a model of class formation«, Working Paper 2018/024, Blavatnik School of Government, Oxford University.

Collier, P. (2018c), »The Ethical Foundations of Aid: Two Duties of Rescue«, in: C. Brown und R. Eckersley (Hg.), *The Oxford Handbook of International Political Theory*. Oxford: Oxford University Press.

Collier, P. (2018d), »Rational Social Man and the Compliance Problem«, Working Paper 2018/025, Blavatnik School of Government, Oxford University.

Collier, P., und Sterck, O. (2018), »The moral and fiscal implications of anti-retroviral therapies for HIV in Africa«, *Oxford Economic Papers*, 70 (2), S. 353–374.

Collier, P., und Venables, A. J. (2017), »Who gets the urban surplus?«, *Journal of Economic Geography*, https://doi.org/10.1093/jeg/lbx043.

Crosland, A. (2013), *The Future of Socialism* (Neuauflage mit einem Vorwort von Gordon Brown), London: Constable (Erstveröffentlichung 1956).

Depetris-Chauvin, E., und Durante, R. (2017), »One team, one nation: football, ethnic identity, and conflict in Africa«, CEPR Discussion Paper 12233.

Dijksterhuis, A. (2005), »Why we are social animals: the high road to imitation as social glue«, *Perspectives on Imitation: From Neuroscience to Social Science*, 2, S. 207–220.

Eliason, M. (2012), »Lost jobs, broken marriages«, *Journal of Population Economics*, 25 (4), S. 1365–97.

Elliott, M., und Kanagasooriam, J. (2017), *Public Opinion in the Post-Brexit Era: Economic Attitudes in Modern Britain*, London: Legatum Institute.

Epstein, H. (2007), *The Invisible Cure: Africa, the West, and the Fight against AIDS*, New York: Farrar, Straus and Giroux.

Etzioni, A. (2015), »The moral effects of economic teaching«, *Sociological Forum*, 30 (1), S. 228–233.

Feldman Barrett, L. (2017), *How Emotions are Made: The Secret Life of the Brain*, London: Macmillan.

Gamble, C., Gowlett, J., und Dunbar, R. (2018), *Thinking Big: How the Evolution of Social Life Shaped the Human Mind*, London: Thames and Hudson.

George, H. (2017), *Fortschritt und Armut: Eine Untersuchung über die Ursache der industriellen Krisen und der Zunahme der Armut bei zunehmendem Reichtum,* Weimar bei Marburg: Metropolis (das engl. Original erschien 1879).

Gibbons, R., und Henderson, R. (2012), »Relational contracts and organizational capabilities«, *Organization Science,* 23 (5), S. 1350–64.

Goldstein, A. (2018), *Janesville: An American Story,* New York: Simon and Schuster.

Goodhart, D. (2017), *The Road to Somewhere,* London: Hurst.

Greenstone, M., Hornbeck, R., und Moretti, E. (2008), »Identifying agglomeration spillovers: evidence from million dollar plants«, NBER Working Paper, 13833.

Haidt, J. (2012), *The Righteous Mind: Why Good People are Divided by Politics and Religion,* New York: Vintage.

Hanushek, E.A. (2011), »The economic value of higher teacher quality«, *Economics of Education Review,* 30 (3), S. 466–479.

Harris, M. (2018), *Kids these Days: Human Capital and the Making of Millennials,* New York: Little, Brown.

Haskel, J., und Westlake, S. (2017), *Capitalism without Capital: The Rise of the Intangible Economy,* Princeton: Princeton University Press.

Heckman, J.J., Stixrud, J., und Urzua, S. (2006), »The effects of cognitive and noncognitive abilities on labor market outcomes and social behavior«, *Journal of Labor Economics,* 24 (3), S. 411–482.

Helliwell, J.F., Huang, H., und Wang, S. (2017), »The social foundations of world happiness«, in: *World Happiness Report 2017,* hg. von J. Helliwell, R. Layard und J. Sachs, New York: Sustainable Development Solutions Network.

Hidalgo, C. (2015), *Why Information Grows: The Evolution of Order, From Atoms to Economies,* New York: Basic Books.

Hood, B. (2014), *The Domesticated Brain,* London: Pelican.

International Growth Centre (2018), *Escaping the Fragility Trap,* Report of an LSE–Oxford Commission.

James, W. (1896), »The will to believe«, *The New World: A Quarterly Review of Religion, Ethics, and Theology,* 5, S. 327–347.

Johnson, D.D., und Toft, M.D. (2014), »Grounds for war: the evolution of territorial conflict«, *International Security,* 38 (3), S. 7–38.

Kay, J. (2011), *Obliquity: Die Kunst des Umwegs oder Wie man am besten sein Ziel erreicht,* München: dtv.

Knausgård, K.O. (2016), *Leben. Das autobiografische Projekt,* Bd. 4, München: btb.

Lee Kuan Yew (2000), *From Third World to First: The Singapore Story 1965–2000,* Singapur: Singapore Press Holdings.

Levitt, S.D., List, J.A., Neckermann, S., und Sadoff, S. (2016), »The behavioralist goes to school: leveraging behavioral economics to improve educational performance«, *American Economic Journal: Economic Policy,* 8 (4), S. 183–219.

Lewis, M., und Baker, D. (2014), *Flash Boys,* New York: W.W. Norton.

MacIntyre, A. (1995), *Der Verlust der Tugend: Zur moralischen Krise der Gegenwart* (suhrkamp taschenbuch wissenschaft), Frankfurt: Suhrkamp (engl. Erstveröffentlichung 1981).

Martin, M. (2018), *Why We Fight,* London: Hurst.

Mason, P. (2015), *Postcapitalism: A Guide to Our Future,* London: Allen Lane.

Mercier, H., und Sperber, D. (2017), *The Enigma of Reason*, Cambridge, MA: Harvard University Press.

Mueller, H., und Rauh, C. (2017), »Reading between the lines: prediction of political violence using newspaper text«, Barcelona Graduate School of Economics, Working Paper 990.

Muñoz, J., und Pardos-Prado, S. (2017), »Immigration and support for social policy: an experimental comparison of universal and means-tested programs«, *Political Science Research and Methods*, https://doi. org/10.1017/psrm.2017.18.

Neustadt, R. E. (1960), *Presidential Power*, New York: New American Library, S. 33.

Norman, J. (2018), *Adam Smith: What He Thought and Why it Matters*, London: Allen Lane.

Ostrom, E. (1999), *Die Verfassung der Allmende*, Tübingen: Mohr Siebeck.

Pardos-Prado, S. (2015), »How can mainstream parties prevent niche party success? Centre-right parties and the immigration issue«, *The Journal of Politics*, 77, S. 352–367.

Pinker, S. (2013), *Gewalt: Eine neue Geschichte der Menschheit*, Frankfurt: Fischer Taschenbuch.

Putnam, R. D. (2000), *Bowling Alone: The Collapse and Revival of American Community*, New York: Simon and Schuster.

Putnam, R. D. (2016), *Our Kids: The American Dream in Crisis*, New York: Simon and Schuster.

Rueda, D. (2017), »Food comes first, then morals: redistribution preferences, parochial altruism and immigration in Western Europe«, *The Journal of Politics*, 80 (1), S. 225–239.

Scheidel, W. (2017), *The Great Leveller: Violence and the History of Inequality From The Stone Age to the Twenty-First Century*. Princeton: Princeton University Press.

Schumpeter, J. (2018), *Kapitalismus, Sozialismus und Demokratie*, Stuttgart: UTB.

Scruton, R. (2017), *On Human Nature*, Princeton: Princeton University Press.

Seligman, M. E. (2015), *Wie wir aufblühen: Die fünf Säulen des persönlichen Wohlbefindens*, München: Wilhelm Goldmann.

Smith, A. (2010), *Theorie der ethischen Gefühle*, Hamburg: Felix Meiner.

Smith, A. (2018), *Der Wohlstand der Nationen: Eine Untersuchung seiner Natur und seiner Ursachen*, München: dtv.

Spence, A. M. (1974), *Market Signalling: Informational Transfer in Hiring and Related Screening Processes*, Harvard Economic Studies Series, Bd. 143., Cambridge, MA: Harvard University Press.

Sullivan, O., und Gershuny, J. (2012), »Relative human capital resources and housework: a longitudinal analysis«, Sociology Working Paper (2012-04), Department of Sociology, Universität Oxford.

Tepperman, J. (2016), *The Fix: How Nations Survive and Thrive in a World in Decline*, New York: Tim Duggan Books.

Thomas, K., Haque, O. S., Pinker, S., und DeScioli, P. (2014), »The psychology of coordination and common knowledge«, *Journal of Personality and Social Psychology*, 107, S. 657–676.

Towers, A., Williams, M. N., Hill, S. R., Philipp, M. C., und Flett, R. (2016), »What makes the most intense regrets? Comparing the effects of several theoretical predictors of regret intensity«, *Frontiers in Psychology*, 7, S. 1941.

Venables, A. J. (2018a), »Gainers and losers in the new urban world«, in: E. Glaeser, K. Kourtit und P. Nijkamp (Hg.), *Urban Empires,* Abingdon: Routledge.

Venables, A. J. (2018b), »Globalisation and urban polarisation«, *Review of International Economics* (im Druck).

Wilson, T. D. (2011), *Redirect: Changing the Stories We Live By,* London: Hachette UK.

Wolf, A. (2013), *The XX Factor: How the Rise of Working Women has Created a Far Less Equal World,* New York: Crown.

World Bank (2018), *The Changing Wealth of Nations,* Washington, DC.

World Happiness Report, 2017 (2017), hg. von J. Helliwell, R. Layard und J. Sachs. New York: Sustainable Development Solutions Network.

Anmerkungen

1. Die neuen Ängste

1 Vgl. Case und Deaton (2017).

2 Chetty u. a. (2017).

3 Chua (2018), S. 173.

4 Vgl. zum Beispiel Mason (2015) und meine Besprechung dieser neueren Literatur im *Times Literary Supplement*, 25. Januar 2017.

5 Vgl. Norman (2018), Kapitel 7, für eine konzise historische Darstellung der verheerenden Verzerrungen der ökonomischen Analyse Adam Smiths durch Bentham und Mill.

6 Haidt (2012).

7 Zitiert in der *Financial Times*, 5. Januar 2018.

8 Eine gut lesbare neuere Darstellung ist Roger Scrutons *On Human Nature* (2017).

9 Zitiert in Chua (2018).

10 George Akerlof ist ein Nobelpreisträger für Wirtschaftswissenschaften. Zusammen mit Rachel Kranton und Dennis Snower haben wir einen Forschungsverbund über das Thema »Wirtschaftsforschung über Identitäten, Narrative und Normen« gegründet. Tony Venables ist ein weltbekannter Wirtschaftsgeograf. In den letzten drei Jahren haben wir gemeinsam ein Forschungsprojekt über die Ökonomik der Urbanisierung geleitet. Colin Mayer ist Professor für Finanzwirtschaft in Oxford, ehemaliger Dekan ihrer betriebswirtschaftlichen Fakultät und Direktor des Forschungsprogramms »Die Zukunft der Kapitalgesellschaft« der British Academy. Sein Buch *Prosperity: Better Business Makes the Greater Good* (2018) ist ein virtueller Begleiter dieses Buches. In den letzten drei Jahren haben wir gemeinsam Möglichkeiten erforscht, Investitionen in einkommensschwachen Gebieten anzukurbeln. Professor Sir Tim Besley ist gegenwärtig Präsident der Econometric Society, ehemalige Präsident der European Economic Association und ehemaliger Schriftleiter der *American Economic Review*. Wir leiten gegenwärtig gemeinsam die Kommission über fragile Staatlichkeit der British Academy. Professor Chris Hookway ist *der* weltweit führende Experte über Peirce und den Pragmatismus. Er ist Präsident der Peirce Society und Schriftleiter des *European Journal of Philosophy* gewesen. Bei seiner Emeritierung im Jahr 2015 trug die Konferenz, die zu seinen Ehren veranstaltet

wurde, den Titel »Die Idee des Pragmatismus«. Zufälligerweise ist er mein ältester Freund.

11   Tepperman (2016).

2. Die Grundlagen der Moral: Vom egoistischen Gen zur ethischen Gruppe

1   Vieles spricht dafür, dass sogar unsere Emotionen letztlich sozial konstruiert sind. Vgl. Feldman Barrett (2017).

2   Vgl. Etzioni (2015).

3   Gerade als ich *Sozialer Kapitalismus* beendet hatte, machte mich Tim Besley mit dem Philosophen und Politiker Jesse Norman bekannt, der selbst gerade ein Buch über das Denken Adam Smiths abgeschlossen hatte. Mit leichtem Bangen meinerseits tauschten wir unsere Manuskripte aus. Ich lernte viel, und ein Teil davon wird in spätere Anmerkungen einfließen, aber ich habe erleichtert festgestellt, dass Smith sich nicht im Grab umdrehen dürfte, wenn er Kenntnis von meiner Darstellung seiner Ideen erlangen würde.

4   Norman (2018).

5   Towers et al. (2016).

6   Dies war der Dissens zwischen Hume und Kant.

7   Haidt (2012).

8   Mercier und Sperber (2017).

9   Gamble u. a. (2018).

10 Das leninistische Konzept des »demokratischen« Zentralismus.

11 Wie Haidt (2012) schreibt: »Deontologie und Utilitarismus sind ›Ein Rezeptor‹-Ethiken, die Menschen ansprechen, denen es an Empathie fehlt.«

12 Vgl. Dijksterhuis (2005) und Christakis und Fowler (2009).

13 Vgl. Hood (2014).

14 Vgl. Thomas u. a. (2014).

15 Vgl. zum Beispiel Cialdini (2009).

16 Akerlof und Shiller (2009), S. 89.

17 Mueller und Rauh (2017).

18 Über Tabus vgl. Bénabou und Tirole (2011).

19 Ich habe diese Ideen ausführlicher dargelegt in Collier (2016).

20 Eine gute Einführung ist ihr Buch *Identity Economics*, Akerlof und Kranton (2011).

21 Besley (2016).

22 Falls Sie die Details interessieren: Vgl. meine Überblicksdarstellung über die neuere Literatur in Collier (2017).

23 *World Happiness Report, 2017.*

24 Diese Äußerungen stammen von John Perry Barlow (Unabhängigkeitserklärung) und Mark Zuckerberg.

25 Der Fachausdruck dafür lautet »Homologie«.

26 Wie MacIntyre im Jahr 1981 in seiner bahnbrechenden Studie darlegte, besteht das Wesen moralischer Sprache darin, andere nicht bloß als Mittel zur Erreichung eines eigennützigen Zwecks, sondern als Zwecke an sich zu behandeln. Vgl. MacIntyre (2013).

27 Ich habe Zusammengehörigkeitsgefühl, Reziprozität und gemeinsames zweckorientiertes Handeln als eine analytische Reihenfolge dargestellt, aber die empirischen Belege dafür, dass die drei Komponenten gemeinsam für ethisches kollektives Verhalten notwendig sind, lieferten die Arbeiten der Nobelpreisträgerin Elinor Ostrom (1990) und ihrer Nachfolger.

28 Vgl. für eine umfassendere Diskussion der zugrunde liegenden Theorie und der empirischen Befunde Collier (2018d).

29 Ein Phänomen, das auch »politischer Konjunkturzyklus« genannt wird; Chauvet und Collier (2009).

30 Putnam (2016), S. 221.

3. Der ethische Staat

1 Diese »Existenzkrise« wurde von den Vorsitzenden der europäischen sozialistischen und sozialdemokratischen Parteien als solche eingeräumt, als sie mich einluden, auf ihrer Jahrestagung im Oktober 2017 und auf der Konferenz ihrer Parteijugend im Juni 2018 jeweils eine Rede zu halten.

2 Eine formalere Darlegung dieses Modells und seiner normativen Implikationen findet sich in Collier (2018b).

3 Wolf (2013), S. 32. Dieser eine Satz bringt nicht nur die Verschiebung der salienten Identität auf den Beruf, sondern auch die Betonung der persönlichen Erfüllung zum Ausdruck, auf die ich in Kapitel 5 zurückkomme.

4 Vgl. das Edelman Trust Barometer. Sein Jahresbericht für 2017 beginnt mit der Aussage: »Auf der ganzen Welt herrscht eine Vertrauenskrise«: https://www. edelman.com/trust2017/.

5 Das Musterbeispiel reziproker Kooperation gegen Lebensrisiken ist die genossenschaftliche Versicherungsbewegung, die in Rochdale, einer Industriestadt wie Sheffield und Halifax in Nordengland, ihren Ursprung hat. Im November 2017 hat mir die Fondation P & V, die zum genossenschaftlich organisierten Versicherungsriesen P & V in Belgien gehört, ihren Citizenship Award überreicht, und ich erfuhr, wie diese Genossenschaft entstanden ist. Die Pioniere aus Rochdale hatten das flämischsprachige Gent besucht und den Anstoß zur Gründung der Bewegung in Belgien gegeben; diese hatte sich anschließend rasch über die Sprachgrenze hinweg auf das französischsprachige Wallonien und nach und nach auf ganz Belgien ausgebreitet. Die Verleihungszeremonie war dreisprachig.

6 Elliott und Kanagasooriam (2017).

7 David Goodhart (2017) hat sich vertieft mit dem Thema des Gegensatzes zwischen nationalen und globalen Identitäten befasst.

8 Das Zitat stammt aus *The Making of the British Landscape* von Nicholas Crane (Weidenfeld & Nicolson, 2016), S. 115.

9 Johnson und Toft (2014).

10 Elliott und Kanagasooriam (2017).

4. Das ethische Unternehmen

1 Die Erhebung wurde 2017 in Großbritannien durchgeführt. Aus Gründen, die im weiteren Verlauf des Kapitels deutlich werden, wenn ich den Einfluss der Finanzmärkte auf Unternehmen diskutiere, ist Großbritannien und nicht die USA das Paradebeispiel für die Friedman'sche Doktrin und ihre Folgen.

2 Gibbons und Henderson (2012).

3 Mit diesen Worten wird ein ehemaliger leitender Angestellter in dem Artikel »The Big Bet« der *Financial Times* vom 11. November 2017 zitiert.

4 Zitiert in der *Financial Times* vom 23. Oktober 2017.

5 Auch dies ist eine Frage der Erosion des Berufsethos. Die Fachleute des Rechnungswesens haben ihren moralischen Kompass verlegt. Vgl. Brooks (2018).

6 1,7 Prozent des BIP gegenüber einem OECD-Durchschnitt von 2,4 Prozent.

7 Vgl. Kay (2011).

8 Vgl. Haskel und Westlake (2017).

9 Hidalgo (2015).

10 Vgl. Autor u. a. (2017).

11 Vgl. Scheidel (2017).

5. Die ethische Familie

1 Ich danke Robbie Akerlof dafür, dass er mich auf diese Veränderung der Familiennormen hinwies.

2 Noch 1975 verbrachten berufstätige Frauen, die vor Abschluss der Highschool von der Schule abgingen, die gleiche Zeit mit der Kinderfürsorge wie Akademikerinnen. Im Jahr 2003 wandten beide Gruppen zwar mehr Zeit auf, aber die geringer Qualifizierten verbrachten nur knapp halb so viel Zeit mit Kindererziehung wie die Akademikerinnen; Sullivan und Gershuny (2013).

3 Ich danke Professor Roger Goodman, einem Spezialisten für die moderne Soziologie Japans, für diese faszinierende Erkenntnis.

4 Wolf (2013), S. 236. Die Daten beziehen sich auf weiße Mütter mit Hochschulabschluss.

5 Ebd., S. 183.

6 Vgl. Putnam (2016), S. 67.

7 Eliason (2012).

8 Putnam (2016), S. 70.

9 Ebd., S 78.

10 Heckman, Stixrud und Ursua (2006).

11 Clark (2014).

12 Bisin und Verdier (2000).

13 Brooks (2015).

14 Seligman (2015), S. 325.

7. Die geografische Spaltung: Boomende Metropole, niedergehende Städte

1 Vgl. Venables (2018a, 2018b).

2 Vgl. die jüngste Arbeit von Jed Kolko.

3 Die OECD hat diese beunruhigende Tatsache erstmals erforscht. Für eine all-gemeinverständliche Diskussion vgl. *The Economist*, 21. Oktober 2017.

4 Ich möchte Tim Besley für die Bestätigung und die Erläuterung dieses Punkts danken.

5 Vgl. Arnott und Stiglitz (1979).

6 Vgl. Collier und Venables (2017).

7 Greenstone, Hornbeck und Moretti (2008).

8 Lee (2000).

8. Die soziale Spaltung: Überfluss und Entbehrung

1 Wolf (2013), S. 240.

2 Laut dem *Fragile Families and Child Wellbeing Study Fact Sheet*: www.fragile-families.princeton.edu/publications.

3 Vgl. »Effects of social disadvantage and genetic sensitivity on children's telo-mere length«, *Fragile Families Research Brief* 50, Princeton, 2015.

4 Philip Larkin, »High Windows« – »Hohe Fenster«, in: ders., *Gedichte*, Stutt-gart: E. Klett, 1988, S. 159.

5 Dieser Auffassung ist David Brooks in seinem ausgezeichneten Buch *Das soziale Tier* (2012) auf den Grund gegangen.

6 *Pause* hat eine Website. Besuchen Sie sie, und machen Sie mit. Die im Text erwähnten Daten stammen von http://www.pause.org.uk/pause-in-action/learning-and-evaluation.

7 Wolf (2013), S. 51f.

8 Brown und de Cao (2017).

9 Putnam (2016), S. 212.

10 Hanushek (2011).

11 Levitt u. a. (2016).

12 Wenn Sie dies so bemerkenswert finden wie ich, dann möchte ich Sie ermun-

tern, Grimm & Co, eine eingetragene Wohltätigkeitsorganisation, mit einer Spende zu unterstützen. Besuchen Sie doch ihre Website: http://grimmandco. co.uk/.

13 Eine gute Quelle ist hier Wilson (2011), dessen Buch tatsächlich den Titel *Redirect* trägt.

14 Vgl. http://www.winchester.ac.uk/aboutus/lifelonglearning/Centrefor Real-WorldLearning/Publications/Post2014/Documents/Lucas%20 (2016)%20 What%20if% 20-%20vocational%20pedagogy%20%20RSA- FETL.pdf, worauf sich der folgende Absatz stützt.

15 Alison Wolf, *Financial Times,* 28. Dezember 2017.

16 *Leben,* Knausgård (2016), S. 202.

17 Goldstein (2018).

18 Acemoglu und Autor (2011).

19 *Financial Times,* 10. September 2017.

20 Michael Lewis und Dylan Baker (2014), *Flash Boys.*

21 In Großbritannien hat die assortative Verpartnerung nach (gleichem) Bildungsstand stark zugenommen, wobei der deutlichste Anstieg bei Akademikerehen zu verzeichnen ist: Wolf (2013), S. 232.

22 Vgl. Harris (2018).

9. Die globale Spaltung: Gewinner und Abgehängte

1 World Bank (2018).

2 Die folgenden Ergebnisse stammen aus Rueda (2017).

3 Muñoz und Pardos-Prado (2017).

10. Den Extremen Einhalt gebieten

1 Pardos-Prado (2015).

2 Vgl. Chua (2018).

3 Menschen identifizieren sich in der Regel mit Erfolg. Depetris-Chauvin und Durante (2017) zeigen, dass im Anschluss an den Sieg der Fußballnationalmannschaft die nationale Identität für die Anhänger der siegreichen Mannschaft an Bedeutung gewinnt.

Register

»Ein großartiges Buch!«
Süddeutsche Zeitung

Wie treffen wir unsere Entscheidungen? Warum ist Zögern ein überlebensnotwendiger Reflex, und warum ist es so schwer zu wissen, was uns in der Zukunft glücklich macht? Daniel Kahneman, Nobelpreisträger und einer der einflussreichsten Wissenschaftler unserer Zeit, zeigt anhand ebenso nachvollziehbarer wie verblüffender Beispiele, welchen mentalen Mustern wir folgen und wie wir uns gegen verhängnisvolle Fehlentscheidungen wappnen können.

PENGUIN VERLAG

Jetzt reinlesen auf www.penguin-verlag.de

Alles über die Finanzkrise und ihre dramatischen Folgen für Europa und die Welt

ADAM TOOZE
Crashed

Wie die Finanzkrise
die Welt verändert hat

Als die US-Großbank Lehman Brothers im September 2008 zusammenbrach, war dies der Tiefpunkt der Banken- und Finanzkrise. Und obwohl der totale Kollaps der Weltwirtschaft damals verhindert wurde, ist die Finanzkrise noch lange nicht Geschichte, wie der britische Historiker Adam Tooze zeigt. Er schildert, wie es zu dieser Krise der Finanzmärkte kam und welche dramatischen Folgen sie bis heute hat. Denn durch die Finanzkrise ist nicht nur die Stabilität Europas ins Wanken geraten, sie hat auch das Vertrauen in die Kraft der globalen Wirtschaftsordnung erschüttert – und so zum Aufstieg der Populisten beigetragen.